Wer dieses Buch mit neugierigem Blick und forschenden Fingern einfach mal durchblättert –

Bücher erlauben das immer noch rascher als megagetaktete Maschinen, **flimmern nicht und geben sogar unvordenkliche Energien frei –**

findet unerwartete Programmpunkte: Das Reifeproblem im privaten Nahverkehr *(S. 59),* Buchstabieren beim Doktor *(86),* mnemotechnisches Teilchenmodell beim Telefonieren *(108),* langverdientes Schweizer Pausenbrot *(152),* träumerisches Schwimmen mit Kaulquappen *(157),* die Schwierigkeit bis rot zu zählen *(176),* Wetterbericht für Mäuse *(184),* Vorschlag für eine herzlichere Technologie am Tastenfeld und das langerwartete Rauchverbot für Ziegen *(257).*

Aber es geht natürlich auch anders. Dem einigermaßen feierlichen Anlaß entsprechend zeigt ein Blick ins *Inhaltsverzeichnis S. 7–9:*
Die hier vorgelegte Bilanz von zehn Jahren Forschung und Praxis im Projekt »Kinder auf dem Weg zur Schrift« erweist sich als ein Buch »für alle Fälle«. Darum finden Sie die Grundgedanken mehrfach aufbereitet – in unterschiedlicher Form für verschiedene Zielgruppen und Verwendungszwecke:

• wenn Sie heute noch *Elternabend* für Ihr kommendes erstes Schuljahr haben und nach Material suchen, mit dem Sie Ihr Konzept den Eltern anschaulich und überzeugend darstellen können: *13ff., 35ff., 60ff., 82ff., 102ff.;*

• wenn Sie übermorgen auf einer *Konferenz* die Zustimmung Ihrer KollegInnen für einen veränderten Anfangsunterricht brauchen (oder den Schulrat überzeugen müssen, daß Sie das Geld für die Fibel sinnvoller in anderen Materialien stecken wollen): *93ff., 135ff., 208ff.;*

• wenn Sie konkrete Anregungen für Ihre eigene Klasse oder für die Fördergruppe in den nächsten Monaten wünschen: *78ff., 95ff., 177ff., 206ff., 232ff., 250ff.,*

• wenn Sie Beobachtungs- und Deutungshilfen für die Lese- und Schreibversuche einzelner Kinder suchen: *44ff., 62ff., 87ff., 110ff., 149ff.;*

• wenn Sie sich selbst (oder Ihre StudentInnen, Ihr Seminar oder einen Fortbildungskurs) über den Stand der Forschung und der didaktischen Diskussion informieren wollen: *11ff., 53ff., 129ff., 238ff., 258ff.;*

•. wenn Sie einfach neugierig auf Untersuchungen oder praktische Erfahrungen zu spezifischen Fragen des Anfangsunterrichts im Lesen und Schreiben sind: *169ff., 193ff., 215ff., 224ff., 227ff., 258ff.*

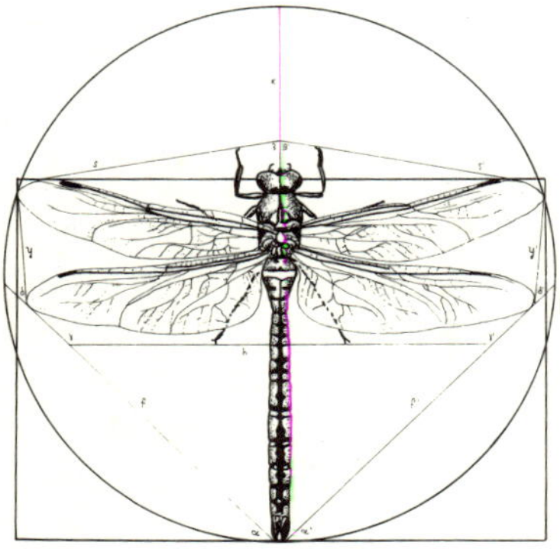

lesen und schreiben : dezennium

Hans Brügelmann
Sigrun Richter
(Hrsg.)

Wie wir recht schreiben lernen

10 Jahre Kinder auf dem Weg zur Schrift

Libelle

Inhaltsverzeichnis

Am Rande der Schrift:
Scheitern in der Schule, Suche nach neuen Wegen

Ausblicke

Rechtschreiben oder recht schreiben?

Eine Zehn-Jahres-Bilanz

Der Titel unseres Buches spielt an auf *Marion Bergks* schönes Bändchen »Rechtschreibenlernen von Anfang an« (1987), dem auch wir viele Anregungen und Ermutigung verdanken. *Marion Bergk* schrieb damals in ihrem Vorwort:

»Schreibmündig werden Kinder, so meine ich, durch das selbständige Verfassen und Korrigieren ihrer Texte. . . Der Schriftspracherwerb wird nicht in Lesen, Schreiben, Rechtschreiben und Aufsatzschreiben zergliedert. Er wird auf grundlegende Lernverfahren zurückgeführt, die die Kinder sich so zu eigen machen können, daß sie ihre Texte zunehmend selbständig schreiben bzw. entziffern können« (S. 9, 10) .

In manchen Punkten weichen unsere didaktischen Positionen und auch konkrete methodische Vorschläge von *Marion Bergks* Überlegungen ab. Aber im grundsätzlichen sind wir uns einig: *Kinder lernen Schreiben, indem sie schreiben.*

Für die Deutschdidaktik war es lange Zeit klar: Handschrift, Rechtschreibung und Aufsatz sind die drei Stufen des Schreibunterrichts. Drei getrennte Stufen, über die nacheinander erst die Formtreue der einzelnen Buchstaben und die motorische Geläufigkeit der Handschrift, dann die ortografische Sicherheit auf der Wortebene und schließlich das stilistische Repertoire der verschiedenen Textsorten vermittelt werden. Sie verbinden sich dann auf wundersame Weise zu dem, was als (integrierte) Schreibfähigkeit im Alltag gefordert wird.

In diesem Buch wollen wir zeigen, daß dieses Bild nicht stimmt. Jedenfalls dann nicht, wenn man die Perspektive wechselt: von der Didaktik, der »Lehre« also, hin zum Lernen der Kinder (und von da aus dann wieder zurück zu einer Didaktik, die Lernen herausfordern und stützen will, nicht aber steuern kann).

Zehn Jahre haben wir beobachtet und analysiert, wie Kinder schreiben lernen. Gelernt haben *wir* vor allem zweierlei: daß man das Schreiben nicht vom Lesen trennen kann; und daß Schreibkompetenz von Anfang an alle drei Leistungen fordert: das inhaltliche und sprachliche Entwerfen von Texten, die ortografische Fassung dieser Gedanken und schließlich ihre Materialisierung auf dem Papier (mit Wortkarten, mit Stempeln, über die Tastatur, mit der Hand).

Unser Einstieg in die Forschung war das Rechtschreiben. Recht schreiben lernen wir aber nur, wenn dieser Aspekt nicht isoliert wird. Das ist die zentrale Botschaft, die wir mit unseren verschiedenen Beiträgen deutlich machen wollen: ob wir von dem Vorschulkind berichten, das schon in

Ein-Wort-Texten seine eigenen Vorstellungen verständlich machen will; ob wir die »Träume« der Grundschulkinder anschauen, die sie mit unterschiedlich starkem Bezug zu einem Übungswortschatz geschrieben haben; oder ob wir nach den Zielen der »Alfabetisierung« von schriftunkundigen Erwachsenen fragen.

Dieses Buch wendet sich an Wissenschaftler und Praktiker (und an interessierte Laien natürlich auch); an Fachwissenschaftler, denen die praktische Verwertung ihrer Erkenntnisse am Herzen liegt und die aus der Praxis wiederum die Anregungen für ihre Forschungen bekommen möchten, und an Praktiker, die sich für den wissenschaftlichen Hintergrund ihrer Arbeit interessieren und die mit ihren aus der Praxis begründeten Rückmeldungen neue Fragen an die Wissenschaft stellen: an »Grenzgänger« also. Diese Rückkoppelung ist von Anfang an ein wesentliches Merkmal des Projekts »Kinder auf dem Weg zur Schrift« gewesen. Wir tragen dem in diesem Buch auch dadurch Rechnung, daß wir Beiträge aus beiden Bereichen aufgenommen haben. Deshalb finden sich in diesem Buch auch Beiträge von ForscherInnen und von StudentInnen, von LehrerInnen und Eltern – und an Stellen, die uns besonders wichtig sind, auch von Kindern.

In seiner Einleitung stellt *Hans Brügelmann* die einzelnen Beiträge vor und ordnet sie ein in die Geschichte des Projekts »Kinder auf dem Weg zur Schrift« bzw. in die fachdidaktische und pädagogische Diskussion der letzten zehn Jahre. Die Beiträge in unserem Buch folgen nicht dieser Gliederung, sondern sind entsprechend der Entwicklung nach dem Lebensalter der Kinder geordnet. Wir bieten unseren Lesern damit eine »Zwei-Scheinwerfer-Perspektive« an: Während das Einleitungskapitel Schlaglichter auf die Chronologie der Forschung im Projekt wirft, beleuchtet die Abfolge unserer Beiträge wie ein »Scheinwerfer« die Entwicklung des Schriftsprachlernens von der Vorschulzeit bis ins Erwachsenenalter.

Dieses Buch war ursprünglich geplant als eine »Zwischenbilanz« unserer gemeinsamen Arbeit. Durch den Wechsel von *Albrecht Bohnenkamp, Erika Brinkmann* und *Hans Brügelmann* nach Siegen und durch die inhaltliche Veränderung ihrer Arbeitsschwerpunkte hat sich der Akzent von »zwischen« auf »Bilanz« verlagert.

Wir sehen diese Zusammenfassung unserer Arbeit aber auch als Beginn einer neuen Kooperation, die stärker grundschulpädagogisch als nur fachdidaktisch orientiert ist. Mit den Projekten »Sozio- und psycholinguistische Aspekte des Schriftspracherwerbs« (Bremen) und »Kindheit und Schule« (Siegen) und in der Zusammenarbeit der beiden »Büffelstübchen« in Stuhr/Weyhe mit den Grundschulwerkstätten an den Universitäten Bremen und Siegen haben wir dafür nun auch ermutigende Arbeitsbedingungen.

Siegen und Bremen um die Jahreswende 1993/94

Hans Brügelmann *Sigrun Richter*

Erika Brinkmann

Schriftkundige als LeseanfängerInnen

Aufgaben zur Selbsterfahrung für Schriftkundige

Wer von uns Erwachsenen, die wir den Kindern das Lesen und Schreiben beibringen, weiß eigentlich noch, wie mühsam und schwierig der Erwerb dieser komplexen Fähigkeiten ist?
Das Lesen funktioniert bei uns so automatisch, daß wir kein geschriebenes Wort ansehen können, ohne es zu lesen. Bis dahin ist es aber ein weiter Weg mit zahllosen Klippen, an denen man scheitern kann. Kennen wir diese Klippen, können wir den Kindern helfen, sie zu umschiffen?
In vielen Fortbildungsveranstaltungen haben wir deshalb LehrerInnen in die Situation von Schreib- und LeseanfängerInnen versetzt, um ihnen einige der »Knackpunkte« beim Lesenlernen wieder bewußt zu machen. Für diesen Zweck haben wir die Spiele aus der REGENBOGEN-LESEKISTE *(Balhorn u. a. 1987c)* mit erfundenen Zeichen statt der Buchstaben versehen und die KollegInnen gebeten, die Spiele auszuprobieren.*
Dabei erlebt man oft Erstaunliches: KollegInnen, die unser alfabetisches

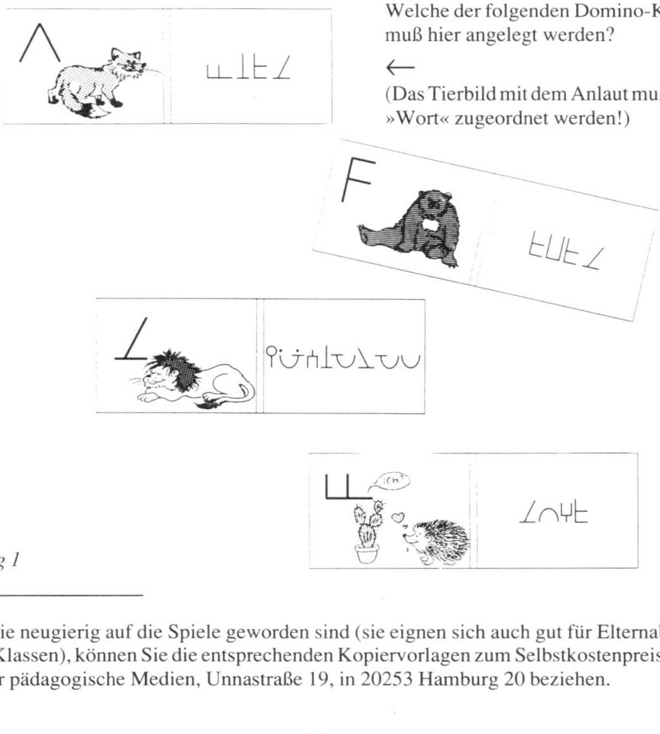

Welche der folgenden Domino-Karten muß hier angelegt werden?
←
(Das Tierbild mit dem Anlaut muß dem »Wort« zugeordnet werden!)

Abbildung 1

* Wenn Sie neugierig auf die Spiele geworden sind (sie eignen sich auch gut für Elternabende in ersten Klassen), können Sie die entsprechenden Kopiervorlagen zum Selbstkostenpreis beim Verlag für pädagogische Medien, Unnastraße 19, in 20253 Hamburg 20 beziehen.

Schriftsystem sicher beherrschen, werden plötzlich »Raumlage-labil«; sie sind – obwohl ihnen ja im Gegensatz zu den Kindern die Bedeutung der Raumlage für die Identität einzelner Buchstaben grundsätzlich vertraut ist – oft nicht in der Lage, in einem Domino gleiche Zeichen einander zuzuordnen. Diese Verunsicherung der KollegInnen macht zwei Dinge deutlich:
1. Die »Raumlage-Stabilität«, die wir im Umgang mit den Buchstaben erworben haben, bezieht sich nur auf genau dieses System – es ist nicht so ohne weiteres auf andere Zeichensysteme übertragbar. Je häufiger wir allerdings mit den fremden Zeichen umgehen, desto schneller und eindeutiger wird uns die Zuordnung gelingen. Der Bekanntheitsgrad der Zeichen spielt also eine wichtige Rolle bei ihrer Zuordnung.
2. Übertragen auf den Lernprozeß der Kinder bedeutet dies, daß nur der ständige Umgang mit Buchstaben hilft, Raumlage-Unsicherheiten bei den Buchstaben zu beheben. Übt man an fremden Zeichen oder Gegenständen (z. B. an Tassen oder Eimerchen), gewinnen die Kinder bestimmt Sicherheit beim Ordnen z. B. der Eimerchen, aber nicht im Umgang mit den Schriftzeichen.
Ein zweites Domino wirft ganz andere Probleme auf: Mit Hilfe einer Anlauttabelle soll das Zeichen gefunden werden, das den Anlaut des abgebildeten Tieres repräsentiert.

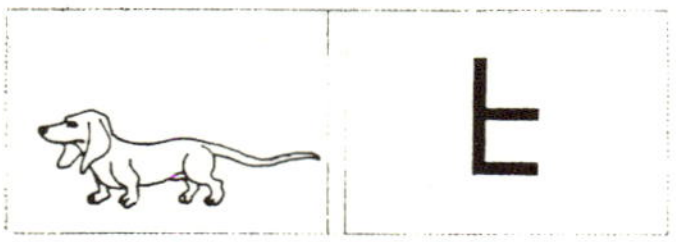

Welches Tier gehört zu dem nebenstehenden Anlaut?
←
Vergleichen Sie mit der gegenüber in *Abbildung 3* gezeigten Anlauttabelle!

Abbildung 2

Viele KollegInnen halten Anlauttabellen für eine vollständige Überforderung der Kinder am Schulanfang, weil sie sich selber von der Anzahl und Formenvielfalt der Zeichen erschlagen fühlen. Natürlich müssen die Kinder den Umgang mit der Tabelle erst einmal lernen und auch wissen, welche

Namen die abgebildeten Tiere haben. Aber im Gegensatz zu den LehrerInnen sind ihnen die meisten Buchstaben bereits bekannt – wenn auch nicht immer von ihrem Namen her, so doch oft als wiederkehrende grafische Form. Für diese Kinder wäre es ein Rückschritt in ihrem Lernen, würde man ihnen am Schulbeginn nur drei Buchstaben anbieten, die dann nach und nach, über das ganze erste Schuljahr hinweg, endlich zum kompletten Alfabet vervollständigt würden.
Im Anlaut-Domino werden den SpielerInnen hingegen alle Buchstaben angeboten, die man dann – je nach Kenntnisstand – entweder mit oder ohne das Hilfsmittel Anlauttabelle den entsprechenden Tierbildern zuordnen kann.
Bei diesem Spiel wird der detektivische Reiz deutlich, der darin steckt, den Lautwert einzelner Zeichen herauszufinden – und da geht es den LehrerInnen genau wie den Kindern. Am größten aber ist in diesen Spiele-Runden immer das Erfolgserlebnis der TeilnehmerInnen, wenn es Ihnen beim KLETTERMAX gelingt, mit der Anlauttabelle einzelne Wörter zu erlesen. Das klingt dann tatsächlich wie bei den Erstkläßlern, wenn sie mühsam Laut für Laut aneinanderreihen und schließlich von dem gedehnt gelesenen Wort S-OOO-N-EEE auf das normal gesprochene Wort SONNE kommen.
Unsere durch vielfältige Übung erworbenen Lesestrategien, die beim flüssigen Lesen gleichzeitig wirksam werden, nutzen uns beim Lesen in diesem fremden Zeichensystem zunächst nichts. Nur das synthetisierende Erlesen

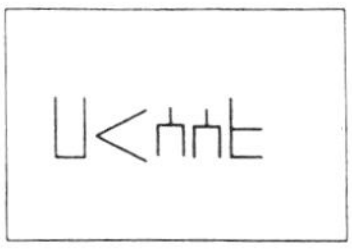

Abbildung 3: Die Anlauttabelle für Erwachsene ist alfabetisch von oben nach unten organisiert. Mehrgliedrige Grafeme sind extra abgebildet. Können Sie mit Hilfe der links abgebildeten Anlauttabelle erschließen, wie das Domino-Wort rechts heißt?

steht uns dann zur Verfügung, und man kann sich gut vorstellen, daß es einer hohen Motivation bedarf, um diesen mühseligen und langwierigen Lernprozeß bis zum »flüssigen und sinnentnehmenden Erlesen kurzer, altersangemessener Texte« – denn das ist das Ziel des Leselehrgangs – auf sich zu nehmen.

In diesen Spiele-Runden werden noch viele andere Probleme des Lesenlernens sichtbar. Sie verhelfen den LehrerInnen dadurch zu einer anderen Perspektive und zu mehr Verständnis für die Lernschwierigkeiten der Kinder.

Aber auch etwas anderes wird deutlich: Alle Menschen – ob Kinder oder Erwachsene – gehen unterschiedlich um mit solchen Anforderungen, wie sie durch die Spiele gestellt werden.

Einige finden es reizvoll, sich den Schwierigkeiten zu stellen und arbeiten zielstrebig an der Lösung der Aufgaben; andere lassen sich schnell entmutigen und müssen von den MitspielerInnen immer wieder zum Weitermachen animiert werden. Auch das Tempo ist in den Spielgruppen sehr unterschiedlich: einige sind schon fast fertig, wenn andere gerade erst angefangen haben.

Solche Selbsterfahrungen können Anlaß für die LehrerInnen sein, die Form und das Angebot des eigenen Unterrichts zu überdenken (vgl. auch *S. 267ff.*).

Hans Brügelmann

Zehn Jahre Kinder auf dem Weg zur Schrift

Persönliche Rück- und Ausblicke

Fehler sind nicht schlimm. Sie sind Vorformen des Könnens auf allen Stufen der Rechtschreibentwicklung.

Diese zentrale Botschaft unseres Projekts wollen wir in diesem Buch begründen und differenzieren: mit Erfahrungen aus zehn Jahren empirischer Forschung und pädagogischer Reform des Grundschulunterrichts.

Zehn Jahre Kinder auf dem Weg zur Schrift? Fibeln sind auf ein Jahr hin angelegt. Richtlinien erwarten, daß zumindest der Leselehrgang am Ende der zweiten Klasse abgeschlossen ist: *Am Ende der Klasse 2 müssen alle Kinder kurze, kindgemäße Texte lesen, verstehen und vorlesen können (Richtlinien Sprache NW, 1985, 30).*

Danach gerät das *Lernen* des Lesens und Schreibens nur noch als LRS und »Legasthenie«, also beim Scheitern von Kindern im Anfangsunterricht, in den Blick. Diese Sichtweise greift zu kurz.

In den USA zum Beispiel wird Leseförderung systematisch bis in die Sekundarstufe hinein betrieben. *Comprehension,* also Textverständnis, und damit Lesefähigkeit nicht nur als Ziel, sondern als Medium des Lernens spielen eine große Rolle in der US-amerikanischen Forschung, Didaktik und im Unterricht.[1]

Aber auch nach vorne, ins Vorschulalter, ist die Perspektive zu verlängern: *emergent literacy,* »Schriftspracherwerb durch Schriftsprachgebrauch« *(Kochan)* ist eine neue Sicht auf das Lesen- und Schreibenlernen von Kindern, dessen Anfänge weit vor Schulbeginn angesiedelt werden.[2]

In diesem Buch untersuchen wir Erfahrungen mit Schrift vom zweiten bis zum zwölften Lebensjahr. Dies ist die Mindestspanne für die Entwicklung einer Lese- und Schreibfähigkeit, die zu selbständigem Umgang mit Texten befähigt. Einige Beiträge weisen sogar darüber hinaus, bis ins Erwachsenenalter. Denn jeder Gegenstandsbereich (z. B. Technik oder Recht), jede Textsorte (z. B. Kursbuch oder Landkarte) stellen ihre eigenen Anforderungen an schriftsprachliches Können.

---

1 *Crismore (1985); Pearson (1985); Singer/Dolan (1988).* Im deutschsprachigen Raum beschränkt sich diese umfassende Perspektive auf das Verfassen von Texten: *Antos/Krings (1989); Augst/Faigel (1986); Baurmann (1994); Baurmann/Brede-Rettenberg (1988); Baurmann/Ludwig (1985); Bergk (1994b); Feilke (1993 a+b; 1994b); Ludwig (1983; 1988); Molitor (1988); Spitta (1985; 1992).*

2 *Hall (1987); Strickland/Morrow (1989); Schneider/Brügelmann/Kochan (1990); Teale/Sulzby (1986).*

»Kinder auf dem Weg zur Schrift«: Ein kleines Projekt wird groß

Zehn Jahre *Kinder auf dem Weg zur Schrift,* das ist auch die Geschichte eines Projekts, dessen Vorstudien 1980 begannen und das 1983 mit dem gleichnamigen Buch öffentlich wirksam wurde. Seine Wurzeln aber reichen viel weiter zurück: in meiner eigenen Biografie bis 1975, als ich in der *Arbeitsgruppe Leseförderung* des Projekts EVI CIEL mit *Dietlind Fischer* erste Untersuchungen zum Lesen als konstruktivem Zugriff auf Texte durchführte. Allgemeiner sogar bis 1971–73, als ich gemeinsam mit *Heinrich Bauersfeld, Horst Rumpf* und anderen versucht habe, unter dem Stichwort »offenes Curriculum« alternative Konzepte zum lernzielfixierten Lehrgangsunterricht zu entwickeln. Der Deutsche Bildungsrat hat diese Überlegungen aufgenommen, aber für die Praxis blieben sie damals fast folgenlos – vor allem in den Kernbereichen lehrgangsorientierten Unterrichts: dem Lesen, Schreiben und Rechnen.[3]

Grundgedanken lassen sich zurückverfolgen bis in die Reformpädagogik der 20er Jahre und in verwandte Ansätze bei PädagogInnen anderer Länder wie *Dewey, Freinet, Montessori,* ja noch weiter bis zu *Pestalozzis* »Wohnstube« und in fachdidaktischer Hinsicht bis zu *Rousseau,* der im »Emile« bereits ein *Lesenlernen aus Interesse* favorisiert hat.

Zu Beginn meiner pädagogischen Arbeit, Ende der 60er und Anfang der 70er Jahre ging der Trend jedoch in eine ganz andere Richtung: operationalisierte Feinziele, kleinschrittige Auflösung von Inhalten, methodisch durchgeplante Unterrichtsprogramme, Überprüfung des Lernerfolgs anhand von testbaren Teilleistungen. *Correll (1967)* propagierte einen maschinell programmierten Erstleseunterricht für Vierjährige, *Biglmaier* veröffentlichte 1972 seine »programmierten Übungen« zum »Westermann Lesebuch 1«, und *Schmalohr* analysierte die »grundlegende Lesefähigkeit« in hierarchisch geordnete »Komponenten«, denen anschließend kleinstschrittig gegliederte Aufgaben und Übungen zugeordnet wurden (publiziert 1971/72 als »Lese-Angebot«).[4]

Der Einwand, eine *Öffnung des Unterrichts* sei allenfalls in ästhetischer Erziehung, vielleicht auch noch im Sachunterricht denkbar, aber nicht für die grundlegenden Lernprozesse im Anfangsunterricht, machte nicht nur mir zu schaffen.

So wurde das Erscheinen von »Kinder auf dem Weg zur Schrift« von vielen als Durchbruch zu einer grundlegend neuen Sicht kindlichen Lernens, zu einer *Piagetschen Wende* der Lese- und Schreibdidaktik empfunden. Übersehen wurde dabei oft, daß dieses Buch allenfalls eine Zwischenbilanz von Arbeiten anderer war, vor allem von empirischer Forschung aus dem angel-

---

3 *Brügelmann (1972); Deutscher Bildungsrat (1974); Brügelmann/Fischer (1977); AG Leseförderung (1977; 1978).*

4 *Correll (1967); Schmalohr/ Fehrmann (1972); Schmalohr (1973); Biglmaier (1972).*

sächsischen Raum.[5] Nicht minder wichtig für meine Konzeption waren Praxisversuche aus den 70er Jahren. Für den Lese- und Schreibunterricht fand ich *(1973)* konkrete Ansätze zunächst im englischen »Breakthrough to Literacy«, im »PZ-Lehrgang« (beide 1970) und später in vereinzelten Berichten über alternative unterrichtspraktische Versuche in Vorschule und Grundschule.[6]

Fehler: Fenster der Denkwelt – nach innen wie nach außen

Schrifterfahrungen von Kindern vor der Schule gerieten damals jedoch nur in der Perspektive »Frühlesen« in den Blick – dem Zeitgeist entsprechend meist mit dem Anspruch frühkindlicher Intelligenzförderung. Doch die methodischen Formen isolierten Trainings stießen zunehmend auf Kritik. Zu Recht wehrte sich der Kindergarten gegen eine solche Verschulung seiner Arbeit. Leider führte diese Auseinandersetzung dazu, daß der Umgang mit Schrift vor der Schule nahezu tabuisiert wurde und etwa *Günnewigs* Beobachtungen spielerischer Lese- und Schreibversuche im Vorschulalter kaum Resonanz fanden.[7]

Dieses über zehnjährige »Einfrieren« der Diskussion und der nur mit Mühe überstandene Methodenstreit zwischen »Ganzheitlern« und »synthetischer« Methode sind vermutlich die Ursache dafür, daß die Zuwendung zum Lernen der Kinder »auf dem Weg zur Schrift« vielerorts als befreiend empfunden wurde.

Es gibt inzwischen viele Berichte darüber, wie Kinder vor der Schule mit Schrift umgehen. Um 1980 kamen die interessantesten Arbeiten aus Nord- und Südamerika. Ich selbst verdanke am meisten den an *Piaget* orientierten Studien von *Emilia Ferreiro* und *Ana Teberosky* und den Arbeiten von *Jana Mason* und ihrer Gruppe am *Center for the Study of Reading* in *Urbana-Champaign/Illinois.*[8]

Auf *S. 35ff.* in diesem Buch beschreibt *Erika Brinkmann,* wie Lisa schreiben gelernt hat. Ihre Studie zeichnet sich dadurch aus, daß sie die vorschulischen Schreibversuche ihrer Tochter fast komplett dokumentiert hat und damit über einen datierten Schreibwortschatz von mehr als 1500 Wörtern verfügt. Er ermöglicht sehr genaue Analysen, wie sich die Schreibung einzelner Wörter oder bestimmter Rechtschreibmuster über die Zeit verändert (vgl. *S. 87ff.)* – ohne daß Lisa ausdrücklich belehrt worden ist. Und ein

---

5 *Melnik/Merritt (1972); D'Arcy (1973a+b); Reid/Donaldson (1977); Chapman/Czerniewska (1978); Downing (1979); Clay (1982); Anderson u. a. (1985); Wells (1985; 1986).*

6 *Heyer u. a. (1970); Mackay u. a. (1970); Hoenisch u. a. (1971); Brügelmann/Brügelmann (1973); Moeller-Andresen/de Haen-Schwarz (1973); Spitta (1973); Mauthe-Schonig (1979); Sennlaub (1980).*

7 *Doman (1966); Schwartz u. a. (1970b); Rüdiger (1971); Schmalohr (1973); Günnewig (1981); Hein-Ressel (1989); Neuhaus-Siemon (1991); Stamm (1993).*

8 *Ferreiro/Teberosky (1979); Mason (1981); Brügelmann (1984b); Temple u. a. (1982).*

zweites zeichnet *Erika Brinkmanns* Untersuchung aus: Sie hat – soweit möglich – Umstände und Besonderheiten der Schreibversuche erfaßt und nicht nur die Produkte analysiert.

Solche Untersuchungen sind oft mißverstanden worden, denn die beobachteten SpontanschreiberInnen oder FrühleserInnen wachsen unter privilegierten Umständen auf (»Professorenkinder«, vgl. *Böhm 1993, 50)*. Es geht aber nicht darum zu beweisen, Lesen- und Schreibenlernen sei eigentlich so einfach, daß man gar keinen Lese- und Schreibunterricht brauche. Die Intention dieser Berichte ist eine andere. Sie belegen, daß diese (im Unterricht sehr erfolgreichen) LeserInnen und SchreiberInnen vor der Schule dieselben Fehler machen, wie wir sie später bei ihren langsamer lernenden MitschülerInnen beobachten – und bei diesen nicht selten als Zeichen einer Lernschwäche mißverstehen.

In ihren Fehlern vereinfachen Kinder die komplexen Anforderungen des Lesens und Schreibens, und zwar meist nicht zufällig-blind, sondern in systematischer Weise. Und: Diese Vereinfachungen sind produktive Zwischenformen bei der allmählichen Annäherung an die Normschrift.

Mit dem Respekt vor der kindlichen Eigenaktivität bedeuten Stufenmodelle der Rechtschreibentwicklung einen Durchbruch in der Sicht von Fehlern – bei allen Unterschieden der Konzeptionen im Detail. Auch wir haben unser Modell seit 1982 immer wieder verändert; die aktuelle Fassung zum Rechtschreiberwerb stellen wir hier vor *(S. 44ff;* aus der »Ideen-Kiste zum Unterricht im Lesen und Schreiben der Grundschule«, wo sich auch ein entsprechendes Modell zum Lesenlernen findet).

Auch diese neue Sicht klang bereits in den 70er Jahren an. Uns bewegten vor allem die Ideen von *Kenneth Goodman* und *Frank Smith,* Lesen sei eine persönliche Deutungsleistung, die vielfältige Zugriffe auf den Text aktiviere – nicht nur das lautierende Entziffern von Buchstabenfolgen oder die individuelle Sinnerwartung an den Text. Entsprechend der langen Fibeltradition stand damals (im Anfangsunterricht wie in der Forschung) das Lesenlernen im Vordergrund des Interesses. So fand der Vorschlag von *Goodman,* Lesefehler als Ausdruck produktiver Deutungsversuche des Kindes zu verstehen (nicht vorrangig als Versagen), größere Aufmerksamkeit als die Beobachtungen von Spontanschreibungen. Gemeinsam mit *Dietlind Fischer* habe auch ich damals Kategorien zur Analyse von Verlesungen entwickelt – als Ausdruck von *Strategien* des Lesens und Ansatzpunkt für eine individuellere Förderung.[9]

Aus dieser Zeit stammen jedoch auch die ersten Berührungen mit den Untersuchungen zum »Spontanschreiben«, einem zentralen Thema unserer hier darzustellenden Arbeiten. Vermittelt durch den Sammelband von *Adolf Hofer (1976)* wurden wir aufmerksam auf Versuche, den Schriftspracher-

---

9 *Goodman (1965); (1976a+b); Smith (1971); Hofer (1976b+c); Arbeitsgruppe Leseförderung EVI CIEL (1977; 1978);* für die Rechtschreibung: *Ellis 1984.*

werb nicht vom Lesen, sondern vom Schreiben her zu untersuchen und zu fördern – eine fast kopernikanische Wende, die *Jürgen Reichen* mit seiner Anlauttabelle wenig später methodisch umgesetzt hat. *Carol Chomsky* und *Charles Read* waren die ersten, die bereits 1971 die Schreibversuche der Kinder als individuelle Konstruktionsleistungen begriffen und zugleich nach allgemeinen Mustern in ihrer Entwicklung suchten. Nur wenige Jahre später leisteten *Wolfgang Eichler* und *Karl-Heinz Castrup* ähnliche Pionierarbeit in Westdeutschland.[10]

Der Gedanke, die Rechtschreibentwicklung als Folge von Strategieveränderungen zu untersuchen und nicht bloß als quantitativen Zuwachs richtig geschriebener Wörter, ist im deutschsprachigen Raum also bereits Mitte der 70er Jahre diskutiert worden. Eine breitere Resonanz fanden Entwicklungsmodelle aber erst Anfang der 80er Jahre.[11]

Mit ihnen korrespondierten erste didaktisch-methodische Übersetzungen (z. B. in den Beiträgen zum Sammelband von *Bergk/Meiers 1985).* Sie konnten auf wichtige Vorarbeiten zurückgreifen, die sich aus praktischen Versuchen an ganz verschiedenen Orten entwickelt hatten.[12.]

Dieser kurze Exkurs hat nicht nur wissenschaftsgeschichtliche Bedeutung. Er macht deutlich, daß »Kinder auf dem Weg zur Schrift« kein Neuanfang, sondern vielmehr eine vorläufige Zusammenfassung in einem Forschungs- und Reformprozeß war, der bereits Jahre vorher in Gang gekommen ist. Zugleich möchte ich diejenigen, die Mitte oder Ende der 80er Jahre den Entwicklungsgedanken »entdeckten«, an einige unserer VordenkerInnen erinnern, auf deren Schultern wir gemeinsam stehen.

Heute findet die Vorstellung, Fehler seien Ausdruck konstruktiver Leistungen des Kindes, auch außerhalb des Lesen- und Schreibenlernens (wieder) Beachtung. Im mathematischen Bereich sind es vor allem KollegInnen um *Heinrich Bauersfeld* in Bielefeld und im Dortmunder Projekt »Mathe 2000«, die den Denkwegen der Kinder mit Verständnis und Respekt nachspüren.[13]

Doch zurück zu Lisa. Fallberichte wie die Studie von *Erika Brinkmann* werden oft auch in einer anderen Hinsicht mißverstanden: Zwar wird akzeptiert, daß einige Kinder vor der Schule lesen und schreiben lernen, die anderen aber – so die Einstellung von Lehrgängen und LehrerInnen gleichermaßen – kommen zusagen »unschuldig« in die erste Klasse.

---

10 *Chomsky (1971); Read (1971); Eichler (1976); Castrup (1978); Reichen (1982).*

11 *Kochan (1981); Brügelmann (1983); u. a. (1984); Dehn (1983); Eichler (1984); (1985a+b); (1986); Günther (1984); (1986b); Spitta (1985); Valtin u. a. (1986).*

12 Neben den bereits Genannten: *Balhorn u .a. (1981); Mauthe-Schonig (1979); u. a. (1986); Sennlaub (1980); u.a. (1979); Spitta (1973); u. a. (1981); Erichson (1986).*

13 *Freudenthal (1973); Bauersfeld (1983b; 1990; 1993); Wittmann/Müller (1991; 1992); Maier/Voigt (1971); Hengartner (1992) und Röthlisberger (1994); Balhorn/Brügelmann (1993); Spiegel (1993); Selter (1994).*

Keine »Stunde Null« – deshalb auch kein gemeinsamer Start

Bereits 1980 veröffentlichten *Peter Rathenow* und *Jochen Vöge* die Ergebnisse ihrer Erhebungen zum Schulanfang. Sie zeigten, daß fast alle Schulanfänger über Schriftkenntnisse verfügen. Zugleich wurde deutlich, daß diese Erfahrungen über ein sehr breites Spektrum streuen. In unseren Anschlußuntersuchungen haben wir diese Befunde in vielfältiger Weise ergänzt und vertieft. Vor allem ging es uns darum zu zeigen, daß Kinder sich nicht nur in Fertigkeiten und Kenntnissen unterscheiden, sondern daß sie auch verschiedene *Konzepte* aus ihrem naiven Umgang mit Schrift entwikkelt haben, daß sie sich also auf verschiedenen Stufen der Denkentwicklung befinden (vgl. meinen Beitrag *S. 82ff.).*[14]

Sigrun Richter hat in ihrem Längsschnitt der Rechtschreibentwicklung in Klasse 1 und 2 einige unserer Aufgaben zum Schulanfang noch einmal in der Breite eingesetzt. Wir berichten *S. 62ff.* gemeinsam über Möglichkeiten, einen Zugang zu den vorschulischen Schrifterfahrungen der Kinder zu finden – und an diesen anzuknüpfen.

Welche Bedeutung die vorschulischen Schrifterfahrungen für den Erfolg im Lese- und Schreibunterricht haben, ist von *Richter* bei mehr als 400 SchulanfängerInnen über vier Stationen hinweg bis zur Mitte des zweiten Schuljahres untersucht worden. Ihr wichtigster Befund:[15]

Es gibt geradezu dramatische Unterschiede zwischen einzelnen Kindern, aber auch zwischen ganzen Klassen – sowohl im Hinblick auf ihre schriftsprachlichen Voraussetzungen am Schulanfang als auch im Hinblick auf ihre unterschiedliche Entwicklung bei ähnlichen Voraussetzungen.

Wie wichtig es ist, den Unterrichtskontext in den Blick zu nehmen, wird in einem anderen Beitrag von *Sigrun Richter* deutlich *(S. 109ff.).* Der Perspektivenwechsel vom Gruppenblick zur Sicht auf das einzelne Kind, den die Entwicklungsmodelle durchgesetzt haben, ist zu ergänzen durch eine »ökologische« Einbettung der individuellen Lernbiografie in den sozialen Kontext.[16]

Aus ihren Fallstudien in zwei Klassen ist besonders die Beobachtung interessant, daß die beiden LehrerInnen trotz sehr unterschiedlichen methodischen Vorgehens ihre Klassen im Bereich der Rechtschreibung überdurchschnittlich voranbringen. Dieser Befund, daß verschiedene Konzepte die Rechtschreibentwicklung ähnlich gut befördern *können,* hat sich in unserem »Schreibvergleich BRDDR« bestätigt (vgl. *S. 129ff.).*

Wir halten diesen Gedanken auch pädagogisch für zentral: Es sind nicht spezifische Methoden, die Lernerfolg sozusagen *technisch* garantieren, sondern es sind die Lernumgebung, der pädagogische Stil, die »Lebens-

---

14 *Rathenow/Vöge (1980; 1982); Rathenow (1987); Brügelmann (1986) u. a. (1988); (1989); Valtin u. a. (1986).*

15 *Brügelmann/Richter (1991); Richter (1992); Richter/Brügelmann (1992).*

16 *Brügelmann (1989d); Brügelmann/Richter (1991); Richter (1992b; 1993).*

welt« Schule, die für das Lernen der Kinder eine zentrale Bedeutung haben (s. unten »Klassenzimmer als ›Welten der Schrift‹«).
Im Blick auf die größeren Schwierigkeiten von Jungen beim Schriftspracherwerb sind wir dieser Frage gesondert nachgegangen. Wir haben angeschlossen an *Peter Mays* Untersuchungen zum Einfluß der inhaltlichen Bedeutsamkeit von Wörtern (für Jungen vs. Mädchen) auf die Rechtschreibleistung. Unsere bisherigen Studien stützen die These des Spracherfahrungsansatzes, daß die persönliche Bedeutung von Wörtern Einfluß auf ihre ortografische Aneignung hat.[17]

Lernen: Sprunghafter oder gradueller Zuwachs?

Angefangen haben unsere Rechtschreibuntersuchungen mit einer kleinen Studie »Deutung von Rechtschreibfehlern«, in der wir versuchten, von bloßen Fehlerzählungen und einer Gruppierung nach Oberflächenähnlichkeit zu einer Erklärung der kognitiven Teilprozesse zu kommen.[18]
Dabei stützten wir uns auf Vorläuferarbeiten in der DDR und im angelsächsischen Bereich. In Anlehnung an die didaktischen Fördervorschläge von *Kossow* vor allem, an die hirnphysiologisch fundierten Analysen von *Luria* und an psychologische Studien und Modelle in dem wegweisenden Sammelband von *Frith* haben wir für die Kategorisierung der Fehlschreibungen eine Folge von »Stufen« des Zugriffs auf die Ortografie beschrieben. Dies war die Grundlage für unsere differenzierteren Entwicklungsmodelle der nachfolgenden Jahre, in deren Formulierung weitere Anregungen aus süd- und nordamerikanischen Untersuchungen bzw. Modellen und aus anderen Syntheseversuchen (z. B. von *Gerheid Scheerer-Neumann)* eingingen und die durch unsere eigenen Studien im deutschsprachigen Raum differenziert wurden.[19]
Die Anerkennung von Fehlern als konstruktive Versuche des Kindes, seine Schrifterfahrung zu ordnen, stellt die eigentliche *Piagetschen Wende* der Lese- und Schreibdidaktik dar. Aus der Einsicht, daß Lesen- und Schreibenlernen *eigenaktive Organisation von Erfahrung mit Schrift* ist, folgt nämlich, den Schriftspracherwerb als nicht nur graduellen Zuwachs an Wissen und Können, sondern als *qualitativ gestufte Umorganisation* von Konzepten und Strategien zu begreifen.
Der Begriff »Denkentwicklung« (entwickelt vor allem im Anschluß an *Reids* Untersuchungen und *Downings* theoretische Modellierungen) meint

---

17 *Ashton-Warner (1963); May (1992b); May/Brügelmann/Richter (1993); Richter/Brügelmann (1994)*
18 *Brinkmann/Brügelmann (1982); Brügelmann (1983, Kap. 31); s. a. Balhorn (1985; 1989)*
19 *Read (1971); Luria (1973); Kossow (1976), Ferreiro/Teberosky (1979); Frith (1980); Henderson/Beers (1980); Marsh u. a. (1980; 1981); Gentry (1982); Temple u. a. (1982): Brügelmann (1983; 1989); u. a. (1984); Frith (1985); Ehri (1987); Brinkmann/Brügelmann (1993); Scheerer-Neumann (1982; 1983a+b).*

zunächst einmal: Kinder suchen nach Erklärungen dafür, wozu Schrift (funktional) gut ist und wie sie (technisch) »tickt«.[20] Programmatisch habe ich diese Sicht in dem Aufsatz »Lesen- und Schreibenlernen als Denkentwicklung« *(1984)* begründet; einerseits mit der unzureichenden Vorhersagekraft von schriftunspezifischen Leistungen wie visuelle und auditive Wahrnehmung, Testintelligenz, Sprachentwicklung, zum anderen mit hoffnungsvollen Ergebnissen angelsächsischer Studien, z. B. von *Clay, Downing, Mason u. a., Wells/Raban.* Vor allem *Ferreiro/Teberosky* haben aus ihren Interviews von Kindern Belege für solche *expliziten* Theorien über die Beziehung von Sprache und Schrift vorgelegt.
Solche bewußten Theorien sind aber nur die eine Seite der Rechtschreibentwicklung. Insofern ist der Begriff »Denkentwicklung« nicht unproblematisch – jedenfalls wenn er verstanden wird als eine durchgängig *bewußte* Auseinandersetzung mit Schrift.
Unabhängig von solchem Nach-Denken der eigenen Erfahrung zeigen die Lese- und Schreibversuche der Kinder jedoch *implizite* Muster, die auf eine unbewußte Ordnung von Schrifterfahrung schließen lassen. Fehler, die Kinder machen, sind nicht zufällig. Viele lassen sich darauf zurückführen, daß unsere Gehirne Erfahrungen eigenaktiv ordnen und versuchen, in diesem Sinne stimmig zu handeln.
Die Beziehung zwischen der impliziten und der expliziten Dimension unserer Wahrnehmung und Denkorganisation ist für mich bis heute ein Problem. Umstritten ist diese Beziehung bereits in theoretischer Hinsicht (vgl. auch die analoge Kontroverse zwischen symbolverarbeitenden Regelsystemen vs. Netzwerkmodellen mit »verteilter Bedeutung« in der Computerforschung zur »künstlichen Intelligenz«).[21]
In der Diskussion über Entwicklungsmodelle wurde in letzter Zeit vor einer »Verdinglichung« von Stufen gewarnt. Die Beobachtung zunehmender Einsichten in die Logik der Schrift, also der Lernschritte von Kindern, dürfe nicht in Form von *allgemeinen* Stufen zu sehr vereinfacht und dann sozusagen »von außen« den verschiedenen Kindern als gemeinsame Lehrgangsfolge vorgeschrieben werden. Zudem dürfen Stufenmodelle nicht zu didaktischen Schubkästen werden. Die Schreibweisen eines Kindes folgen oft unterschiedlichen Strategien, z. B. in Abhängigkeit von der Schwierigkeit und Vertrautheit einzelner Wörter.
Insofern wird eine flexiblere Vorstellung von »Zugriffen«, die auch nebeneinander wirksam werden können, erforderlich (in meinem Bild: vom »Treppen-Modell« zum »Stern-Modell«). Entwicklung bedeutet dann eine

---

20 *Reid (1966); Reid/Donaldson (1972); Downing (1979).*

21 Vgl. z. B. zum letzteren Ansatz: *Seidenberg/McClelland (1989a); Rumelhart/McClelland (1986); Sejnowski/Rosenberg (1988);* kritisch dazu: *Pinker/Prince (1988); Norris (1990b);* s. auch den Versuch, Fortschritte beim Schriftspracherwerb über ein neuronales Netz zu modellieren in: *Carmesin/Brinkmann/Brügelmann (1994).*

Verschiebung der Gewichte im Rahmen eines Repertoires verschiedener Lese- oder Schreib»taktiken« im Rahmen einer übergreifenden Strategie. Sie läßt sich als Veränderung des Profils der Strategie beschreiben.[22]
Unterrichtspraktisch hat die Frage nach der »Bewußtheit« von Strategien eine große Bedeutung für die Frage, wie die »innere Regelbildung« *(Eichler)* gestützt werden kann: Soll man Kinder über die Begegnung mit vielfältigen Schrift«modellen« ortografische Muster sozusagen »versteckt« lernen lassen (und in welchem Maße können sie dies ohne bewußte Regelkenntnis tun)? Oder soll man Muster explizit machen, und kann man ihnen über die Erklärung der Systemlogik Umwege und Irritationen ersparen? Wir gehen dieser Frage zur Zeit in unserem Projekt »Mikroanalysen der Rechtschreibentwicklung« (MARE-1) nach, in dem wir die Schreibentwicklung von DrittkläßlerInnen über einige Wochen hinweg von Tag zu Tag beobachten und auf Ereignisse im Unterrichtskontext beziehen (s. a. *S. 185ff.).*[23]
Die empirische Grundlage der Entwicklungsmodelle sind meist Fallstudien. Dies liegt nahe, weil erst die genaue Betrachtung einzelner Schreibversuche und ihre Analyse im Längsschnitt die qualitativen Veränderungen sichtbar gemacht haben (vgl. unten *Brinkmann S. 35ff., 187ff.* und *Richter S. 109ff.).* Aber anekdotische Beobachtungen und selbst sorgfältige Lernbiografien einzelner Kinder lassen die Frage offen, ob wirklich *alle Kinder* auf diese Weise lernen.[24]
Wir haben deshalb in unserem Projekt drei Erhebungen mit einer größeren Zahl von Kindern und – fast noch wichtiger – mit Klassen, die nach ganz unterschiedlichen Methoden unterrichtet wurden, durchgeführt: zweimal mit je 250 Schulanfängern und ein drittes Mal mit mehr als 400 Kindern. Neben dem Hamburger Längsschnitt von *Peter May u. a.* sind dies die einzigen empirischen Untersuchungen, die Veränderungen ortografischer Zugriffe in der Breite untersucht haben.
Die wichtigsten Befunde fassen wir auf *S. 93ff.* zusammen. Über die Einsichten aus den ersten beiden Studien berichte ich anschließend auf *S. 102ff.* Sowohl der Vergleich der Gruppendaten als auch die Entwicklung einzelner Kinder belegen den sprunghaften Wechsel von Verschriftungsstrategien. Und alle Kinder machen Fortschritte – allerdings unterschiedliche, je nach ihrem individuellen Entwicklungsstand. Dies ist die frohe Botschaft dieser Untersuchungen. Die bittere Einsicht ist, daß diese Fortschritte nicht zu einer Angleichung der Anfangsunterschiede führen, daß sie zudem dem einzelnen Kind im gleichschrittigen Klassenunterricht wenig Anerkennung eintragen und daß gerade die langsamen LernerInnen nur selten Lernange-

---

22 *Dehn (1990d); Brügelmann (1991e); May (1993).*

23 *Bergk (1981; 1983); Eichler (1985b); (1991b); Kochan (1987); Brinkmann/Brügelmann (1991e); Röber-Siekmeyer (1993).*

24 *Bissex (1980); Baghban (1984); (1987); Blumenstock (1986); Gaber/Eberwein (1986); Scheerer-Neumann/Brügelmann/Kretschmann (1986).*

bote finden, in die sie sich auf ihrem Entwicklungsstand »einklinken« können. Die zentrale Hypothese unserer MARE-Studien ist: Die Selbstorganisation von Erfahrung im Kopf der Kinder läßt sich nicht durch systematische Instruktion umgehen. Diese kann Material in förderlicher Weise vor-strukturieren, sie kann umgekehrt auch das Verständnis der Schriftlogik erschweren. Aber sie kann dem Kind nicht ersparen, Beispiele selbst »auf die Reihe zu bringen«. Und dieser Prozeß vollzieht sich über Zwischenstufen, die bestimmte Aspekte des Schriftsystems (Lautbezug, Rechtschreibmuster) übergeneralisieren.

Die naheliegende Folgerung, man brauche Kindern nur Raum zum »Wachsenlassen« zu geben, hat allerdings ihre Tücken (vgl. die Diskussion der oft mißverstandenen Analogie zum Lautspracherwerb auf *S. 53ff.*). Wichtig ist, die Aufmerksamkeit der Kinder für Schrift zu gewinnen und sie über geschickte Impulse zum Nachdenken ihrer Erfahrung anzuregen (vgl. die »Tips« auf *S. 60ff.*).

Rechtschreibentwicklung im Unterricht

Vor allem in unserem »Schreibvergleich BRDDR« hat uns beschäftigt, welche Unterrichtsbedingungen die Rechtschreibentwicklung fördern können. Die interessantesten Ergebnisse: Im Diktat sind die Stichproben »Ost« den Stichproben »West« von der ersten bis zur vierten Klasse überlegen, wobei sich der anfangs erhebliche Unterschied allerdings verringert. Im freien Schreiben dagegen liegen die Fehlerquoten von Klasse 2 bis 4 durchgängig auf vergleichbarem Niveau. Der erheblich größere Unterrichts- und Übungsaufwand im Rechtschreibunterricht der ehemaligen DDR scheint also – selbst für diesen begrenzten Zielausschnitt – nicht so zu Buche zu schlagen, daß dafür guten Gewissens Unterrichtszeit zu Lasten anderer Ziele geopfert werden könnte.

Für die aktuelle didaktische Diskussion sind drei Fragen wichtig:

1.Was bringt freies Schreiben?

Die wichtigsten Argumente für freies Schreiben sind zunächst allgemeinpädagogisch: Schreiben hilft Kindern, inhaltlich zu verarbeiten und anderen mitzuteilen, was sie beschäftigt (vgl. *S. 95ff., 177ff., 232ff., 250ff.*). Das selbständige Verschriften der eigenen Sprache hat darüber hinaus auch direkt Bedeutung für das Eindringen in den Aufbau der alfabetischen Schrift.

Zwei Befunde aus unseren Erhebungen stützen diese These: Schweizer Kinder, die nach *Jürgen Reichens* Ansatz »Lesen durch Schreiben« unterrichtet wurden, schreiben am Ende der ersten Klasse auf einem höheren ortografischen Niveau als westdeutsche »Fibelkinder« und fast so viele Wörter richtig wie ErstkläßlerInnen in der DDR (vgl. *S. 129ff., 135ff.*). Aus der Stichprobe »West« zeigen diejenigen Klassen die besten Rechtschreibleistungen am Ende der Grundschulzeit, in denen freies Schreiben von Anfang an eine wichtige Rolle gespielt hat *(S. 129ff.)*. – Allerdings können wir nach dem verwendeten Design aus unseren Studien (noch?) nicht schließen, freies Schreiben allein sei verantwortlich für diesen Erfolg. In den betreffenden Klassen gab es z. B. ergänzende Arbeitsformen, die wichtig sind (vgl. auch *S. 208ff.)*.

2. Welche Bedeutung kommt der Grundwortschatzarbeit zu?
In unserem »Schreibvergleich BRDDR« haben die Klassen der Stichprobe »Ost« durchgängig besonders gute Rechtschreibleistungen erbracht *(S. 129ff.)*. In ihrem Unterricht spielte die systematische Übung eines Mindestwortschatzes eine wichtige Rolle, und innerhalb dieses Übungswortschatzes zeichnet sich auch am ehesten eine Überlegenheit gegenüber der Stichprobe »West« und den Schweizer Klassen »Lesen durch Schreiben« ab. Praktisch bedeutsam ist sie auch nur im Diktat, nicht beim freien Schreiben. Daraus folgt die Frage, was an diesem Ansatz ausschlaggebend ist: die Auswahl *bestimmter häufiger Wörter* als Gegenstand der Übung oder die *Konzentration der Analyse und Wiederholung* auf einen begrenzten Wortschatz?
In dieser Frage haben unsere Analysen einige bedeutsame Grenzen für eine Konzentration des Rechtschreibunterrichts auf allgemein häufige Wörter aufgezeigt (vgl. *S. 149ff.):*
– Es gibt Unterschiede in der Häufigkeit und Verwendungsbreite von Wörtern, aber nur wenige Wörter, die so viele Kinder häufig gebrauchen, daß sie sich als Schnittmenge eines gemeinsamen Übungswortschatzes anbieten.
– Beim freien Schreiben greifen Kinder nur begrenzt auf Wörter aus dem Mindestwortschatz zurück. Oft überdies in abgeleiteten Formen, die besondere Rechtschreibschwierigkeiten aufwerfen, also zusätzlich zu den 1000 bis 1500 Grundwörtern erarbeitet werden müßten.
– Die beim freien Schreiben häufig verwendeten Wörter aus dem Mindestwortschatz kommen vorrangig aus einem engen Bereich, der 200–300 Funktionswörter und weitere 100–200 Inhaltswörter umfaßt. Allenfalls in diesem Umfang läßt sich ein gemeinsamer Übungswortschatz rechtfertigen.
– Auch nur in diesem engen Bereich unterscheidet sich die Fehlerquote bedeutsam von nicht geübten Wörtern: 5% Fehler innerhalb des Kernbereichs des Grundwortschatzes stehen jeweils rund 20% im Außenbereich des Grundwortschatzes *und bei nicht geübten Wörtern* gegenüber.
Diese Befunde sprechen nicht gegen ein wiederholtes Schreiben ausgewählter Wörter, wohl aber dagegen, daß diese Auswahl über verschiedene Kinder oder gar Klassen hinweg in einem generellen »Mindestwortschatz« verbindlich gemacht werden kann. Wir haben deshalb ein differenziertes Konzept für den Rechtschreibunterricht in der Grundschule entwickelt, das verschiedene Komponenten einschließt (vgl. zusammenfassend *S. 208ff.)*.

3. Wie sollen Kinder an die Systematik der Rechtschreibung herangeführt werden?
In einem ersten Zugriff hat *Martina Otto (1991)* an einer Teilstichprobe von Rostocker Kindern untersucht, wie sich die Schreibweisen im freien Text zu denen im Diktat verhalten. Ihr Ergebnis: Der Unterricht mit dem Mindestwortschatz hat einen Transfer über den Übungsbereich hinaus, aber dieser ist sowohl an einzelne Wörter als auch an einzelne Rechtschreibmuster gebunden.
In unserem Projekt »Mikroanalysen der Rechtschreibentwicklung« haben wir darüber hinaus von Kind zu Kind sehr verschiedene Entwicklungskurven beobachtet. Bereits *Bohnenkamp* stellte in seiner vergleichenden Fallstudie von zwei Förderkindern fest, daß u. a. der Entwicklungsstand des Kindes die Wirkung gleichartiger Förderangebote sozusagen »bricht« (s. *S. 193ff.* und ergänzend die Illustration dieses Phänomens am Beispiel »Fahrrad« in *May 1990c, S. 248* und *Eichler/Thomé 1994).*[25]
Bohnenkamp hat zwei Kinder mit Rechtschreibschwierigkeiten über vier Monate hinweg gefördert und ihre Schreibversuche von Sitzung zu Sitzung dokumentiert. Die Förderung hatte zwei Schwerpunkte: Einübung einzelner häufiger Wörter aus dem Grundwortschatz und Einführung von zwei Rechtschreibmustern (Längezeichen »-h« und Konsonantenverdopplung). Bei den Rechtschreibmustern kam es zu den erwarteten Übergeneralisierungen, wie sie für die Einsicht in neue Strukturen beim Spracherwerb und Schrifterwerb gleichermaßen typisch sind.
Interessant ist aber eine zweite Beobachtung *Bohnenkamps:* Trotz zunehmender Zahl der Richtigschreibungen *insgesamt* war die Entwicklung auf der Ebene einzelner Wörter nicht linear: Einige Wörter wurden trotz Übung weiter falsch geschrieben, während andere bereits nach dem ersten Mal konsequent richtig geschrieben wurden; zum Teil wurden Wörter nach der ersten Richtigschreibung (wie erhofft) weiter richtig geschrieben, während bei anderen neue Fehler oder nach einigen Richtigschreibungen die alten Fehler wieder auftauchten.
Diese Übersichten zur wechselnden Schreibweise einzelner Wörter von Sitzung zu Sitzung verdeutlichen, wie kompliziert die Beziehung zwischen »im Unterricht gelernt« und »in der Anwendung gekonnt« ist und daß Lernen nicht als additiver Zuwachs intakter Wissensbausteine begriffen werden kann, sondern deren ständige Umorganisation und Veränderung einschließt. Damit stützt diese Studie die These, daß sich die von *Erika Brinkmann* vor der Schule und von *Peter May* (allerdings bisher nur im halbjährlichen Abstand) beobachteten Selbstorganisationsprozesse auch auf der Mikroebene systematischer Förderung finden.
Wir schlagen deshalb ein umfassenderes Konzept der Förderung vor (vgl.

25 *Bohnenkamp (1990); Otto (1991); Bohnenkamp (1993b); Brinkmann (1993e).*

S. 44ff.). Die dort vorgeschlagene »Öffnung« des Anfangsunterrichts läßt sich inhaltlich über eine »didaktische Landkarte« strukturieren (vgl. *S. 68f.).* Zum anderen verlangt sie nach einer sozialen Rahmung der Aktivitäten, damit diese nicht als bloß technische Tricks mißdeutet werden.

Klassenzimmer als »Welten der Schrift«

Nach 500 Jahren fast selbstverständlicher Fibel-Herrschaft über den Anfangsunterricht haben die letzten 20 Jahre zunächst zaghaft, dann mit zunehmendem Tempo die pädagogische Landschaft verändert. Auf die VorläuferInnen aus den 70er Jahren und in der Reformpädagogik habe ich bereits hingewiesen.
Impulse aus dem angelsächsischen Raum vermittelte *Jörg Ramsegers* früher Bericht über die US-amerikanische Schulkritik. Er erinnerte an die Versuche von *George Dennison, James Herndon, Paul Goodman, John Holt, Herbert Kohl, Jonathan Kozol,* das Lesen- und Schreibenlernen an die Erfahrungen und Handlungsbedürfnisse der Kinder im außerschulischen Alltag anzubinden. Die Alfabetisierung von südamerikanischen Erwachsenen durch *Paulo Freire* und *Sylvia Ashton-Warners* »Schlüsselwort«-Methode in der Arbeit mit den Maori-Kindern in Neuseeland folgten ähnlichen Prinzipien, bei uns in die fachdidaktische Diskussion eingeführt von *Ruth Gümbel.*[26]
Für unser Projekt haben wir diese Gedanken in der Formel »vom Lehrgang zum Lernraum« gefaßt. Sie ist wörtlich zu verstehen als didaktisch-methodische Umgestaltung des Klassenzimmers in ein Milieu, das »zum Schreiben einlädt« *(Gudrun Spitta 1987).* Pädagogisch zielt die Vorstellung eines Lernraumes aber tiefer: Sie soll Kindern »Raum schaffen«, um ihren eigenen Wegen zur Schrift nachzugehen.
Schule wird damit ein *kultureller Raum,* in dem Lesen und Schreiben eine persönliche *und soziale* Bedeutung gewinnen können. Dieser Gedanke ist von verschiedenen KollegInnen nicht nur programmatisch, sondern auch in der praktischen Arbeit mit Kindern konkretisiert worden. Einige Stichworte belegen dies: »Leseversammlung« *(Bambach),* »AutorInnen-Konferenz« *(Spitta),* »Schreibwerkstatt« *(Kochan),* »Lesewelt Schule« *(Niemann),* »elementare Schriftkultur« *(Dehn)* und ganz lebendig die vielen »Lernwerkstätten« (vgl. *S. 267ff.).*[27]
Anita Kenter, Katharina Schraepler und *Andrea Wehrhahn* beschreiben in kurzen Skizzen, wie sie diesen Ansatz in der Laborschule Bielefeld erlebt haben (vgl. *S. 78ff., 126ff., 221ff., 278ff.).* Ihnen kommt es vor allem auf didaktisch-methodische und soziale Beispiele an, die sich in anderen Situa-

---

26 *Ashton-Warner (1963); Freire (1971); Ramseger (1975); Gümbel (1977).*
27 *Bambach (1987, 1989; 1993); Spitta (1985; 1987; 1989; 1992); Kochan (1988a+b; 1989b; 1993); Dehn (1990; 1993); Niemann (1993; u. a. 1992).*

tionen *analog* umsetzen lassen. *Karin Brügelmann* illustriert an Aktivitäten aus ihrem Anfangsunterricht, wie solche Ideen im Schulalltag eingeführt werden können (vgl. *S. 177ff.).*
In unserer Lernwerkstatt »Büffelstübchen« versuchen wir, diese Ideen in zwei Perspektiven umzusetzen: in der Förderung von Kindern mit Lese-/ Rechtschreibschwierigkeiten (vgl. den Bericht von *Miriam Weiss* in Kap. 31) und in Projekten für Kinder, die das »Büffelstübchen« als Freizeitangebot nutzen. *Nanni Felter* und *Anne Kleinert Alvarado* stellen dazu ein Vorhaben vor, in dem Kinder verschiedenen Alters gemeinsam eine Zeitung hergestellt haben *(S. 250ff.).*
Für die LRS-Förderung (s. *S. 232ff.)* gelten dieselben Prinzipien. Es war ein langer Weg von der Nachhilfe, in der eine Erwachsene 45 Minuten mit einem Kind gearbeitet hat, bis hin zu altersgemischten Gruppen, in denen zwei bis vier Erwachsene über einen ganzen Nachmittag hinweg Aktivitäten im Rahmen eines Tagesplans anbieten und betreuen. Zusammenfassend beschreibe ich *S. 267ff.* pädagogische Ideen und einige Erfahrungen aus dem Versuch, Lernende nicht mehr als Schüler, sondern als Lehrlinge zu sehen, die in der Zusammenarbeit mit erfahreneren Personen lernen: ob als Kinder in der Fördergruppe, als StudentInnen, die diese Förderung betreuen, oder als LehrerInnen, die in Fortbildungsseminaren gemeinsam untersuchen, wie solche Ideen im Schulalltag eingeführt werden können.
Auch in der Forschung hat diese »ökologische Wende« Spuren hinterlassen. Eine große Gruppe von Lese- und SchreibdidaktikerInnen der Deutschen Gesellschaft für Lesen und Schreiben hat 1989 bei der Deutschen Forschungsgemeinschaft ein Schwerpunktprogramm »Schriftsprache im sozialen Kontext« beantragt. Auch wenn dieses Programm nicht bewilligt worden ist, hat es doch inhaltliche Perspektiven und forschungsmethodische Kriterien für zukünftige Untersuchungen bestimmt.[28]
Konkret wird das in Studien zum Umgang von Kindern mit den »neuen Medien« sichtbar.

The Medium is NOT the Message

In unserer Studie »Computer in der Lernwerkstatt« haben wir Kinder im freien Nachmittagsangebot und in der LRS-Förderung beim Umgang mit dem Computer und verschiedenen Programmen beobachtet. Unser Fazit bestätigt grundsätzliche Erkenntnisse der Medienforschung, die gegen einen »Kulturverfall« durch Umgang mit Fernsehen und anderen Technologien sprechen (vgl. im einzelnen *S. 258ff.):*[29]
Einen generellen Computereffekt gibt es nicht. Die Wirkung ist abhängig von verschiedenen »Filtern«:

---

28 *Brügelmann u. a. (1989b); Schneider/Brügelmann/Kochan (1989); Richter 1994.*
29 *Turkle (1984); Winterhoff-Spurk (1986); (1989b).*

– welche konkreten technischen Möglichkeiten genutzt werden;
– wie das jeweilige Programm didaktisch-methodisch ausgestaltet ist;
– in welchem sozialen und pädagogischen Umfeld die Geräte eingesetzt werden;
– welche Erwartungen und Gewohnheiten das einzelne Kind an das Gerät heranträgt.

Insbesondere fanden wir keine Belege dafür, daß der Umgang mit Computern
– Kinder sozial isoliert;
– andere Aktivitäten verdrängt;
– nur Jungen interessiert.

Allerdings konnten wir auch nicht feststellen, daß Computer, sozusagen als »Motivationsautomaten«, Lernschwierigkeiten generell leichter überwinden helfen. So ließ sich in unserer Förderung nicht bestätigen, daß das Lernen am Computer grundsätzlich effektiver ist als mit anderen Medien. Das mag an der Unzulänglichkeit der damals verfügbaren Programme und Geräte liegen. Aber auch unsere bis heute fortgeführte Arbeit mit Computern hat die differenzierte Einschätzung bestimmt, daß es sehr auf die konkreten Umstände ankommt, *ob* sich das Arbeiten am Computer auf das Lernen einzelner Kinder positiv auswirkt. Auch hier ist eine systemische Untersuchung im Sinne einer »ökologischen Didaktik« *(Richter 1994)* geboten.

Dafür brauchen wir detaillierte Fallstudien, die genau beobachten und differenziert analysieren, wie Kinder mit dem »Medium im Kontext« umgehen. Auf *S. 193ff.* faßt *Albrecht Bohnenkamp* seine Untersuchung »Computereinsatz und Förderunterricht« *(1990)* zusammen. In diesem Rahmen entwickelt der Autor aber ein methodisch interessantes Konzept für die Untersuchung von Medienwirkungen und von pädagogischen Interventionen generell: Intensive Fallstudien, die qualitative und quantitative Verfahren kombinieren, wobei die Kinder durch einen phasenweisen Wechsel der Inhalte und Formen der Übung sozusagen zur »Kontrollgruppe ihrer selbst« gemacht werden (s. zu den Ergebnissen *S. 205ff.).*

Bei der Grundwortschatzarbeit mit Kartei oder mit Computer stellte *Bohnenkamp* kaum Unterschiede zwischen den beiden Kindern fest. Anders bei der Arbeit mit Wortlisten zu bestimmten Rechtschreibphänomenen: Während Kind D. auch hierbei etwa gleiche Fortschritte am Computer und im Heft erreichte, lagen K.s Fortschritte am Computer deutlich darüber – während er sich bei der Arbeit im Heft sogar verschlechterte.

Gerade Kinder, die im Lese- und Schreibunterricht über längere Zeit hinweg negative Erfahrungen mit herkömmlichen Aufgaben gesammelt haben, reagieren oft »unberechenbar« auf neue Medien – und auf alternative Situationen überhaupt (vgl. *Wittoch 1991).*

Einige Untersuchungen in unserem Projekt, die wir hier nicht durch eigene Beiträge darstellen können, haben sich mit besonderen Schwierigkeiten des Schriftspracherwerbs beschäftigt.
Manfred Gangkofer (1993) hat die Aneignung des BLISS-Zeichen-Systems und den Umgang mit dieser nicht-alfabetischen Schrift bei vier geistig behinderten Kindern untersucht. Die wichtigsten Ergebnisse seiner Fallstudien und der Auswertung anderer Untersuchungen für die Gestaltung des Schriftspracherwerbs sind:
1. Die BLISS-Zeichen und ihre Grammatik sind leichter zu lernen als die alfabetische Schrift.
2. Die Aneignung von BLISS hängt wesentlich von der persönlichen Bedeutung und kommunikativen Verwendbarkeit der Zeichen im Alltag ab.
3. Die Kombination von BLISS und alfabetischer Schrift (sowie evtl. zusätzlich von Gebärden) erweist sich durch die redundante Information als förderlich, negative Interferenzen lassen sich nicht erkennen.
Als zentrale Frage für die weitere Forschung sieht *Gangkofer* das theoretische wie auch praktische Problem, wie die alfabetische Schrift von sprachlich behinderten Menschen, also ohne Abstützung in einer gut entwickelten Lautsprache erschlossen werden kann.
Notwendig ist aber auch eine veränderte pädagogische Umorientierung. Dies gilt für das Verständnis von Lese-/ Rechtschreibschwierigkeiten allgemein, für die sog. »Legasthenie« *(S. 224ff.)* und für den »Analfabetismus« Erwachsener *(S. 238ff.)* im besonderen.
Statt »Prävention von Analfabetismus« fordern wir »Hilfe bei Schriftspracherwerb und Schriftsprachgebrauch« (vgl. *S. 227ff.).* Es geht nicht darum, eine Normabweichung oder gar Krankheit zu verhindern, sondern darum, Menschen zu bereichern in ihren oft schon differenzierten Wahrnehmungs- und Ausdrucksmöglichkeiten. »Förderung« bedeutet, sie dort zu unterstützen, wo ihre selbständigen Lese- und Schreibfähigkeiten nicht ausreichen.
In anderen Lebensbereichen ist Arbeitsteilung selbstverständlich. Wir bringen das Auto in die Werkstatt, lassen den Fernseher von TechnikerInnen installieren. Und selbst im schriftsprachlichen Bereich greifen wir auf Spezialisten zurück, z. B. wenn es um juristische Verträge oder um die Gestaltung von Werbetexten geht. Aber »Schreibhandlungen« wie in München und Reutlingen oder ein »Lese- und Schreibservice« wie in Frankfurt haben den Geruch der Nothilfe für »Minderbemittelte«.[30]
Wir müssen begreifen, daß »Alfabetisierung« als Ziel, als Methode, vor allem aber als Pädagogik zu kurz greift, wie ich das gegen Ende *(S. 227ff.)* genauer ausführe. Die alten Erfolgskriterien verkürzen die Zielperspektive

---

30 *Lenner (1989); (1991); Füssenich (1991); Pöter (1991).*

unzulässig: mit dem eigenen Namen unterschreiben, die Buchstaben kennen, Wörter ortografisch korrekt schreiben, Sätze erlesen. Schrift als zweite Sprache verlangt mehr (im Sinne eines höheren Niveaus), schließt aber auch ein, die differenzierten Fähigkeiten des Lesens von Zeichen und Kontext und des eigenen Ausdrucks einzubeziehen, über die gerade nicht Schriftkundige verfügen.[31]

Methodisch bedeutet »Schrifterwerb als Spracherwerb«, daß Fertigkeiten und Kenntnisse nicht isoliert und additiv erworben werden können, sondern nur eingebettet in ein »Lernen durch Gebrauch« – in persönlich sinnvollen Aufgaben und funktional für sozial bedeutsame Handlungen bzw. Produkte.

Pädagogisch heißt »Schriftspracherwerb statt Alfabetisierung«: Kinder und Erwachsene ernst nehmen mit ihren besonderen Fähigkeiten und Bedürfnissen. Menschsein darf nicht durch das schriftsprachliche Können definiert werden. Aber die *Möglichkeit,* lesen und schreiben zu lernen oder Hilfe beim Umgang mit Texten zu bekommen, ist ein Bürgerrecht, für das sich die Schule auch nach Klasse 1 einzusetzen hat.

Lese-/Rechtschreibschwierigkeiten in »Legasthenie« einerseits und »LRS« andererseits aufzugliedern ist dabei nicht hilfreich (vgl. *S. 224ff.).* Richtig ist der Gedanke, daß Hilfe beim Lernen nach den besonderen Schwierigkeiten einzelner Kinder zu differenzieren ist. Dafür ist diese Unterscheidung aber zu grob. Und sie ist weder psychologisch erklärungskräftig noch pädagogisch hilfreich.

Kinder, die trotz sonst (über)durchschnittlicher Schulleistungen Probleme beim Lesen- und Schreibenlernen haben, zeigen ganz unterschiedliche Schwierigkeiten: bereits beim Lesen oder nur bei der Rechtschreibung; eher beim Lesen isolierter Wörter oder beim Textverständnis; schon bei der lautgerechten Umschrift ihrer Aussprache oder erst bei der Verwendung ortografischer Muster. Dieses breite Spektrum an Schwierigkeiten finden wir aber ebenso bei den Kindern, die Lese-/Rechtschreibschwierigkeiten mit (wegen?) allgemeinen Lernschwierigkeiten haben. Der Begriff »Legasthenie« ist also weder trennscharf in der Abgrenzung von »anderen« Lese-/Rechtschreibschwierigkeiten, noch umschreibt er eine homogene Gruppe, von einer besonderen (oder gar einheitlichen) Ursache ganz zu schweigen.[32]

Schrift ist ein komplexer Gegenstand, Lesen- und Schreibenlernen eine höchst anspruchsvolle Aufgabe. Didaktik und Methodik können diese objektiven Schwierigkeiten nicht aus der Welt schaffen. Aber sie können helfen, daß Aneignungsschwierigkeiten nicht als (grundsätzlich zu vermeidende) »Störungen« des Lernprozesses mißverstanden werden – und sich in dieser Falle auf Dauer zu individuellen Lern»schwächen« verfestigen (vgl. zu den Problemen beim Übergang von der Grundschule in die Sekundarstu-

---

31 *Brügelmann (1991h, i, j); Brügelmann/Balhorn/Füssenich (1994).*

32 *Schlee (1976); Scheerer-Neumann (1979b); (1992); Valtin (1981a+b;* 1994).

fe I S. 215ff.). Um dem zu entgehen, muß man viel über den Gegenstand und seine Aneignung wissen. Dazu wollten wir mit unserer Forschung beitragen. Ohne eine veränderte pädagogische Haltung und ohne praktische Phantasie ist aber nur der halbe Weg gegangen (vgl. das einfache Beispiel in Kap. 27). Darum haben wir in diesem Buch beides zusammen dargestellt: sowohl die Ergebnisse unserer Forschung und Analysen als auch Ideen bzw. Erfahrungen pädagogischer Praxis.

Wie wir uns Material für die Hand der Kinder und der LehrerInnen vorstellen, haben wir an anderer Stelle gezeigt:

– mit der »didaktischen Landkarte« und den »Stufenmodellen« in unseren Praxishilfen »Die Schrift entdecken« und »Offenheit mit Sicherheit« *(Brügelmann u. a. 1984/1992);* [33]

– mit den Lernspielen und einfachen Büchlein für LeseanfängerInnen in der REGENBOGEN-LESEKISTE *(Balhorn/Brügelmann/Kretschmann/Scheerer-Neumann 1987/1992);*

– mit den Aufgaben-, Aktivitäten- und Arbeitskarten in der »Ideen-Kiste Schriftsprache 1 zum Unterricht im Lesen und Schreiben der Grundschule« *(Brinkmann/Brügelmann 1993).*

Die Büchlein zur REGENBOGEN-LESEKISTE realisieren für das Lesenlernen einen analogen Ansatz, wie er in diesem Buch für die Rechtschreibentwicklung beschrieben ist: Kindern lernen lesen, *indem* sie Texte zu lesen versuchen. Vereinfachung bedeutet dann nicht Begrenzung der Texte auf »eingeführte« Wörter oder Buchstaben (wie in Fibeln), sondern Hilfestellung durch Bild-Wort-Legenden, durch bestimmte Satzmuster (variierende Wiederholung), durch große Schrift und übersichtliche Textanordnung, vor allem aber durch eine einfache Bauweise der verwendeten Wörter.[34]

Die folgende Beiträge verdeutlichen die »Philosophie«, also den gedanklichen Hintergrund und die empirischen Beobachtungen, die uns den Mut gegeben haben, gemeinsam mit vielen KollegInnen Alternativen zur jahrhundertealten Fibeltradition bzw. zum klein- und gleichschrittigen Lehrgangsunterricht zu entwickeln, der den Schulalltag immer noch zu 80–90% beherrscht. Vor zehn Jahren lag diese Zahl allerdings noch bei 98–99%.[35] Wenn dieses Buch dazu beiträgt, daß es zum Ende dieses Jahrtausends nur noch 70–80% sind, wäre schon viel erreicht.

---

33 Eine ähnliche Konzeption habe ich für den Sachunterricht bereits vor 20 Jahren im Lehrerhandbuch des englischen Projekts »Science 5/13« mit dem nicht-linearen Zielgefüge »With objectives in mind« und den gestuften Beobachtungshilfen »Progress in learning science« gefunden; vgl. *Ennever/Harlen (1972); Harlen u. a. (1978);* vgl. auch die deutsche Zusammenfassung in *Klewitz/Mitzkat (1973).*

34 Vgl. zu den Kriterien im einzelnen *Brügelmann (1986f; 1987n; 1988o); Balhorn/Brügelmann/Kretschmann/Scheerer-Neumann (1987b); Scheerer-Neumann (1986c),* u. a. im Rückgriff auf englische Vorbilder und Vorschläge von *Richard Bamberger, Peter Conrady* und *Gerhard Sennlaub.*

35 *Richter (1992d); Herff (1993; 1994).*

Erika Brinkmann

Lisa lernt schreiben

Stufen eines Schriftspracherwerbs ohne Lehrgang

Frohe Botschaft für alle LehrerInnen in den ersten Klassen, die die schwierige Aufgabe haben, Kindern das Lesen und Schreiben beizubringen: *Einige Kinder brauchen unsere Hilfe gar nicht dabei, und andere können es sogar schon, wenn sie in die Schule kommen!*

Zu wissen, wie Kinder ohne einen Lehrgang zur Schrift finden und welche Faktoren dabei eine wesentliche Rolle spielen, kann uns bei der Organisation einer sinnvollen Lernumwelt für die Kinder helfen.

Anhand von Schriftbeispielen meiner jüngsten Tochter Lisa möchte ich einen solchen Entwicklungsverlauf darstellen. Dieser Entwicklungsverlauf steht beispielhaft für alle Kinder, die dabei sind, das Lesen und Schreiben zu lernen. In den letzten Jahren wurde eine Fülle von »Stufen«-Modellen zur Rechtschreibentwicklung von verschiedenen ForscherInnen beschrieben. Ihnen allen liegt die Einsicht zugrunde, daß der Schriftspracherwerb über eine Denkentwicklung bei den Kindern abläuft, in deren Verlauf sie grundlegende Einsichten in die Bauprinzipien unserer Schrift gewinnen müssen. Besonders sinnvoll scheinen mir die von *Hans Brügelmann* formulierten Einsichten in den Schriftaufbau zu sein, die er auf einer zweiten Ebene von Teileinsichten konkretisiert (vgl. die förderorientierte Darstellung *(S. 44ff.)* aus *Brinkmann/Brügelmann 1993;* die Beschreibungen der Stufen sind im folgenden Text *kursiv* gesetzt).

Im folgenden werde ich mich an diesen Modellen orientieren.

Während ihrer Vorschulzeit zeigte Lisa bereits großes Interesse am Lesen und Schreiben, und sie hat in dieser Zeit ca. 1500 Wörter in Form von Einkaufszetteln, Briefen, Geschichten, Wunschzetteln, Büchern, Kofferpacklisten, Kochrezepten und vielem mehr geschrieben (vgl. die Übersicht über diesen Wortschatz in *Brinkmann/Brügelmann 1992b;* eine erste Analyse geben wir auf *S. 87ff.* Für Lisa gehörte die Beschäftigung mit Schrift von Anfang an zum Alltag in unserer Familie. Schon als Säugling hat sie erlebt, daß ihren großen Geschwistern jeden Abend vorgelesen wurde. Sie war dabei, wenn der Papa Zeitung las, die Schwestern Hausaufgaben machten, ich Examensarbeiten, Briefe oder Einkaufszettel schrieb. Im Wohnzimmer unserer Familie gibt es einen Tisch, auf dem immer Papier zum Malen oder Schreiben bereitliegt und eine Kiste mit Stiften steht. Es passiert nur selten, daß niemand an diesem Tisch sitzt und schreibt, malt oder liest. Als sich Lisas frühzeitiges Interesse an Schrift bemerkbar machte, wurde in der Familie verabredet, daß Lisa nur auf Nachfrage etwas zur Schrift erklärt werden sollte, wenn sie z. B. wissen wollte, wie ein bestimmter Buchstabe

oder ein Wort geschrieben würde. Ihre Schreibversuche sollten ernst genommen, aber nicht korrigiert werden.
Damit hatte Lisa ein ideales Feld, um Schrift möglichst ungestört und eigenaktiv zu erkunden – und mir bot sich die Gelegenheit, den Entwicklungsverlauf genau zu beobachten, ohne die Störungen, die ein parallel ablaufender Lese-/Schreiblehrgang bei einem Schulkind im Anfangsunterricht verursachen würde.
Obwohl Lisa in einer solch privilegierten Situation ihren Weg zur Schrift gehen durfte, machte sie beim Schreiben sehr viele Fehler – Fehler, die wir sonst in der Schule nur bei den »schwachen« RechtschreiberInnen finden. Und da liegt genau das Problem: Die unterschiedlichen Entwicklungsstadien durchlaufen alle Kinder – nur zu unterschiedlichen Zeitpunkten. Die Fehler, die die »schwachen« RechtschreiberInnen in der Schule zeigen, finden wir bei den »guten« RechtschreiberInnen nicht (mehr); sie sind schon weiter in ihrer Schriftsprachentwicklung und haben diese Fehler schon vorher gemacht. Dies könnte uns zu dem Irrtum verleiten, solche Fehler seien Anzeichen für eine Fehlentwicklung. Lisas Beispiel zeigt, daß dem nicht so ist (vgl. zu ähnlichen Berichten aus dem Vorschulalter (später) erfolgreicher RechtschreiberInnen *Baghban 1987; Bissex 1980; Blumenstock 1986; Gaber/Eberwein 1986; Scheerer-Neumann u. a. 1986).* Da die Kinder die beschriebenen Einsichten nicht unbedingt nacheinander gewinnen, sondern sich die verschiedenen Stufen teilweise überlappen, entstehen bei der Darstellung in Entwicklungsstufen Sprünge in der Chronologie. Diese lassen sich anhand der Entstehungsdaten nachvollziehen.

1. Bedeutungshaltigkeit der Schrift

1.1 Schrift ist Träger von Information, die SchreiberInnen hineinlegen, LeserInnen wieder herausholen können (»Schreiben« = nicht beliebiges Spurenmachen).

Abbildung1 (Oktober 1986)

Lisa hat einen Kritzelbrief an ihre Schwester Sara geschrieben. (Wie bei allen folgenden Abbildungen: mit *bunten* Stiften. *Imagine! Gruß aus der Verlegerei).* Beim

Schreiben sagte sie: »Das heißt ›Liebe Sara, komm bald wieder, Deine Lisa‹«. Am nächsten Tag »las« Lisa den Brief noch einmal vor: »Liebe Sara, wie geht es Dir? Deine Lisa« (Alter: 2,2 J.). Lisa weiß zwar, daß die Schrift bedeutungshaltig ist; die Bedeutung ist für sie aber noch nicht festgelegt und kann je nach Situation wechseln.

1.2 Anders als Erzählen aus der Erinnerung hält Schrift Bedeutung wortwörtlich fest (»Schreiben« = Festhalten von Sprache).

Abbildung 2 (Mai 1988)

Lisa hat ein Bild gemalt und »schreibt« auf die Rückseite, wie das Bild heißt. »Da steht ›Ente auf Teich‹« sagt sie dazu und dabei bleibt es auch beim wiederholten »Vorlesen« nach mehreren Tagen (Alter: 3,9 J.).

Auch das Schild an Lisas Zimmertür behält seine Bedeutung »Werkstatt«, bis es nicht mehr gebraucht wird, weil Lisa den »Reparaturbetrieb« wieder eingestellt hat (Alter: 3,9 J.).

Abbildung 3 (April 1988)

2. Buchstabenbindung der Schrift

2.1 Schrift besteht nicht aus beliebigen Formen, sondern aus einer begrenzten Zahl konventioneller Zeichen, den Buchstaben (»Schreiben« = lautlich willkürliche Buchstabenfolge, aber nicht mehr Kritzelei).

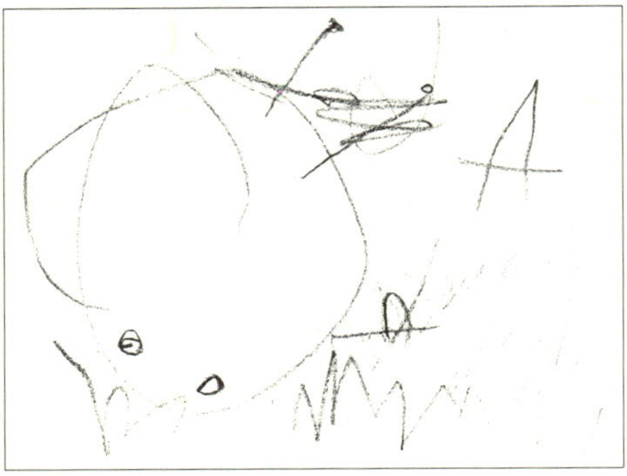

Abbildung 4 (Dezember 1986)

Als die zwei Jahre ältere Schwester Anna damit beginnt, unter alle Bilder ihren Namen zu schreiben, nimmt Lisa die erste Buchstabenform, das A, parallel zu ihrer Kritzelschrift auf (Alter: 2,4 Jahre).
Nach und nach produziert sie immer mehr Buchstaben und buchstabenähnliche Zeichen (die aus Elementen bestehen, die auch in Buchstaben vorkommen) und benutzt schließlich nur noch »echte« Buchstaben (Alter: 3,2 J.).

Abbildung 5 (Januar 1988)

2.2 Verschiedene Worte bestehen aus unterschiedlichen Buchstabenfolgen, die konstant reproduziert werden müssen, um Bedeutung zu erhalten (»Schreiben«= Reproduzieren von naiv gespeicherten Merkwörtern).
Aus gleichen Buchstaben in unterschiedlicher Reihenfolge »baut« Lisa zwei ausdrücklich »verschiedene« Wörter (Alter: 3,8 J.).

Abbildung 6 (Juni 1988)

Der eigene Name, der ihres Freundes Tobias und die Namen einzelner Familienmitglieder sind die ersten Wörter, die Lisa sich als komplette Buchstabenfolge gemerkt hat. Sie kann sie jederzeit ohne Hilfe aufschreiben und auch wieder »lesen« (Alter: 4,1 J.).

Abbildung 7 (September 1988)

3. Lautbezug der Schrift

3.1 Die Wahl und Anordnung der Buchstaben haben mit der Klangform eines Wortes zu tun (»Schreiben« = Konstruieren von Ein-Laut- und Skelett-Schreibungen).

Daß sie den Lautbezug der Schrift entdeckt hat, machte Lisa deutlich, als sie die Buchstabenfolge EIEIEIEI geschrieben hatte und sich nun vorlesen lassen wollte, was da stand. Als ihre Schwester /AI AI AI AI/ lautierte, sagte Lisa: »Das kann nicht sein« und malte schnell ein A vor das erste E. Nun war sie mit dem Ergebnis zufrieden (Alter: 3,5 J.).

Abbildung 8 (Januar 1988)

Bei vielen Kindern findet man vor der kompletten Abbildung aller Laute eines Wortes eine Phase, in der oft nur der erste Laut (wie K für KATZE) aufgeschrieben wird oder nur die Konsonanten – sozusagen als Skelett des Wortes – abgebildet werden, weil man sie beim Sprechen im Mund so gut (ab)fühlen kann (z. B. MS für MAUS).

Da in Lisas Schreibentwicklung zwischen dem Entdecken des Lautbezuges und der ersten phonetischen Umschrift ca. 10 Monate liegen, in denen sie zwar mit Schrift hantiert, sich aber noch nicht an das lauttreue Schreiben gewagt hat, ist es nicht verwunderlich, daß bei Lisa diese Phase nicht zu finden ist.
Möglicherweise hat sie diese Entwicklung intern hinter sich gebracht, wie man auch beim Lautspracherwerb mancher Kinder beobachten kann, daß sie in ihren Äußerungen (Unter-)Stufen der Entwicklung zu überspringen scheinen.

3.2 Schriftwörter bilden die Abfolge einzelner Laute im Wort komplett ab (»Schreiben« = phonetisch transkribierende Umschrift).

Abbildung 9 (November 1988)

Dieses Wort heißt »Buch«. Für ein Kind, das noch keine mehrgliedrigen Grafeme kennt, ist die Verwendung des »R« für den Laut /x/ im wahrsten Sinne des Wortes naheliegend, das »CH« wird fast am gleichen Artikulationsort gebildet wie das »R« (Alter: 4,3 J.).

Abbildung 10 (Januar 1989)

Hier hat Lisa den Namen des Pferdes neben das Bild geschrieben; auf der nächsten Seite ist ein Merkzettel abgebildet, mit dem sie ihren Papa daran erinnern wollte, eine bestimmte Sendung aufzunehmen (Alter: 4,5 J.):

Abbildung 11 (Januar 1989)

In *Abbildung 12* sieht man etwas ganz Typisches: Das Wort »Tobias«, das Lisa längst logografisch beherrschte (s. *Abb. 7),* wird plötzlich falsch geschrieben, weil Lisa versucht hat, alle lautlichen Feinheiten genau abzubilden (Alter: 4,6 J.).

Abbildung 12 (Februar 1998)

4. Ortografische Eigenständigkeit der Schrift

4.1 In der Schrift gibt es Zeichen/Buchstaben(gruppen), die sich aus der Lautanalyse allein nicht ableiten lassen (»Schreiben« = Experimentieren mit alternativen Rechtschreibmustern).

Abbildung 13 (Juli 1989)

Lisa hat das »SCH« entdeckt und weiß, welche Buchstaben dafür gebraucht werden, variiert aber in MENSCHENFRESSER die Reihenfolge beliebig (Alter: 4,11 J.).

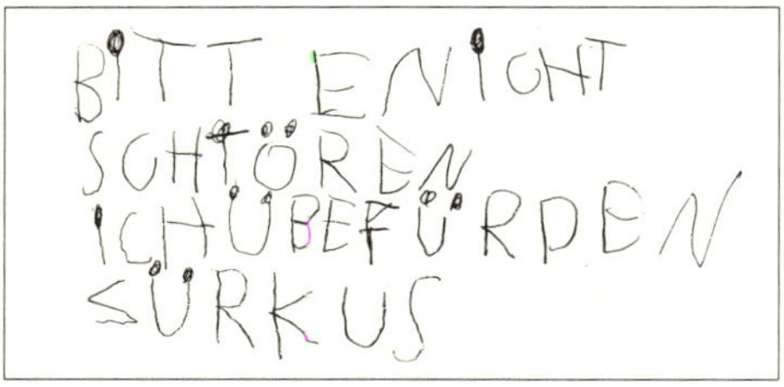

Abbildung 14 (Februar 1990)

Beim diesem Beispiel hat sich die Reihenfolge für das »SCH« schon gefestigt, ist aber bei STÖREN nicht richtig (Alter: 5,6 J.).
Bei dem Wort »Stunde« im folgenden Stundenplan überlagern sich zwei Strategien: die lauttreue Verwendung des »SCH« für den Laut /SCH/ und das Wissen um das Rechtschreibmuster »ST« (Alter: 5,9 J.).

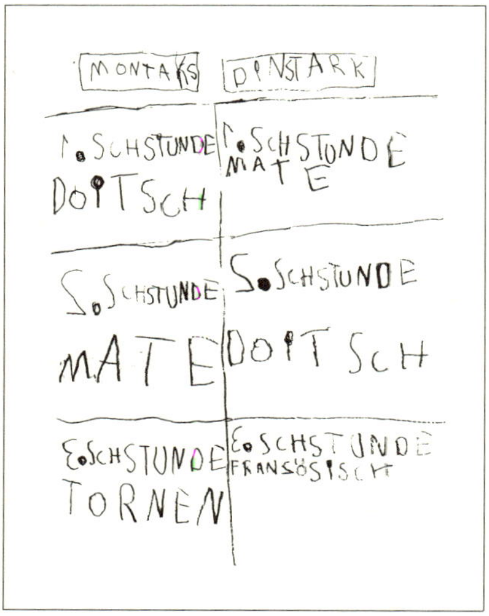

Abbildung 15 (Juni 1990)

Die bisher gezeigten Schriftbeispiele von Lisa stammten alle aus ihrer Vorschulzeit – den folgenden Schritt konnte man erst in ihrer Schulzeit beobachten:

4.2 Die Anwendung von Rechtschreibmustern ist an bestimmte Bedingungen gebunden (»Schreiben«= kontextbezogene Verwendung und nur noch »legale« Übergeneralisierung von Rechtschreibmustern).

Den Brief, den wir auf der folgenden Seite abbilden, hat Lisa am Ende der ersten Klasse geschrieben. Bei den Wörtern »krang« und »gelang weild« hat sie für die Endungen legale Buchstabenkombinationen gewählt, die in diesen besonderen Fällen nicht richtig sind. Das zeigt, daß sie die Auslautverhärtung als Problem erkannt hat und das Rechtschreibmuster nun übergeneralisiert. Auch die Verwendung des »ie« im Wort »Dier« für den lang gesprochenen Vokal zeigt eine zwar falsche, aber regelgerechte Verwendung dieses Rechtschreibmusters an (Alter 6,10 J.).

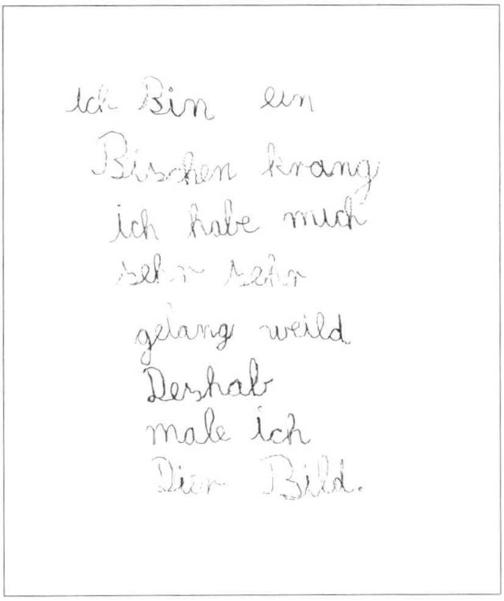

Abbildung 16 (Juni 1991)

Besonders das letzte Beispiel macht deutlich, was Lisa in der Schule noch lernen muß: *die lexikalische Ordnung der Schrift.* Lisa muß erkennen, daß man die Schreibweise von Wörtern aus Wortverwandtschaften ableiten kann und daß es ortografische Besonderheiten gibt, die wort(gruppen)spezifisch sind.

Dafür braucht sie einen Schreibunterricht, in dem die Kinder angeregt werden, gern und viel zu schreiben und ihre Texte zu überarbeiten (vgl. die Erfahrungsberichte von *Spitta 1985; 1992;* und von *Bambach 1987; 1989; 1993;* und die *S. 45ff., 177ff. in diesem Band),* und in dem parallel dazu ein Wortschatz erarbeitet wird, durch den die Schreibweise häufiger Wörter automatisiert wird und der gleichzeitig als Modellwortschatz alle ortografischen Besonderheiten enthält, die die Kinder dadurch kennen- und mit der Zeit richtig anzuwenden lernen.

Kinder wie Lisa, die schon (oder schon fast) lesen und schreiben können, wenn sie in die Schule kommen, sind in fast jeder ersten Klasse zu finden. Welche Entlastung ist das für uns LehrerInnen!

Statt für 28 Kinder zu denken und allen passende Lernschritte zuzumessen, brauchen wir Material, das die Kinder herausfordert, selbständig mit Schrift auf dem ihnen angemessenen Niveau umzugehen, um dabei neue Einsichten gewinnen zu können.

Wir brauchen nicht mehr zu belehren, sondern werden immer mehr zu OrganisatorInnen von einer Lernumwelt, in der die Kinder ihre eigenen Wege finden können. Umwege und Verirrungen gehören dazu – zu verhindern, daß sie Sackgassen für die Kinder werden, ist eine unserer wichtigsten Aufgaben im Anfangsunterricht.

Hans Brügelmann / Erika Brinkmann

Stufen des Schriftspracherwerbs und Ansätze zu seiner Förderung

Lese- und Rechtschreibfehler können aus zwei Perspektiven interpretiert werden: als Minderleistung gegenüber der Norm oder als konstruktive Versuche des Kindes, Wörter mit den Strategien zu verschriften bzw. zu entschlüsseln, die ihm nach seiner Erfahrung zur Verfügung stehen. Wir halten diese Entwicklungsperspektive für zentral, um Schwierigkeiten und Fortschritte im Lernprozeß zu verstehen und Aufgaben bzw. Hilfen produktiv gestalten zu können.

Es gibt inzwischen eine Fülle von »Stufen«-Modellen zur Schriftsprachentwicklung – sowohl im angelsächsischen als auch für den deutschen Sprachraum (s. die Nachweise *S. 21ff.)*. Die dabei angenommenen »Sprünge« sind von unterschiedlicher Qualität bzw. Größe. Zum Teil handelt es sich um grundlegend neue Einsichten, die ein Kind erwerben muß (z. B. Einsicht in das Lautprinzip oder in das Morfemprinzip). Zum anderen werden auch graduelle Verfeinerungen als »Stufen« definiert (z. B. der Ausbau der Anlaut- über die Skelettschreibung zur Lautumschrift).

Auch unsere eigenen Vorstellungen haben sich seit 1982 verändert. In den Grundannahmen stimmen sie aber untereinander (wie auch mit den Vorschlägen anderer AutorInnen) überein.

Die folgende Version ist auf unterrichtspraktische Bedürfnisse bezogen. Sie geht einen Mittelweg zwischen den oben beschriebenen Varianten. Das Modell konzentriert sich auf Einsichten, die sich auf grundlegende Bauprinzipien unserer Schrift beziehen, und läßt deren graduelle Ausdifferenzierung außen vor. Dafür konkretisiert es sie auf einer zweiten Ebene in Teil-Einsichten, die sich in den Lese- und Schreibversuchen der Kinder als spezifische Zugriffe erkennen lassen.

Zugriffe auf Schrift beim Schreiben in der Perspektive ihrer Entwicklung

Die folgenden Überschriften signalisieren die vier zentralen Einsichten, die die Kinder gewinnen müssen, sowie eine anschließende Phase des Ausbaus:

Wir haben diese Version weitgehend übernommen aus den Kap. 5 und 6 unseres Begleithefts »Offenheit mit Sicherheit« in: *Brinkmann, E./Brügelmann, H. (1993): Ideen-Kiste für den Unterricht im Lesen und Schreiben. Verlag für pädagogische Medien: Hamburg.* Die Vorschläge für eine Förderung (Kennziffern in Klammern) sind in dieser Methoden-Kartei konkret ausgearbeitet. Vorfassungen der folgenden beiden Entwicklungsmodelle sind erschienen in *päd.extra & demokratische Erziehung, 2. Jg., H. 9, 24–31*, in *Grundschulzeitschrift, 4. Jg., H. 33/90, 43–46, 66f.*, und in *Grundschulunterricht, 41. Jg., H. 2 1994, 9–12.*

1. Bedeutungshaltigkeit der Schrift
Das Kind begreift:
1.1 Schrift ist Träger von Information, die SchreiberInnen hineinlegen, LeserInnen wieder herausholen können. »Schreiben« ist mehr als beliebiges Spurenmachen. *Ein Kind kritzelt Wellenlinien aufs Papier und bittet den Erwachsenen: »Lies mir mal vor, was ich geschrieben habe.« Oder es »liest« selbst vor, wobei der behauptete Inhalt von Situation zu Situation wechseln kann.*
1.2 Anders als Erzählen aus der Erinnerung hält Schrift Bedeutung wortwörtlich fest. »Schreiben« bedeutet: Festhalten von Sprache. *Das Kind »liest« selbst geschriebene Zeichen(folgen) mit derselben Bedeutung. Beim Vorlesen durch andere besteht es auf identischer Wiedergabe, beim eigenen »Als-ob-Lesen« verwendet es formelhafte Wendungen (des konkreten Texts oder der betreffenden Gattung [Brief, Märchen, . . .]).*

Sinnvolle Aufgaben/Angebote, falls diese Vorstellungen noch fehlen:
- Das Kind diktiert seine Texte einem Schriftkundigen, z. B. als Unterschrift oder Titel zu einem selbst gemalten Bild (A.12), und läßt sich dies von verschiedenen LeserInnen wieder vorlesen.
- Räume und Gegenstände werden gemeinsam beschriftet (F.01; F.06).
- Die Kinder können auf Kassette gesprochene Bücher (mit)lesen (Z.05).
- Themenplakate oder Buchseiten aus Bild- und Schriftelementen herstellen (F.07; V.22).
- Zeichen zum Festhalten von Informationen erfinden/nutzen, z. B. beim Kim-Spiel (Z.15) oder für Hausaufgaben (F.05).

2. Buchstabenbindung der Schrift
Das Kind begreift:
2.1 Schrift besteht nicht aus beliebigen Formen, sondern aus einer begrenzten Zahl konventioneller Zeichen, den Buchstaben. Als »Schreiben« zählen (auch: lautlich willkürliche) Buchstabenfolgen, aber nicht mehr Kritzelei als Nachahmung der Schreibschrift.) *Zum Schreiben verwendet das Kind nur noch Buchstaben, allenfalls noch buchstabenähnliche Zeichen. Die Wahl der Zeichen kann aber noch einer systemfremden Logik folgen, z. B. »fünf Autos« = fünf Buchstaben oder: »großes Tier« = viele Buchstaben, »kleines Tier« = wenig Buchstaben.*
2.2 Verschiedene Worte bestehen aus unterschiedlichen Buchstabenfolgen, die konstant reproduziert werden müssen, damit die Bedeutung bewerkstelligt wird. »Schreiben« zeigt sich als Reproduzieren von wenigen – als Formkette oder Bewegungsfolge (»rauf-runter-Strich« usw.) gespeicherten – Merkwörtern (oder als Abmalen von vorgeschriebenen Wörtern). *Richtiges Schreiben des eigenen Namens oder anderer Sichtwörter; gelegentlich Panik, wenn die »eigenen Buchstaben« von anderen benutzt werden.*
Sinnvolle Aufgaben/ Angebote, falls diese Vorstellungen noch fehlen:

• Abschreiben von Wörtern für das »Schatzkästchen« eigener Wörter (S.01) und für den Tausch mit anderen Kindern (B.12).
• Übermalen von Wörtern, z. B. des eigenen Namens in verschiedenen Farben (B.02), oder Kreuzworträtsel mit den Namen der Kinder, so daß sie gemeinsame Buchstaben entdecken (B.07).
• Sortieren von Beispielen verschiedener Zeichen- und Schriftarten (Z.11).
• Wörter und Buchstaben in verschiedenen Schriftarten vergleichen (Z.16; B.01).
• Spiele, in denen es auf den genauen Vergleich der Buchstabenfolge ankommt, z. B. gezinktes Memory (Z.02) oder »Wörter hamstern« (S.08).

3. Lautbezug der Schrift
Das Kind begreift:
3.1 Die Wahl und Anordnung der Buchstaben haben mit der Klangform eines Wortes zu tun. »Schreiben« äußert sich als Konstruieren von Ein-Laut- und Skelett-Schreibungen. *Anbindung der Schreibweise an die Lautform, aber gelegentlich »Auffüllen« mit anderen Buchstaben, um ein »richtiges Wort« zu erzeugen.*
3.2 Schriftwörter bilden die Abfolge einzelner Laute im Wort komplett ab. »Schreiben« wird verfeinert zur fonetisch genauen Umschrift der eigenen Artikulation. *Folge ist die Fehlschreibung selbst vertrauter Wörter (s. 2.2), weil das Lautprinzip rigoros perfektioniert wird (z. B. GRISDIJAN für den im Kindergarten richtig geschriebenen eigenen Namen oder WEIEL).*
Sinnvolle Aufgaben/Angebote, falls diese Vorstellungen noch fehlen:
• Sprachspiele zur Analyse der Folge und Unterschiede von Lauten in Wörtern (L.01, L.03, L.05).
• Schreiben mit der Anlauttabelle (A.02; A.08) und gegenständlich manipulierbaren Buchstaben (A.13).
• Klangdauer und Wortlänge vergleichen (Z.13).
• Vergleich von Minimalpaaren (A.03) und Umbau (A.05) bzw. Reparatur von Wörtern (A.15).
• Schreiben von unbekannten Wörtern, z. B. künstlichen »Marswörtern« (A.14) .

4. Ortografische Eigenständigkeit der Schrift
Das Kind begreift:
4.1 In der Schrift gibt es Zeichen/Buchstaben(gruppen), die sich aus einer Lautanalyse allein nicht ableiten lassen. Durch die (Über-)Generalisierung von ortografischen Besonderheiten (z. B. Buchstabenverdopplung) wird »Schreiben« zum Experimentieren mit alternativen Rechtschreibmustern. *Entdeckung von Besonderheiten wie Verdopplung, Groß-/Kleinschreibung oder Satzzeichen und deren Erprobung auch unter Verletzung ihrer konventionellen Anwendungsbedingungen (z. B. *Kohmen oder *Todd).*
4.2 Die Anwendung von Rechtschreibmustern ist an bestimmte Bedingun-

gen gebunden. Richtig »Schreiben« bedeutet kontextbezogene Verwendung und nur noch »legale« Übergeneralisierung von Rechtschreibmustern. _Auch jetzt treten noch Fehler auf, aber in einer prinzipiell zulässigen Weise, z. B. wegen Kurzvokal *imm, aber (wegen Langvokal) nicht mehr *rott; *Rot, aber nicht mehr *auto._

Sinnvolle Aufgaben/Angebote, falls diese Vorstellungen noch fehlen:

- Ordnen von Wörtern nach ortografischen Besonderheiten (G.13).
- Herausfinden von eingeschmuggelten Fehlern in Listen (G.12).

Nach Gewinnung dieser vier Einsichten gibt es keinen qualitativen Schritt mehr, sondern einen nur noch graduellen Ausbau des Systems unter folgenden Gesichtspunkten:

Lexikalische Ordnung der Schrift

Das Kind begreift:

Die Schreibweise von Wörtern macht morfematische Gemeinsamkeiten sichtbar. »Schreiben« nutzt die Ableitung aus Wortverwandtschaft. _Das Stammprinzip führt zu Fehlern wie »die Ältern«._

Es gibt wort(gruppen)spezifische ortografische Besonderheiten. »Schreiben« wird zum Abruf aus einem »inneren Lexikon« automatisierter Schreibweisen häufig gebrauchter Wörter.

Sinnvolle Aufgaben/ Angebote, falls diese Vorstellungen noch fehlen:

- Bauen von Wörtern aus Morfemen (G.02).
- Markierung von Stamm und Wortbildungsmorfemen auf Wortkarten, z.B. in der Kartei oder im Wörterheft (G.08).
- Üben häufiger Wörter in verschiedenen Varianten, die das genaue Einprägen der Buchstabenfolge fördern (S.05; S.10; S.23, S.12).
- Das genaue Einprägen von schwierigen Wörtern und das explizite Kommentieren ihrer Besonderheiten (»Straße – groß, st und ß«; S. 25).

Im Prinzip werden die Einsichten 1 bis 4 nacheinander erworben. Dies zeigt sich in der Abfolge dominanter (aber nicht ausschließlicher!) Schreibstrategien in der Entwicklung einzelner Kinder.

Bezogen auf einzelne Rechtschreibphänomene werden diese Einsichten dann aber graduell weiter ausgebaut. Dabei kommt es auch zu Störungen/ Verstärkungen durch Besonderheiten des einzelnen Wortes (vgl. _May 1990; 1992)_. So können spezielle Bedingungen im einzelnen Wort (z. B. das als illegal empfundene <rr> nach <ah> in <Fahrrad>) die Umsetzung einer Einsicht (»Stammprinzip«) verhindern (aufgelöst als *fahrad bzw. *farrad) oder die Anwendung eines Rechtschreibmusters stören (s. *vehrker vs. <verkaufen> zur gleichen Zeit).

Diese Spannung von sprunghafter Einsicht einerseits und ihrer allmählichen Ausdifferenzierung andererseits bedeutet unterrichtspraktisch: Der Ausbau des durch häufiges Schreiben gesicherten Rechtschreibwortschatzes und die Ordnung dieser Beispiele nach übergreifenden Gesichtspunkten gehen

Hand in Hand. Weder ist die Sicherung von Einzelwörtern Voraussetzung für Regelbildung, noch kann sie erst als deren Folge in Angriff genommen werden. Der Anfangsunterricht kann die Rechtschreibentwicklung am besten stützen durch Gelegenheiten zum selbständigen »Konstruieren« von Wörtern ergänzt durch einen vielfältigen Umgang mit ortografischen Modellen (Kartei oder Wörterheft, Überarbeitung eigener Texte, Lesen von Texten und Besprechen von »Besonderheiten«).

Zugriffe auf Schrift beim Lesen in der Perspektive ihrer Entwicklung
Die folgende Übersicht zeigt, wie die Einsichten der Kinder in den Aufbau der Schrift zunehmen und ihre Zugriffe auf Texte beim Lesen angemessener werden. Trotzdem verstehen wir die Fortschritte nicht als »Stufen« im strengen Sinne eines Nacheinander, sondern als sich ergänzende, überlagernde und nur teilweise einander ablösende Lese-Taktiken (vgl. die Vorbemerkung zum Entwicklungs-Modell »Schreiben«).

1. Schrift als ein Merkmal der Umwelt
Kinder entwickeln eine wachsende Aufmerksamkeit für Schrift und weisen zunehmend Wörtern/Texten (und nicht nur Bildern) Bedeutung zu. Der wichtige Fortschritt ist die aktive Suche nach Bedeutung und die Aktivierung eigener Welt- und Spracherfahrung beim Umgang mit Schrift. Diese Leistung wird auch später (s. unten 4.) beim Lesen von Sätzen und Texten benötigt.

1.1 Kontext deuten
Typisch ist eine sinngemäße und nicht wortwörtliche Benennung von Schildern: »Benzin« für <ESSO> oder »Limo« für <Fanta>. Selbst im vertrauten Schriftzug werden Wörter außerhalb des vertrauten gegenständlich-sozialen Umfelds nicht erkannt (z. B. ein vom Glas abgelöstes »nutella«-Etikett). Zuordnung von Schildern und Etiketten zum entsprechenden Kontext oder von Standardschrift den Schildern und Etiketten (in der besonderen Typografie) sind geeignete Aufgaben (z. B. als Domino, Quartett oder »gezinktes Memory«). Weitere Aktivitäten:
• beim gemeinsamen (Vor-)Lesen auf den Text und gelegentlich auf wiederkehrende (oder besonders lange) Wörter hinweisen (V.15);
• Räume und Gegenstände (gemeinsam mit den Kindern) beschriften und vertauschte Schilder wieder zurechtrücken lassen (F.01; F.06);
• die Kinder eigene Collagen aus Bildern und Schrift montieren lassen, z.B. »Was ich mag / Was ich nicht mag« (F.07).

1.2 Etiketten benennen
Auch wenn Kinder beginnen, auf die Schrift selbst (und nicht nur auf ihr Umfeld) zu achten, bedeutet das noch nicht, daß sie einzelne Buchstaben oder gar deren Folge als Zugang zur Bedeutung eines Wortes nutzen.

Entscheidend kann die Typografie sein (z. B. von <Coca-Cola> oder <Esso>). Kinder müssen also lernen, daß Schrift ihre Bedeutung erhält, auch wenn sich ihre grafische Form ändert. Dazu verhilft,

- dieselben Wörter in verschiedenen Schriftarten zu sammeln (B.12);
- Buchstabenplakate mit Varianten des Prototyps anlegen (B.01);
- Zuordnungsspiele (s. 1.1) mit Kartensätzen, die Wortpaare in verschiedenen Schriftarten enthalten (Z.16; Z.02);
- Wörter durch Abschreiben sammeln lassen (»Schatzkästchen« für eigene Wörter; S.01), darunter auch dasselbe Wort in der Handschrift verschiedener Personen.

Beim »Sitzenbleiben« (oder späteren »Zurückfallen«) auf diese/r Art des Lesens werden Kinder zu bloßen »Kontextspekulanten«, die zu einer genaueren Aufmerksamkeit für die Buchstaben(folge) animiert werden müssen.

2. Schrift als Kombination(en) wiederkehrender Zeichen

Die Kinder beginnen zu verstehen, daß Buchstaben(folgen) die Bedeutung tragen, nicht der Kontext oder die besondere typografische Form. Diese direkte Zuordnung von Bedeutung zu Schriftzeichen, also ohne den bewußten Umweg über die Lautung, wird später in anderer Form wieder bedeutsam, wenn die Kinder das Erkennen häufiger Wörter automatisieren.

2.1 Einzelne Buchstaben wiedererkennen

Zunächst machen Kinder die Bedeutung eines Wortes an einzelnen Buchstaben fest. Ein Wort heißt »Polizei« *»wegen dem <P> da«,* ein anderes »Mutter« wegen der »zwei Kreuze in der Mitte«, ein drittes »Oma« wegen »dem Ei« am Anfang. Buchstaben werden also genutzt, um die wenigen vertrauten Wörter zu *unterscheiden,* noch nicht, um sie zu *erschließen.* Diese Strategie läßt sich am ehesten durch Verwechslungsaufgaben in Frage stellen, um die Aufmerksamkeit der Kinder auf die ganze Buchstabenfolge zu lenken, z. B. indem die Kinder

- verschiedene Wörter mit gleichen Anfangsbuchstaben vergleichen (<Post>, <Polizei>, . . .) (A.01);
- »Wörter hamstern«, wobei sie Buchstaben zu vorgegebenen Wörtern sammeln müssen (S.08);
- »gezinktes Memory« mit Minimalpaaren (BOOT/ BROT/ BROTE usw., sichtbar auf der Rückseite beider Bildkarten) spielen (Z.02).

2.2 Buchstabenfolgen als »Namen« merken

Das korrekte Schreiben des eigenen Namens oder einiger Umweltwörter deutet an, daß die Kinder die ganze Buchstabenfolge beachten (ohne zu wissen, warum es gerade *diese* Buchstaben sind, die »Olaf« bedeuten). Schrift ist insofern immer noch Etikett, aber nicht mehr als äußere grafische Form, sondern als einmalige Folge unterschiedlich kombinierbarer Zei-

chen. Jede Buchstabenfolge stellt einen »Namen« dar. Deshalb erschreckt es manche Kinder, daß auch der Vater anderer Kinder <PAPA> geschrieben wird, oder sie behaupten <KABA> bedeute »K-A-K-A-O«).
Um sie auf die Lautbindung der Schrift vorzubereiten,

• spielen wir »teilgezinktes Memory« (mit dem Wort nur auf einer der beiden Bildkarten aufgedruckt) (B.13);
• untersuchen wir Umweltwörter auf Teilgleichheiten hin (A.01; A.03; B.15);
• suchen wir Reimwörter und Wörter mit gleichem Anlaut, z. B. Gegenstände, Bilder, Schriftwörter für den wöchentlich wechselnden »Anlautteller« (L.04).

Kinder, die bei den Zugriffen dieser Stufe verharren, werden leicht zu »Wortbildjägern« oder sog. »chinesischen« LeserInnen, die sich Wörter unabhängig vom Lautbezug zu merken versuchen. Eine solche direkte Zuordnung von Schrift(»bild«) und Bedeutung gelingt nur sehr begrenzt innerhalb überschaubarer Wortschätze bzw. bei nicht flektierten Wortformen.

3. Schrift(zeichen) als Hinweis auf Sprachlaute
Die Kinder erkennen, daß Schrift nicht direkt auf Bedeutung bezogen ist (etwa: wenige Buchstaben bedeuten »kleines Tier«, viele dagegen ein »großes Tier«), sondern daß die Bedeutung eines Wortes vermittelt durch seine Lautform zu erschließen ist.

3.1 Lautieren einzelner Buchstaben
Auch jetzt werden zunächst nur einzelne Buchstaben genutzt, die durch einen »Ratesprung« zum Wort ergänzt werden (z. B. <Laden> wird über /lll-aaa.. / zur vertrauten »Lampe«). Auch dies ist eine wichtige Teilleistung für das spätere Lesen, weil der natürliche Wortklang nie aus der Synthese selbst folgt, sondern immer eine Deutungsleistung erfordert. Dennoch ist einem bloß assoziierenden Raten vom Anfangslaut her entgegenzuwirken, z. B. indem Kinder

• mit Minimalpaaren konfrontiert werden, die die Bedeutung jedes einzelnen Buchstabens zeigen, z. B. in <Oma> / <Opa> oder <Kirche> / <Kirsche> (A.01);
• auf Lautvarianten für denselben Buchstaben in verschiedenen Wörtern aufmerksam gemacht werden (B.04);
• Wörter selbst umbauen durch Weglassen, Austauschen oder Ergänzen von Buchstaben (A.05: Hase, Hose, Rose, Riese,. . ., besonders wirkungsvoll durch gegenständliches Manipulieren von Buchstaben (A.13);
• einer »Sekretärin« Wörter und Sätze diktieren und dabei erleben, wie beim langsamen Artikulieren aus Lautfolgen Buchstabenketten werden (A.12);
• aus den ersten Buchstaben Hypothesen über mögliche Wörter bilden und

an den Schritt für Schritt hinzukommenden Buchstaben überprüfen (A.11).

3.2 Entziffern der Buchstabenfolge

Mit der zentralen Einsicht in die Parallelität von Buchstabenkette und Lautfolge verlangsamt sich das Lesen, weil selbst bekannte Wörter jeweils neu erlesen werden. Auch die Fehlerquote kann zunehmen, weil die Synthese in einem unverständlichen Kunstwort endet (z. B. /www-eee-llll-eee/ statt »Welle«) oder Konsonantenhäufungen »zerlesen« werden (»sss-e-p-rrr-iii-nnn-g-eee-nn«). Der Kontextbezug (s. 1.) geht meist ganz verloren. Um die notwendige sorgfältige Buchstabenanalyse durch den ebenso notwendigen »kreativen Sprung« zur natürlichen Aussprache auszutarieren, bieten sich an,

- Vereinfachung der Wortstruktur in vorgegebenen Texten (V.05: Dauerkonsonanten, langer Stammvokal, keine Konsonantenhäufungen, häufige Buchstaben);
- Aufgaben zum *leisen* Lesen (z.B. Spiele, in denen Wörter oder Sätze Bildern zugeordnet werden müssen: V.14);
- »Reparatur« von Wörtern (A.15; A.04) bzw. Korrigieren von Druckfehlern (S.16);
- »Roboter«-Sprache oder ähnliche Sprachspiele, in denen der flexible Umgang mit Lauten ohne die zusätzliche Anforderung Schrift geübt werden kann (A.10; L.01 – L.03);
- »Blitz-Lesen« häufiger Wörter, um ein bereits sicheres (!) Erlesen allmählich zu beschleunigen (S.20).

Verfestigen sich Leseschwierigkeiten der Lautierstrategie, werden Kinder zu redlichen »Buchstabensammlern«, die nicht verstehen, was sie lesen. Der Rückbezug auf die Sinnerwartung kann hier helfen (s. 1.). Er darf aber nicht zum Ausweichen vor der Anforderung genauen Erlesens führen (»Lesen als Ratespiel«), sondern muß den Kindern als *zusätzlicher* Schritt (Kontrolle) bewußt werden (»Was könnte /wa:lt/ am Ende von ›Der Hase läuft in den . . .‹ heißen?«).

4. Schrift als integriertes Zeichen- und Deutungssystem

Die Kinder verbinden (auf höherer Ebene) grafische Analyse (s. 2.) und Kontextdeutung (s. 1.) und verknüpfen diese Zugriffe (einschließlich 3.) in einem umfassenderen und beweglicheren System der Bedeutungssuche.

4.1 Automatisierung des Worterlesens

Die Beschleunigung des Lesens folgt nicht aus einem »Speichern von Wortbildern«, bedeutet also nicht einen Sprung der Wahrnehmung von der Buchstaben- zur Wortebene (vgl. *Brügelmann 1983, Kap. 5,14).* Vielmehr wird das wiederholte Erlesen häufiger Wörter immer schneller und mit abnehmender bewußter Aufmerksamkeit vollzogen. Allmählich beginnen die Kinder auch, bei der grafischen Analyse von Wörtern größere »Bausteine« zu nutzen. Diese Änderung des Zugriffs wird phasenweise zu vermehrten Fehlern führen, weil die Kinder ungenauer lesen. Dem kann entgegengewirkt werden, indem

- beim »Blitzlesen« Wortkarten mit Minimalpaaren verwendet werden (S.25);
- Kreuzwort- und Silbenrätsel zu lösen sind (A.07);
- Wörter in Bausteine wie Silben (durch Bögen zusammengefaßt oder durch Bindestriche getrennt) oder Morfeme (auf farbig unterschiedenen Karten für Vorsilben, Stamm und Nachsilbe) gegliedert werden (G.01; G.08);
- »Lesen auf Kassette« zur Selbstkontrolle beim Üben erzieht (S.07);
- das Einprägen häufiger Wörter systematisch geübt wird (S.03; S.05; S.10; S.23).

4.2 Koordination von Buchstaben-, Wort- und Textebene

Vor allem das leise Lesen hilft Kindern, auch den Kontext wieder einzubeziehen. Der Sprung auf die Satz- und Textebene stellt eine doppelte Anforderung: Aktivierung der *subjektiven Sinnerwartung* zur Ausrichtung der eigenen Aufmerksamkeit und zur Beschleunigung der Zugriffe auf den unteren Ebenen und zweitens die inhaltliche Koordination der gelesenen Wörter zur *Kontrolle des Sinnverständnisses am objektiven (Kon-)Text.* Hilfreich sind dafür Aufgaben, die zugleich *genaues* und *inhaltsorientiertes* Lesen fordern, z. B.

- Zusammenfügen zerschnittener Sätze oder zerschnittener Geschichten (V.01; V.26);
- (gemeinsames) Herstellen von Sätzen aus Wörtern (V.10; V.28);
- Zuordnung von Sätzen zu Bildern oder Umsetzung in Handlungen (V.14; V.17; V.19; S.21);
- inhaltliche Fragen zum Text (V.25);
- Fehler (inhaltlich oder ortografisch falsche Wörter) in Texten finden (S.16; V.13) oder Lücken füllen (V.04).

Solche Aufgaben/ Materialien können Kinder auch selbst als Rätsel füreinander herstellen.

Die Koordinationsleistungen verbessern wir bis an unser Lebensende. Dabei tauchen die beschriebenen Schwierigkeiten jeweils neu auf, wenn wir uns einem neuen Sachgebiet, einem anderen Format (Fahrplan, Steuerformular, . . .) oder einer Fremdsprache zuwenden.

Hans Brügelmann / Frank Drecoll
Schriftspracherwerb durch Schriftsprachgebrauch: Computer als Lernumgebung für »Schrift als zweite Sprache«

Schriftspracherwerb durch Schriftsprachgebrauch – in dieser Formel von *Barbara Kochan* bündeln sich wesentliche Veränderungen unserer Sicht zum Lesen- und Schreibenlernen von Kindern.
Dabei gibt es weitreichende Übereinstimmungen zwischen Forschungsberichten, didaktischen Konzeptionen und Entwicklungen in den Schulen in dieser neuen Interpretation des kindlichen Schriftspracherwerbs. In der Begründung wird allerdings auf unterschiedliche Traditionen bzw. Theorien zurückgegriffen.
Die Pädagogik der Grundschule hat insgesamt eine tiefgreifende Wandlung durchgemacht: vom Unterricht als Lehrgang, der didaktisch aufbereitetes Wissen in die Köpfe der Kinder transportiert, zum Lernraum, in dem Kinder selbständig arbeiten und ihre Erfahrungen eigenaktiv ordnen.
Einen starken Rückhalt findet diese neue Sicht des Lernens in entwicklungspsychologischen Untersuchungen und Modellen. In Anlehnung an *Piaget (1964; 1980)* beschreiben sie Lernen nicht mehr (allein) als Folge des Erwerbs einzelner Fertigkeiten und Kenntnisse, sondern als Umorganisation von Anfang an umfassender, wenn auch unzulänglicher Handlungen: *learning by doing* (vgl. unten *S. 102ff.*).
Speziell für das Lesen- und Schreibenlernen spielt das Vorbild des vorschulischen Lautspracherwerbs eine große Rolle. Das gilt z. B. für den Umgang mit Fehlern, die nicht mehr als Versagen (gemessen an der Norm), sondern als konstruktive Leistung auf einem bestimmten Entwicklungsstand gewürdigt werden. Vorschulkinder verletzen ständig die Regeln des Sprachsystems, sie ahmen Erwachsene nicht einfach nach, sondern erfinden nie gehörte Sprachformen – und »trotzdem« entwickeln die meisten von ihnen die Fähigkeit, die Sprache ihrer Umgebung regelgerecht zu sprechen. Die Parallelen vor allem des Grammatikerwerbs zur Aneignung der Ortografie liegen auf der Hand.
Aus den Ähnlichkeiten im Entwicklungsverlauf wurde gefolgert, die schulischen Bedingungen des Schriftspracherwerbs müßten deshalb analog denen des Lautspracherwerbs in der Familie gestaltet werden. Dort – so die These – werden Kinder nicht belehrt. Vielmehr nehmen sie an Gesprächen im Alltag teil, sie verwenden Sprache aus persönlichen und sozialen Motiven – und dabei lernen sie sprechen. Im Anschluß an *Chomsky (1974)* wurde noch radikaler formuliert: Obwohl die Umgebungssprache der Kinder oft unzulänglich ist, sichere ihre angeborene Fähigkeit, aus einer zureichenden

Zahl von Beispielen Regeln zu abstrahieren, den Aufbau eines weitgehend normgerechten Sprachsystems.
Diese Modellierung des Lautspracherwerbs legt den Schluß nahe, (auch) der Schriftspracherwerb bedürfe keiner Didaktisierung. Kinder müßten einfach viel Gelegenheit bekommen, zu schreiben und (analog dem Hören beim Lautspracherwerb) zu lesen. Im Wechselspiel von Auseinandersetzung mit Texten Schriftkundiger und eigenem Experimentieren werde sich dann die Schreibfähigkeit, u. a. in der ortografischen Dimension, entwikkeln.
Aber stimmen die Prämissen dieser Folgerungen? In das Argumentationsmuster gehen einige Annahmen ein, die erst noch genauer zu prüfen sind:
1. Die Lautsprache wird ohne systematische Belehrung erworben.
2. Der Schriftspracherwerb kann lernpsychologisch dem Lautspracherwerb gleichgesetzt werden.
3. Für den Schriftspracherwerb lassen sich unterrichtspraktisch analoge Bedingungen schaffen wie für den Lautspracherwerb.
Untersuchungen zum sprachlichen Umgang Erwachsener mit Kindern haben einige wichtige Befunde zur ersten Hypothese erbracht (vgl. zusammenfassend *Szagun 1991, Kap. 8.1)*.
Eltern, aber auch andere Erwachsene und ebenso ältere Geschwister, sprechen mit kleinen Kindern anders als untereinander. Zwar belehren sie nicht *über* Sprache, sondern gebrauchen diese zum Zwecke der Verständigung. Aber sie verwenden spezifische Sprachformen. Insbesondere vereinfachen sie ihre Sprache semantisch *(Snow 1972)* und syntaktisch *(Snow 1977)*, und sie akzentuieren bestimmte formale Aspekte, z. B. durch Betonung und Gliederung ihrer Äußerungen *(Garnica 1977, Weinert 1993)*. Kinder werden also nicht ausdrücklich unterrichtet, aber implizit werden sie auf bestimmte Merkmale der äußeren Sprachform aufmerksam gemacht.
Ähnlich verhält es sich mit den Fehlern der Kinder. Nur selten werden diese thematisiert, werden die Kinder aufgefordert, ihre Äußerung richtig zu wiederholen, oder wird ihnen erklärt, wie sie zu sprechen haben. Aber häufig nehmen die PartnerInnen die Äußerungen des Kindes auf und berichtigen sie indirekt, z. B. indem sie die Vorform »nane« in der Antwort an das Kind zu »Banane« vervollständigen oder indem sie sogar den entfalteten Satz zurückspiegeln: »Du möchtest eine Banane haben, ja?«
Fazit: Die Umgebung des Kindes geht primär auf den Inhalt des Gesagten ein, sie nimmt das Kind auch als Partner des Gesprächs ernst *(Nelson 1973; Cazden 1974, Snow 1977)*. Insofern treffen also zwei Beschreibungen gleichermaßen zu: Das Kind lernt Sprache, indem es selbst und seine PartnerInnen diese gebrauchen; dieser Gebrauch folgt aber zusätzlich besonderen Regeln, die das Lernen formaler Eigenschaften erleichtern. Klar scheint, daß die Sprache nicht bewußt mit dem Ziel vereinfacht wird, Sprach»lektionen« zu erteilen; umstritten ist sogar, in welchem Umfang Kinder auf eine vereinfachte Sprache angewiesen sind, um ihre Regeln zu

lernen (vgl. *Szagun 1991, Kap. 8.2)*. Die Forschungsbefunde sprechen jedenfalls eher für die Förderlichkeit einer »mäßig komplexen« als einer extrem vereinfachten Sprache gegenüber kleinen Kindern *(Szagun 1991, Kap. 8.4)*.

Zur zweiten Frage gibt es eine Reihe von Hinweisen, daß das Lesen- und Schreibenlernen als Erwerb einer zweiten Sprache analog dem Lautspracherwerb betrachtet werden kann (vgl. die Beiträge von *Brinkmann, S. 35ff.*, und *Brügelmann, S. 82ff., 102ff.* in diesem Band):

- Kinder erzeugen Schreibungen, die sie noch nie gesehen haben; sie konstruieren die Schrift auf ähnliche Weise, wie sie Sprache »erfunden« haben.
- Ihre Fehler sind nicht zufällig, sondern lassen sich als systematische Zugriffe auf Schrift erschließen: Anlautschreibung; konsonantische Skelettschreibung; Silbenschrift; Umschrift der eigenen Artikulation; Nutzung ortografischer Muster; morfematische Ableitung.
- Neu gewonnene Schreibformen werden (über-)generalisiert, d. h. Ortografie wird (wie Grammatik) nicht »stückweise« *von unten nach oben* zusammengebaut, sondern aus Beispielen werden übergreifende Muster abstrahiert und diese allmählich *von oben nach unten* differenziert.

Fazit: Schriftspracherwerb und Lautspracherwerb folgen in den Grundformen gleichen Prinzipien der *Konstruktion eines linguistischen Systems.*

Somit bleibt die dritte Frage: Welche Bedingungen müssen geschaffen werden, damit der Schriftspracherwerb analog dem Lautspracherwerb ablaufen kann, noch schärfer: Können die Bedingungen überhaupt analog gestaltet werden? Denn beim Lautspracherwerb zeigt sich, daß sich produktive Merkmale des natürlichen Spracherwerbs nicht ohne weiteres als systematische Sprachlehrsituation herstellen lassen *(Cazden 1974;* ref. in *Szagun 1991, Kap. 2.1)*.

Dem kleinen Kind hilft Sprache, Handlungsziele zu erreichen. Zwar ist umstritten, ob das Kind neue Sprachformen entwickelt, um seine Ziele so besser zu erreichen. Manche Befunde sprechen sogar dagegen; denn Kinder verwenden häufig neue Sprachformen in Situationen, die sie bereits mit einfacheren Mitteln erfolgreich bewältigt haben. Dennoch bleibt die Frage nach einer vergleichbaren Motivation für den Schriftspracherwerb. Für die Schule bietet sich hier eine Reihe von Ansatzpunkten in den vorschulischen Lernmotiven von Kindern (vgl. *Brügelmann 1986m):* den Geschwistern oder Erwachsenen nacheifern; das System begreifen; unabhängig werden; Macht über die Umgebung gewinnen; etwas bewirken.

Welche Bedingungen sind dafür erforderlich? Nehmen wir die Idee eines Postkastens im Klassenzimmer, um die Kinder anzuregen, einander Briefe zu schreiben (oder »Schreibgespräche« zu führen, wie sie *Marion Bergk [1994]* zur Klärung von Problemen zwischen Kindern angeregt hat). Wer einen Brief von der Lehrerin oder von anderen Personen haben möchte, muß auf Dauer auch eigene Briefe schreiben. Diese Bedingung läßt sich also

ohne weiteres in eine klasseninterne Korrespondenz einbauen (vgl. *Sennlaub 1980, 65)*. Auch in bestimmten Spielen lassen sich Ziele nur erreichen, wenn geschrieben wird (z. B. beim »Wörter hamstern« in der REGENBOGEN-LESEKISTE).
Besondere Möglichkeiten bietet der Computer. Um auf dem Bildschirm bestimmte Gegenstände darzustellen oder Aktivitäten auszulösen, muß das Kind die entsprechenden Befehle als Buchstabenfolge eingeben. Indem es (ihm unbekannte Wörter) eingibt, kann es deren Bedeutung aus der Wirkung auf dem Bildschirm »durch Gebrauch« lernen (vgl. *Lawler 1986)*.
Situationen oder Aufgaben, in denen der Schriftsprachgebrauch sinnvoll, ja attraktiv ist, lassen sich also denken. Wie aber steht es mit den anderen Bedingungen, die den Lautsprachgebrauch (auch) zum Medium des Lautspracherwerbs machen? Lassen sie sich auf den Schriftspracherwerb übertragen?
Betrachten wir die Rückspiegelung von Äußerungen des Kindes in einer berichtigten bzw. entfalteten Form. Viele LehrerInnen sind dazu übergegangen, Kindertexte nicht zu verbessern, aber durch eine Version in »Erwachsenenschrift« zu ergänzen. Dieses Verfahren *(Spitta 1985)* paßt gut zum lautsprachlichen Muster: Der Inhalt wird ernst genommen, seine kommunikative Wirkung durch die Umschrift gesteigert. Das Kind erhält zugleich eine Folie, durch die es seinen eigenen Schreibversuch analysieren kann. Es entscheidet dabei selbst, wann und wieviel es von dem Modell übernimmt. Auf diese Weise jedem Kind einer Klasse häufig und differenziert genug zu antworten überfordert allerdings die meisten LehrerInnen.
Die beschriebenen Bedingungen lassen sich aber in Computerprogrammen systematisieren. Dabei geht es nicht um eine Belehrung nach dem Modell des »programmierten Unterrichts« der 60er Jahre, also um einen kleinschrittigen Lehrgang, in dem das ausdrückliche und ausschließliche Ziel das Einüben bestimmter Teilfertigkeiten war (vgl. *Correll 1965b)*. Unser Konzept zielt vielmehr auf die Gestaltung einer offenen Lernumgebung, in der das Computerprogramm Anlässe und Hilfen für eine schriftliche Kommunikation schafft, in der das Kind sowohl die Inhalte als auch das Schreibniveau selbst bestimmen kann. Da das Kind nur über schriftliche Eingaben mit dem Gerät oder mit Figuren innerhalb eines Programms »kommunizieren« kann, ist ein Kontext gegeben, der zum Gebrauch der Schrift und zugleich zur Verbesserung der schriftlichen Eingaben motiviert (sofern die Spielidee oder die Aufgabe dem Kind überhaupt attraktiv erscheint).

Folgende »Module« wären erforderlich, um diese Konstellation zu einer »Lehr-Lern-Situation« analog der sprachlichen Interaktion zwischen Kind und Mutter auszugestalten:
1. Das Kind kann Schriftwörter eingeben, deren Bedeutung es nicht kennt (z. B. beim Anschauen eines Buches), so wie das Vorschulkind die »Namen« von Gegenständen erfragt. Das Programm spricht das Wort aus oder

verweist das Kind auf andere Informationsquellen: »Schau im Bild-Wörterbuch nach« oder »Frag ein anderes Kind«.
2. Eingaben von »eigenen Wörtern« (z. B. »Lokomotive«) werden dem Kind in lautsprachlich synthetisierter Form zurückgespiegelt (»Ich lese LOMKIWE, heißt dein Wort so?«). Auf diese Weise wird das Kind auf Lücken oder falsche Buchstaben aufmerksam. Bei zureichender Ähnlichkeit zu gespeicherten Wörtern werden ihm Alternativen angeboten: »Das Wort kenne ich nicht. Aber meinst du vielleicht . . . ?«
3. Wörter und Abbildungen auf dem Bildschirm können angeklickt und in die jeweils andere Symbolform (sowie in Lautsprache) übersetzt werden.
Einige dieser Aufgaben setzen zumindest elementare Einsichten in den Bezug von Buchstabenfolgen auf Lautfolgen voraus (so z. B. 2.), andere schaffen Bezüge, die diese Einsicht erschließen können (s. unten). Konkret stellen wir uns als Kontext folgende Konstellationen vor:[1]
Dem Kind begegnet im Programm ein Wesen aus einer anderen Welt, das unseren Alltag nicht kennt. Es kann aber unsere Sprache sprechen und sogar lesen (im Sinne von Lautieren). Auch verfügt es über ein Wörterbuch, das es gefunden hat. Es weiß aber nicht, was die dort lesbaren Wörter bedeuten. Die Kinder können dieses Wesen in bestimmte Bereiche unserer Welt einführen (Haushalt, Zoo, Supermarkt, Spielplatz usw.). Auf seinem Weg durch Situationen des Alltags fragt das Wesen die Kinder, die zu zweit vor dem Bildschirm sitzen, nach den Bezeichnungen bestimmter Gegenstände. Die schriftlichen Eingaben der Kinder kommentiert es (nach Blick in sein Wörterbuch), wie oben unter 2. skizziert. Indem das Wesen immer wieder ähnliche Gegenstände erfragt (z. B. große/kleine, rote/grüne Äpfel), schafft es Anlässe zur Wiederholung (und zugleich für Kinder mit anderer Muttersprache eine Gelegenheit, Alltagsbegriffe aufzubauen bzw. zu festigen). Bei ortografisch korrekter Eingabe bekommt das Kind eine Bestätigung wie: »Ah ja, ich habe das Wort in meinem Buch gefunden: AUTO«.
In einer anderen Konstellation (z. B. Weg zu einer hochgestellten Person in einem Bürohaus) muß ein weiteres Wesen »vom anderen Stern« immer wieder Paßwörter eingeben, die es zwar sprechen, nicht aber schreiben kann. Nach den Eingaben der Kinder erscheint zum Vergleich für kurze Zeit das richtige Paßwort, so daß sie anschließend korrigieren können.
Variante 1: Die Kinder verfügen über ein gedrucktes Bild-Wörterbuch, aus dem sie die Schreibweise übernehmen können.
Variante 2: Oder sie verfügen über einen Satz Befehlskarten, und das Wesen gibt ihnen Teilhinweise: »Ich brauche das Zauberwort KALUR. Hörst du: Das Wort fängt mit /k/ an, also muß der erste Buchstabe so aussehen: [K]. – Du hast das Zauberwort KIMU eingetippt, das hat ein /i/ nach dem /k/.

---

1 In Anlehnung an eine Idee von *Scheimann u. a. (1993): ULK. Pflichtenheft für die Entwicklung eines Programmsystems »Schriftsprache« für die Klassen 1 bis 6. RELE: München.*

KALUR hat ein /a/, das sieht so aus: [A]« [Farbige Hervorhebung/Blinken der kritischen Elemente auf dem Bildschirm]. Der Einsatz von Kunstwörtern erlaubt beliebige Variationen nach didaktischen Kriterien und hilft, die Aufmerksamkeit der Kinder auf die Lautform zu konzentrieren.

In einer dritten Konstellation muß sich ein weiteres Wesen, das NICHT lesen kann, zwischen schriftlich vorgegebenen Alternativen entscheiden. Die Kinder können ihm helfen, indem sie die richtige Option wählen. Dazu können sie sich Wörter vorsprechen lassen, die sie nicht selbständig erlesen können.

Eine vierte Konstellation könnte eine unwissende und eine wissende Figur in einem Spiel kombinieren, in dem die Kinder zwischen ihnen dolmetschen oder Botschaften vermitteln, so daß sie zwischen den Rollen der lehrenden Person (gegenüber dem fragenden fremden Wesen) und der lernenden Person (gegenüber der modellierenden, erweiternden, korrigierenden Figur) wechseln können.

Eine fünfte Konstellation orientiert sich an der Idee von *Lawler* (s. oben). Das Kind verfügt über Karten mit »Zauberwörtern«, mit deren Hilfe es den fremden Wesen Gegenstände aus unserer Welt und ihre Eigenschaften vorstellen kann (die beiden Wortarten sind auf verschiedenfarbige Karten gedruckt, evtl. noch ergänzt durch »Handlungskarten« in einer dritten Farbe). Was die Wörter bedeuten, erfährt das Kind aus der Wirkung seiner »Befehle«. Wenn es z. B. AUTO eintippt, erscheint ein Auto auf dem Bildschirm, und das fremde Wesen nimmt dieses Wort in seinen Kommentar auf: »Ach, das ist ein *Auto*«. Tippt das Kind anschließend eine Eigenschaft ein (z. B. <rot> oder <schnell>), verändert sich der Gegenstand bzw. sein Zustand. Weitere Varianten sind denkbar, deren inhaltliche »Verkleidung« und technische Umsetzung allerdings genau durchdacht werden müßten, z. B. die Einführung verschiedener Wesen, die jeweils über nur eine Modalität (Hören, Sprechen, Lesen, Schreiben) verfügen und auf die Kinder als ÜbersetzerInnen angewiesen sind, um sich mit anderen Wesen im Spiel verständigen zu können.

Diese Skizzen verdeutlichen bereits einige pädagogische Prinzipien, die uns, z. T. über die Analogie zum Lautspracherwerb hinaus, wichtig sind für ein Lesen- und Schreibenlernen am Computer und für das kindliche Lernen generell:

- Lernen durch Experimentieren;
- Selbsttätigkeit statt Nachahmung;
- Lernen durch Lehren;
- Zusammenarbeit statt Einzelarbeit;
- Explizieren von Hypothesen bei der gemeinsamen Problemlösung (»lautes Denken«) statt bloßem Versuch-und-Irrtum;
- inhaltliche Akzeptanz plus formale Korrektur;
- Kombination verschiedener Modalitäten;
- Wechsel von computerbezogenen und computerfreien Aktivitäten.

In wesentlichen Punkten orientieren wir uns dabei an Modellen der »cognitive apprenticeship«, wie sie im Beitrag »Lehrling oder Schüler?« (s. *S. 267ff.)* auf die Idee der »Lernwerkstatt« hin entfaltet werden.
Fazit: Der Schriftspracherwerb läßt sich theoretisch analog dem Lautspracherwerb begreifen. Diese Analogie bedeutet aber keinen Verzicht auf Didaktisierung des Lernens, sondern eine spezifische Gestaltung der Lernbedingungen und -formen. Unterrichtspraktisch können Computerprogramme so ausgestaltet (und sozial eingebettet) werden, daß ein »Schriftspracherwerb durch Schriftsprachgebrauch« möglich und damit die Analogie zum Lautspracherwerb des Vorschulkindes realistisch wird.
Aber auch dann bleibt dieses Medium ein Angebot unter anderen (vgl. auch *S. 78ff., 95ff., 177ff., 232ff., 250ff.* in diesem Band). Vor allem bleibt zu bedenken, daß verschiedene Kinder auf spezifische Merkmale eines Computerprogramms unterschiedlich reagieren (vgl. *S. 258ff.).* Insofern sollten die Programme unterschiedliche Umgangsweisen anbieten – und der Unterricht Alternativen zum Lernen mit diesem Medium.

Hans Brügelmann

Schulanfang: 10 Tips zum Lesen und Schreiben für Eltern

• *Grundregel:* Versuchen Sie nicht, Ihr Kind selbst zu unterrichten. Bieten Sie ihm aber beiläufig Möglichkeiten, neugierig zu werden auf Schrift in Büchern, auf Etiketten und Schildern usw. Vor allem sollten Sie immer auf spontane Fragen des Kindes und sein Interesse an Schrift mit Informationen und Zuwendung eingehen. Einige Anregungen:

• Sprechen Sie mit dem Kind über das, was es malt. Formulieren Sie aus dem, was das Kind sagt, eine vereinfachte Beschreibung des Bildes. Bieten Sie ihm diese als Titel für die Zeichnung an: *»Das Auto rast* – soll ich dir das darunter schreiben?« Sprechen Sie langsam beim Schreiben, *so daß das Kind erlebt, wie Sprache zur Schrift wird.* Fragen Sie gelegentlich etwa beim Malen: »Soll ich dir deinen Namen dazuschreiben?« Am besten schreiben Sie in Blockbuchstaben, möglichst 1 bis 3 cm groß.

• Akzeptieren Sie Kritzeln und andere Schreibversuche Ihres Kindes. Nehmen Sie ernst, was das Kind dazu erzählt. Fehler sind nicht schlimm. Auch die gesprochene Sprache hat Ihr Kind über fehlerhafte Zwischenstufen gelernt. Erkennen Sie die Schreibweisen des Kindes als seine Leistungsstufe an. Sie können ihm *daneben* zum Vergleich anbieten, »wie die Erwachsenen das schreiben«. Schreiben Sie dem Kind auch jedes Wort vor, das es wissen möchte. Bieten Sie ihm immer wieder Ihre Dienste als Sekretär/in an: »Soll ich dir aufschreiben . . .?« Basteln Sie dem Kind ein schönes Kästchen für seine eigenen Wörter, die Sie ihm nach und nach auf kleinen Kärtchen schenken.

• Lesen Sie Ihrem Kind sooft wie möglich vor. Lassen Sie das Kind die Bücher oder Zeitschriften, den Zeitpunkt und die Dauer selbst wählen. Wenn Ihr Kind mit in das Buch guckt, können Sie beim Lesen manchmal auch mit dem Finger von Wort zu Wort springen. Machen Sie dann gleichzeitig kurze Pausen beim Sprechen, so daß dem Kind auffallen kann, welche Sprecheinheiten und welche Schrifteinheiten zusammengehören.

• Auch wenn Sie für sich lesen: *Sprechen* Sie leise, wenn Ihr Kind in der Nähe ist. Viele Kinder wissen gar nicht, was ihre Eltern machen, wenn sie in ein Buch oder in eine Zeitung gucken. Außerdem wird das Kind so vielleicht neugierig auf das, was Sie lesen. Sie können dann mit ihm über das Foto im Zeitungsartikel reden und gleichzeitig auf den Text zeigen: »Hier steht übrigens noch . . .«. So wird ihm der Unterschied zwischen dem Zeichnen/Malen von Bildern und Lesen/Schreiben von Schrift bewußt.

• Kommentieren Sie auch Ihre eigenen Lese- und Schreibaktivitäten. Sprechen Sie leise mit, wenn Sie in den Regalen im Supermarkt nach einer Ware suchen: »Da steht *Zucker* drauf, da *Salz* – wo steht denn *Mehl* auf der Packung?« Reden Sie auch, wenn Sie Ihren Einkaufszettel schreiben. Fragen Sie Ihr Kind: »Was muß ich noch aufschreiben, damit wir es beim Einkaufen nicht vergessen?« Lesen Sie im Geschäft den Zettel wieder laut vor: »Hier steht noch: 1 Kilo Zucker – wo finden wir den?«

• Regen Sie Verwandte oder Freunde an, Ihrem Kind Briefe zu schreiben. Bieten Sie ihm an, aufzuschreiben, was es auf den Brief antworten will. Lesen Sie zwischendurch und am Ende den ganzen Brief wieder vor: »So, jetzt haben wir geschrieben . . .«

• Spielen Sie Sprachspiele: »Welche Wörter hören sich am Anfang gleich an?« Machen Sie die Aufgabe durch eigene Beispiele klar. Oder spielen Sie Roboter: »Ich bin ein Roboter. Der spricht immer so abgehackt. Was meint er wohl, wenn er sagt: O-M-A? – Jetzt sprich du mal wie ein Roboter.« Achtung: Nicht buchstabieren, sondern nur den Laut sagen!
Auch über Reime und Aufgaben wie: »Ich sehe was, was du nicht siehst, das Wort fängt mit O an« wird das Kind auf die Laute der Sprache aufmerksam, an denen die Schrift ja mit den Buchstaben anknüpft.

• Lassen Sie Ihr Kind raten, was Schilder und Aufschriften bedeuten: auf der Straße, in der Werbung, auf Packungen. Machen Sie es aufmerksam auf Ähnlichkeiten von Wörtern, für die es sich interessiert: »Siehst du: *Polizei* sieht vorne genauso aus wie *Post* – und das hört sich ja auch beim Sprechen gleich an.«
Aber *üben* Sie nicht mit dem Kind das Alfabet oder die Schreibweise einzelner Wörter. Belassen Sie es bei gelegentlichen Hinweisen und bei Antworten auf ausdrückliche Fragen des Kindes.

• Machen Sie mit dem Kind eigene Poster, kleine Hefte und Büchlein, indem Sie ihm helfen, Wörter und Bilder nach seinen Wünschen auszuschneiden, selbst zu malen, zu stempeln, aufzukleben, aufzuschreiben . . .

'Deil!"

Sigrun Richter / Hans Brügelmann

Der Schulanfang ist keine Stunde Null

Schrifterfahrungen, die Kinder in die Schule mitbringen

1. Fragestellung

Kinder kommen mit sehr unterschiedlichen Fähigkeiten und Interessen in die Schule. Diese Unterschiede haben Einfluß darauf, was sie von den Lernmöglichkeiten haben, die der Lese- und Schreibunterricht ihnen bietet. Heute ist diese Einsicht fast selbstverständlich (obwohl die Fibeln immer noch an einer fiktiven Null-Linie beginnen), vor zehn Jahren nahm man lediglich Berichte über gelegentliche »Frühleser« zur Kenntnis. Man tat so, als ob Kinder sechs Jahre lese- und schreib-unschuldig in einer (schrift-) keimfreien Umwelt aufgewachsen seien.
Viele Jahre wurde deshalb nach schriftfreien »Voraussetzungen« eines erfolgreichen Lesen- und Schreibenlernens gesucht. Vor allem Tests zur visuellen Wahrnehmung grafischer Formen, später zur auditiven Analyse und Unterscheidung von Sprachlauten wurden eingesetzt. Der Erfolg war mäßig bis kläglich (vgl. *Richter 1992b, Kapitel 4).*
Gegen die lange verbreitete Annahme, daß die sichere visuelle Diskriminierung schriftfreier Zeichen die Voraussetzung für das Erlernen der Schriftsprache sei, hat sich die Erkenntnis durchgesetzt, daß die visuellen Wahrnehmungsleistungen abhängig sind von dem Material, bei dem sie gefordert werden (vgl. *Valtin 1972, S. 128f.; 1981a, S. 93; Brügelmann, 1983, Kap. 6).* Auf das Lesen-/Schreibenlernen bezogen bedeutet dies, daß die Fähigkeit, Schriftzeichen zu erkennen und zu unterscheiden, nicht durch die visuelle Detailwahrnehmung an sich gefördert oder gehemmt wird. Sie ist angewiesen auf die Einsicht in die Bedeutung von Zeichenunterschieden innerhalb des Schriftsystems. Leistungsunterschiede beim Lesen und Schreiben sind infolgedessen nur in Ausnahmefällen auf Leistungsunterschiede in der visuellen Wahrnehmung zurückzuführen.
Ähnliches gilt für die auditive Differenzierungsfähigkeit: Nicht Wahrnehmungs-Defizite behindern den Prozeß der Schriftsprachaneignung, sondern die mangelnde Fähigkeit zur Analyse der gesprochenen Sprache und der Entdeckung ihrer Zuordnungsregeln zur geschriebenen Sprache.
Dieser Wechsel der Forschungsperspektive bedeutet, daß nicht mehr isolierte Wahrnehmungsleistungen im Mittelpunkt des Interesses stehen, sondern der Gegenstand »Schriftsprache« selbst und die Erfahrungen mit ihm, die die Kinder in die Schule mitbringen: Kenntnis über seine Funktionen, Konzepte über seine Logik und Teilleistungen bei seiner Aneignung.
Wegen der Vielschichtigkeit dieses Bereiches bedeutet der beschriebene Perspektivwechsel auch den Abschied von einfachen Diagnosen im Sinne

von Punktwerten standardisierter Tests. Nur durch unterrichtsbegleitende Beobachtung können die Lehrkräfte Informationen über die gegenstandsspezifischen Voraussetzungen der Kinder für das Lesen-/Schreibenlernen gewinnen. Diese Arbeit kann aber erleichtert werden durch Beobachtungs-Aufgaben, wie wir sie in unserem Projekt entwickelt haben. Wir haben zwei Zugänge gewählt:

Zum einen haben wir einfache Teilleistungen des Lesens und Schreibens untersucht, die sich leicht erfassen lassen und die als »Symptome« für tiefergehende Schrifterfahrung interpretiert werden können (vgl. *Brügelmann 1989u):* Wie viele Buchstaben können Kinder benennen oder aufschreiben? Wie viele Merkwörter aus ihrer Alltagswelt können sie schon schreiben? Erkennen sie Wörter außerhalb des üblichen grafischen Kontextes und im Kontrast zu ähnlichen Wörtern wieder?

Die Beobachtung solcher Leistungen eignet sich als ein »Grobfilter«, um frühzeitig auf Kinder aufmerksam zu werden, die besonders reichhaltige Lernmöglichkeiten und eine intensivere Betreuung brauchen (vgl. *Richter 1992b).*

Zum anderen haben wir Aufgaben entwickelt und erprobt, die Auskunft über die Vorstellungen und Konzepte der Kinder zur Funktion und zum Aufbau der Schrift(sprache) geben können: Ist Kindern z. B. der Unterschied zwischen Malen und Schreiben deutlich? Wissen sie, daß man in Büchern nicht aus den Abbildungen, sondern aus den Schriftzeichen liest, daß Buchstaben und Ziffern zu verschiedenen Zeichensystemen gehören? Können sie Alltagshandlungen (z. B. stumm vor einer Zeitung sitzen) und Gegenstände (Bücher, Schreibmaschine, Plakate, Schilder usw.) sinnvoll mit dem Lesen und Schreiben in Beziehung bringen?

Diese Aufgaben eignen sich im Unterricht zur »Feinerhebung« bei den Kindern, deren niedrige Leistungen bei den »Indikator-Aufgaben« (s. o.) vermuten lassen, daß sie die für den Schriftspracherwerb notwendigen Konzepte noch nicht gewonnen haben. Ungenügend entwickelte oder falsche Konzepte behindern das Lesen- und Schreibenlernen, weil sie bei den Kindern zu Mißverständnissen führen, die sich als kognitive oder auch motivationale Barrieren auswirken können (z. B. wenn Kinder denken, daß lange Wörter für große Gegenstände stehen; wenn ihnen nicht deutlich ist, daß Schrift die gesprochene Sprache »wort-wörtlich« festhält und daß die Wahl der Buchstaben durch die Lautform eines Wortes bestimmt wird; wenn ihnen nicht klar ist, daß man sich über Schrift anderen mitteilen und von diesen Neues erfahren kann).

Die »Lese- und Schreibaufgaben« dieses zweiten Typs (vgl. *Brügelmann u. a. 1988 a+b)* geben den Kindern Gelegenheit, Stücke ihres eigenen Denkens und Könnens zu offenbaren. Dadurch helfen sie den Lehrkräften zugleich, Erfahrungsdefizite zu erkennen. Sie stellen gleichzeitig Lernmöglichkeiten für die Kinder dar (vgl. die Ausarbeitung in *Brinkmann/Brügelmann 1993).*

Im folgenden werden einige dieser Aufgaben beider Arten und die mit ihnen erzielten Forschungsergebnisse dargestellt.

2. Die Groberhebung

Für den Einsatz in der Schule als »Grobfilter« haben wir vier Aufgaben aus den »Lese-Schreibaufgaben für Schulanfänger« so umgearbeitet, daß sie als »Gruppentest« angewendet werden konnten und im September 1989 mit 505 Kindern aus 26 Anfangsklassen erprobt (Landkreis Diepholz, Bremen, Münster, Emden, Ditzingen/Baden-Württemberg). Die Aufgaben wurden von den Lehrkräften nach vorgegebener Instruktion innerhalb des Unterrichts durchgeführt (zweimal ca. 20 Minuten).

»Eigene Buchstaben«: Motiviert durch eine kindgemäße Instruktion sollten die Kinder die ihnen bekannten Buchstaben frei schreiben. Dazu mußten die Buchstaben als graphische Form erinnert werden, was die Einsicht in den von anderen Zeichen verschiedenen Charakter von Buchstaben (als Elemente der Schrift) voraussetzt. Die Aufgabe konnte auch Aufschluß über den Umfang der schon vorhandenen Buchstabenkenntnis geben.

BP	PB	BR	BP	RP
Maggi	Haggi	iggaM	Maqqi	Maggi
FANTA	FHNTA	FANTA	EANTA	ATNAF
ARAL	ARAE	LARA	ARAL	ABAL
Coca-Cola	CocaCola	ColaCoca	OocaColo	aloCacoC
ARD	DRA	ABD	ARO	ARD
Post	Posl	Post	Past	tsoP
OPEL	OPEL	QPEL	LEPO	OPFL
iglo	olgi	jglo	iglo	igto
Langnese	Lampnase	Langnese	esengnaL	Jangnesa

Abb. 1

»Eigene Wörter«: In einer Anschluß-Instruktion wurden die Kinder aufgefordert, alle ihnen bekannten Wörter aufzuschreiben, um den Umfang des »naiven Sichtwortschatzes« zu überprüfen.
»Embleme und Schrift«: Auf einem Aufgabenblatt waren zehn Embleme aus der Werbung abgebildet, die den Kindern aus der Umgebung vertraut sein dürften. Daneben befanden sich jeweils 4 unterschiedliche Schreibweisen des (Werbe-)Namens *(siehe Abb. 1, vorangehende Seite).* Die richtige Schreibweise sollte markiert werden.
Mit dieser Aufgabe sollten naive Vorformen des Lesens überprüft werden (Schrift aus dem vertrauten graphischen Kontext lösen und Zeichen in unterschiedlicher Schriftform als gleiche erkennen). Beim Vergleichen von Vorlage und Lösungsangeboten mußten die Kinder zudem Einsicht haben in die Bedeutsamkeit der Reihenfolge der Buchstaben im Wort. Ähnliche Aufgaben wurden auch von *Rathenow/ Vöge (1982a, S. 42f.)* eingesetzt.

	C	P	A	I
	V	O	H	E
	I	G	R	Z
	T	U	A	F
	G	S	E	Z
	I	R	T	V
	A	O	L	S
	I	P	O	N
	S	V	I	K
	U	O	T	X

Abb. 2

»Buchstaben-Diktat«: Die Buchstabenkenntnis wurde bisher meist in Einzeluntersuchungen durch Vorlage von Kärtchen ermittelt (z. B. *Rathenow/ Vöge 1982a; Brügelmann u. a. 1988a, 1988b).* Unsere neu entwickelte

Diktatversion gestattet eine (zeitsparende) Überprüfung in der Gruppe. Den Kindern wurden die Buchstaben A, O, I, U, E, R, L, N, S, T (lautierend) diktiert. Auf dem Arbeitsblatt der Kinder waren in 10 Reihen jeweils neben dem diktierten 3 weitere Buchstaben vorgedruckt *(siehe Abb. 2, vorangehende Seite)*. Die Kinder mußten nicht nur die graphische Gestalt des Buchstabens erinnern, sondern ihn auch dem Lautwert zuordnen.
Bei der Auswertung wurde die Anzahl der richtig gelösten Items bzw. die Anzahl der frei aufgeschriebenen Buchstaben und Wörter als Meßwert gebraucht. In der Tabelle sind die Ergebnisse der Eingangserhebung zusammengefaßt.

Tabelle 1: Statistische Kennwerte der Eingangserhebung

Statistische Kennwerte der Eingangserhebung							
Aufgabe	**N*)**	**arith. Mittel**	**Streu-ung**	**Modal**)**	**Variations-breite***)**	**PR 25 - 75**	**Median PR 50**
Eigene Buchstaben	481	11,46	5,42	8	29 (0 - 29)	7 - 14	11
Eigene Wörter	481	2,27	2,11	1	12 (0 - 12)	1 - 2	2
Buchstaben-Diktat	505	7,02	2,97	10	10 (0 - 10)	5 - 9	8
Embleme	504	5,89	2,56	7	10 (0 - 10)	4 - 7	6

*) Die unterschiedlichen Häufigkeiten sind dadurch entstanden, daß nicht in allen Klassen alle Aufgaben gegeben wurden.
**) häufigster Wert
***) in Klammern: niedrigster u. höchster erreichter Wert

Die Kinder konnten im Durchschnitt (Prozentrang 25–75 = mittlere 50 %):
• 7 bis 14 Buchstaben(formen) reproduzieren,
• 1 bis 2 Wörter ortografisch richtig aufschreiben,
• 5–9 Laute den korrespondierenden Buchstaben zuordnen (8),
• 4–7 Schriftzüge aus Werbe-Emblemen aus einer Anzahl von Schreibweisen (in Normalschrift) herausfinden.
Diese Ergebnisse belegen, daß der Schulanfang in bezug auf den Schriftspracherwerb keine »Stunde Null« ist, sondern daß die Kinder in der Vorschulzeit bereits Vorkenntnisse erworben haben, allerdings in sehr unterschiedlichem Ausmaß.
Um die Leistungen zusammenfassen zu können, wurde ein gewichteter Summen-Wert (Index) berechnet, in den die Anzahl richtiger Lösungen bei »Buchstaben-Diktat« und »Embleme«, die halbierte Anzahl (unterschiedlicher) »Eigener Buchstaben« und die doppelte Anzahl der »Eigenen Wörter«

eingingen. Die Gewichtung sollte sicherstellen, daß die Primärvariablen in annähernd gleichem Größenverhältnis in den Gesamtwert eingehen. Es wird angenommen, daß damit das psychologische Konstrukt »vorschulische Schriftspracherfahrung« zureichend erfaßt wird.
Die folgende Abbildung zeigt die Verteilung der Index-Werte in unserer Stichprobe. Die von den Kindern unserer Stichprobe erreichten Index-Werte streuen zwischen 0 (bei allen 4 Aufgaben 0 Punkte!) bis 55. Das leistungsschwächste Viertel der Kinder erreichte Werte von 0 bis 16 Index-Punkte. Wir gehen davon aus, daß es vor allem diese Kinder sind, bei denen mit Schwierigkeiten beim Schriftspracherwerb zu rechnen ist.

Abbildung 3 (Verteilung der Index-Werte)

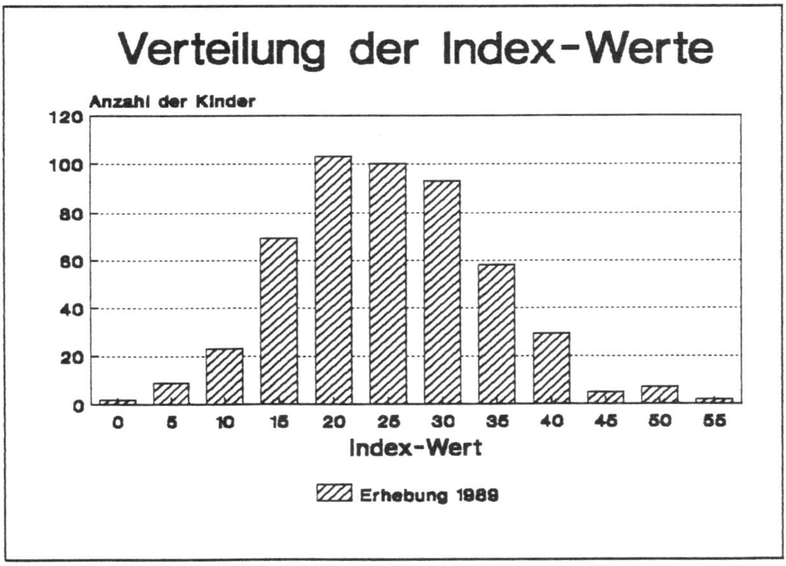

Unsere Erhebung hat auch ergeben, daß sich die beteiligten Klassen in ihrem durchschnittlichen Eingangsniveau erheblich unterscheiden. Dies bedeutet konkret, daß Kinder, die im Vergleich zur Gesamtstichprobe durchschnittliche Werte erzielten, in ihrer jeweiligen Klasse zum unteren oder auch zum oberen Bereich zählen können. Daß diese – relative – Position im Klassenverband ebenfalls erheblichen Einfluß auf die Lernentwicklung der Kinder hat, konnten wir in Fallstudien belegen (vgl. *Richter, in diesem Band, S. 109ff.; Richter 1993b).*
Vor diesem Hintergrund stellen die Kinder am unteren Ende der Skala in ihrer Klasse unabhängig von der Position in der Gesamtverteilung eine Risikogruppe dar. Für LehrerInnen ist es deshalb wichtig, auch auf diese Kinder besonders zu achten und ihre Lernentwicklung genau zu beobachten.

3. Die Feinerhebung

Für die Kinder im unteren Leistungsbereich der Groberhebung bietet die zweite Gruppe der oben genannten Aufgaben zusätzliche Diagnosemöglichkeiten. Mit ihnen ist es möglich, den Entwicklungsstand der Kinder in den Einzelbereichen genauer zu erfassen, die beim Schriftspracherwerb von Bedeutung sind. *Brügelmann (1984)* hat diese Einzelleistungen in der »Didaktischen Landkarte« aufgelistet.

Abbildung 4: »Didaktische Landkarte«

Die acht Lernfelder folgen beim Schriftspracherwerb nicht linear aufeinander, sondern sie stehen in vielfältigen (nicht-linearen) Zusammenhängen. Insofern handelt es sich nicht um ein psychologisches Komponentenmodell. In den Leistungen wird – zusammengenommen – vielmehr das sichtbar, was wir global als »Lesefähigkeit« umschreiben.

Im folgenden werden einige dieser Aufgaben vorgestellt, die schon am Schulanfang wichtige Informationen liefern können, und zwar beispielhaft je eine für 7 der 8 Lernfelder der »didaktischen Landkarte« *(Brügelmann u. a. 1984a; Brinkmann/Brügelmann 1993).* (Das Lernfeld »Baustein-Gliederung« ist am Schulanfang nicht relevant.) Da die Kinder Rückmeldung über ihre Lösungsversuche erhalten, stellen die Aufgaben gleichzeitig Lernangebote dar.

Lernfeld »Zeichenverständnis«: Symbole vereinbaren, verwenden und verstehen

Die Schriftsprache besteht aus (vereinbarten) Zeichen. Ihre Kenntnis und Verwendung sind wichtige Bestandteile des Lesens und Schreibens. Schon vor der Schule haben Kinder Erfahrungen mit verschiedenen Zeichenarten

gemacht (z. B. Verkehrszeichen, Bilder, Wegekarten) und können wichtige dabei gewonnene Einsichten auf die Schrift übertragen. Sie machen diese Erfahrungen jedoch in unterschiedlichem Ausmaß, so daß auch die Übertragungsmöglichkeiten unterschiedlich sind. Eine weitere Klippe beim Lesen- und Schreibenlernen kann darin bestehen, daß die Logik anderer Zeichensysteme auf die Schrift unzulässig übertragen wird.
Mit der Aufgabe »Wörter und Zeichen jagen« kann die Einsicht überprüft werden, daß die Schrift wie andere Zeichen »für etwas« steht, daß aber der Aufbau der Zeichen und ihre Beziehung zueinander eigenen Regeln folgen, z. B. daß die Bedeutung einer Buchstabenfolge prinzipiell unabhängig ist von Typografie und Ort des Auftretens.
Die Kinder sammeln nachmittags Schriftwörter von Schildern, Plakaten usw. und stellen ihre Funde am nächsten Tag im Stuhlkreis vor. Im Klassengespräch werden die Bedeutung der Wörter und Strategien ihrer Entschlüsselung diskutiert. In diesem Gespräch kann die Lehrkraft Informationen über den Entwicklungsstand der Kinder im Lernfeld »Zeichen-Verständnis« sammeln, die Hinweise für notwendige Erfahrungsangebote geben.
Wenn einzelne Kinder sich an diesem Gespräch nicht beteiligen, ist dies u. U. ein Hinweis auf sehr geringe Kenntnisse in diesem Bereich. Wenn es sich dabei um Kinder handelt, die in der Groberhebung bei der Aufgabe »Embleme« unterdurchschnittliche Ergebnisse erzielten, empfiehlt es sich, mit den Abbildungen noch einmal eine Einzelprüfung zu machen. Dabei kann der Schwerpunkt dann auf der Frage liegen, ob den Kindern die Embleme überhaupt bekannt sind (ohne die Schwierigkeit der Groberhebung, die Schriftzüge zuzuordnen): Dem Kind werden die Abbildungen auf einzelnen Kärtchen vorgelegt, und sie werden gefragt, ob sie die Bilder kennen.
Nach den Ergebnissen unserer Überprüfungsstichproben können die Kinder im Durchschnitt 6 der 10 Embleme namentlich oder im Kontext richtig deuten (namentlich richtig ungefähr 3). Bei Kindern, die 5 und weniger Embleme namentlich genau oder im Kontext zutreffend benennen können, müssen Erfahrungsdefizite angenommen werden, die beim Schriftspracherwerb zu Problemen führen können. Ihnen können mit Modifizierungen der Aufgabe »Wörter und Zeichen jagen« Erfahrungsangebote gemacht werden.

Lernfeld »Lautanalyse«: Sprachlaute unterscheiden, ausgliedern, verbinden
Keine besondere Rolle für den Schriftspracherwerb spielen unspezifische Voraussetzungen wie Feinheit des Gehörs oder saubere Artikulation. Wichtig sind sprachanalytische Teilleistungen im Lese- und Schreibprozeß. Unter Sprach-Analyse wird deshalb verstanden, Sprachlaute ausgliedern, unterscheiden und verbinden zu können. Diese Leistungen sind notwendig für das lauttreue Schreiben und das lautierende Erlesen, also für das Erreichen wichtiger Zwischenstufen auf dem Weg zur Schrift (s. o. *Downing/Valtin 1984; Kretschmann 1987; 1989; Mannhaupt/Skowronek 1989).*

Die Aufgabe »Roboter-Sprache« (*Brügelmann u. a. 1988a+b)* hat drei Varianten, die jeweils einen Aspekt sprachanalytischer Fähigkeiten zu erfassen helfen: Silbengliederung, Sprung zum Wort und Synthese von Einzellauten.
In der ersten Variante werden den Kindern Wörter vorgesprochen, die sie dann »wie ein Roboter« in Sprechsilben gegliedert nachsprechen sollen (z. B. Federball: Fe-der-ball). Insgesamt werden 10 Wörter vorgesprochen: Schule, Banane, Lokomotive, Pinsel, Briefmarke, Messer, Eis, Autobahn, Fenster, Strumpf.
Bei der zweiten Variante (»kaputter Roboter«) werden den Kindern Wörter gedehnt vorgesprochen, und sie sollen sie dann in natürlicher Sprechweise wiederholen (z. B. Wool-kee: Wolke). Die Aufgabe umfaßt 10 Wörter: Igel, Blumentopf, Hand, Vogel, Tasche, Klingel, Roller, Teppich, Segel, Zucker.
In der dritten Variante werden die Laute eines Wortes einzeln vorgesprochen, und das Kind soll das Wort sprechen (z. B. E-S-E-L: Esel). Die Wörter der Aufgabe sind: W-o, Sch-uh, M-au-s, M-u-t, r-o-s-a, K-i-n-o, A-m-p-e-l, T-o-m-a-t-e, W-u-r-m, Sch-r-a-n-k.
In den bisher durchgeführten Überprüfungsstudien wurden im Durchschnitt zwischen 60 und 87% der 10 Wörter von den Schulanfängern in der Silbengliederungs-Variante der Aufgabe gelöst. Bei »Sprung zum Wort« waren es im Durchschnitt zwischen 57 und 65%. Am schwierigsten war die Aufgabe zur Lautsynthese: Nur 1 der 10 Aufgaben wurde im Durchschnitt gelöst.
Diese Ergebnisse belegen, daß die verschiedenen Varianten für Schulanfänger unterschiedlich schwierig sind. Außerdem fanden wir, daß die Korrelationen zwischen ihnen keinen zureichenden Zusammenhang zwischen diesen Teilleistungen ausweisen, so daß wir nicht von einem einheitlichen Konstrukt »fonologische Kompetenz« ausgehen, sondern von spezifischen Teilleistungen. Dies wird auch durch Ergebnisse der Untersuchung LOGIC des Max-Planck-Instituts für Psychologische Forschung (München) gestützt, die zwischen fünf verschiedenen Aufgaben:
– vorgesprochene Wörter nachsprechen,
– passende Reimwörter finden,
– Einzellaute zu Wörtern verbinden,
– Wörter in Silben gliedern,
– Laute am Anfang, am Ende und in der Mitte des Wortes erkennen,
ebenfalls nur relativ geringe Übereinstimmung bei der Einstufung von Minderleistungen erbrachten *(Weinert/Schneider 1989, 160f.).*
Bei diesen nicht-schriftsprachlichen Aufgaben stellt sich die Frage, ob ein gesondertes Training der Funktionen als Voraussetzung zum Schriftspracherwerb sinnvoll ist. *Lundberg (1988)* hat belegen können, daß ein solches Training über Reimspiele u. ä. möglich ist und daß sich das Training im Anfangsunterricht bereichsspezifisch für das Lesen/Schreiben positiv auswirkt. Offen geblieben ist allerdings, ob nicht eine andere, schriftsprachnähere Förderung noch wirksamer gewesen wäre. Für diese Einschätzung

spricht die Untersuchung von *Byrne/Fiedling-Barnsley (1991)*, die zu dem Ergebnis kommen, »... daß Sprach(laut)bewußtsein und Buchstabenkenntnis zusammen notwendig, aber nicht hinreichend sind, um das alfabetische Prinzip zu begreifen« (S. 451).
In den Überprüfungsstudien haben sich die Varianten »Silbengliederung« und »Sprung zum Wort« als weniger vorhersagekräftig für die Rechtschreibentwicklung (ein halbes Jahr später) erwiesen als schriftsprachnähere Indikatoren. Zu ähnlichen Ergebnissen kam *Röhr (1978)* bis ins 2. Schuljahr hinein. Als gesichert kann aber gelten, daß der spielerische Umgang mit den Lautelementen der Sprache den Kindern hilft, die Korrespondenz von Schrift- und Lautelementen zu erkennen. Mit einem kombinierten Index aus Leistungen in verschiedenen Aufgaben der Sprachlautanalyse im »Bielefelder Screening« konnten Schwierigkeiten im späteren Lese- und Rechtschreibunterricht sogar recht gut vorhergesagt werden (vgl. *Skowronek/Jansen 1992)*.

Lernfeld: »Aufbau der Schrift«: Selbständiges Erlesen und Verschriften durch Einsicht in die Parallelität von Schriftkette und Lautfolgen
Lesen setzt die Einsicht in die Logik der Schriftsprache voraus, die Einsicht in die Parallelität von Schriftkette und Lautfolge. Bereits Vorschulkinder können sich Wörter an einzelnen Buchstaben(gruppen), am Schriftzug oder am Kontext merken. Schwierigkeiten beim Erlesen unbekannter Wörter können sich daraus ergeben, daß die Kinder sich angewöhnen, Wörter an Merkmalen zu erinnern, die mit dem Schrift-Aufbau nichts zu tun haben.
Mit der Aufgabe »Wortgröße« können Informationen darüber gewonnen werden, ob die Kinder schon wissen, daß die geschriebene Länge eines Wortes sich nach der gesprochenen richtet und nicht nach der Größe des bezeichneten Gegenstandes (Logik der Schriftsprache: Überwindung des »Namens-Realismus«; *Carraher 1987)*. Nichtleser, die diese Aufgabe lösen können, haben eine Zwischenstufe erreicht auf dem Weg von einer inhaltlichen Interpretation der Wortgestalt zu ihrer Interpretation als Folge von Zeichen für einzelne Laute.
Wie *Carraher & Rego (1981)* festgestellt haben, kann man aus der Stufe des Wort-Begriffs zu Schulbeginn das Lese-/Schreibniveau 8 Monate später gut vorhersagen.
Den Kindern werden jeweils zwei Wortkarten vorgelegt, bei denen auf einer Karte ein kurzes Wort (Name eines »größeren« Gegenstandes) geschrieben ist und auf der anderen ein langes Wort (Name eines »kleineren« Gegenstandes):
Zug – Lokomotive
Hose – Hosentasche
Haustüre – Haus
Fingernagel – Hand
Ast – Streichholz

Fußball – Tor
Regenwurm – Kuh
Paket – Bindfaden
Die Wörter werden den Kindern vorgelesen, und sie sollen raten, welches Wort auf welcher Karte steht: »Ich sage dir zwei Wörter und zeige dir zwei Karten. Was meinst du, wo steht ZUG und wo steht LOKOMOTIVE?«
(8 Wortpaare; Durchführungszeit ca. 5 Min.)
Im Durchschnitt aller Wörter lag der Lösungsanteil der Schulanfänger zwischen 40 und 81%. Dies belegt, daß schon viele Kinder bei Schulbeginn die lautorientierte Darstellungsform der Schrift grundsätzlich begriffen haben. Wie die Betrachtung der Lösungsquote der einzelnen Kinder zeigt, kann daraus jedoch nicht abgeleitet werden, daß dies durchgängig umgesetzt wird: Nur ein Drittel der Kinder löste alle Aufgaben (fast) richtig, ein knappes Drittel wechselt in der Orientierung (oder rät), und immerhin 20% orientieren sich durchgängig an der Bedeutung des Wortes als Kriterium für die Schriftform. Dies belegt, daß Informationen über die zugrundeliegenden Konzepte der Kinder von Bedeutung für die Gestaltung der Lernangebote im Unterricht sind, vor allem, daß so gängige Begriffe wie Wort»länge« für Schulanfänger nicht klar sind und durch entsprechende Aufgaben anschaulich gemacht werden müssen (vgl. *Brinkmann/Brügelmann 1993, Z.03, Z.14)*.

Lernfeld »Funktionen der Schriftverwendung«: Soziale Formen und persönlicher Nutzen des Lesens und Schreibens
Die Kenntnis der technischen Logik der Schriftsprache ist nur eine Seite beim Schriftspracherwerb. Die Kenntnis ihrer vielfältigen Verwendungsformen ist die andere. Der Gebrauchswert der Schriftsprache ist zugleich auch eine starke Motivation, sich überhaupt auf dieses Medium einzulassen. Manche Schulanfänger haben gar keine Lust, lesen und schreiben zu lernen, was auch daran liegen kann, daß konkrete Vorstellungen über den Nutzen fehlen.
Mit dem »Kim-Spiel« *(Brinkmann/Brügelmann 1993,* Z.02) kann u. a. überprüft werden, ob die Kinder die gedächtnisentlastende Funktion schriftlicher Aufzeichnungen schon kennen und verwenden, welche Form der Aufzeichnung sie für sich wählen (naturalistische Abbildung, Symbole, Schrift) und ob sie beim Erinnern ihre Darstellungen wieder »lesen« können.
Den Kindern wird eine Reihe von Gegenständen in unterschiedlicher Anzahl vorgelegt, z. B.: 5 Autos (1 LKW, 4 PKW), 6 Tiere (Pferd, Kuh, Schwein, Schaf, Huhn, Gans), 3 Löffel (1 großer, 2 kleine), 6 Lego-Steine (lang), 3 Lego-Steine (kurz), 1 Paket Papiertaschentücher mit Aufschrift, 2 Karten (eine mit der Aufschrift »Post«, eine mit »Polizei«), getrennt davon ein Blatt weißes Papier und eine Packung Buntstifte. Den Kindern wird gesagt, daß sie sich die Gegenstände bis zum nächsten Tag merken sollten.

Es folgt der Hinweis auf die Schwierigkeit der Aufgabe und die Frage, wie sie sich bei diesem »Gedächtnisspiel« helfen könnten. Wenn die Kinder nicht von sich auf die Idee kommen, die Gegenstände in irgendeiner Form zu »notieren«, wird mit Beispielen aus dem Alltag geholfen (»Was macht deine Mutter, wenn sie sich etwas merken will?«). Am nächsten Tag wird abgefragt, was die Kinder von den Gegenständen noch in Erinnerung haben.

Nach unseren Ergebnissen kommen ungefähr 60% der Kinder von selbst auf die Idee des Notierens, weitere 15% durch die Hinweise auf Merkhilfen, die Erwachsene verwenden. Jeweils etwa die Hälfte der Kinder entscheidet sich bei der Darstellung für Buchstaben/Zahlen und Zeichnen/Malen (mit Überschneidungen). Rund 75% der Kinder greifen beim Erinnern auf die Notizen zurück, wobei drei Viertel von ihnen die Aufzeichnungen noch »lesen« können, einige weitere mit Einschränkungen. Jeweils etwa die Hälfte der Kinder erinnert die Art und/oder Anzahl der Gegenstände korrekt, ein weiteres Drittel jeweils teilweise.
Zu den Aufschriften äußert sich ein Viertel der Kinder. Etwa die Hälfte von ihnen schreibt sie beim Notieren ab, fast alle auch zutreffend. Rund 75% der Kinder können die Art der Gegenstände unterscheidbar wiedergeben. Dabei verwenden (mit Überlappungen) rund
20% Schrift/Buchstaben,
10% andere, meist erfundene Zeichen,
40% stilisierte Darstellungsformen,
50% gegenständlich-naturalistische Abbildungen.
Weniger als 10% der Kinder verwenden dabei Schrift rechtschriftlich korrekt oder zumindest lautgerecht (lesbar). Dies sind die »Fast«-LeserInnen, bei denen mit sehr großer Wahrscheinlichkeit kaum mit Schwierigkeiten beim Schriftspracherwerb zu rechnen ist. Als »Risiko-Gruppe« bei dieser Aufgabe müssen die Kinder gelten, die auch mit Hilfe von Alltagsbeispielen nicht auf die Idee kommen, sich die Gegenstände in irgendeiner Weise zu notieren. Ihnen muß im Unterricht Gelegenheit gegeben werden, über konkrete Handlungen mit dem Nutzen der Schriftsprache im Alltag vertraut zu werden *(Brinkmann/Brügelmann 1993, F.01–F.12).*

Lernfeld »Buchstabenkenntnis«: Buchstaben in Formvarianten erkennen und verschiedenen Lauten zuordnen
Buchstaben-Kenntnis als Element beim Erlernen und beim Verwenden der Schriftsprache erschöpft sich nicht in der Unterscheidung feiner graphischer Details. Elementar sind Konzepte darüber, was Schrift von anderen Zeichen unterscheidet. Bereits Vorschulkinder entwickeln aus ihrer naiven Schrifterfahrung solche Konzepte, allerdings in Abhängigkeit vom Ausmaß der Erfahrung in unterschiedlichem Maße.
Die Konzepte der Kinder von Schrift kennenzulernen ermöglicht die Aufgabe »Was ist gut zum Lesen?« *(Brinkmann/Brügelmann 1993, Z.11).* Es

handelt sich dabei um ein Sortierspiel, bei dem die Kinder Kärtchen vorgelegt bekommen, auf denen
- gegenständliche, aber typisierte Abbildungen,
- geometrische Formen,
- Kritzelspuren,
- »illegale« Zeichen aus Buchstabenelementen,
- Zahlziffern,
- große Druckbuchstaben,
- kleine Schreibschriftbuchstaben abgebildet sind.

Abbildung 5 (aus: *Brinkmann/Brügelmann 1993*)

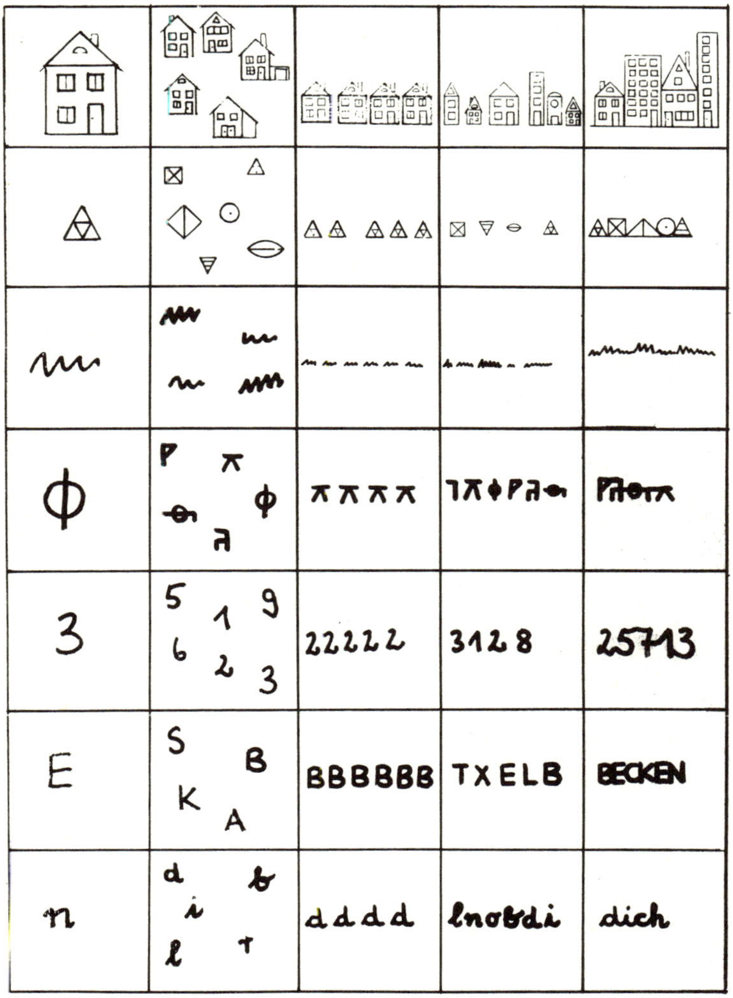

Die Kinder werden aufgefordert, die Karten herauszusuchen, die »gut zum Lesen sind« (»Karten, die Erwachsene lesen können«). Interessant ist nicht nur das Ausmaß der Sicherheit bei der Unterscheidung von Schrift und anderen Zeichen, sondern vor allem, welche Begründungen die Kinder für ihre Auswahl geben. Dabei können sich Gespräche entwickeln, die den Lehrkräften helfen, die zugrundeliegenden Konzepte der Kinder kennenzulernen, um sie gegebenenfalls durch weitere Übungsangebote zu festigen oder zu korrigieren.
Die Ergebnisse in einigen Stichproben zeigen, daß drei Viertel der Schulanfänger die legalen Schriftzeichen (Block- oder Schreibschrift) als »gut zum Lesen« interpretieren, wobei zusätzlich das Kriterium »Anordnung« zu Buche schlägt: Rund 90% der Vorschulkinder akzeptieren legale Buchstaben unter der Bedingung, daß sie nicht einzeln, nicht flächig und nicht in bloßer Wiederholung desselben Zeichens auftreten. Sie haben also im Gegensatz zu den restlichen 10% zumindest implizit schon wesentliche Merkmale des Zeichensystems Schrift erfaßt.

Lernfeld »Sicht-Wortschatz«: Häufige Wörter rasch erkennen und »blind« schreiben
Das einzelne Wort ist für viele Kinder der erste Zugang zur Schrift. Es ist aber auch für den Schriftkundigen eine wichtige Einheit, da er die einzelnen Buchstaben zunehmend als Zeichenkette und ohne bewußte Aufmerksamkeit erkennt bzw. niederschreibt. Vorschulkinder orientieren sich beim Wiedererkennen häufig am Anfangsbuchstaben oder anderen, oft zufälligen Merkmalen, ohne das Wortbild genau zu durchgliedern. Diese Strategie führt bei wachsendem Wortbestand oder bei ähnlichen Wörtern zu Verwechslungen.
Am Schulanfang ist es deshalb für die Lehrkraft nützlich zu wissen, in welchem Umfang das Kind schon in der Lage ist, die Buchstabenfolge genau zu erfassen. Eine Möglichkeit, dies zu ermitteln, bietet das »Gezinkte Memory« *(Brinkmann/Brügelmann, 1992, Z.02)*. Gleichzeitig ermöglicht es – als Übungsmittel eingesetzt –, die Durchgliederung zu trainieren.
Das »Gezinkte Memory« ist ein Memory-Spiel, bei dem die Bezeichnung der verdeckten Bilder auf der Rückseite sichtbar abgedruckt ist, so daß die Bildpaare leicht zugeordnet werden können, wenn die Spieler die Bezeichnung lesen können bzw. die Buchstabenfolgen genau vergleichen. Gespräche mit dem Kind beim Spielen geben Hinweise darauf, an welchen Merkmalen der Wörter es sich orientiert (erster und/oder letzter Buchstabe, markante Buchstaben(gruppen) oder individuell bekannte Buchstaben, Wortlänge).
In einer Erprobungsstichprobe (27 Kinder) wurden folgende Ergebnisse ermittelt:
15%: konnten im ersten Versuch alle Kartenpaare richtig erkennen,
35%: 1-2 Fehlversuche, zu über 3/4 durch Wortähnlichkeit bedingt,

25%: 3–8 Fehlversuche, zu etwa 2/3 durch Wortähnlichkeit bedingt,
25%: 9–20 Fehlversuche, nur zu 1/5 durch Wortähnlichkeit bedingt.
Die letzte Teilgruppe beachtet die Schrift auf den Karten also noch gar nicht. Ihr Zeichenverständnis (s. oben) ist noch nicht zureichend entwickelt, um Schrift als »Zeichen für etwas anderes« zu nutzen. Auch die meisten anderen Kinder können die aufgedruckten Wörter noch nicht lesen, aber ihnen ist bewußt, daß gleiche Buchstabenfolgen als Zeichen für gleiche Bedeutungen stehen.

Lernfeld »Verfassen und Verstehen von Texten«: Schrift als Informationsquelle und Darstellungshilfe
Mit diesem Aspekt ist die Bedeutungsebene der Schrift angesprochen: Schrift muß von den Kindern als Informationsquelle und Darstellungshilfe für persönlich bedeutsame Inhalte erlebt werden. Bei Schulanfängern, denen in ihrer Vorschulzeit wenig (oder gar nicht) vorgelesen wurde, die keine eigenen Bücher besitzen und die ihre Eltern nicht beim Schreiben oder Lesen beobachten können, ist mit Lernbarrieren zu rechnen, die sich vor allem aus mangelnder Motivation zum Lesen- und Schreibenlernen ergeben (wie auch beim Lernfeld »Funktionen der Schriftverwendung«). Es ist deshalb für die Lehrkraft am Schulbeginn bedeutsam zu wissen, bei welchen Kindern sie damit rechnen muß.
Beim gemeinsamen Anschauen von Büchern wird rasch deutlich, was Kinder schon über das Lesen wissen. »Sprechende Bücher«, d. h. Kassetten, auf denen ein Buch vorgelesen und das Kind mit zusätzlichen Hinweisen zum Nachdenken über den Textinhalt angeregt wird, können helfen, fehlende Bucherfahrungen nachzuholen (vgl. *Brinkmann/Brügelmann 1993, Z.05)* und grundlegende Konventionen des Text- und Schriftaufbaus zu vermitteln *(ebda., Z.07)*.

4. Folgerungen

Die dargestellten Untersuchungsergebnisse belegen, daß sich die Kinder bei Schulbeginn nicht auf einem »Anfangsniveau Null« oder auch nur auf einem vergleichbaren Entwicklungsstand befinden. Einige können schon lesen und schreiben, andere haben noch kaum Vorstellungen davon, wozu man die Schriftsprache nutzen kann.
Wir gehen bei der Interpretation der Ergebnisse der Groberhebung davon aus, daß Kinder im unteren Viertel der Verteilung »Risiko«-Kinder für den Schriftspracherwerb sind. Wie wir anhand vorliegender Untersuchungsergebnisse dargestellt haben, finden sich auch bei den Aufgaben der Feinerhebung in der Regel etwa 25%, die die mit diesen Aufgaben angesprochenen schriftsprachspezifischen Voraussetzungen für das Lesen- und Schreibenlernen noch nicht mitbringen.
Wie Fallbeispiele (vgl. *Brügelmann u. a. 1988a+b; Richter 1992b, 1992c)* zeigen, betreffen die Defizite in der Regel nicht alle Lernfelder in gleicher

Weise. Es reicht deshalb nicht, für alle »Risiko«-Kinder ein einheitliches Angebot vorzuhalten, sondern bei jedem einzelnen Kind muß überlegt werden, welche Angebote am ehesten weiterhelfen können (Anregungen finden sich in: *Brügelmann u. a. 1984; Brinkmann/Brügelmann 1993a.* Dabei gibt es aber keine Erfolgsgarantie. Die Kinder lernen unterschiedlich, und sie müssen deshalb ihre Wege zu den Einsichten und (Zwischen-)Fertigkeiten selbst finden. Die Lehrkraft hat dabei die Aufgabe, Lernangebote zu machen und fortlaufend zu beobachten, ob das Kind dabei Fortschritte in der angestrebten Richtung macht, bzw. alternative Lernangebote auswählen. Dabei ist es hilfreich, immer wieder Überprüfungsaufgaben in der Klasse einzusetzen, um das Risiko zu minimieren, entstehende Schwierigkeiten der Kinder zu übersehen. Dazu eignen sich die weiteren »Lese- und Schreibaufgaben für Schulanfänger« (z. B. »Wörter-Konstruieren«, s. *S. 102ff.*, und Grundwortschatz-Diktate; für quantitative Vergleiche nach 6-, 12- und 18monatigem Schulbesuch: *Richter 1992b).*
Das beschriebene Vorgehen – Groberhebung, Feinerhebung, Planung von Lernangeboten nach einem rückgekoppelten Vorgehen – ist in *Abbildung 6* schematisch dargestellt.

Abbildung 6: Rückgekoppelte Diagnose und Förderung

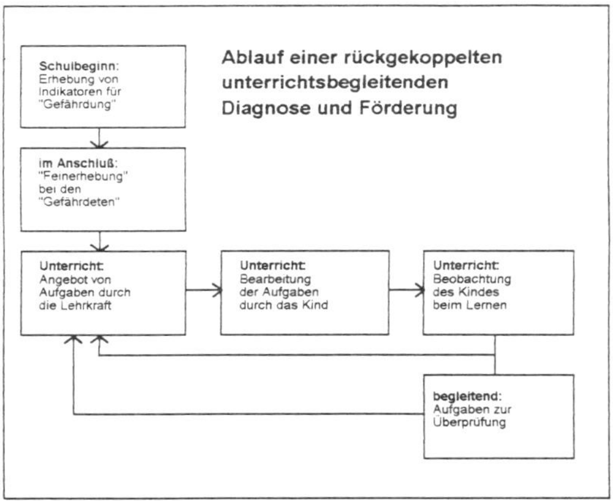

Zu warnen ist allerdings davor, die vorgeschlagenen Aufgaben als »Schuleingangstest« einzusetzen, um bereits vor der Einschulung eine Zurückstellung abzusichern. Die vorgeschlagenen Hilfen sind Aufgaben, die die Beobachtung im Unterricht stützen und auf konkrete Fördermöglichkeiten ausrichten sollen – gleich in welcher Einrichtung. Die Überweisung eines Kindes in den Schulkindergarten oder die Sonderschule läßt sich aus ihren Ergebnissen nicht begründen. Alle Kinder in dieser Differenziertheit zu beobachten ist nicht möglich, aber auch nicht nötig. Wer den Unterricht öffnet (wie auf *S. 95ff.* und *177ff.* skizziert), gewinnt Raum und Zeit für die drei bis acht Kinder mit besonderen Schwierigkeiten.

Anita Kenter / Katharina Schraepler / Andrea Wehrhahn

Schule ohne Wände –
Episoden I

»Es ist so schwer, es in Worten auszudrücken, aber alles ist wunderbar, grausam und schön . . ., . . .so spannend, so traurig und lustig.«
(aus: *Sibyl Gräfin Schönfeldt,* Astrid Lindgren, Reinbek bei Hamburg, 1987)

Während unseres Studiums sind wir immer wieder den Widersprüchen zwischen unseren Idealen und der Wirklichkeit ausgesetzt. Wunderbare Konzepte von offenem Unterricht, teilweise ernüchternde Realität im Kontakt mit den Schulen und viele schöne Worte.
Muß Schule wirklich so sein?
Wir wollten es endlich wissen.
So entschlossen wir uns, in einer Schule, in der offener Unterricht konzeptionell festgelegt ist, zu hospitieren. Unsere Wahl fiel auf die Laborschule in Bielefeld, u. a. weil es uns wichtig war, eine Schule kennenzulernen, die diese Art von Unterricht unter staatlicher Aufsicht und Trägerschaft verwirklicht. Die Laborschule wurde 1974 in Bielefeld eröffnet und sollte als staatliche Versuchsreihe des Landes Nordrhein-Westfalen auch der Universität Bielefeld als wissenschaftliche Einrichtung dienen. Das Konzept der Schule entwarf vor allem Hartmut von Hentig. Es bezieht sich auf die Schulklassen 0–11 als integrierte Gesamtschule. Die Oberstufe ist hiervon abgelöst. Unser spezielles Interesse als angehende Grundschullehrerinnen galt der Eingangsstufe der Laborschule, die vom übrigen Teil der Schule als getrennte und eigenständige Institution zu betrachten ist. Die Kinder verweilen in der Regel drei Jahre in ihr, von der Vorschulklasse bis zum Ende der zweiten Klasse.
Nachdem uns eine einmonatige Hospitation zugesagt worden war und alle organisatorischen Dinge geregelt waren, packten wir unsere Koffer und fuhren nach Bielefeld.
Dies war also die Schule, von der wir schon so viel gehört hatten. Jetzt waren wir endlich und wirklich hier. Schon als wir auf das Haus 1 zugingen, in dem sich die Eingangsstufe befindet, bemerkten wir die ungewöhnlich vielen Eingänge. Statt geschlossener Klassenräume verfügt die Schule über offene, ineinander übergehende Gruppenflächen. Bis wir die Gruppenfläche erreichten, sahen wir vieles, was uns zeigte, daß dies eine ganz besondere Schule ist. Staunend betrachteten wir alles, was uns in den nächsten vier Wochen so selbstverständlich und vertraut werden sollte.
In einem kleinen Flur befinden sich Rollschuhe und Gummistiefel für die Kinder von je zwei Gruppen. Als nächstes fiel uns die kindgerechte Küche auf, die zu jeder Fläche gehört. Zu jeder Fläche gehören auch Eßecken,

Steckenpferde zum Spielen, ein Ruheraum, die Garderobe samt Hausschuhen, Fahrräder und Helme, Waschmaschinen, Toiletten, Badeanzüge und Fächer, in denen die Kinder ihr Frühstück und ihre Tornister während des Tages unterbringen können.
Über eine Treppe gelangten wir auf die Gruppenfläche. Uns empfing eine sonnenüberflutete Fläche. Von allen Seiten schien die Sonne ins Haus, brach sich in den Bildern der Kinder, die überall aushängen, und in den bunten Papierschlangen, die von der Decke hängen. Sie haben die Farben der Gruppen, die sich auf einer Fläche befinden.
Vereinzelt waren schon um 8.00 Uhr Kinder auf ihrer Fläche, obwohl die Schule erst um 8.30 Uhr beginnt – eine gleitende Anfangszeit für Kinder. Sie spielten meist ruhig miteinander, redeten mit der Lehrerin, die auch schon da war, oder kümmerten sich um die Tiere, die sich auf jeder Fläche befinden. Hier wurden wir von der Leiterin der Primarstufe den Gruppenlehrerinnen zugeteilt.
Jetzt trennten sich erst einmal unsere Wege, denn jede von uns kam auf eine andere Fläche. Kaum hatten wir »unsere« Fläche betreten, wurden wir auch schon mit Fragen überhäuft: »Wer bist du?« – »Bleibst du einen Tag oder einen Monat?« – »Komm mit, ich zeig' dir was!«
Bis 8.30 Uhr treffen nach und nach alle 15 Kinder einer Gruppe ein. Wie uns später erzählt wurde, wird die Laborschule von den Eltern gern gewählt, weil sie versucht, ihrem Ruf, sich ausdrücklich um verhaltensauffällige und lernbehinderte Kinder zu kümmern, gerecht zu werden. Es werden überdurchschnittlich viele Kinder, die aus schwierigen Verhältnissen kommen, angemeldet. Hierfür gibt es einen gesellschaftlich repräsentativen Schlüssel. Er setzt sich aus Beruf, Bildung, Einkommen und sozialer Selbsteinschätzung der Eltern zusammen.
Der Unterricht beginnt mit der »kleinen Versammlung«. Sie ist gefüllt mit Erzählungen, Geschichtenvorlesen und dem Vorstellen des Tagesplanes. In den vier Wochen blieb die Struktur des Tagesplanes annähernd unverändert.

Tagesplan
8.00 Uhr – Morgenzeit
8.30 Uhr – Kleine Versammlung
9.00 Uhr – Arbeitszeit
10.00 Uhr – Lesen, Schreiben, Rechnen, Frühstück und Pause
10.30 Uhr – Große Versammlung
11.00 Uhr – Gruppenzeit
12.00 Uhr – Buszeit oder Mittagessen

In der Arbeitszeit nehmen die Kinder ihre Arbeitsmaterialien aus ihrem Fach, das sich auf jeder Gruppenfläche befindet, heraus. Dies kann ein Lesebuch oder ein Mathematikarbeitsblatt sein, welches das Kind im Mo-

ment interessiert. Die Arbeitsmaterialien werden individuell für jedes Kind von der Lehrerin ausgesucht. Es können Lehrgänge von Verlagen sein, aber auch Kopien, die zu einem Buch zusammengefaßt worden sind.
Gespräche zwischen den Kindern sind immer möglich; so helfen die Kinder sich bei ihrer Arbeit gegenseitig. Dabei wirkt unterstützend, daß die Gruppen altersgemischt sind. Die Kinder lernen voneinander und miteinander. Da sie größtenteils sehr selbständig arbeiten, hat die Lehrerin jetzt die Möglichkeit, sich einzelnen Kindern zuzuwenden.
Gegen 10.00 Uhr beginnt in den meisten Gruppen die Frühstückszeit. Einige Gruppen bleiben in der Frühstückspause auf der Fläche, andere frühstücken unten in der Küche, wieder andere gehen in die Universität, die sich auf dem gleichen Gelände befindet. Nach dem Frühstück können die Kinder draußen spielen. Dort gibt es eine große Wiese, ein Abenteuerschiff, einen »Matschberg«, ein Klettergerüst, einen Sandkasten, einen Rollschuhplatz und vieles mehr.
Langsam kommen die Kinder wieder auf die Gruppenfläche. Einige Kinder sitzen bereits an Tischen und arbeiten an ihren Arbeitsmaterialien weiter, andere spielen oder lesen. Dies läuft meistens ruhig und harmonisch ab. Regeln für das Miteinander in der Schule haben die Kinder »im Kopf«, wie ein Mädchen sagte. Sie müssen nicht aufgeschrieben werden. Wer neu in der Schule ist, erfährt sie durch den Umgang untereinander.
An die Pause schließt sich häufig eine große Versammlung an, in der sich drei bis vier Gruppen einer Fläche mit ihren Kindern, Lehrerinnen und Praktikantinnen treffen. Hier werden Geburtstage gefeiert, Lieder gesungen, hier finden Vorführungen statt, wird getanzt, vorgelesen, werden Arbeiten der Kinder vorgestellt und Bekanntmachungen vorgetragen.
Den zweiten Teil des Vormittags verbringen die Kinder in der »Gruppenzeit«. Dort finden Spiele statt, es wird Theater gespielt, gebastelt, getöpfert, gemalt, geturnt, aufgeräumt und einiges mehr. Alles Dinge, die die Gruppengemeinschaft fördern.
Kurz vor 12.00 Uhr findet eine Schlußversammlung statt. Hier werden Ergebnisse des Tages von den Kindern vorgestellt. So wurde Stefan für die vielen Kastanien, die er gesammelt hatte, bewundert, Luise las hier ihre erste selbstgeschriebene Geschichte vor, und Oliver zeigte den anderen Kindern sein getöpfertes Haus. Schnell erinnerte die Lehrerin noch an den heutigen Elternabend, bevor die Kinder in die »Buszeit« entlassen werden. Da die Bielefelder Laborschule keine Stadtteilschule ist, müssen viele Kinder jeden Morgen und jeden Mittag bzw. Nachmittag mit dem Bus fahren. Die Zeit, in der sie auf den Bus warten, wird durch das Vorlesen eines schönes Buches verkürzt. Eine Lehrerin begleitet danach die Kinder zum Bus.
Für etwa die Hälfte der Kinder einer Fläche wird auch nachmittags eine Betreuung angeboten. Diese Kinder gehen mittags mit einer Sozialpädagogin oder Erzieherin in die Schulkantine. Die Nachmittagsbetreuung findet

bis 16.00 Uhr statt. Sie ist gefüllt mit Basteln, Singen, sportlichen Aktivitäten, freiem Spiel und Ausflügen in die nähere Umgebung.
Wir hatten in dieser Zeit die Möglichkeit, mit Lehrerinnen und Erzieherinnen über vieles zu sprechen und uns außerhalb des Schulbetriebes die Feinheiten der Laborschule zeigen zu lassen. Uns wurde viel aus »alten Zeiten« erzählt, von den Ideen und Idealen der Gründer und den Schwierigkeiten, die sich ihnen immer wieder in den Weg stellten.
Wir erfuhren, daß einige der alten Ideen auch heute noch gelten, da sie den Kindern heute wie damals guttun. Andere haben sich, den Lebensumständen der Kinder entsprechend, im Laufe der Zeit gewandelt. Schule muß also ein lebendiger Ort sein, wie die Menschen in ihr.

»Es ist heilsam, die Wahrheiten wiederholt zu bekommen: daß die Mittel der Unterdrückung niemals die Mittel der Förderung sein können, daß die Pädagogik davon abhängt, wie ehrlich wir sind; daß große Veränderungen der kleinen bedürfen, um wirksam und wirklich zu werden.«
Hartmut von Hentig in: *J. Herndon,* Die Schule überleben)

Nicht alles, was wir in der Laborschule sahen, war uns völlig unbekannt oder neu. Neu war vielmehr die Akkumulation vieler kleiner Mosaiksteinchen, die sich ideal ergänzten und so ein großes Ganzes bildeten, was uns faszinierte. Demzufolge sind die kurzen Berichte (in diesem Buch auf S. 126ff., 221ff., 278ff.) auch nicht als technische Anleitung für »Offenen Unterricht« oder als Aufzeigen exotischer Lernmethoden (denn das müssen sie nicht sein!) zu verstehen, sondern vielmehr als eine Sammlung von Ideen, atmosphärischen Eindrücken und sozialer Episoden, die den Alltag in der Laborschule als Ganzes prägen (vgl. ergänzend Bambach 1987; 1989a+b).

Hans Brügelmann

I OI oder FIA ROISA? Kinder erfinden die Schrift – Schreibversuche am Schulanfang

Lange haben Ganzheitler und Synthetiker über die beste Methode des Leseunterrichts gestritten (u. a. *Kern/Kern 1958* vs. *Schmitt 1970;* vgl. im einzelnen *Bergk 1980, Teil 4; Gümbel 1980, Kap. 5.2.2).* Dieser Methodenstreit zwischen Synthetikern und Ganzheitlern endete in einem empirischen Patt: Nach den Vergleichsuntersuchungen der sechziger Jahre sind ganzheitliche und einzelheitliche Methoden im Durchschnitt gleich gut *(Ferdinand 1970; Meiers 1974; Heuß 1977).* Oder sind sie gleich schlecht, wie eine wachsende Schar von KritikerInnen meint (vgl. die Beiträge zu *Bergk/Meiers 1985)?*

Forschung und Didaktik jedenfalls richten ihre Aufmerksamkeit heute weniger auf die unterschiedlichen Spracheinheiten (Laut bzw. Buchstabe gegen Wort bzw. Satz). Sie stellen vielmehr auf formale Gemeinsamkeiten der klein- und gleichschrittig aufgebauten Fibel-Lehrgänge ab, die Buchstaben, Laute und Wörter in einer für alle Kinder verbindlichen Weise einführen – ohne Rücksicht auf die individuellen Vorkenntnisse, Denkmuster und Lernstile der Kinder.

Im Sinne einer *Piagetschen Wende* – Kinder rekonstruieren nach Auffassung des Schweizer Entwicklungspsychologen *Jean Piaget* alles, was sie lernen, über unvollkommene Zwischenstufen – interessieren sich neuere Ansätze weniger für Lehrmethoden als dafür, welche Vorstellungen von der Alltagsfunktion der Schrift(sprache) und von ihrer technischen Logik die Kinder selbst entwickeln. Ein Beispiel für die Philosophie unseres Projekts und seine Untersuchungsmethoden ist das folgende Kim-Spiel (adaptiert aus *Sinclair de Zwart u. a. 1982; Sinclair u. a. 1982;* vgl. ausführlicher zu unseren »Lese- und Schreibaufgaben für Schulanfänger« den Beitrag von *Richter/Brügelmann S. 62ff.):*

Vor den Kindern liegen auf einem Tisch verschiedene Gegenstände in unterschiedlicher Anzahl (zwei Bälle, sechs Autos, vier Häuser . . .). Nun kommt es darauf an, sich die Gegenstände zu merken, die nur für kurze Zeit sichtbar sind. Wir animieren unsere Schulanfänger (die offiziell noch gar nicht schreiben können): »Wenn du magst, mach dir doch Notizen hier auf dem Papier, damit du nachher genau sagen kannst, was du gesehen hast.«

---

* Eine Vorfassung dieses Beitrags ist 1987 erschienen in der Zeitschrift »Spektrum der Wissenschaft« (H. 5, S. 81-83).

Manche Kinder erklären, sie könnten doch gar nicht schreiben, aber wir ermutigen sie, es einfach zu versuchen, so gut sie es können.

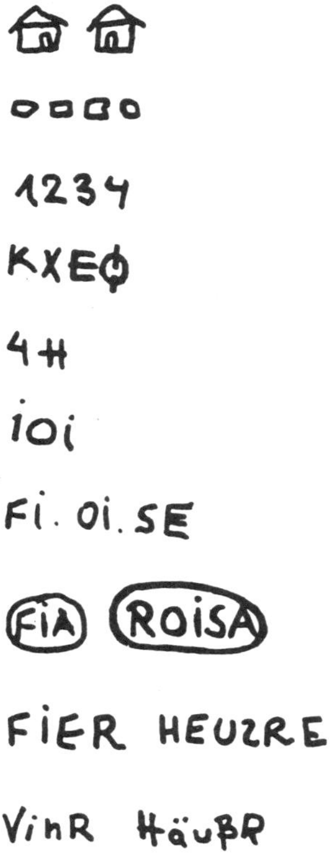

Die nebenstehende *Abbildung* zeigt das Spektrum an Schreibweisen, mit denen zu rechnen ist (hier aus Schreibversuchen der Kinder zu verschiedenen Wörtern rekonstruiert für das Beispiel 4 Häuser).

Es gibt zwei Deutungsmöglichkeiten für solche Schreibproben: Man kann die Abweichungen von der Rechtschreibnorm zählen und über Fehlerzahlen erschrecken – zumal in der Sorge, daß sich die Kinder etwas Falsches einprägen, wenn man sie so schreiben läßt. Man kann aber auch darauf achten, mit welchem Geschick die Kinder ihre jeweiligen Erfahrungen und Kenntnisse nutzen, um die Aufgabe zu lösen. Dann wird man auch merken, daß sich trotz aller Fehler in den Schreibversuchen Fortschritte im Sinne einer allmählichen Aneignung wichtiger Merkmale unserer alfabetischen Schrift erkennen lassen. Alle Kinder haben schon etwas von der Besonderheiten des Schreibens verstanden, allerdings in unterschiedlichem Maße:

1. Auf einer ersten Stufe helfen sich die Kinder mit einer gegenständlich-analogen Abbildung oder einer stilisierten Darstellung wichtiger Merkmale (Form und Anzahl) des Gegenstands. Sie verkürzen im Vergleich zu einem »Bild« die Kennzeichnung der Art oder der Menge.

2. Die nächsten beiden Schreibproben (3. und 4. Zeile) verwenden bereits konventionelle Zeichen und belegen damit die Einsicht: Ziffern und Buchstaben tragen Bedeutung. Verwendet werden aber auch sie noch gegenständlich-analog – ein Zeichen für ein Objekt (bzw. zur Darstellung des Zählvorgangs). Auf dieser Stufe markieren manche Kinder mit der Zahl der Buchstaben auch Unterschiede in der Größe von Gegenständen (vgl. *Ferreiro/Teberosky 1982; Nunes Carraher 1987).*

3. In <4 H> und <ioi> schlägt sich die grundlegende Einsicht in das Laut-Prinzip unserer Schrift nieder. Wörter bestehen nicht nur aus einer wechselnden Folge von Buchstaben, sondern deren Auswahl hat etwas mit der Aussprache zu tun.

4. Dieses »Laut-Skelett« verfeinern die Kinder nun – und gehen manchmal

in der Präzision der Darstellung über unsere Rechtschreibung hinaus. Die traditionelle Diagnostik unterstellt bei FIA ROISA möglicherweise eine »auditive Lautunterscheidungsschwäche« – und erkennt nicht, daß das Kind auf dieser Entwicklungsstufe versucht, seine neugewonnene Einsicht möglichst perfekt im Sinne einer Lautumschrift zu realisieren, indem es beim Sprechen schwer fühlbare Laute übertrieben artikuliert.

5. Kinder, die <FIER HEUSRE> oder <Vihr Häußr> schreiben, haben durch das Lesen von Texten (5 bis 20 Prozent der Schulanfänger können in unterschiedlichem Maße selbständig lesen, vgl. *Rathenow 1987; Neuhaus-Siemon 1993)* schon ortografische Besonderheiten wahrgenommen, die sich aus einer reinen Lautanalyse nicht mehr ableiten lassen. Daß diese Muster (<EU>, <ß>) übergeneralisiert oder gar »illegal« verwendet werden, erschreckt nur Schulpädagogen, während Eltern wissen, daß Kinder auf eben dieselbe Weise sprechen lernen (»ich laufte«, »die Männers« und so weiter).

Was wir aus diesem Querschnitt nur vermuten konnten, hat sich in unseren Längsschnitt-Beobachtungen bestätigt (vgl. *S. 87ff., 102ff.)*: Kinder lernen lesen und schreiben, indem sie Vorformen der Schrift(sprache) mit je eigener Logik ausprobieren, indem sie also ihr Denken über Schrift(sprache) entwickeln, und nicht, indem sie einzelne Kenntnisse und Fertigkeiten wie kompakte Bausteine aufeinandersetzen. Schulwissen läßt sich nicht allein sachlogisch oder psychologisch vorprogrammieren, es wird von den Kindern vielmehr aktiv rekonstruiert – durch den Filter ihrer jeweils persönlichen Erfahrung.

Ein erstes Fazit unserer eigenen Untersuchungen und ähnlicher Studien *(Ferreiro/Teberosky 1982; Rathenow/Vöge 1982; Mason 1989):*

Der Schulanfang ist keine Stunde Null (s. im einzelnen den nachfolgenden Beitrag). Schulanfänger kennen bereits eine Reihe von Buchstaben (im Durchschnitt etwa zehn!). Sie können oft einige Umwelt-Wörter benennen und zumindest ihren eigenen Namen schreiben. Noch wichtiger: Sie verfügen über vielfältige Erfahrungen aus dem naiven Umgang mit Schrift, Büchern und anderen Drucksachen. Diese Alltagserfahrungen haben sich zu Konzepten über die Funktion der Schriftsprache und ihre (technische) Beziehung zur Lautsprache verdichtet und beeinflussen, wie Kinder schulische Aufgaben und Erklärungen wahrnehmen.

Damit wird die von Fibel-Lehrgängen systematisch gestufte Einführung von einzelnen Buchstaben und Wörtern problematisch. Sie verleugnet oder verfehlt, was die Schulanfänger bereits können.

Die Wege der Kinder zur Schrift sind unterschiedlich. Schon in der Kenntnis der Buchstaben gibt es erhebliche Unterschiede (knapp die Hälfte der Schulanfänger kennt 0 bis 5 Buchstaben, fast ein Drittel dagegen 16 bis 25), ebenso im Umfang der benennbaren Wörter und erst recht in der Fähigkeit, unbekannte Wörter zu erlesen oder zu verschriften.

Noch eindrucksvoller als diese quantitativen Unterschiede in einzelnen

Kenntnissen oder Fertigkeiten sind die Entwicklungsunterschiede im Denken über Schrift(sprache), die bei Schulanfängern auf etwa drei Jahre geschätzt werden. Insofern signalisieren die weniger entwickelten Schreibweisen in der oben gezeigten *Abbildung* nicht Lern-»schwächen«, sondern einen Mangel an Erfahrung mit Schrift(sprache); zu einem früheren Zeitpunkt haben auch ihre Altersgenossen so geschrieben (anders gesagt: In unseren Jahrgangs-klassen sind sie »zum falschen Zeitpunkt normal . . .«).
Diese individuellen Besonderheiten stellen eine zweite Idee des Einheitslehrgangs in Frage, nämlich die Absicht, alle Kinder in gleicher Folge über dieselben Schritte zum Lesen und Schreiben zu führen. Die Schule überfordert sich selbst mit dem Anspruch, alle Kinder auf »dasselbe Niveau« zu bringen. Ihre Aufgabe ist vielmehr, jedem Kind von seinem Lernstand her eine optimale Entwicklung zu ermöglichen.
Lernen schreitet nicht additiv und nicht gleichmäßig fort. Lesen- und Schreibenlernen ist Denkentwicklung, wenn auch weithin unbewußt im Sinne einer Selbstorganisation von Erfahrungen zu Denk- und Handlungsmustern. Lernen erschöpft sich also nicht in einem quantitativen Zuwachs von Kenntnissen und Fertigkeiten, sondern setzt eine qualitative Umorganisation von Konzepten voraus. Kinder ordnen ihre Erfahrungen aktiv in Form von (impliziten) Regeln, die sich einerseits gegen »unpassende« Beispiele sperren und sich andererseits sprunghaft und radikal durch eine neue Einsicht verändern können.
Diese individuellen Ordnungsleistungen stellen eine vorweg berechnete Folge verbindlicher kleiner Schritte (»vom Einfachen zum Schweren«) ebenso in Frage wie die Idee, Lernen allein durch vermehrte Übung vorantreiben zu können. »Vereinfachung« bedeutet statt dessen, Kindern Raum zu geben, auf ihrem jeweiligen Entwicklungsstand zu lesen und zu schreiben. Das bedeutet, fehlerhafte Versuche als Zwischenstufen auf dem Weg zur Schrift anzuerkennen.
»Fehler« sind keine Fehler. Umwege, die Kinder gehen, sind nicht notwendig Sackgassen. Regelbildung schließt phasenweise Übergeneralisierungen ein. Am Endzustand gemessene unzulängliche Vorformen können erhebliche Fortschritte gegenüber früheren Lese- beziehungsweise Schreibstategien darstellen und produktiv für die Aneignung weiterer Eigenheiten des schwierigen Gegenstandes Schrift(sprache) sein. Fehler lassen sich nicht vermeiden; Kinder können sogar aus ihnen lernen – und sie werden keine neuen Einsichten gewinnen, wenn sie nicht die Chance haben, die Reichweite ihrer Hypothesen aktiv auszutesten.
Diese Einsicht widerspricht der Annahme von Lehrgängen, sie könnten Wissen portionsweise und sozusagen intakt in die Köpfe der Kinder transportieren, das heißt, was drangewesen sei, könne als gelernt vorausgesetzt werden.
Was aber können Lehrer beziehungsweise Lehrerinnen in einer solchen Situation noch tun? Zusehen, abwarten und einfach »wachsen lassen«?

Unsere didaktischen Alternativen heißen »Die Schrift entdecken« *(Brügelmann u. a. 1984/1992)* und *»Ideen-Kiste Schriftsprache« (Brinkmann/Brügelmann 1993)* – zwei offene Sammlungen von methodischen Ideen und Beobachtungshilfen, eingebettet in ein »Lernwege-Netz«, das hilft, den Überblick und die Richtung nicht zu verlieren. Zur Orientierung dienen ein Entwicklungsmodell (vgl. Kap. 6) und eine »didaktische Landkarte« mit acht Lernfeldern (s. oben *Abb. 4* auf *S. 68)*. Sie helfen den Lehrkräften, Aufgaben und Lernsituationen zu »öffnen« für die unterschiedlichen Fähigkeiten der Schulanfänger.

Die Kinder selbst können nun »differenzieren« (was jede Lehrerin bei 25 Kindern überfordern würde). In ihren individuellen Lese- und Schreibversuchen können sie aber zugleich offenbaren, wo sie spezifische Schwierigkeiten haben.

Denn eines müssen wir uns endgültig abschminken: Patentrezepte für Unterricht oder gar ein Lernen ohne Anstrengung gibt es bei einem so schwierigen Gegenstand wie der Schriftsprache nicht. Angehen lassen sich diese Schwierigkeiten (»Fehler«) aber erst, wenn sie als Annäherungsversuche zugelassen – und in ihrer eigenen Logik verstanden – werden. In Lehrgängen, die als optimale Lösung für alle Kinder erdacht und verkauft werden, müssen solche Schwierigkeiten als Versagen der Lehrerin erscheinen oder als individuelle »Lernschwäche« des einzelnen Kindes, obwohl es sich nur auf einer anderen Entwicklungsstufe befindet als der Durchschnitt der Klasse.

Erika Brinkmann
in Zusammenarbeit mit Hans Brügelmann, Martina Otto, Kathrin Rickelt, Judith Sommer

Rechtschreibmuster organisieren sich

Rechtschreibschwierigkeit und ortografische Richtigkeit von Lisas ersten 1800 Wörtern

Lisa ist eine von vielen »SpontanschreiberInnen«, die bereits vor der Schule ohne ausdrückliche Belehrung oder einen systematischen Lehrgang das Lesen und Schreiben gelernt haben. Im Alter von drei Jahren und vier Monaten begann Lisa zu schreiben. Diese Schreibversuche sind soweit wie möglich gesammelt worden (vgl. auch die Beispiele in *S. 35ff.).*

Bei der Auswertung der chronologisch aufgelisteten Schreibungen ergaben sich viele Fragen, wie z. B.:

Lassen sich in der Rechtschreibentwicklung eines Kindes, das seinen eigenen, nicht angeleiteten Zugang zur Schrift gefunden hat, systematische Fortschritte feststellen? Was für Wörter verwenden Kinder beim spontanen Schreiben? Wie läßt sich die zeitweilige Zunahme der Fehlerhäufigkeit interpretieren?

Im folgenden sollen diese und andere Besonderheiten aus Lisas Schreiblernprozeß dargestellt und kurz kommentiert werden.[1]

Die vorgestellte Auswertung bezieht sich auf Texte mit insgesamt 1888 Wörtern, die Lisa vor der Schule (1619) bzw. in den ersten Schulmonaten (269) geschrieben hat (davon 688 verschiedene Wortformen; vgl. zur Verteilung der *vor der Schule* geschriebenen Wörter auch die Erstauswertung von rund 1500 Wörtern in *Brinkmann/Brügelmann 1992b).*

Ausgewertet werden im folgenden nur die 1806 Wörter, die sie selbständig geschrieben, also nicht abgemalt oder erfragt hat. Der Anteil dieser Wörter an allen Schreibversuchen steigt von 58% (erste 100 Wörter) über 78% im nächsten Hundert auf 87–98% im dritten bzw. vierten Hundert. Ab dem 400. Wort, d. h. zugleich: ab ihrem 5. Geburtstag, schreibt Lisa durchgängig selbständig.

---

1 Dieser Beitrag faßt zwei Berichte zusammen, in denen die Auswertung von »Lisas ersten Wörtern« technisch genauer dargestellt worden ist. Unter den Kennummern MARE-93.004/006 sind diese Vervielfältigungen über das »Zentrum Forschung und Lehre für die Primarstufe«, FB 2 Universität, 57068 Siegen, gegen eine Schutzgebühr von 5 DM beziehbar. Den Versuch, Lisas Rechtschreibentwicklung nach dem Modell »neuronaler Netze« zu simulieren, beschreiben wir gemeinsam mit *Otto Carmesin* in dem Band *Brügelmann, H./Balhorn, H./Füssenich, I. (Hrsg.) (1994): Am Rande der Schrift. Schwierigkeiten und Besonderheiten beim Lesen-/Schreibenlernen (Arbeitstitel). Libelle Verlag (in Vorb.).*

Die Daten der Untersuchung können in einer anderen Auswertungsform auch auf Lisas Lebensjahre bezogen werden:

Lebensjahr	Zeitraum	Zahl der Wörter	Fallnummern der Wörter
4.	12/87 - 8/88	32	1 - 32
5.	8/88 - 8/89	366	33 - 398
5 - 5½	8/89 - 1/90	413	399 - 811 1834 - 1888
5½- 6	2/90 - 8/90	808	1081 - 1833
Schulanfang	----------------	----------------	----------------
6 - 6¼	8/90 - 12/90	135	946 - 1080
6¼- 6½	1/91 - 5/91	134	812 - 945

Wie die Übersicht zeigt, stammen 1619 Wörter aus der Zeit vor Schulanfang, weitere 269 aus den ersten 4 Monaten nach Schulanfang bzw. aus den anschließenden 3 Monaten bis Ostern (plus einer weiteren Schreibprobe aus dem Mai).
Schon diese kurze Übersicht läßt erkennen, daß die Textmenge in den drei Vorschuljahren stark zunimmt (von 32 über 366 auf 1221 pro Jahr), daß sie jedoch mit dem Beginn formellen Unterrichts (zunächst jedenfalls) deutlich zurückgeht (auf 269 in einem halben Jahr).
Betrachten wir die Daten in dieser Gliederung nach Lebensjahren unter besonderer Berücksichtigung des Schulanfangs, so ergibt sich folgendes Bild der ortografischen Schwierigkeit:
1. Die Länge der Wörter liegt im vierten Lebensjahr bei 4.1 Buchstaben, steigt im fünften und sechsten Lebensjahr auf 4.8 bis 5.0 und erneut im ersten Schulhalbjahr auf 5.6 bzw. 6.1 bereits. Der letzte Wert entspricht der durchschnittlichen Wortlänge, die wir in freien Texten von ViertkläßlerInnen beobachtet haben *(Brügelmann/Scheberg 1992).*
Bei der Silbenzahl dagegen ist eher eine Abnahme von 2.0 im vierten Lebensjahr auf 1.7 bis 1.8 im fünften und sechsten Lebensjahr und nach Schulanfang ein Wiederanstieg auf 1.9 bis 2.0 zu beobachten.
Beide Daten zusammengenommen lassen eine Zunahme der ortografischen Schwierigkeit der Wörter vermuten: Sie werden einerseits länger, andererseits wortintern komplexer (zunehmende Zahl der Buchstaben pro Silbe).
2. Die Zahl der Konsonantenhäufungen im gesprochenen Wort bestätigt diese Einschätzung. Sie nimmt entsprechend von 0 im vierten Lebensjahr über .4 im fünften und .5 im sechsten bis auf .8 in der zweiten Hälfte des ersten Schuljahres zu. Damit liegt sie zum Schulanfang auf dem Niveau des durchschnittlichen Wortschatzes unserer ViertkläßlerInnen.
Parallel dazu nimmt die Zahl der mehrgliedrigen Grafeme zu: von .1 im vierten über .5 im fünften und .6 im sechsten Lebensjahr auf .7 pro Wort im ersten Schuljahr.

Ähnlich deutlich steigen die zusammenfassenden Kennwerte für besondere Rechtschreibanforderungen (mehrgliedrige Grafeme, seltene Buchstaben, Auslautverhärtung usw.), die sich nicht direkt aus der Lautung ableiten lassen: .1 im vierten, .7 im fünften und .8 im sechsten Lebensjahr, dann 1.0 pro Wort im ersten Schuljahr.
Wie wirken sich diese wachsenden Rechtschreibanforderungen auf Lisas ortografische Leistungen aus?
Die negativen Korrelationen zwischen richtiger Schreibung und ortografischer Schwierigkeit der Wörter (–.32** bis –.36**) im Gesamtwortschatz lassen eine Abnahme der Anteile richtig geschriebener Wörter mit zunehmender ortografischer Schwierigkeit erwarten.
Gemessen am Kriterium einer lautgerechten Verschriftung bleiben die Leistungen jedoch durchgängig auf einem gleich hohen Niveau: 100% im vierten, 97% im fünften, 98–99% im sechsten Lebensjahr und 99–100% im ersten Schuljahr.
Für die korrekte Rechtschreibung differenziert sich dieses Bild, und zwar für den Anteil richtiger Buchstaben(gruppen) pro Wort wie folgt: 96% im vierten, 82% im fünften 85 bzw. 88% im sechsten und 89% bzw. 92% im siebten Lebensjahr.
Der anfängliche Fehleranstieg dürfte einerseits mit der oben beschriebenen Zunahme ortografischer Schwierigkeit der zu schreibenden Wörter zusammenhängen. Andererseits hatte Lisa in ihren ersten Texten häufig vertraute Namen verwendet, deren Schreibweise ihr als Merkwörter bekannt war, während sie im fünften und sechsten Lebensjahr immer mehr neue Wörter selbständig verschriftet hat. Sie hat sich also neuen Anforderungen gestellt, indem sie den Bereich vertrauter Schriftwörter verließ.
Betrachten wir die Fehlerarten genauer, so ergibt sich folgendes Bild:

Lebensjahr	4.	5.	6.		7.	
Anteil pro Wort	3-4	4-5	5-5½	5½-6	6-6¼	6¼-6½
% fehlende Buchstaben	.0%	7.6%	6.2%	6.0%	6.5%	4.6%
% falsche Buchstaben	3.6%	9.1%	6.3%	4.0%	2.8%	1.5%
% vertauschte Position	.0%	.2%	.2%	.0%	.0%	.2%
% richtiger Buchstabe, aber verdrehte Raumlage	20.8%	3.7%	1.0%	2.7%	.9%	.3%
% richtige Buchstaben	75.6%	79.4%	86.2%	87.2%	89.8%	93.4%

Bezieht man die Raumlage der Buchstaben mit ein, so ist ein kontinuierlicher Anstieg der richtigen Buchstaben pro Wort zu beobachten, wie ihn Lerntheorien vorhersagen, die Lernen als graduellen Zuwachs richtiger Elemente beschreiben. Die Fehlerkategorien und der Vergleich mit anderen Indizes (lesbar dargestellte Laute, korrekte Rechtschreibmuster, legale Rechtschreibmuster und insbesondere die Entwicklung ausgewählter

Rechtschreibmuster) vermitteln dagegen das Bild sehr unterschiedlicher Entwicklungen in einzelnen Bereichen. Nur deren Überlagerung läßt den Anschein eines schrittweisen Fortschritts entstehen.

Die Gesamthäufigkeit einer vertauschten Raumlage von Buchstaben wird in unserer Auswertung anfangs sogar etwas unterschätzt, weil in der betreffenden Rubrik nur *richtige* verdrehte Buchstaben auftauchen. Um so eindrucksvoller ist die Beobachtung, daß dieses Problem ohne formelle Unterweisung von 21% im vierten Lebensjahr auf 1–3% bereits vor Schulanfang zurückgeht. Ähnliches gilt für die Schreibrichtung der Wörter als ganzer Einheiten: Von rechts nach links schreibt Lisa im vierten und fünften Lebensjahr 4.4–6.0% der Wörter, im sechsten Jahr nur noch 0.2 bis 2.5%. Dabei konzentriert sich diese Richtungsumkehr im sechsten Jahr auf eine kurze Phase (laufende Wortnummern 1300 bis 1400), in der 20 von 100 Wörtern falsch herum geschrieben werden. Auch dieser plötzliche und zeitlich befristete Anstieg ist ein Indiz dafür, daß es sich nicht um Wahrnehmungsschwierigkeiten (»Raum-Lage-Labilität«), sondern um ein kognitives Ordnungsproblem handelt.

Lediglich 699 der 1806 Wörter dieser Auswertung freien Schreibens stellen die Anforderung, besondere Rechtschreibmuster zu beachten (wobei im vierten Lebensjahr sogar nur ein einziges auftaucht, so daß wir diesen Zeitraum nicht beurteilen können).

Im fünften Lebensjahr schreibt Lisa 78% der betreffenden Rechtschreibmuster richtig, nach einem plötzlichen Anstieg dieser Quote auf 98% in der ersten Hälfte des sechsten Lebensjahres sinkt sie wieder auf 94%, bleibt auf diesem Niveau in den ersten Schulmonaten und sinkt dann erneut auf 91%. Von den 62 falsch geschriebenen Rechtschreibmustern werden im Durchschnitt fast 60% legal verwendet, also in einer Weise, die vom lautlichen Kontext her grundsätzlich möglich ist. Der Anteil oszilliert zwischen 53% im fünften, 67% und 57% im sechsten und 80% bzw. 50% im siebten Lebensjahr.

Diese Sprünge sind vor dem Hintergrund sehr unterschiedlicher ortografischer Anforderungen zu sehen, die die Tabelle *(auf der nächsten Seite oben)* differenzierter ausweist als die oben dargestellten zusammenfassenden Indizes.

Die Übersicht macht verständlich, warum Lisa im vierten Lebensjahr mit einer lauttreuen Strategie sehr oft auch ortografisch richtig schreibt: Ihre ersten Wörter enthalten kaum Rechtschreibbesonderheiten. Die Zahlen zeigen zum anderen einen dramatischen Anstieg der ortografischen Anforderungen im fünften Lebensjahr und deren weitere Zunahme bis zur Mitte des ersten Schuljahres. Auch dann liegen die Rechtschreibbesonderheiten mit 105 auf 100 Wörter noch deutlich unter dem Vergleichswert vierter Klassen (mit 132 auf 100), den wir in unserem »Schreibvergleich BRDDR« gefunden haben. Lisa hat aber schon vor der Schule ein erhebliches Stück auf diesem Weg zurückgelegt.

Anteil der Wörter mit Besonderheiten bezogen auf N =	4. 14	5. 305	5-5½ 413	5½-6 808	6-6¼ 132	6¼-6½ 134
seltene Buchstaben	.0%	12.4%	14.3%	13.1%	11.4%	12.7%
mehrgliedrige Grafeme	.0%	10.2%	9.0%	10.6%	12.9%	11.9%
Zwielaute	7.1%	10.5%	17.7%	15.8%	18.2%	11.2%
Dehnungs-h	.0%	2.6%	5.6%	3.7%	9.8%	6.0%
sp-/ st-	.0%	3.6%	3.1%	2.5%	.8%	3.0%
Vokalverdopplung	.0%	1.0%	.2%	.4%	.0%	.8%
Konsonantenverdopplung	.0%	13.4%	11.1%	9.5%	15.1%	15.7%
Auslautverhärtung	.0%	7.2%	10.2%	15.1%	9.1%	11.2%
Murmel-e in Endungen	.0%	16.4%	17.7%	20.3%	22.0%	32.8%
Rechtschreibbesonderheiten pro 100 Wörter	7.1	77.3	88.9	91.1	99.2	105.2

Falsche (und dabei besonders nicht-legale) Verwendung von Rechtschreibmustern korreliert besonders häufig mit der Anforderung sp-/st- (.18** bzw. .50**). Grafemfehler sind häufig, wenn Rechtschreibbesonderheiten (.32**/.36**) auftreten, und dabei besonders häufig, wenn mehrgliedrige Grafeme in einem Wort gefordert werden (.37**)
Besonders ausgewertet haben wir noch Fehler in der Groß-/Kleinschreibung:

Anteil der Fehler auf 100 Wörter N =	3-4 14	4-5 305	5-5½ 413	5½-6 808	6-6¼ 132	6¼-6½ 134
klein-statt-Groß am Satzanfang	.0	.2	.0	.0	.8	.0
klein-statt-Groß im Satz	.0	.0	.0	.1	1.5	.7
Groß-statt-klein im Satz	.0	21.3	42.9	48.5	41.7	23.9
Großbuchstaben im Wort	75.6	67.1	68.4	69.0	67.5	43.0
Summe der GK-Fehler auf 100 Wörter	75.6	88.6	111.3	117.6	111.5	67.6

Die Tabelle zeigt, daß eine Fehlerzunahme nicht notwendigerweise auf eine abnehmende Rechtschreibkompetenz verweist. Da Lisa in der ersten Schreibphase gar keine Sätze schreibt, können syntaktisch bedingte Fehler (Satzanfang) nicht auftauchen. Andererseits führt ihr Rückgriff auf die vertraute Blockschrift mit wachsender Textkomplexität (Sätze statt Wortlisten ab dem zweiten Jahr) notwendigerweise zu mehr Fehlern. Wie unsere Auswertung der Schriftart ausweist, schreibt Lisa nämlich im vierten Lebensjahr alle Wörter in Blockschrift, im fünften sind es 92% (plus jeweils um 3% in Druck-, Misch- und Schreibschrift) und im sechsten Jahr 99% bzw. 81% in Blockschrift. Mit Schulbeginn steigt der Anteil der Blockschriftwörter noch einmal auf 93%, fällt dann aber nach Weihnachten auf 55% (bei gleichzeitigem Anstieg der Druckschriftwörter auf 39%).

An Lisas Schreibversuchen lassen sich wie unter dem Brennglas didaktische Probleme erkennen, die für die Diskussion über freies Schreiben bereits am Schulanfang typisch sind (vgl. auch *Blumenstock 1986; 1987; Scheerer-Neumann u. a. 1986; u. a.):*

1. Wenn Vorschulkinder schreiben dürfen, was sie inhaltlich interessiert, dann verwenden sie Wörter, die weit über ihrem ortografischen Entwicklungsstand liegen.

2. Im freien Umgang mit der Schrift *können* Kinder wesentliche Einsichten auch in die Logik des Schriftaufbaus gewinnen. Das gilt nicht nur für die Entfaltung lauttreuer Schreibungen, sondern ebenso für den Ausbau des ortografischen Systems (für die Übertragung auf den schulischen Bereich sind uns aber die ergänzenden Strukturen wichtig, die wir auf *S. 96ff.* beschreiben).

3. Die Entwicklung der Rechtschreibfähigkeit verläuft nur an der Oberfläche kontinuierlich. Betrachtet man einzelne Aspekte genauer, so zeigt sich ein sehr widersprüchliches Bild an Fortschritten, Stagnation und sogar Rückfällen.

Sigrun Richter / Hans Brügelmann

Rechtschreibentwicklung im Anfangsunterricht: 13 Thesen

Die folgenden Thesen sind abgeleitet aus drei Längsschnittuntersuchungen in unserem Projekt »Kinder auf dem Weg zur Schrift«.
In einer Pilotstudie (1986 und 1987/88) wurden eine breite Palette von Aufgaben zu vorschulischen Schrifterfahrungen sowie Schreibproben im Anfangsunterricht erprobt und zueinander in Beziehung gesetzt *(Brügelmann u. a. 1988a+b).* In zwei weiteren Studien (1987/88 und 1988/89: ca. 500 Kinder) wurden während des 1. Schuljahres zu verschiedenen Zeitpunkten neun unbekannte Wörter diktiert *(Brügelmann 1990o),* um die Entwicklung von Rechtschreibstrategien zu untersuchen. In einer dritten Untersuchung (1989/1991: ca. 500 Kinder) wurden am Schulanfang die schriftsprachlichen Eingangskenntnisse ermittelt (Buchstabenkenntnis, Umfang des »naiven Sichtwortschatzes«, naive Vorformen des Lesens) und dann zu drei weiteren Meßzeitpunkten die Rechtschreibentwicklung bis zur Mitte der 2. Klasse (Diktat von neun unbekannten Wörtern und Sätzen mit Wörtern aus dem Grundwortschatz; *Brügelmann/ Richter 1991; Richter 1992b).* Die Ergebnisse können in folgenden Kernbefunden zusammengefaßt werden (s. auch *S. 62ff., 102ff., 109ff.):*

1. Der Schulanfang ist keine Stunde Null. Kinder bringen vielfältige Erfahrungen mit Schrift(sprache) in die Schule mit.

2. Kinder unterscheiden sich schon am Schulanfang erheblich in ihren schriftsprachlichen Kenntnissen: In unserer Stichprobe (1989/91) schrieben sie z. B. 0 bis 29 Buchstaben und 0 bis 12 ortografisch richtige Wörter.

3. Die unterschiedlichen Umgangsweisen mit Schrift machen Sinn. Sie stellen vereinfachte, oft in sich schlüssige Zugriffe auf Text dar, über die sich die Kinder zudem der Norm allmählich annähern. Lese- und Schreibversuche sind individuelle »Konstruktionen« auf dem jeweiligen Entwicklungsstand *(Jean Piaget).*

4. Rückstände in den schriftsprachlichen Vorkenntnissen können im Schulkindergarten durch ein reichhaltiges Angebot zur spielerischen Beschäftigung mit (Schrift-)Sprache aufgeholt werden.

5. Alle Kinder machen im Anfangsunterricht Fortschritte, aber von unterschiedlichen Ausgangspunkten her und in unterschiedlichem Tempo. Deshalb kommt es weder zu einer Angleichung der Leistungen, noch läßt sich der Verlauf des Lese- und Schreiblernprozesses aus den Unterschieden in den schriftsprachlichen Voraussetzungen vorhersagen.

6. Die Entwicklung des Schreibens vollzieht sich in qualitativen Sprüngen, die die Kinder, selbst bei gleicher Ausgangslage, zu sehr unterschiedlichen Zeitpunkten machen, die aber immer in derselben Reihenfolge ablaufen:

- von der willkürlichen zur lautorientierten Schrift
- vom Lautskelett zur genauen Umschrift der eigenen Mundart
- Vervollständigung der Lautschrift und Übernahme von Rechtschreibmustern, die aber häufig noch unzutreffend eingesetzt werden
- von den (über-)generalisierten Schreibmustern zur morfematisch kontrollierten Schreibung einzelner Wörter bzw. Wortgruppen.

7. Nicht nur einzelne Kinder, sondern auch Klassen unterscheiden sich (in ihren Mittelwerten) schon am Schulanfang erheblich voneinander – bis hin zu Klassen, deren Durchschnitt vorschulischer Schrifterfahrung auf dem Niveau von Schulkindergartengruppen liegt.

8. Das schriftsprachliche Vorwissen der Kinder zeigt einen bedeutsamen Zusammenhang mit späteren Rechtschreibleistungen, determiniert sie aber nicht (hochsignifikante Korrelationen, aber nur von mittlerer Höhe: um .50).

9. Der Zusammenhang zwischen schriftsprachlichen Eingangskenntnissen und späteren Rechtschreibleistungen ist in verschiedenen Klassen sehr unterschiedlich (zwischen -.10 und .80). Dies legt einen bedeutsamen Einfluß des Unterrichts auf das Ausmaß nahe, in dem Unterschiede vorschulischer Schriftspracherfahrung die spätere Rechtschreibleistung beeinflussen.

10. Weder die schriftsprachlichen Vorkenntnisse noch die Art des Unterrichts determinieren die Entwicklung der Rechtschreibleistung vollständig: Kinder mit vergleichbaren Eingangskenntnissen können selbst unter gleichen unterrichtlichen Bedingungen (in einer Klasse) ganz unterschiedliche Entwicklungen nehmen.

11. Leistungsunterschiede zwischen den Klassen (Mittelwerte) zeigen sich auch während des 1. und 2. Schuljahres, sind jedoch nicht nur auf die zu Schulbeginn festgestellten Leistungsunterschiede zurückzuführen.

12. Der Grad der Lehrgangsbindung erweist sich (nach der Selbsteinschätzung der LehrerInnen in einem Fragebogen) als sehr unterschiedlich. Er erklärt weder die Durchschnittsleistung der Klassen Mitte 2. Klasse noch den Fortschritt der Klasse im Vergleich zu Gruppen mit ähnlicher Ausgangslage. Wohl aber hat er Einfluß darauf, in welchem Umfang die vorschulischen Schriftspracherfahrungen die Entwicklung einzelner Kinder innerhalb der Klasse bestimmen: In Klassen, die weitgehend »offen« arbeiten, ist der Einfluß der individuellen Voraussetzungen geringer.

13. Die Leistungsunterschiede in der Rechtschreibung zwischen den Kindern im unterdurchschnittlichen Bereich steigen in der 2. Klasse erheblich an.

Erika Brinkmann

Offener Unterricht mit Struktur – recht schreiben lernen im Anfangsunterricht

Erster Schultag für die Kinder der Klasse 1: Die Lehrerin verteilt »Schreibbücher« und bittet die Kinder, etwas hineinzuschreiben. Lisa schreibt eine Vampirgeschichte; Christian *MAMA, PAPA*, den Namen seines Bruders und natürlich seinen eigenen Namen. Petra schreibt auch ihren Namen auf, Nadja malt viele verschiedene Buchstaben und ähnliche Zeichen, und Mirko sagt: »Ich weiß doch gar nicht, wie das geht!«

So oder ähnlich unterschiedlich sehen die Schriftvorerfahrungen der Kinder in allen ersten Klassen aus, und an ihnen muß der Lese- und Schreibunterricht anknüpfen, wenn wir diese Entwicklung und den Willen der Kinder zum selbständigen Lernen nicht blockieren wollen.

Nur mit einem gleich- und kleinschrittig aufgebauten Lese- und Schreiblehrgang – und mag er noch so stark differenziert sein – kann man dieser Vielfalt nicht gerecht werden. Um das leisten zu können, brauchen LehrerInnen zu ihrer Orientierung

• ein Entwicklungsmodell des Schriftspracherwerbs, das die Lese- und Schreibversuche der Kinder in ihren Vor- und Zwischenformen erklärt (s. *S. 44ff.* in diesem Band),

• Beobachtungshilfen für den Entwicklungsstand zu Schulbeginn und den weiteren Verlauf der Schriftsprachentwicklung der einzelnen Kinder (vgl. die Leitkarten in *Brinkmann/Brügelmann 1993*, und *S. 62ff.* in diesem Band),

• eine »didaktische Landkarte«, die die verschiedenen Bereiche der Schriftsprache beschreibt, deren Aneignung notwendig ist für das Lesen- und Schreibenlernen (s. *S. 68* in diesem Band), und

• ein Organisationsmodell *(Abb. 1)* für den Unterricht, in dem die zuvor genannten Schwerpunkte ihren Platz haben und sinnvoll miteinander verknüpft werden können.

In einem ersten Schuljahr einer Dorfschule, das ich zur Zeit dieser Niederschrift (1992/93) unterrichte, lernen die Kinder ohne Fibel Lesen und Schreiben. Grundlage für meinen Unterricht sind das Entwicklungsmodell des Schriftspracherwerbs und die »didaktische Landkarte«.

Neben vielen Dingen, die wir während eines Unterrichtstages gemeinsam

---

Eine Vorfassung dieses Beitrags ist erschienen in *Praxis Deutsch H. 124, 1994*. Ich orientiere mich in diesem Bericht an den Vorschlägen für eine Öffnung des Anfangsunterrichts, die ich mit *Hans Brügelmann* in der »Ideen-Kiste zum Unterricht im Lesen und Schreiben der Grundschule« veröffentlicht habe (Verlag für pädagogische Medien: Hamburg).

tun – wie Singen, im Morgenkreis Erzählen, vorgelesenen Geschichten Zuhören, Sammeln von Varianten zum »Buchstaben der Woche«, Üben, mit der Anlauttabelle umzugehen –, gibt es auch jeden Tag Freiarbeitsphasen, in denen die Kinder aus verschiedenen Angeboten selbst auswählen können, woran sie arbeiten möchten und ob sie es allein oder mit anderen gemeinsam tun wollen.

Die Angebote sind so ausgewählt, daß alle Kinder die Möglichkeit haben, an ihrem jeweiligen Entwicklungsniveau anzuknüpfen. Ich als Lehrerin sehe mich außerstande, für jedes einzelne Kind in jedem Moment den Entwicklungsstand zu kennen und es mit dem gerade geeigneten Lernmaterial zu versorgen. Vielmehr vertraue ich darauf, daß Kinder sich erstens nicht freiwillig langweilen (indem sie eine Aufgabe bearbeiten, die weit unter ihrem Niveau liegt) und zweitens solche Aufgaben besonders reizvoll finden, die ein wenig über ihrem Entwicklungsniveau liegen und deshalb eine Herausforderung für sie bedeuten und doch bewältigt werden können. Die meisten Kinder können ziemlich rasch mit einem solchen Angebot kompetent umgehen, so daß ich die Möglichkeit habe, Kinder mit besonderen Schwierigkeiten gezielt zu beobachten und in den Fällen helfend einzugreifen, wo es notwendig erscheint.

Da die Kinder in meiner Klasse auf sehr unterschiedlichen Niveaus mit Schrift umgehen und die verschiedenen Angebote in unterschiedlicher Weise nutzen, ist mir ein gemeinsamer »Erlebnisrahmen« (s. Randstreifen in *Abb. 1)* für die Kinder besonders wichtig, um die vielfältigen Aktivitäten

Abbildung 1

Vier Säulen

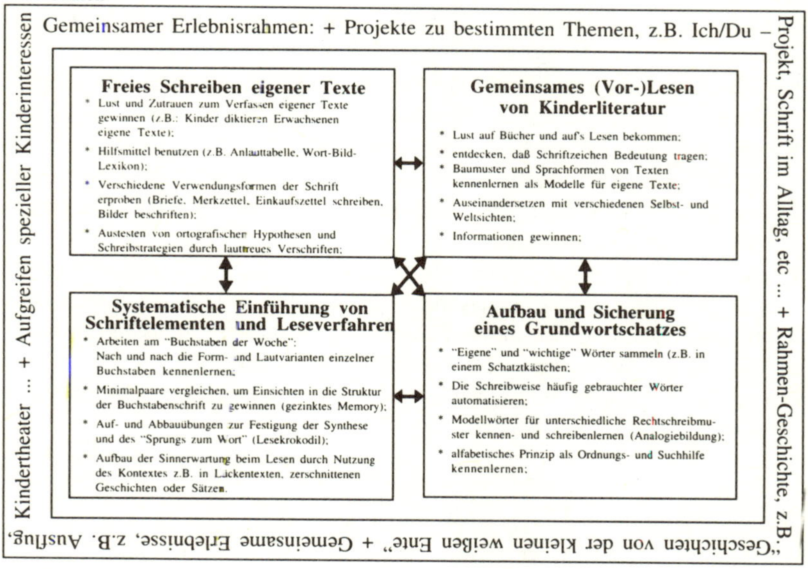

immer wieder zusammenführen zu können. Diese Funktion haben in meiner Klasse die »Geschichten von der kleinen weißen Ente« von *Doris Mauthe-Schonig (1986; 1987)*, die den Kindern durch die Nähe zu ihrer eigenen Erlebniswelt viele Anreize zum Erzählen, Nachdenken, Malen und Schreiben bieten. Die Erlebnisse der kleinen weißen Ente LONI, des Kaninchens LINO und des angeberischen Zwergs OTTO bilden die Fixpunkte jeder Unterrichtswoche. Viele Gespräche, Lese- und Schreibaktivitäten knüpfen an diesen Geschichten an. Um den Unterricht darüber hinaus zu strukturieren und um sicher sein zu können, daß alle wichtigen Bereiche des Lesen- und Schreibenlernens ihren Platz darin haben und nichts Wichtiges dabei außer acht gelassen wird, benutze ich das Organisationsmodell *(s. vorhergehende Seite)* zur Planung.

Konkret sieht das dann im Unterricht so aus:

Gemeinsames (Vor-)Lesen von Kinderliteratur

In der Klasse gibt es einen speziellen »Lesesessel«, dort
– lese ich zu fest verabredeten Zeiten allen Kindern die »Geschichten von der kleinen weißen Ente« vor;
– lesen Kinder aus der zweiten Klasse (im Förderunterricht geübte) Texte vor;
– »lesen« Kinder aus der ersten Klasse aus Bilderbüchern vor (zunächst, indem sie erzählen, »als ob sie lesen«);
– lesen Kinder selbst geschriebene Geschichten vor.

Da das Vorlesen im Lesesessel sehr begehrt ist, müssen sich die Kinder rechtzeitig in eine Liste eintragen, um am Ende des Schultages vorlesen zu dürfen – ein funktionaler Anlaß, den eigenen Namen zu schreiben und die der anderen Kinder zu lesen.

Besonders beliebt wurde um Ostern herum das Vorlesen aus verschiedenen Fibeln, die wir in der Klasse haben. Zu diesem Zeitpunkt konnten die meisten Kinder die ersten Fibelseiten mit den groß gedruckten und einfach strukturierten Wörtern selbständig für das Vorlesen üben und anschließend erfolgreich vortragen.

Zusätzlich zu diesem regelmäßigen Vorlesen gibt es pro Woche eine Bücherei- und Lesestunde: Aus der Klassenbibliothek wählen die Kinder ein Buch aus, das sie gerne mit nach Hause nehmen möchten. Damit gehen sie zur »Bücherei« (alter Kaufladen mit entsprechendem Schild) und lassen von den darin sitzenden Kindern ihren Namen und den Titel des Buches in das Büchereibuch eintragen. Das können alle Kinder schon in den ersten Schulwochen (manche brauchen nur etwas Zeit, bis sie sich trauen), weil die Namen von den mitgebrachten Namensschildern und die ersten beiden Wörter des Buchtitels vom Buch einfach nur abgemalt werden.

Zurückgebrachte Bücher müssen abgehakt werden, dafür muß man den Namen des betreffenden Kindes mit Hilfe des Namensschildes im Ausleih-

buch wiederfinden. Die »Büchereikinder« wechseln jede Woche, so daß jeder einmal dran kommt. Wer gerade nichts ausleiht, hat Gelegenheit, in den Büchern zu schmökern. Dafür haben wir eine Leseecke mit Sofa hinter einem Regal eingerichtet.
Manche Kinder lesen aber auch sehr gerne in einer Höhle unter dem Tisch mit Taschenlampe oder zu zweit in den Lesesessel gekuschelt. Selbstverständlich ist auch in allen Freiarbeitsphasen Gelegenheit, sich mit Büchern zu beschäftigen.

Freies Schreiben eigener Texte

Wichtigste Voraussetzung hierfür: Alle Kinder haben seit dem ersten Schultag eine Anlauttabelle, mit deren Hilfe sie beim Schreiben dem jeweiligen Laut einen entsprechenden Buchstaben zuordnen können (vgl. das Beispiel für Erwachsene *S. 13).*
Schreibanlässe gibt es genug:
– zur Loni-Geschichte ein Bild malen und dieses mit einem Wort oder Satz kommentieren;
– Briefe schreiben, z. B. an Loni, Lino, Otto oder an die Lehrerin (die natürlich alle Briefe beantworten muß; weniger Arbeit hat man, wenn die Kinder beginnen, sich gegenseitig zu schreiben);
– Texte zu Fotos schreiben (am besten Fotos aus der Klasse);
– Kim-Spiel »Wer erinnert sich?« (mehrere Gegenstände nacheinander zeigen, die Kinder schreiben auf, was sie sich gemerkt haben; s. *S. 82ff.* in diesem Band).
Beim selbständigen Schreiben werden die unterschiedlichen Entwicklungsstände der Kinder besonders deutlich. Neben denjenigen, die schon zu Beginn in der Lage waren, einzelne Wörter oder sogar ganze Sätze lauttreu zu verschriften, gibt es Kinder, die zuerst einmal nur malen und vielleicht ihren Namen unter ihr Bild setzen. Daß der Name notwendig ist, merken die Kinder spätestens beim Briefeschreiben, weil sie sonst keine Antwort erhalten.
Andere Kinder schreiben einzelne Wörter wie LONI oder LINO auf, die wir bereits gemeinsam geübt haben. Man kann auch der Lehrerin oder schreibkundigen Kindern (z. B. aus der LRS-Gruppe der Klassen 3 und 4) etwas diktieren oder sich Wörter zum Abschreiben an die Tafel schreiben lassen. Diese verschiedenen Umgangsweisen mit Schrift halte ich für notwendig, um allen Kindern ihren persönlichen Zugang zur Schrift zu ermöglichen. Besonders wichtig ist es mir jedoch, daß jedes Kind irgendwann das Stadium der lauttreuen Verschriftung durchläuft. Mein Ziel ist es, auch jene Kinder, die nur mit sehr geringen Vorkenntnissen in bezug auf Schrift zur Schule gekommen sind, bis zum Ende des ersten Schuljahres dahin zu führen, daß sie den Graphem-Phonem-Bezug der Schriftsprache erkannt haben und dies für eine lesbare Verschriftung ihre Lautsprache nutzen können.

Systematische Einführung von Schriftelementen und Leseverfahren

In erster Linie üben wir in diesem Bereich den Umgang mit der Anlauttabelle (dafür eignen sich einfach strukturierte Wörter wie SOFA, ROSE, SEIFE besonders gut):

– Gemeinsam überlegen wir uns ein Wort, um es aufzuschreiben. Laut für Laut sprechen wir es uns vor und suchen dann den Gegenstand oder das Tier auf der Anlauttabelle, das mit dem gleichen Laut beginnt. Das entsprechende Schriftzeichen wird dann aufgeschrieben.

– Oder es wird ein Wort Buchstabe für Buchstabe an die Tafel geschrieben, und die Kinder stellen nach jedem neuen Zeichen Vermutungen darüber an, welches Wort es wohl werden könnte. Dabei muß man sich natürlich auch immer wieder in der Anlauttabelle vergewissern, welchen Lautwert das jeweilige Zeichen hat (es waren ja noch längst nicht alle Buchstaben »dran«).

– Wenn die Kinder selbständig mit der Anlauttabelle schreiben, konstruieren sie Wörter, die ihnen vom Inhalt her gerade wichtig sind, und achten nicht darauf, ob sie sich auch »leicht« schreiben lassen. Wenn ein Kind das Wort »Buch« schreiben möchte, wird dann leicht ein BUR daraus, weil es sich an seiner eigenen Aussprache orientiert und wahrscheinlich noch keine mehrgliedrigen Grapheme kennt. Den Laut /CH/ durch ein »R« darzustellen, ist eine sinnvolle Lösung des Problems – er wird fast am gleichen Artikulationsort gebildet, wie das /R/.

Denkt man sich beim Betrachten von lauttreuen Verschriftungen in den Lautierungsprozeß des Kindes hinein, erscheinen viele »Falschschreibungen« der Kinder plötzlich in einem anderen Licht – sie sind die Annäherungsversuche der Kinder an unser so komplexes Schriftsystem und zeigen uns, wie weit die Kinder auf ihrem Weg zur Schrift bereits gekommen sind (s. *S. 102ff.*).

Nach und nach beschäftigen wir uns auch mit jedem einzelnen Buchstaben ausführlich. Jede Woche ist einer der Buchstaben Mittelpunkt gezielter Untersuchung: Gegenstände, die mit diesem Buchstaben beginnen, werden gesammelt, aus Zeitschriften wird er ausgeschnitten und aufgeklebt (möglichst in verschiedenen Typen und natürlich in groß und klein), der Buchstabe wird geschrieben, gefühlt, und die Umrisse (groß!) werden gefüllt (z. B. mit dem jeweiligen Buchstaben in groß und klein oder mit Bildern von verschiedenen Gegenständen mit dem passenden Anlaut), Wörter mit dem entsprechenden Anlaut werden gesammelt und aufgeschrieben . . .

Durch verschiedene Spiele wie »Gezinktes Memory«, »Anlaut-Domino«, »Klettermax«, »Anlaut-Schachteln füllen«, »Froschblaues Würfelspiel«, »Wickelwörter« und vieles mehr (s. im einzelnen *Brinkmann/Brügelmann 1993)* wird die Kenntnis der Buchstaben und der zugehörigen Laute ständig gefordert und dadurch gefestigt – ebenso wie die Einsichten in die Struktur der Schrift.

Aufbau und Sicherung eines Grundwortschatzes

Damit die Kinder häufige Wörter nicht immer wieder mühsam lautierend erarbeiten müssen, werden solche Wörter in verschiedenen Zusammenhängen benutzt und die orthographisch richtige Schreibweise eingeübt. Beim Briefeschreiben werden z. B. bestimmte Wörter wie ICH, UND, LIEBE, DEINE, FÜR an die Tafel geschrieben und von den meisten Kindern in ihren Briefen genutzt, so daß es inzwischen kaum noch Kinder gibt, die diese Wörter lautierend EJ, ONT, LIBE, DAINE, FÜA oder ähnlich schreiben.

Außer aus den besonders häufigen Wörtern wird der Bestand an Wörtern, die die Kinder rasch erlesen und rechtschriftlich richtig wiedergeben können sollen, aus wichtigen Wörtern für die Klasse (z. B. Dinosaurier-Wörter) und Modellwörtern gebildet. Die Modellwörter sollen den Kindern helfen, das Schriftsprachentwicklungsniveau des lauttreuen Schreibens möglichst rasch zu überwinden und mehr und mehr Rechtschreibmuster (wie <sch>, <ie>, <mm> usw.) zu verwenden. Dafür brauchen sie Wörter, in denen diese Rechtschreibmuster auch vorhanden sind, um sich daran orientieren zu können.

Den Kindern soll von Anfang an deutlich sein, daß das lauttreue Verschriften zwar ein wichtiger Schritt auf dem Weg zur Schrift, aber nicht dessen Ziel ist. Ziel ist die »Erwachsenenschrift«, der wir uns stückweise annähern. Mehrgliedrige Grapheme wie SCH, CH, AU, EI, EU usw. werden von mir in den Texten durch einen Bogen markiert, um die Zusammengehörigkeit der Einzelzeichen deutlich zu machen. Das erleichtert den Kindern das Schreiben und Lesen und bekommt für ihre eigenen Verschriftungen Modellfunktion, so daß sie nach und nach diese Muster auch übernehmen. Auch auf andere Rechtschreibmuster mache ich ebenfalls immer wieder aufmerksam, um Kindern, die das lauttreue Schreiben bereits beherrschen, Möglichkeiten zur Weiterentwicklung zu geben.

Abbildung 2

Eine bei den Kindern besonders beliebte Form des Übens der Grundwortschatzwörter ist das »Bingo-Spiel«. Etwa zwanzig der zu übenden Wörter werden von mir an die Tafel geschrieben. Die Kinder erhalten einen Bingoplan (s. *Abb. 2)* und wählen sich neun Wörter aus, die sie in den Plan eintragen. Nach und nach lese ich alle zwanzig Wörter vor, und die Kinder streichen sie auf ihrem Bingo-Plan durch (gute Leseübung!). Wer zuerst drei Wörter waagerecht, senkrecht oder diagonal durchgestrichen hat, wird Bingo-KönigIn (es muß alles richtig sein!) und in eine bunte Krone an der Tafel eingetragen. Über mehrere Tage hinweg werden dieselben Wörter für das Spiel benutzt. Nach einiger Zeit können die Kinder die Wörter aus dem Gedächtnis in den Plan eintragen und brauchen die Tafel nicht mehr.
Nicht nur in einem Unterricht, in dem auf die stützende Funktion eines Lehrgangs verzichtet wird, sind die vier vorgestellten Bereiche des Lesen- und Schreibenlernens eine Hilfe für die Strukturierung und Organisation des Unterrichts und des Materials.
Auch ja gerade bei der Verwendung einer Fibel ist es wichtig, immer wieder zu überprüfen, wie man durch die Bereitstellung von zusätzlichem Material den unterschiedlichen Schriftsprachentwicklungsniveaus der Kinder gerecht werden kann. Leicht werden diese Unterschiede durch ein oberflächlich gemeinsames Voranschreiten verdeckt und einzelne Kinder dadurch über- oder unterfordert. Läßt man die Kinder durch ein geeignetes Angebot selbst differenzieren, hat man als LehrerIn die Chance, das Lernen einzelner Kinder genau zu beobachten und bei auftretenden Schwierigkeiten gezielt innerhalb des Klassenverbandes fördern zu können.

Kurzer Nachtrag 1994:
Inzwischen ist die beschriebene erste Klasse längst eine zweite geworden. Obwohl sich viele Kinder dieser Klasse zu Anfang im Umgang mit der Schrift sehr schwer taten, waren sie doch alle am Ende des ersten Schuljahres in der Lage, selbständig kurze Mitteilungen so zu verschriften, daß man sie lautierend erlesen konnte. Und noch etwas – aus allen Kindern sind im Laufe des ersten Schuljahres kleine Leseratten geworden, die sich nicht nur in der Schule mit Büchern beschäftigten.

Hans Brügelmann

Von der Teilchen- zur Wellen-Theorie

*Kinder konstruieren Wörter und eigene Rechtschreibsysteme**

Kinder sind durchaus keine Analfabeten, wenn sie in die Schule kommen. Ihre unterschiedlichen Schreibversuche lassen sich als Vorstufen zur alfabetischen Normschrift deuten. In den individuellen Schreibweisen zeigen sich sogar Parallelen zur historischen Entwicklung von der Bilderschrift über die Lautschrift zur Ortografie (vgl. *S. 82ff.* in diesem Band). Anders gesagt: Die Fehler der Kinder folgen einer inneren Logik, und deren Veränderung ist als allmähliche Annäherung an die kulturspezifische Rechtschreibung der jeweiligen Umgebung zu sehen.

Gehen aber alle Kinder diesen Weg?

Bisher ließ sich die Entwicklung nur aus Querschnitterhebungen und aus Falluntersuchungen einzelner Kinder rekonstruieren (z. B. *Scheerer-Neumann u. a. 1986* und *S. 35ff.* in diesem Band). Im Projekt »Kinder auf dem Weg zur Schrift« konnten wir in zwei Längsschnitten insgesamt mehr als 500 Kinder über das erste und teilweise auch über das 2. Schuljahr hinweg beobachten (vgl. die Bestätigung der Ergebnisse in der Nachfolgeuntersuchung an weiteren 400–500 Kindern von *Richter 1992b).*

Die Schreibstrategien der Kinder haben wir mit einer einfachen Aufgabe erfaßt, die als »ortografische Röntgenaufnahme« *(Sennlaub 1976; Brügelmann 1987f.)* eine wenig aufwendige Diagnose des individuellen Entwicklungsstandes auch im Unterricht erlaubt, wenn man sie im Verlauf der ersten Klasse alle drei bis vier Monate stellt:

»Ich sage euch Wörter, die ihr wahrscheinlich noch nie gesehen oder gar geschrieben habt. Und ich weiß, daß ihr erst wenige Wörter so schreiben könnt wie die Erwachsenen. Aber ich glaube, einige Buchstaben findet ihr schon selbst heraus, wenn ihr euch ein Wort genau vorsprecht. Probiert es mal, so gut ihr könnt. Wenn euch ein Buchstabe nicht einfällt, macht ihr an die Stelle einfach einen Strich.«

Die neun Wörter deckten (nach verschiedenen Kriterien zusammengestellt) ein breites Spektrum unterschiedlicher Schwierigkeit ab (von MAUS, KANU und ROSINE über SCHIMMEL, LEITER, WAND und BILLIG bis hin zu LOKOMOTIVE und STRUMPF).

---

* Eine erste Fassung dieses Beitrags erschien 1990 unter dem Titel »Rechtschreibung: Kinder lernen in qualitativen Sprüngen« in »Spektrum der Wissenschaft«, H. 1, S. 26–29. Theoretisch genauer ausgearbeitet sind diese Überlegungen in: *Brügelmann 1989a+d; 1993.*

In *Abb. 1* zeigen wir modellhaft die Entwicklung von Sabine, einem Kind, das mit weit unterdurchschnittlichen Voraussetzungen begann, aber im Verlauf des 1. Schuljahres große Fortschritte machte.

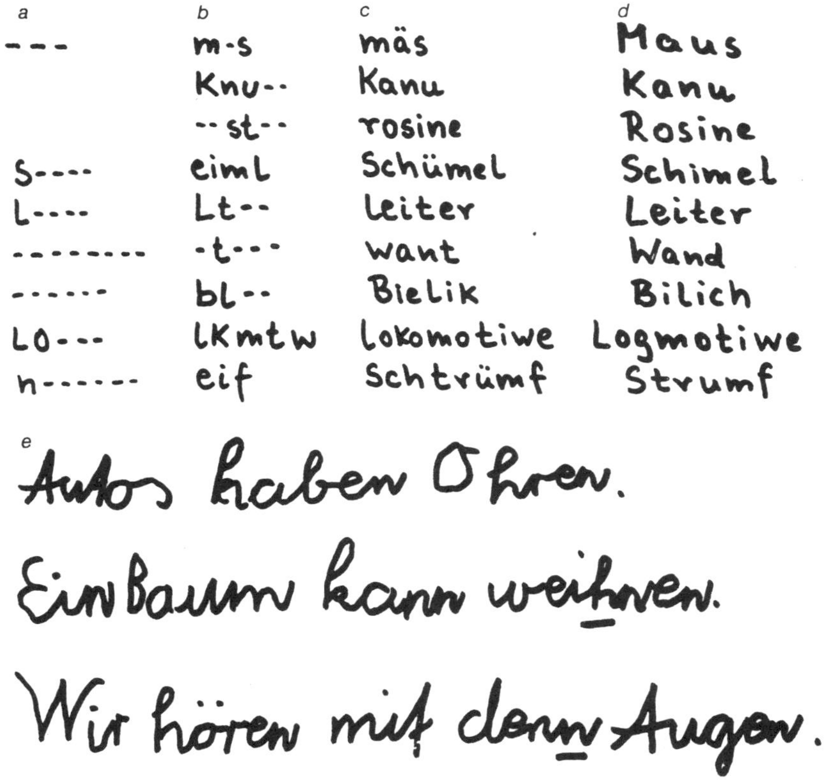

Abbildung 1: Fehler als Signale für Fortschritte in der Rechtschreibentwicklung – das Beispiel Sabine. Im November (nach zehn Wochen Unterricht) schafft Sabine bei drei von neun ungeübten Wörtern gerade den Anlaut (a).
Skelettschreibungen aus dem Januar (b): Im Durchschnitt sind schon zwei bis drei Buchstaben lautgerecht eingesetzt. Fünf Monate später, im Juni, schreibt Sabine alle Wörter fast vollständig lautgerecht und verwendet einige Rechtschreibmuster wie *ä, Sch, ü, el, er, ie* – wenn auch nicht immer am richtigen Ort (c).
Ein Jahr nach der ersten Schreibprobe schreibt Sabine die Mehrheit der Wörter ortografisch korrekt und die anderen als komplette Lautumschrift; außerdem differenziert sie jetzt die Schreibweise des *sch* in *Schimmel* und in *Strumpf,* die des *t* in *Leiter* und *Wand* (d).
Der Ausschnitt aus einem Diktat – in Sabines Originalhandschrift – mit 25 geübten Wörtern veranschaulicht den erzielten Fortschritt (e): Sabine schreibt 23 Wörter (92%) ortografisch korrekt und macht keinen einzigen Fehler in der Groß-/Kleinschreibung.

Bernd dagegen *(Abb. 2 auf der folgenden Seite)* hat erhebliche Schwierigkeiten (die zum Teil in seiner Versagensangst begründet sind). Er schreibt erst Ende der 2. Klasse, also ein Jahr nach Sabine, wenigstens lauttreu.

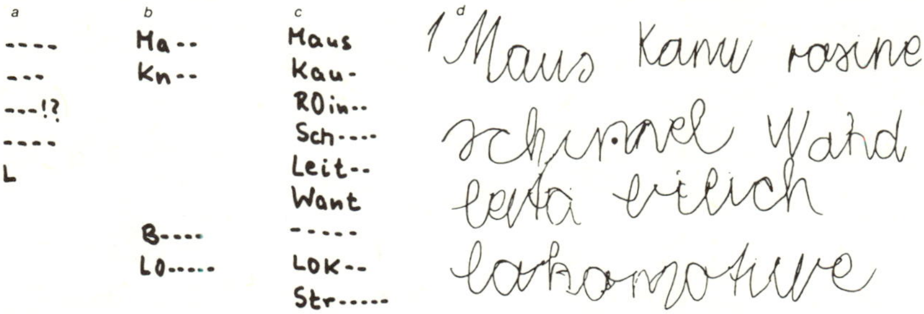

Abbildung 2: Fortschritte mit Verzögerung – Bernd hat von Beginn an große Schwierigkeiten (a). Er schreibt erst im Januar einige Anlaute (b). Im Juni entspricht Bernds Skelettschreibung Sabines Niveau vom Januar (c). Ein Jahr nach Sabine schreibt dann auch Bernd lautgerecht (d).

Solche großen Unterschiede haben wir generell zwischen den Kindern gefunden: Schon zum Schulanfang gibt es Kinder, die die Mehrzahl der (nicht geübten!) Wörter ortografisch korrekt schreiben. Andere schreiben gar keine Buchstaben oder nur Buchstaben ohne jeden Lautbezug.

Es gab aber kein einziges Kind in unserer Stichprobe, das im Verlauf des ersten Schuljahres keinen Fortschritt gemacht hätte. Auch die Kinder, die in ihrer Schreiberfahrung am meisten zurück waren, verbesserten sich meist deutlich. Trotzdem blieben sie unterdurchschnittlich, erlebten sich also trotz ihrer Fortschritte immer wieder als »schlechte SchülerInnen«. Wir sehen darin eine (emotional-soziale) Ursache von »Lernstörungen«.

Einen zweiten Grund kann die andauernde (kognitive) Fehlpassung des Unterrichtsangebots darstellen, da die Differenzierung des Unterrichts (im Vergleich zu den hier beschriebenen Unterschieden) innerhalb eines sehr engen Rahmens bleibt (z. B. begrenzt auf zwei, drei alternative Arbeitsblätter zu derselben Fibelseite).

Die Entwicklung des Rechtschreibens verlief oft sprunghaft, und solche Sprünge waren selbst für Kinder gleicher Ausgangslage zu sehr unterschiedlichen Zeitpunkten zu beobachten. Aber alle beobachteten Fortschritte entsprechen den Stufen des Entwicklungsmodells (vgl. die differenziertere Darstellung der »Stufen des Schriftspracherwerbs« auf *S. 44ff.* in diesem Band):

– von der willkürlichen Buchstabenfolge zur lautorientierten Schrift;
– vom Lautskelett zur Umschrift der eigenen Mundart;
– vollständige Lautschrift und Übernahme von grafischen Rechtschreibmustern (<sch>, <ie>, <mm> usw.), die jedoch häufig unzutreffend eingesetzt werden (z. B. <kohmen>);
– von (teilweise »illegal«) übergeneralisierten Schreibmustern zu ihrer grundsätzlich »legalen« Verwendung (<Maschiene>) und schließlich zur korrekten Rechtschreibung des einzelnen Wortes.

Daß die Kinder lernen, Wörter in einzelne Laute zu gliedern und diese dann durch Buchstaben angemessen darzustellen, ist Gegenstand und Ziel des

Lese- und Schreibunterrichts der 1. Klasse. Trotzdem überrascht (vor allem im Vergleich zur Menschheitsgeschichte), wie schnell sich die Kinder das Lautprinzip der Schrift aneignen. Innerhalb eines Jahres (vom November 1. bis November 2. Klasse) sinkt der Anteil der Schreibungen ohne Lautbezug von 20% auf 1% und steigt der Anteil der (mindestens) lauttreuen Schreibweisen von 20% auf über 80%.

Die Kinder machten darüber hinaus sogar Fortschritte bei der ortografischen Schreibung von Wörtern, die ja nicht ausdrücklich geübt waren. So nahm der Anteil der korrekt geschriebenen Wörter wie folgt zu: von 10–15% (November/ Dezember) über 20% im Januar, 35% im Februar, 40–45% im April/Juni auf 50% im November der 2. Klasse (s. *Abb. 3)*.

	Termin der Beobachtung	erstes Schuljahr Nov.	Dez.	Jan.	Feb.	Apr.	Mai/Juni	Juni/Juli	zweites Schuljahr Nov.
	erste Welle 1987/88 Zahl der Probanden	53		262		57	261		78
	zweite Welle 1988/89 Zahl der Probanden		262		124			260	
	Rechtschreibstufe (Mittel)	1,9	2,5	2,9	3,7	3,9	3,9	4,1	4,4
Prozent der Schreibweisen	orthographisch korrekt	12	14	20	34	43	42	44	51
	lautgerecht (nicht orthographisch)	9	16	23	34	26	34	35	34
	lautgerecht (auch orthographisch)	21	30	43	68	69	76	79	85
	Lautskelett (Stufe 2/3)	46	44	41	27	26	21	18	12
	Ein-Laut-Schreibung	14	15	8	3	3	2	1	1
	willkürliche oder keine Buchstaben	18	10	7	1	1	3	1	1

Abbildung 3: Entwicklung der Rechtschreibung einzelner Wörter im 1. Schuljahr. In zwei Längsschnittuntersuchungen der Universität Bremen von Erstkläßlern (1987/88 und 1988/89) wurden zu verschiedenen Zeitpunkten neun unbekannte Wörter diktiert; je nach Bedeutung des Termins waren die Stichproben unterschiedlich groß. Dabei zeigte sich ein kontinuierlicher Anstieg des durchschnittlichen Rechtschreibniveaus: Die Kinder setzten immer mehr lautliche Buchstaben; und selbst der Anteil ortografisch korrekter Schreibweisen vervierfachte sich, obwohl diese Wörter nicht geübt worden waren.

Außerdem verdoppelte sich die Häufigkeit verwendeter Rechtschreibmuster vom November der 1. Klasse zum Februar und dann noch einmal zum Juni. Dabei sank gleichzeitig der Anteil »illegal« eingesetzter Rechtschreib-

muster (<rott>, <schwiemen>) von etwa 10% auf 3%. Diese Zahlen sind deshalb besonders aufschlußreich, weil Rechtschreibregeln während des 1. Schuljahres gar nicht Gegenstand expliziter Unterweisung sind. Die Kinder haben also etwas gelernt, was sie nicht gelehrt wurden.
Bestätigt wird diese Ungleichzeitigkeit von Lehren und Lernen durch eine Untersuchung von *Peter May (1990c),* der Hamburger Kindern von der ersten bis zur vierten Klasse alle halbe Jahre (u. a.) das Wort »FAHRRAD« diktiert hat. Seine wichtigsten Befunde *(a. a. O., 248):*
– Zum gleichen Zeitpunkt schreiben die Kinder das Wort sehr unterschiedlich.
– Die dominanten Schreibungen entwickeln sich in einer bestimmten Folge (<FARAT> → <FARAD> → <FAHRAD> → <FAHRRAD>).
– Diese Stufenfolge läßt sich sowohl bei sehr guten als auch bei sehr schwachen RechtschreiberInnen beobachten – allerdings mit einem Zeitunterschied von ein bis drei Jahren.
– Auch in Klassen der ehemaligen DDR findet sich dieses Muster wieder – obwohl im dortigen Rechtschreibunterricht das Morfem <-FAHR-> sehr früh und vielfältig eingeübt worden ist.
Zusammengenommen belegen diese Ergebnisse, daß Lernfortschritte nicht als direkte Wirkung von Unterrichtsaufgaben interpretiert werden können. Denn gleichgültig, wann in den beteiligten Klassen das Wort »FAHRRAD« geübt oder bestimmte ortografische Muster (Auslautverhärtung <-D>, Dehnungs-H, Stammkonstanz <FAHR-RAD>) behandelt worden sein mögen: Einige Kinder haben dies bereits vorher gekonnt; andere haben es trotzdem nicht gelernt; und eine Teilgruppe von diesen hat es später gelernt, als es nicht mehr ausdrücklich Gegenstand von Unterricht war.
Noch unerwarteter ist das Ergebnis, daß »illegale Rechtschreibmuster« – z. B. Verdopplung des Konsonanten nach Langvokal (<rott>) oder <-h> nach Kurzvokal (<kohmen>) – in den ersten Schulmonaten typisch für fortgeschrittene RechtschreiberInnen sind. Die anderen Kinder sind noch gar nicht auf Rechtschreibmuster aufmerksam geworden.
In einer späteren Phase signalisieren illegale Rechtschreibmuster, daß ein Kind zu den langsameren LernerInnen gehört: Jetzt haben die Fortgeschrittenen schon Kriterien entwickelt, um zu entscheiden, *wo* ein bestimmtes Rechtschreibmuster »legal« (also grundsätzlich zulässig) ist und wo nicht, während die langsameren LernerInnen noch mit dem neu entdeckten Phänomen experimentieren. Auch die Fortgeschrittenen machen noch Fehler (z. B. »kald«), aber diese verstoßen nicht mehr gegen die *allgemeinen* Anwendungsbedingungen; die Kinder müssen nun lernen, morfematisch zu denken, z. B. die Stammkonstanz berücksichtigen, um Rechtschreibmuster nicht nur »legal«, sondern korrekt anzuwenden (»Wald« ↔ »Wälder«; vgl. *May 1993; 1994; Eichler/Thomé 1994).*
Illegal verwendete Rechtschreibmuster sind also – wie vorher die lauttreuen Schreibweisen – kein Zeichen unzureichender Denk- oder Lernfähigkeit,

sondern typisch für eine bestimmte Stufe der Rechtschreibentwicklung. In den genannten Beispielen drückt sich ein hohes Maß eigenaktiver Ordnungsleistung der Kinder aus: Sie lernen nicht nur einzelne Wörter oder ortografische Elemente, sondern sie rekonstruieren aus ihrer Schrifterfahrung Prinzipien der Buchstabenschrift und wenden diese auf neue Wörter an. Leider reicht diese Strategie nicht aus, um ortografisch korrekt zu schreiben. Die Schreibweise einzelner Wörter ist durch so viele Prinzipien bedingt, daß sie selbst von Experten oft nur im nachhinein erklärt, aber nicht vorhergesagt oder gar von Laien verbindlich abgeleitet werden kann.
Lernen Kinder im 1. Schuljahr also eine falsche Strategie, die ihnen das systematische Einprägen einzelner Wörter in ihr »inneres Lexikon« erschwert (vgl. die Kritik bei *Röber-Siekmeyer 1993)?*
Wir haben 140 Kinder unserer Stichprobe bis in die zweite Hälfte des 2. Schuljahres begleitet und ihnen kurz vor Ostern eine andere Aufgabe gestellt: Sie sollten einen Text schreiben, der aus 25 häufigen und zumeist vielfach gelesenen und geschriebenen Wörtern bestand. Unsere Frage: können die Kinder solche Wörter richtig schreiben, auch wenn sich ihre Buchstabenfolge nicht aus der Lautung ableiten läßt?
Die Kinder schrieben im Durchschnitt 21–22 Wörter (also 85%) vollständig richtig. Diese Leistung korrelierte zu .50 bis .60 mit dem Niveau der Rechtschreibstrategie, die die Kinder dieser Gruppe zu den verschiedenen Terminen des 1. Schuljahres verwendet hatten. Das heißt: Kinder, die im Rahmen des Entwicklungsmodells früh eine höhere Stufe erreicht hatten, konnten sich im allgemeinen auch wortspezifische Schreibungen früher merken.
Außerdem überprüften wir die Grundtypen der Groß-/Kleinschreibung, weil dies eine der ersten Regeln ist, die Kindern im Unterricht vermittelt wird: Mehr als 90% der Zweitkläßler wenden diese Grundregeln in unserem Text zu mindestens 90% richtig an.
Eine »Teilchendidaktik«, die Schrift lediglich als Folge einzelner Elemente vermittelt, verkennt, daß Kinder in »Wellen« qualitativer Sprünge lernen. Sie entwickeln (implizite) Theorien und Strategien, die sie einerseits erweitern, andererseits verfeinern. Neue Strategien überlagern alte und erweitern so das Repertoire an Zugriffen auf Schrift.
Im 1. Schuljahr zuzulassen, daß Kinder lauttreu (und insoweit falsch) schreiben, behindert also nicht ihre Rechtschreibentwicklung. Erste Vergleiche von Klassen sprechen eher dafür, daß das Erkunden und Austesten von Schreibungen auf dem jeweiligen Niveau die Aneignung der Ortografie sogar fördert (vgl. auch unsere Untersuchung von *Jürgen Reichens* Ansatz »Lesen durch Schreiben« auf *S. 135ff.* in diesem Band).
Verstehen der Schriftlogik hat dem Üben der Rechtschreibung vorauszugehen. Das eigenaktive Erkunden und Ausprobieren von Schrift ist eine gute Basis, um Konventionen zu verstehen und dann auch zu übernehmen. Allerdings muß der Unterricht auch ortografische Modelle (»Grundwort-

schatz«) anbieten, an denen die Kinder ihre Hypothesen fortentwickeln können (vgl. *S. 43ff.* in diesem Band).

Der Wechsel vom Teilchen- zum Wellenmodell der Schriftsprachentwicklung ist ein großer Schritt vorwärts in unserem Verständnis des Lesen- und Schreibenlernens. Ganz im Sinne des physikalischen Vorbilds wäre er aber zu ergänzen durch ein »Feldmodell«, das die »kulturellen« Bedingungen des Lernens mit erfaßt ausführlicher: *Brügelmann 1989a+d).* Dies haben wir in einigen neueren Arbeiten versucht (vgl. die Beiträge auf *S. 109ff., 258ff.* in diesem Band). Denn die Stufen der Rechtschreibung erfassen nur bestimmte kognitive Strukturen in den Lautspracherwerb- und Schreibversuchen der Kinder. Ihre Motivation, ihre inhaltlichen Interessen, ihr Selbstwertgefühl und andere soziale und emotionale Aspekte des Lernens spielen eine mindestens ebenso große Rolle dafür, ob unsere Lernangebote »passen« oder die Lernmöglichkeiten eines Kindes verfehlen.

Sigrun Richter:

Zwei Kinder in einer Klasse: Verschiedene Wege aus ähnlichen Anfängen

Bei dem Bemühen, Lese-/Rechtschreibschwierigkeiten, zu verhindern, wird immer wieder betont, wie wichtig es ist, die Voraussetzungen für den Schriftspracherwerb am Schulanfang zu diagnostizieren. Dahinter steht die (naive) Hoffnung, durch diese Diagnose und eine darauf aufbauende gezielte Förderung könne das Problem der LRS gelöst werden. In diesem Beitrag soll am Beispiel von Michael und Beate nachgezeichnet werden, daß die schriftsprachliche Entwicklung von Kindern mit vergleichbar niedrigen Eingangsvoraussetzungen selbst bei Unterricht in derselben Klasse ganz unterschiedlich verlaufen kann. Auf dem Hintergrund der Lernentwicklung von Beate und Michael wird untersucht, welchen Wert die Diagnose der Eingangsvoraussetzungen dennoch haben kann (vgl. ergänzend die Fallberichte in *Richter 1993b).*

1. Methodische Einbettung der Fallstudien

In einer Längsschnittuntersuchung vom Schuljahresbeginn 1989 bis zum 18. Schulmonat (Januar 1991) wurde mit ca. 500 Kindern (aus 26 Klassen) überprüft, ob von Rechtschreibschwierigkeiten bedrohte Kinder bereits bei der Einschulung an dem Umfang ihrer schriftsprachlichen Vorkenntnisse – als Indikator für umfassende Erfahrung mit Schrift in der Vorschulzeit – erkannt werden können *(Brügelmann/Richter 1991; Richter 1992b).* Dazu wurden als Prädiktoren folgende Aufgaben aus den »Lese- und Schreibaufgaben für Schulanfänger« von *Brügelmann u. a. (1988a, 1988b)* eingesetzt (vgl. zur Anlage und Auswertung der Untersuchung den Beitrag von *Richter/Brügelmann S. 93ff.):*

- freies Aufschreiben der schon bekannten Buchstaben,
- freies Aufschreiben der schon bekannten Wörter,
- Zuordnen aus der Umwelt bekannter Werbenamen (in Normalschrift) zu den korrespondierenden Emblemen (als naive Lese-Vorform),
- Zuordnen von diktierten Lauten/Buchstaben zu vorgegebenen Buchstaben-Formen.

Diese Aufgaben wurden in den ersten Schultagen gestellt.

Die Kriteriumserhebungen (spätere Rechtschreibleistungen) folgten an drei Meßzeitpunkten im Abstand von 6 Monaten. Dazu wurden (nach 6 und 12 Monaten) neun Wörter diktiert, die mit großer Wahrscheinlichkeit nicht zum

Übungswortschatz der Kinder gehörten (»Wörter-Konstruieren«: *Brügelmann u. a. 1988a, 1988b).*[1]

Da die Kinder sie aufgrund ihrer Einsicht in die Logik der Schriftsprache »konstruieren« mußten, gibt die Aufgabe Informationen über die grundlegende Einsicht in den Aufbau der Schrift und ihren Bezug zur gesprochenen Sprache. Nach 12 und 18 Monaten wurden Grundwortschatzdiktate geschrieben (in Form von Sinn-/Unsinnsätzen).[2]

Die Untersuchung ergab, daß die schriftsprachlichen Eingangskenntnisse zwar in hochsignifikantem Zusammenhang mit späteren Rechtschreibleistungen stehen, daß sie diese aber nicht determinieren. Die Entwicklung der Leistungen in den beteiligten Klassen läßt vermuten, daß die Art des Unterrichts darüber entscheidet, in welchem Umfang die Vorkenntnisse die späteren Leistungen beeinflussen. Aber auch dieses Ergebnis ist nicht auf alle Kinder zu verallgemeinern: Kinder aus einer Klasse, die ähnliche Eingangsvoraussetzungen mitbrachten, entwickelten sich teilweise sehr unterschiedlich (vgl. *Richter/Brügelmann:* Rechtschreibentwicklung im Anfangsunterricht oben *S. 93ff.).*

Dies konnte besonders deutlich bei Unterrichtshospitationen festgestellt werden, bei denen in einigen Untersuchungsklassen während des 1. Schuljahres in 14tägigem Abstand die jeweils drei (bei der Eingangserhebung) leistungsschwächsten Kinder beobachtet wurden.[3] Zwei dieser Kinder, die sich trotz ähnlicher Ausgangsbedingungen und identischem Unterricht ganz unterschiedlich entwickelten, waren Beate und Michael, deren Lernwegen im folgenden nachgegangen wird. Um den unterrichtlichen Kontext deutlich zu machen, wird zunächst die Situation der Klasse näher beschrieben.

---

1 KANU, SCHIMMEL, BILLIG, SAUM, LEITER, LOKOMOTIVE, ROSINE, WAND, STRUMPF.

Die von den Kindern realisierten Schreib-Strategien wurden (für jedes Wort) sechs qualitativ unterscheidbaren Stufen zugeordnet:

Stufe 0: keine Buchstaben oder Buchstaben ohne Lautbezug (»willkürliche Schreibweise«)

Stufe 1: ein Laut korrekt abgebildet (meist der Anlaut)

Stufe 2: »Laut-Skelett« (weniger als 2/3 der Laute korrekt)

Stufe 3: fast lauttreu (mehr als 2/3 der Laute korrekt)

Stufe 4: Lautfolge genau, evtl. übergenau (»Umschrift«)

Stufe 5: ortografisch korrekte Schreibung

Als Score wurde das arithmetische Mittel aus allen 9 Wörtern berechnet.

2 Text siehe *Tabelle 3* und *4*.

3 Mit den beobachteten leistungsschwachen Kindern erfolgte zusätzlich eine »Feinerhebung«. Damit sollte der schriftsprachliche Entwicklungsstand genauer erfaßt werden, um Entwicklungsaufgaben nach dem Prinzip der Passung zu finden. Zusätzlich wurde eine Grobabschätzung der Intelligenz vorgenommen, um ausschließen zu können, daß besonders positive oder besonders unbefriedigende Entwicklungen primär auf intellektuelles (Gesamt-)Unvermögen oder besonders große Leistungsfähigkeit zurückführbar waren.

Sechs der acht dafür verwendeten Verfahren waren entweder direkt aus den »Lese- und Schreibaufgaben für Schulanfänger« *(Brügelmann u. a. 1988a, 1988b)* entnommen oder stellten Modifikationen dar. Darüber hinaus wurden der MONROE-Test *(Signer 1979)* und die »Columbia Mental Maturity Scale CMM 1-3« *(Schuck/Eggert/Raatz 1975)* eingesetzt.

2. Die Klasse

Lernausgangslage

Die Klasse bestand aus 21 Kindern mit sehr heterogenen Eingangsvoraussetzungen: Neben Kindern mit geringen Leistungen gab es mehrere Mädchen, die zu Schulbeginn schon lesen und schreiben konnten. Bei der Eingangserhebung lag die Klasse in der Gesamtstichprobe auf dem 21. Rang (von 25), war also als unterdurchschnittlich anzusehen.

Die Arbeit im ersten Halbjahr

Im Klassenraum war eine Leseecke eingerichtet, in dem angegliederten Gruppenraum befand sich eine (aus Holzklötzen und Lederresten gebastelte) Druckerei. Die Kinder waren kurz nach Schuljahresbeginn mit den Ausleihmodalitäten der Gemeindebibliothek vertraut gemacht worden, wo sie sich einmal wöchentlich Bücher ausleihen konnten, was von Anfang an (und im Verlauf des Jahres zunehmend mehr) wahrgenommen wurde.

Das Vorlesen spielte im Unterricht eine große Rolle. Die Lehrkraft versuchte, jeden Tag wenigstens 5 Minuten dafür freizuhalten. Dies geschah meist am Ende des Schulvormittags. Dabei war zu beobachten, daß die Kinder zwar aufmerksam zuhörten, aber sofort aus der Klasse stürmten, wenn es zum Schulschluß klingelte, auch wenn die Geschichte noch nicht beendet war.

Ein Problem für die Gestaltung des Unterrichts war die Heterogenität der Eingangsvoraussetzungen. Die Lehrerin bemühte sich sehr um innere Differenzierung, zunächst dadurch, daß sie unterschiedliche Arbeitsblätter für die Leistungsgruppen erstellte, später durch weitgehende »Öffnung« des Unterrichts. Nach den Weihnachtsferien durften die leistungsstarken Kinder Geschichten (nach eigener Wahl) zum Vorlesen in der Klasse vorbereiten und wurden in den Deutschunterricht für einen ausländischen Mitschüler einbezogen (Partnerarbeit mit Wort-Bild-Karten).

Dem Unterricht lag die CVK-Fibel *(Vestner 1989)* als Gerüst zugrunde (Reihenfolge der Buchstaben-Einführung, Arbeitsblätter). Da die Lehrkraft die Texte der Fibel für wenig motivierend hielt, schrieb sie von Anfang an eigene Texte: Geschichten von »Fuba, dem Krokodil« und »Sita, dem Affen«, die die Kinder das ganze Jahr begleiteten. »Fuba« wurde als »Lese-Krokodil« auch als Lernhilfe zum Wort-Aufbau und -Abbau benutzt. Die Einführung der Buchstaben gestaltete die Lehrkraft sehr sorgfältig mit vielfältigen Übungen.

Nach den Herbstferien begann die Klasse mit der Wochenplanarbeit. Ende Oktober wurde die erste »freie Lesestunde« durchgeführt. Dafür standen neben käuflichen Arbeitsmitteln (Ravensburger Lese-Lotto, Fühl-Buchstaben) einige von der Lehrkraft selbst erstellte bereit: kleine Lese-Krokodile, Steckkarten zur Lautunterscheidung (mit Selbstkontrollmöglichkeit auf der Rückseite) und Karten zum Wort-Aufbau und -Abbau, die sich für Einzel-Leseübungen eigneten.

Zwischenbilanz nach 6 Monaten

In der Begleiterhebung erreichte die Klasse in der Gesamtstichprobe einen Rangplatz von 15, hatte sich also aus dem unterdurchschnittlichen in den Durchschnittsbereich bewegt. Die Kinder konnten (im Durchschnitt) Lautfolgen im wesentlichen schriftlich darstellen. Dabei bestand die weite Streuung der Leistungen, die schon am Schulanfang vorhanden war, fort. Während drei Kinder noch keinen oder nur einen Laut pro Wort richtig wiedergaben, konnten fünf die Lautfolgen schon genau wiedergeben.

Das zweite Halbjahr

Die Freiarbeit (»freie Lese- und Schreibstunden«) nahm immer größeren Raum ein. Die Lehrkraft schätzte den Anteil des »freien Schreibens« auf 10%, den des »freien Lesens« auf 30% des gesamten Lese-/Schreibunterrichts. Daneben versuchte die Lehrerin, die Kinder auch an den frontalen Phasen zu beteiligen (kleine Referate, die auch die schwachen Kinder gern übernahmen). Für das Kreis-Gespräch wurden Spielregeln erarbeitet (und eingehalten). Jede Freiarbeit endete mit einem Kreis, in dem die Kinder erzählten, was sie gemacht hatten, und Arbeitsergebnisse vorstellten, die dann an den Wänden, Tafeln, Pinnwänden ausgestellt wurden.

Obwohl die Phasen selbständiger Arbeit immer mehr zunahmen, gab es auch immer noch Phasen gemeinsamen Übens in Form von Spielen, an denen alle beteiligt waren. Die Texte, an denen die Klasse arbeitete (von »Fuba und Sita«, s. o.), waren für alle gleich, jedoch unterschieden sich die dazu angefertigten Arbeitsblätter entweder in ihrer Schwierigkeit oder die Aufgabe war so offen, daß die Kinder sie ihrem Niveau entsprechend bearbeiten konnten.

Die leistungsstarken Kinder, bei denen zu Beginn des Schuljahres manchmal Unterforderungsreaktionen auftraten, waren inzwischen gut integriert. Seit sie Geschichten zum Vorlesen vorbereiten durften, machten sie auch einmal ohne Murren Sachen mit, die sie längst konnten. Sie hatten jetzt auch mehr Gelegenheit zum freien Schreiben; Beispiele im Februar:

»Die Frau holt ihr Auto. Das Auto steht auf dem Hof.«
»Tina malt Alis Hand.«
»Meine Oma reitet immer nach Reindorf.«

Die Fähigkeit zur Texterstellung entwickelte sich bei den leistungsstarken Kindern sehr schnell. Im April verfertigte ein Mädchen folgenden Text:

»Alle menschen solte denn walld nicht so
ferschmudzen denn di umweld ist Ja Schon
genug ferSchmudzd balld reschdigen wir un-
ter schmudz feileichd lerne di umweld fee-
schmudzer dann mal was und sehen dann was
sie angerichtet haben.«

Im Mai entstand ein Schriftverkehr zwischen einigen Kindern und der

Lehrkraft in »Geheimschrift«. Bei einer Aufgabe der »Lernstraße« sollten die Kinder Zahlen Buchstaben zuordnen (nach vorgegebenem Schlüssel). Einige Kinder waren auf die Idee gekommen, das Spiel umzudrehen und hatten der Lehrerin Briefe in »Geheimschrift« geschrieben, also eine Reihe von Zahlen, die dann die Lehrerin für sich entziffern mußte. Sie hatte das gemacht und den Kindern auf gleiche Weise eine Antwort in »Geheimschrift« geschrieben. Dies ging mehrmals hin und her und bereitete den Kindern einige Wochen großen Spaß.
Der gemeinsame Wort-Aufbau und -Abbau mit dem Krokodil wurde bis Ende Mai fortgesetzt, dann schickte die Klasse es in den »Winterschlaf«. Nach Ansicht der Lehrkraft brauchten die Kinder diese Übungen mehrheitlich nicht mehr. Die wenigen, für die das noch eine Hilfe sein konnte, hatten weiterhin die kleinen Krokodile für die Einzelarbeit zur Verfügung.
Der Bestand an Arbeitsmitteln für die Freiarbeit wurde im Verlauf des 2. Halbjahres erweitert. Inzwischen hingen Arbeitsblätter verschiedener Schwierigkeit in Plastiktüten an Wäscheständern. Einige Spiele waren neu angeschafft worden. Die Lehrerin bastelte auch weiterhin selbst Arbeitsgeräte, wobei die Kinder helfen durften. Besonderer Wert wurde darauf gelegt, daß mit diesen Geräten in verschiedenen Schwierigkeitsstufen gearbeitet werden konnte.

Die Schuljahres-Enderhebung

Bei der Schuljahres-Enderhebung erreichte die Klasse innerhalb der Stichprobe (22 Klassen) den 9. (»Wörter-Konstruieren«) bzw. 15. Rang (Grundwortschatz-Diktat). Sie lag damit im Mittelfeld. Sie hatte sich im Vergleich zur Januar-Erhebung beim »Wörter-Konstruieren« weiter verbessert. Die Kinder konnten im Durchschnitt die Lautfolgen ungeübter Wörter genau wiedergeben. Dabei war eine erhebliche Reduzierung der Leistungsvarianz feststellbar. Nur ein Kind konstruierte noch »Skelette«, während fast 10% schon weitgehend ortografisch richtig schrieben. Hier wurde also nicht nur ein erheblicher Lernfortschritt der Gruppe insgesamt erreicht, sondern auch die große Varianz der Leistungen verringert, die die Klasse vom Schulbeginn an kennzeichnete.
Beim Grundwortschatz-Diktat war die Variationsbreite der Leistung größer als beim »Wörter-Konstruieren«. Sie reichte von 20% bis 96% richtig geschriebener Wörter. Die durchschnittliche Leistung von 55,4% entsprach in der Gesamtstichprobe (22 Klassen) einem Rangplatz von 15 und lag damit im mittleren Bereich.

Nacherhebung in der Mitte der 2. Klasse

Nach einem halben Jahr Unterricht in der 2. Klasse befand sich die Klasse mit einem Mittelwert von 67,2% richtig geschriebener Wörter auf dem 16. Rangplatz in der Gesamtstichprobe (von 22 Klassen), also im Durchschnittsbereich. Zusammengefaßt kann man die Leistung der Klasse wie folgt beschreiben: Nur ein Sechstel schrieb weniger als 50% der diktierten Wörter richtig. Etwas mehr als die Hälfte der Klasse konnte zwischen 50 und 75% ortografisch richtig wiedergeben und etwas mehr als ein Viertel zwischen 75 und 87 Prozent. 87% ist der höchste in der Klasse erreichte Anteil richtiger Wörter. Dies entspricht in der Gesamtverteilung einem Prozentrang von 84,2. Das heißt, daß auch die Kinder der Klasse, die bereits zu Schulbeginn als »LeserInnen« bezeichnet werden konnten, schlechtere Leistungen erzielten als 15,8% in der Gesamtstichprobe. Unter den Bedingungen des weitgehend offenen Unterrichts hatten sie zwar ihre Fähigkeit zur Text»produktion« entwickelt (s. o.), ihre Rechtschreibsicherheit aber nicht perfektioniert. Ich vermute zum Verfassen von Texten, daß sie dies schnell nachholen können, wenn die Lehrkraft in der 2. Klasse darauf einen Schwerpunkt legen wird.

3. Michael

Lernausgangslage

Michael war bei der Einschulung 6;3 Jahre alt. Er wirkte sehr schüchtern und war ausgesprochen wortkarg. Wegen einer leichten Sprachauffälligkeit erhielt er Sprachsonderunterricht. Seine intellektuelle Grundleistungsfähigkeit war durchschnittlich (CMM 1–3: PR = 39, T = 47). Michael hat eine 6 Jahre ältere Schwester, die die Sonderschule für Lernbehinderte besuchte. Der Vater ist in einem Handwerksberuf tätig, die Mutter Hausfrau.

Michael nahm in der Rangreihe seiner Klasse den letzten (21.) Rang ein. Seine Leistungen zu Schulbeginn können wie folgt zusammengefaßt werden: Er kannte Buchstaben als Elemente von Schrift, allerdings konnte er sie nicht (dem Durchschnitt entsprechend) Lauten zuordnen oder frei aufschreiben. Mit Schriftwörtern hatte er Probleme: Er schrieb keines spontan, konnte sie nicht durchgliedern und (richtig) mit anderen vergleichen. Die Buchstabe-Laut-Korrespondenz war ihm noch nicht vertraut. Er benannte die Buchstaben(zeichen) mit ihrem Namen (»ge«, »zet«) und hatte Schwierigkeiten, den Lautwert anzugeben. Er hatte auch noch nicht verstanden, daß sich Länge des Wortklanges und der Buchstabenfolge entsprechen.

Er hatte keine Probleme bei der auditiven Wortunterscheidung und konnte Wörter in Sprechsilben gliedern. Die Bedeutung der Schriftsprache im Alltag war ihm im wesentlichen bekannt; er wußte auch, wie man sie sich nutzbar machen kann, war aber nicht spontan bereit, es auch zu tun.

Aufgrund dieser am Schulanfang gesammelten Informationen entwarf die Lehrerin folgende Förderstrategie: Michael sollte zunächst die Lautwerte der Buchstaben kennenlernen und verwenden, um dann Wörter akustisch und optisch durchgliedern zu lernen. Auf der *Verhaltensebene* war bei ihm mit der Schwierigkeit zu rechnen, daß er wenig bereit war, Leistungen auch zu zeigen. Soweit dies durch Unsicherheit und zu wenig Zutrauen in die eigene Leistung begründet war, konnten durch das Ermöglichen von Erfolgserlebnissen gewisse Modifizierungen erwartet werden. Dafür boten sich Ansatzpunkte im Bereich der auditiven Unterscheidung. Ich hatte aber den Eindruck, daß seine Schweigsamkeit und Zögerlichkeit zum Teil auch Persönlichkeitsmerkmale waren.

Das erste Halbjahr

Michaels große Zurückhaltung und Wortkargheit zeigten sich durchgängig im Unterricht. Er beteiligte sich weder bei mündlichen Aufgaben, noch erzählte er von sich aus beim Kreisgespräch. Die Lehrkraft versuchte viele Monate, ihn zum Sprechen zu bewegen, z. B. durch konkrete Ansprache im Kreis zu Dingen und Ereignissen, bei denen sie Interesse bei ihm vermutete. Erfolge zeigten sich nur sehr spärlich. Er äußerte sich nur, wenn er im Einzelgespräch gefragt wurde. Vor der Gruppe verweigerte er häufig die Antwort. Wenn er antwortete, sprach er so leise, daß er kaum zu verstehen war.

Er hatte auch große Hemmungen, sich zu »produzieren«, z. B. mit anderen zusammen etwas darzustellen. Dabei war er seinen Mitschülern gegenüber aufgeschlossen, beteiligte sich auch an allerhand »Quatsch«, aber meist nur mit einem anderen Kind zusammen. Er fand in der Klasse auch rasch einen Freund.

Obwohl er wenig sprach, schienen die vielfältigen Lautierungs-Übungen im Unterricht für Michael ein großer Gewinn zu sein. Wir konnten feststellen (bei – sehr leisen – Erlese-Versuchen in der Einzelarbeit), daß er nach und nach von der Gewohnheit abkam, Buchstaben mit ihrem Namen statt mit dem Lautwert zu benennen. Je mehr er jedoch die Technik des Synthetisierens beherrschte, desto weniger war er noch zu bewegen, laut zu erlesen. Die Lehrkraft umging diese Schwierigkeit, indem sie ihm immer wieder Aufgaben zur Laut/Gegenstand-Zuordnung übertrug, die er zunehmend sicherer und schneller lösen konnte.

Er war in den »freien Lesestunden« aufgeschlossener als sonst. Ich hatte den Eindruck, daß ihm diese Art der Arbeit Spaß machte. Bei den Selbstkontroll-Arbeiten mogelte er allerdings gern und schaute sich zuerst die Abbildung auf der Rückseite der Wortkarte an. Er holte sich jedoch niemals von sich aus Arbeitsmaterial. Wenn die Lehrkraft ihm nicht etwas zuteilte, blieb er sitzen und sah den anderen zu. Die Lehrkraft nahm ihn deshalb mit in den Deutsch-Förderunterricht für ein ausländisches Kind, damit er sich dort ungestört mit den Materialien vertraut machen konnte. Eine Auswirkung auf die Scheu vor der Materialauswahl im Klassenverband hatte dies jedoch zunächst nicht.

Er gewöhnte sich rasch an die Schrift. Er konnte hervorragend abschreiben, nicht nur richtig, sondern auch mit einer formsicheren Schrift. Dies war um so mehr hervorzuheben, als er in der Eingangserhebung überhaupt noch keine Schrift verwendet hatte. Das Abschreiben machte ihm auch großen Spaß. Wir beschlossen deshalb, ihm auch Zusatzaufgaben dieser Art zu geben, weil sie ihm besonders helfen konnten, in die innere Struktur der

Wörter einzudringen, was ihm bei der Eingangserhebung ebenfalls nicht gelungen war. Wir waren uns aber nie sicher, ob er nur mechanisch abschrieb oder ob er dabei auch zu lesen versuchte, weil er zum halblauten Mitlesen nie zu bewegen war.
Eine Ausnahme stellte ich (im Januar) bei der Arbeit mit Wortkarten fest, aus denen Unsinnsätze gelegt wurden. Er wirkte dabei sehr vergnügt und war auch bereit, zunächst wenigstens der Lehrkraft seinen Satz leise vorzulesen: »Michael malt den Wolf auf der Insel.« Beim Erlesen hatte er Schwierigkeiten mit dem Wort »den«, die er aber mit Hilfe überwinden konnte. Als er sicher war, daß er es jetzt konnte, war er auch zu bewegen, es der Klasse vorzulesen. Dieses Erfolgserlebnis führte aber nicht dazu, daß er sich die Wortkarten in den »freien Lese- und Schreibstunden« öfter holte.

Zwischenbilanz nach 6 Monaten
Michael lag beim Konstruieren unbekannter Wörter sogar etwas über dem Klassendurchschnitt und belegte in der Klasse den 7. Rangplatz (Eingangserhebung: den letzten). Im Durchschnitt konnte er die Lautfolge mindestens im Skelett wiedergeben. *Tabelle 1* zeigt sein Ergebnis.

Tabelle 1:
Testergebnis "Wörter-Konstruieren" nach 1/2 Jahr Unterricht (Michael)

Testwort	Schreibung	Rechtschreib-Stufe
KANU	Kbnv	2
SAUM	SAUM	5
ROSINE	Rosine	5
SCHIMMEL	Sc(gedreht)hMI	3
LEITER	Lter	3
WAND	FtNT	2
BILLIG	RIII	2
LOKOMOTIVE	IOIIMITAE	3
STRUMPF	SC(gedreht)hw	2
Durchschnitt		3,0

Die Lehrerin war über Michaels gutes Abschneiden sehr erstaunt. Wenn er also tatsächlich einen so großen Lernfortschritt gemacht hatte, wie die Erhebungsergebnisse vermuten ließen, dann war er für die Lehrkraft bei der täglichen Beobachtungen sowenig sichtbar gewesen wie für mich bei meinen zweiwöchentlichen Besuchen. Wir überlegten, ob er abgeschrieben haben könnte. Da er an einem Tisch mit mehreren (lese-)leistungsstarken Mädchen saß, war dies denkbar. Wir nahmen uns vor, ihn künftig ganz besonders auf eine Tendenz zum Abschreiben hin zu beobachten.

Das zweite Halbjahr
Einen Lernsprung, der Michaels gutes Abschneiden bei der Begleiterhebung erklären konnte, konnten wir weiterhin bei ihm nicht bemerken. Die Lehrkraft war sich nach einer »Intensiv-Beobachtung« zunächst sicher, daß er abgeschrieben hatte. Er schrieb immer von den Nachbarn ab, wenn er

Gelegenheit dazu hatte. Wenn man ihn aber zum selbständigen Arbeiten aufforderte, konnte er es (meist) auch allein.
Michaels Befangenheit vor der Gruppe hielt an. Er bewegte beim gemeinsamen Sprechen nur die Lippen. Im Kreis machte er von der Möglichkeit Gebrauch, das Wort an ein anderes Kind weiterzugeben. Im April gab die Lehrkraft ihr Bemühen, ihn mündlich zu aktivieren, auf. Sie kam zu der Überzeugung, daß bei ihm nur durch schriftliche Eigenaktivitäten feststellbar war, was er schon konnte und wo noch Übung nötig war. Im Mai zeigte Michael plötzlich von sich aus Ansätze einer mündlichen Beteiligung. Die Kinder hatten im Klassenzimmer eine tote Hornisse gefunden, und die Lehrerin hatte gefragt, ob jemand einen Vortrag über Hornissen halten konnte. Michael meldete sich. Er wollte seinen Opa befragen, der wisse etwas darüber. Der »Vortrag« bestand dann nach Angaben der Lehrerin aus dem Satz: »Mit denen ist nicht zu spaßen.« Auf die Nachfrage, warum nicht, habe er nur den Satz wiederholt: »Mit denen ist nicht zu spaßen.«
Beim »freien Schreiben« verzichtete er manchmal schon auf die Hilfe von Wortkarten zum Abschreiben. Ende Februar schrieb er z. B.: »Michael ist in der S(verdreht)chule. Schrmbt.« Seine Nachbarin hatte ebenfalls ». . ist in der Schule« geschrieben, allerdings ohne die Verdrehung beim S. Hier hatte er sich also möglicherweise Hilfe geholt. Bei der Nachbarin ging es dann weiter: »Sie rechnet.« Nach der Korrektur des Textes durch die Lehrerin schrieb ihn M. korrekt auf das Arbeitsblatt. Beim Zusammensetzen von Wörtern aus vorgegebenen Silben schrieb er auch die nicht sinnvollen Wörter auf. Er las also nicht, sondern schrieb mechanisch die Buchstaben ab. Er mußte immer erst besonders zum Nachprüfen aufgefordert werden, bevor er dies (richtig) leistete. Bei der Freiarbeit mußte ihm immer noch Material vorgeschlagen werden. Tat die Lehrkraft es nicht, blieb er auf seinem Stuhl sitzen und schaute den anderen zu. Den Vorschlägen der Lehrerin folgte er willig. Er war dann auch zu Partnerarbeit bereit.

Die Schuljahresend-Erhebung

Die Lehrerin hatte Michael bei der Durchführung der Aufgaben allein (an das Lehrerpult) gesetzt, so daß ein Abschreiben auszuschließen war. Er konnte beim Konstruieren unbekannter Wörter inzwischen die Lautfolge genau wiedergeben, hatte sich also – in der Terminologie von *Brügelmann* – um eine Rechtschreibstufe weiterentwickelt. Er nahm in seiner Klasse allerdings nur noch den Rangplatz 16,5 ein (Zwischenerhebung: 7. Platz). Er hatte also zwar seine Leistungen meßbar verbessern können, aber in erheblich geringerem Maße als die Gesamtgruppe. Seine Leistung lag aber sowohl innerhalb seiner Klasse als auch innerhalb der Gesamtstichprobe (PR = 37,6) im Durchschnittsbereich. Sicher war jedoch nach dieser Erhebung, daß er die Leistung eigenständig erbracht hatte. *Tabelle 2 (folgende Seite)* zeigt seine Schreibungen im Januar und im Juni im Vergleich.
Beim Grundwortschatz-Diktat nahm Michael in der Klasse den Rangplatz

Tabelle 2: Schreibungen von MICHAEL bei "Wörter-Konstruieren" (Mitte und Ende der 1. Klasse)				
	nach 6 Monaten Unterricht		nach 12 Monaten Unterricht	
Testwort	Schreibung	RS-Stufe	Schreibung	RS-Stufe
KANU	Kbnv	2	Karnu	4
SAUM	SAUM	5	Saum	5
ROSINE	Rosine	5	Rosine	5
SCHIMMEL	Sc(gedreht)hMl	3	Schöml	4
LEITER	Lter	3	Lanter	3
WAND	FtNT	2	Wand	5
BILLIG	RIII	2	Bilik	4
LOKOMOTIVE	lOIIMITAE	3	LokmotiWe	3
STRUMPF	SC(gedreht)hw	2	Schof	2
Durchschnitt		3,0		3,9

11,5 (von 21), innerhalb der Gesamtstichprobe den Prozentrang 38,1 ein. Damit kann die Leistung als durchschnittlich bezeichnet werden. *Tabelle 3* zeigt den diktierten Text im Vergleich zu Michaels Schreibungen.

Tabelle 3: Schreibungen beim Grundwortschatz-Diktat (Michael) Ende 1. Klasse)	
diktierter Satz	Schreibung (Michael)
Meine Nase ist grün.	mane nase ist rn.
Ich bin ein Kind.	ich Bin Ein Kind.
Straßen sind rot und blau.	Schraaen snd rot und blu.
Autos haben Schule.	Auhos hben Schule.
Unser Baum kann singen.	Unsr Baum kn Sine.
Wir hören mit den Augen.	Wir Hrn mit unrn Augen.

Rechtschreibleistung nach 18 Monaten

Ein halbes Jahr später lag Michael mit seiner Leistung in der Klasse auf dem 9,5. Rang (von 18). Dem entspricht in der Gesamtverteilung ein Prozentrang von 42,3. Die Leistung ist (bei beiden Vergleichen) im Durchschnittsbereich geblieben. Sein Lernfortschritt hielt also mit dem der anderen Kinder Schritt. *Tabelle 4* zeigt seine Leistungen im einzelnen.

Tabelle 4: Schreibungen beim Grundwortschatz-Diktat (Michael) Mitte 2. Klasse)	
diktierter Satz	Schreibung (Michael)
Unser Baum ist rot und blau.	Unsa Baum ist rot und blau.
Meine Nase kann singen.	Maine Nase kan sinen
Wir haben Augen.	Wir haben Augen.
Straßen hören mit den Autos.	Schtrasen hören mit dem Autos
Ich bin billig.	Ich bin billig.
Ein Kind hat einen Strumpf.	Ein Kind hat einen Strumf.
In der Schule sind Lokomotiven grün.	In der Schule sind Lokomotiven grin

Michael hatte offenbar im Rahmen des Unterrichts in der Klasse seinen Weg des Lernens gefunden. Als die Mehrheit der Klasse Geschichten zu schreiben begann, zeigte er dazu (noch) keine Bereitschaft und wurde auch nicht gedrängt, dies zu tun (Bericht der Lehrkraft nach der letzten Erhebung).

4. Beate

Lernausgangslage

Beate war bei der Einschulung 7;0 Jahre alt. Ihre intellektuelle Grundleistungsfähigkeit lag – wie bei Michael – im Durchschnittsbereich. Sie hat zwei jüngere Geschwister, bei deren Betreuung sie nach Einschätzung der Lehrkraft in erheblichen Umfang helfen mußte. Die Mutter hatte erzählt, daß B. erst im Jahr vor der Einschulung (mit logopädischer Hilfe) richtig sprechen gelernt habe. Bei Schulbeginn war ihre Sprechfähigkeit jedoch so gut, daß ihr kein Sprachsonderunterricht erteilt wurde.

Beate nahm bei der Eingangserhebung in der Rangreihe ihrer Klasse den drittletzten (19.) Rang ein. Eine Zusammenfassung der Ergebnisse ließ folgendes deutlich werden:

Sie hat in der Vorschulzeit offenbar nur sehr wenig Erfahrungen außerhalb ihrer häuslichen Umgebung machen können (wie Gespräche während der Feinerhebung vermuten ließen). Dies wirkte sich auch auf ihre schriftsprachlichen Vorerfahrungen aus. Sie kannte die Bedeutung von Schrift in der Umwelt nur in sehr begrenztem Maße und wußte auch nicht, wie sie sie sich selbst nutzbar machen konnte. Sie hatte jedoch durchaus schon Schrift kennengelernt, so daß sie einige Buchstaben und sogar zwei Wörter aus dem Gedächtnis aufschreiben konnte.

Sie hatte keine Probleme bei der auditiven Wortunterscheidung und konnte auch Wörter in Sprechsilben gliedern. Sie hatte die Einsicht, daß ein langer Wortklang einem langen Wortbild entspricht, noch nicht gewonnen. Sie konnte Schriftbilder optisch nicht durchgliedern und mit anderen vergleichen.

Der Anfangsförderplan für Beate umfaßte folgende Punkte: Ihr mußte in der Schule ein vielfältiger Umgang mit schriftsprachlichem Material aus der Umwelt ermöglicht werden, damit sie fehlende Erfahrungen nachholen konnte, und sie sollte zum eigenständigen Gebrauch von Schrift ermutigt werden. Außerdem mußte ihre Aufmerksamkeit auf die Durchgliederung von Wortbildern gelenkt werden. Ihre gute auditive Unterscheidungsfähigkeit bot Ansatzpunkte für Erfolgserlebnisse, die sie ermutigen konnten, ihren Rückstand aufzuholen.

Das erste Halbjahr

Bevor die Lehrerin Aufgaben anbieten konnte, die die Kenntnisse über die Funktion der Schriftsprache verbessern sollten, löste Beate das Problem auf ihre eigene Art: Sie nahm die Möglichkeit der Buchausleihe in der Schule regelmäßig wahr und entdeckte eine neue Welt. Während der Arbeitspausen holte sie sich gern Bücher aus der Leseecke (z. B. das »Kinderlexikon«) und beschäftigte sich damit. Sie war von sich aus stark motiviert, weiter in den Bereich der Schrift einzudringen und brauchte dazu keine Zusatzförderung.

Beate war im Gegensatz zu Michael sehr lebhaft im Unterricht. Sie meldete

sich fast immer zu Wort und erzählte regelmäßig im Kreis. Bei Spielen machte sie ebenfalls lebhaft mit. Besonderen Spaß machte es ihr, bei anderen Fehler zu finden. In der Einzelarbeit war sie sehr konzentriert und widerstand auch der Versuchung, zu »mogeln«. Sie zeigte dabei eine große Ausdauer, obwohl die Bearbeitung einzelner Aufgaben bei ihr viel mehr Zeit in Anspruch nahm als bei den meisten anderen.
Ab Mitte November konnten wir davon ausgehen, daß Beate mit den ihr vertrauten Buchstaben synthetisierend erlesen konnte. Es dauerte bei ihr sehr lange, was sie aber nicht zu entmutigen schien. Sie beschäftigte sich gern mit Aufgaben, bei denen sie vorher mit dem Krokodil geübte Wörter auf- und abbauend schreiben sollte.
Ende Januar konnte Beate so weit lesen, daß wir überlegten, ob sie auch schon einmal etwas für das Vorlesen im Kreis vorbereiten könnte. Sie war sehr an Büchern interessiert und außerdem sehr ehrgeizig, so daß wir uns von einer Einbeziehung in die Gruppe der Leserinnen einen zusätzlichen Motivationsschub für sie erhofften. Sie bedurfte dabei aber der Hilfe der Lehrerin, weil sie von zu Hause kaum Hilfe bekam und allein fremden Text noch nicht selbständig erlesen konnte. Die Lehrkraft wollte damit warten, bis sie Beate bei der Beschäftigung mit einem Buch entdeckte, dessen Schwierigkeit für sie zu bewältigen war.

Zwischenbilanz nach 6 Monaten
Bei der Begleiterhebung im Januar schrieb Beate bei 3 der 9 Wörter keinen Buchstaben, erzielte also die Rechtschreibstufe 0. Sie erreichte deshalb im Durchschnitt nur die Stufe 1, die anzeigt, daß ein Laut pro Wort richtig wiedergegeben wurde, trotz viermaligen Erreichens der Stufe 2 (»Skelett«). Hier ist wahrscheinlich B.s Angst vor Fehlern (Perfektionsstreben) verursachend gewesen. Nach den Erfahrungswerten von *Brügelmann* war bei Beate aufgrund dieses Ergebnisses noch mit Problemen beim Lesen-/Schreibenlernen zu rechnen. *Tabelle 5* zeigt ihre Schreibungen.

Tabelle 5:
Testergebnis "Wörter-Konstruieren" nach 1/2 Jahr Unterricht (Beate)

Testwort	Schreibung	Rechtschreib-Stufe
KANU	Kamu	2
SAUM	Sa	2
ROSINE	Roi	2
SCHIMMEL	M	1
LEITER	-e	1
WAND	----	0
BILLIG	-	0
LOKOMOTIVE	LO	2
STRUMPF	-	0
Durchschnitt		1,1

Bereits zu diesem Zeitpunkt erstaunte Beates schlechtes Abschneiden im Vergleich zu den von Michael erbrachten Leistungen. Aufgrund ihres Arbeitseifers, ihres großen Interesses am Gegenstand und auch aufgrund der im Unterricht erbrachten Leistungen konnte der Eindruck entstehen, daß sie bereits weiter in den Gegenstand Schriftsprache eingedrungen war, als es die Testergebnisse zeigten. Im Gegensatz zu ihr zeigte Michael weder großen Eifer noch großes Interesse, vor allem aber auch keine besonderen Leistungen. Dennoch hatte er den Einstieg in das Lesen- und Schreibenlernen im Gegensatz zu Beate »geschafft«.

Das zweite Halbjahr

Da Beates Abschneiden bei der Begleiterhebung es noch nicht ausschließen ließ, daß sie beim Lesen- und Schreibenlernen Probleme haben würde, überlegten wir, wie zusätzlich mit ihr gearbeitet werden könnte. Als mir die Lehrerin erzählte, sie habe Tim, Beates Cousin, jetzt von den normalen Lese-Hausaufgaben (Sätze lesen) befreit und gebe ihm statt dessen täglich 5 Wörter zum Üben des Wort-Aufbaus und -Abbaus mit dem kleinen Krokodil, schlug ich vor, dies auch für Beate einzuführen. Dies lehnte die Lehrkraft mit der Begründung ab, selbst wenn es nützlich für sie sei, könne man es ihr nicht antun, weil es sie entmutigen und dadurch in ihrer Lesemotivation erheblich beeinträchtigen würde. Das Problem löste sich von selbst, weil Beate unbedingt auch die Aufgaben haben wollte, die ihr Cousin bekam (die Lehrkraft nahm an, daß die Mutter das so wollte). Die normalen Aufgaben machte Beate außerdem. Hinzu kam, daß sie zumindest mit Hilfe die meisten der Arbeitsaufgaben auch bewältigen konnte, im Gegensatz zu ihrem Cousin.

Sie war weiterhin sehr eifrig am Unterricht beteiligt. Sie meldete sich häufig und erzählte nach wie vor gern im Kreis. Sie hatte mit der »Technik« des Lesens keine Probleme. Sie konnte die einzelnen Buchstaben erkennen und den Lautwert nennen, und sie konnte auch synthetisieren. Sie suchte Lob und Bestätigung der Lehrkraft, z. B. durch Fragen: »Ich kann gut lesen, nicht?«

Die Lehrkraft beschrieb Beates Leistungsstand damit, daß sie schon gut lesen könne, aber noch nicht so gut selbst schreiben. Beate freue sich sehr, wenn sie für gutes Lesen gelobt werde. Diesen Beobachtungen entsprechend differenzierte die Lehrerin inzwischen die Aufgaben für das Mädchen.

Beate, die im ersten Halbjahr ein besonders liebenswürdiges und hilfsbereites Kind war, entwickelte im zweiten Halbjahr weniger freundliche Verhaltensweisen: Sie war häufig schlecht gelaunt, schrie andere Kinder an und schlug auch manchmal. Hier schien sich ein Teufelskreis zu entwickeln: Sie war schlecht gelaunt, weil sie mit ihrer Leistung nicht zufrieden war, und die Mißstimmung beeinflußte wiederum ihre Leistung. In solchen Phasen mochte sie auch die Hilfe der Lehrerin nicht mehr annehmen. Dieses Verhalten beobachtete ich besonders, wenn sie durch äußere Umstände am häuslichen Üben gehindert war (Aufgabenzettel verloren) und so nur unzureichende Leistungen zeigen konnte, oder wenn sie sich über selbst gemach-

te Fehler besonders ärgerte. Die Lehrerin beobachtete als Anlaß auch, daß sie ihrer Meinung nach zu leichtes – objektiv aber wohl passendes – Arbeitsmaterial aggressiv ablehnte. Sie verweigerte dann die Arbeit und war beleidigt. Die Lehrkraft berichtete, daß Beates Sitznachbar für eine kleine Geschichte, an der er sich versucht hatte, ein Lob in die Kladde geschrieben bekam, was Beate so ärgerte, daß sie vor Wut darüber, daß es ihr noch nicht gelang, zu weinen begann. Wir hielten es für richtig, daß sie vor allem auch für leichtere Arbeiten gelobt wurde und so ihr Augenmerk mehr auf die Richtigkeit des Ergebnisses als auf das Anspruchsniveau der Aufgabe gelenkt wurde. Dieses Bemühen war aber nicht erfolgreich. Im Verlauf der Zeit konzentrierten sich ihre Aggressionen auf den ausländischen Mitschüler.
Beate wollte im Unterricht immer »arbeiten«. Die Spielmaterialien zählte sie offenbar nicht dazu. Ich beobachtete (im Mai), daß sie bei einer »freien Lese- und Schreibstunde« mit einem Magnet-Spiel (zum Wörter-Nachlegen) beschäftigt war, als die Lehrkraft den Raum betrat. Sie brachte es dann sofort weg und holte sich Arbeitsblätter.
Im Mai hatte sie zum ersten Mal eine Geschichte zum Vorlesen vorbereitet. An einem Samstag zeigte sie der Lehrkraft ein Pixi-Buch, das sie geschenkt bekommen hatte. Die Lehrerin schlug ihr vor, es zu Hause zum Vorlesen im Kreis für den nächsten Montag vorzubereiten. Beate folgte der Empfehlung und konnte es völlig fehlerfrei vorlesen. Am Wochenende war schlechtes Wetter gewesen, so daß sie wohl wirklich ordentlich geübt hatte. Sie war sehr stolz über ihre Leistung. Offenbar mußte man sie an ihrem großen Ehrgeiz packen, wenn man sie weiterbringen wollte.

Die Schuljahresend-Erhebung

Beate blieb beim »Wörter-Konstruieren« am unteren Ende der Skala in ihrer Klasse und nahm damit den 18,5. Rangplatz in der Klasse ein. Obwohl sie ihre relative Position in der Klasse nicht verbessern konnte, war im 2. Halbjahr der 1. Klasse ein erheblicher Lernfortschritt zu verzeichnen. *Tabelle 6* zeigt die Schreibungen bei beiden Erhebungen im Vergleich.

Tabelle 6:
Schreibungen von Beate bei "Wörter-Konstruieren" (Mitte und Ende der 1. Klasse)

	nach 6 Monaten Unterricht		nach 12 Monaten Unterricht	
Testwort	Schreibung	RS-Stufe	Schreibung	RS-Stufe
KANU	Kamu	2	Kanu	5
SAUM	Sa	2	Sau	2
ROSINE	Roi	2	Rosine	5
SCHIMMEL	M	1	Schemel	4
LEITER	-e	1	Laiter	4
WAND	----	0	Want	4
BILLIG	-	0	Bili	3
LOKOMOTIVE	LO	2	Lokomotiwe	4
STRUMPF	-	0	Schrom	3
Durchschnitt		1,1		3,8

Während sie im Januar im Durchschnitt nur einen Laut pro Wort richtig wiedergab, konnte sie im Juni die Lautfolge genau abbilden. In der Gesamtstichprobe entsprach ihre Leistung mit einem Prozentrang von 31,8 dem Durchschnitt.
Beim Grundwortschatz-Diktat belegte sie in der Rangreihe ihrer Klasse den 18. Platz (von 21). Im Vergleich zur Gesamtstichprobe lag die Leistung mit einem Prozentrang von 17,3 im unterdurchschnittlichen Bereich. *Tabelle 7* zeigt Beates Schreibungen im Vergleich zum diktierten Text.

Tabelle 7:
Schreibungen beim Grundwortschatz-Diktat (Beate) Ende 1. Klasse)

diktierter Satz	Schreibung (Beate)
Meine Nase ist grün.	Maine ist gün.
Ich bin ein Kind.	ich ben ien Kint.
Straßen sind rot und blau.	Schasen sit Rot und lau.
Autos haben Schule.	Autos haden Schle.
Unser Baum kann singen.	Onser bauner senen.
Wir hören mit den Augen.	Wir hüenen mid bem Aukn.

Der Leistungsunterschied zwischen Beate und Michael zeigte sich bei dieser Erhebung also vor allem beim Grundwortschatz-Diktat. Beate konnte ihren Rückstand bei der Einsicht in den Schriftaufbau aufholen, war aber noch nicht in der Lage, sich auch schon einen Bestand von Wörtern aus dem Grundwortschatz anzueignen, den sie sicher schreiben konnte. Sie schrieb auch diese (geübten) Wörter nach einer lautorientierten Strategie. Aber die Grundlage für einen systematischen Rechtschreibunterricht war gelegt.

Rechtschreibleistung nach 18 Monaten

Beate hatte auch in der Mitte der 2. Klasse ihren Platz am unteren Ende der Klassen-Rangfolge beibehalten: Sie belegte den 17. Platz (von 18). In der Gesamtverteilung lag sie mit einem PR von 7,1 ebenfalls im unterdurchschnittlichen Bereich. Ihre Position in der Gesamtstichprobe verschlechterte sich damit um mehr als 10 Prozentrang-Punkte.
Betrachtet man die Art der von Beate gemachten Fehler, kann man feststellen, daß sie durchweg lauttreu konstruierte und auch viele Wörter in der Buchstabenfolge korrekt wiedergab. Ein Fehlerschwerpunkt lag in der Groß- und Kleinschreibung: Sie schrieb Satzanfänge häufig klein, Artikel, Adjektive und Verben im Satz dagegen groß *(siehe Tabelle 8 auf der folgenden Seite)*. Hier hat sie eine Einsicht noch nicht erworben. Die weitere Förderung kann an dieser Stelle ansetzen.
Wie die Lehrkraft zu diesem Zeitpunkt berichtete, wurde jedoch Beates Verhalten immer problematischer. Offenbar als Folge ihrer Enttäuschung darüber, daß sie die Leistungen der meisten anderen in der Klasse nicht erreichen konnte, nahmen ihre Aggressionen zu. Dabei handelte es sich nicht um Leistungen, die von ihr gefordert wurden.

Tabelle 8: Schreibungen beim Grundwortschatz-Diktat (Beate) Mitte 2. Klasse)	
diktierter Satz	Schreibung (Beate)
Unser Baum ist rot und blau. Meine Nase kann singen. Wir haben Augen. Straßen hören mit den Autos. Ich bin billig. Ein Kind hat einen Strumpf. In der Schule sind Lokomotiven grün.	onser Baum ist Rat und blau. mine Nase KanN sienen Wier Haben augen. Strasen Hüren mit den Autos. ich bien bili ein Kind Hat einen Strof. ien Der Schule sinnd lokomoiifen grün.

Die meisten Kinder schrieben aber inzwischen gern und viel kleine Geschichten, was Beate noch nicht konnte. Sie war immer weniger bereit, Entwicklungsaufgaben, die sie nach Ansicht der Lehrerin weiterbringen konnten, anzunehmen und verweigerte die Mitarbeit.

5. Zusammenfassung und Diskussion

Unter den Bedingungen eines weitgehend »geöffneten« Unterrichts, bei einer Lehrkraft, die sich selbst die Ziele gesetzt hatte, allen Leistungsgruppen im Unterricht gerecht zu werden und die Lernfreude der Kinder zu erhalten, gelang es der Klasse im Verlauf der ersten eineinhalb Jahre des Schulbesuchs, trotz insgesamt unterdurchschnittlicher schriftsprachlicher Vorkenntnisse (Eingangserhebung) zu durchschnittlichen Rechtschreibleistungen zu kommen. Dabei konnten auch am Anfang sehr schwache Kinder (z. B. Michael: Eingangserhebung im Vergleich zur Stichprobe PR = 1,9) durchschnittliche Leistungen erreichen. Aber auch in diesem Unterricht gelang diese Entwicklung nicht allen Kindern (z. B. Beate).

Untersucht man, welche unterrichtlichen Bedingungen zu dem Erfolg bei Michael beigetragen haben, ist als erstes zu nennen, daß er nicht zu einem Lernverhalten gezwungen wurde, das seiner Persönlichkeit nicht entspricht. Er durfte wortkarg sein und wurde dafür nicht kritisiert. Aufgaben, die ihm Spaß machten, wurden so gestaltet, daß sie ihm weiterhalfen (Abschreibübungen in vielen Varianten). Die Lehrkraft ließ ihm Zeit, damit er seinen Weg zur Schriftsprache finden konnte. Sein Selbstwertgefühl wurde nicht beeinträchtigt. So konnte er sich in dem Maße einbringen, wie es ihm möglich war (z. B. »Vortrag« über Hornissen). Die Lehrkraft berichtete mir nach der letzten Erhebung, daß er sich an der in der 2. Klasse »ausgebrochenen« Begeisterung für das Schreiben eigener Geschichten nicht beteiligte: Er schrieb zu Hause nicht – wie die meisten anderen – freiwillig Geschichten und beschäftigte sich in der Schule lieber mit »angeleiteten« Aufgaben. Aber die Lehrkraft ist zuversichtlich, daß er auch hier seinen Weg langsam finden wird.

Beate war es nach 18 Monaten noch nicht gelungen, den durchschnittlichen Leistungsstand der Klasse zu erreichen. Aber auch für sie gibt es im Rahmen der Unterrichtskonzeption gute weitere Förderansätze. Sie hatte so geringe Eingangskenntnisse (z. B. über die Funktion der Schrift im Alltag), daß trotz ihres großen Lerneifers nicht alles in einem »Kompakt-Kurs« aufgefangen

werden konnte. Für die Fähigkeit zur lauttreuen Konstruktion hatte sie ein halbes Jahr länger gebraucht als die Mehrheit ihrer Lerngruppe. Den Anschluß an den Klassenstand beim ortografisch richtigen Schreiben geübter Wörter fand sie so schnell nicht. Der Grund dafür und die Schwierigkeit für die weitere Arbeit mit Beate bestehen wahrscheinlich darin, daß sie aufgrund ihres großen Ehrgeizes kaum mehr in der Lage ist, gezielte Hilfen für sich anzunehmen. Sie mißt sich an den Erfolgen der anderen und kann mit den daraus für sie entstehenden Unterlegenheits-Empfindungen kaum fertig werden. Dieser Leistungsvergleich ist durch die Bedingungen des Unterrichts nicht verstärkt worden. Er hat seine Wurzeln wahrscheinlich in der Persönlichkeit des Kindes, verstärkt möglicherweise durch die Mutter (die die Lehrerin in der 2. Klasse massiv bedrängte, ihrer Tochter mehr zu arbeiten zu geben, damit sie mehr lernen könnte). Es ist auch durch intensive Elternarbeit nicht gelungen, dies zu ändern.
Die Lernverläufe der ausgewählten Kinder belegen, daß (annähernd) gleiche gegenstandsbezogene Eingangsvoraussetzungen trotz gleicher Unterrichtsbedingungen zu ganz unterschiedlichen Entwicklungen führen können. Die beiden hier näher dargestellten Entwicklungsverläufe fanden unter den Bedingungen eines weitgehend »offenen« Unterrichts statt. Dasselbe Phänomen fand ich aber auch in einem stark lehrgangsorientierten Unterricht (vgl. *Richter 1993b).* Es handelt sich also nicht um ein Auseinanderlaufen der Entwicklung, das häufig als Einwand gegen die »Öffnung« vorgebracht wird. Es unterstreicht vielmehr die große Bedeutung von Persönlichkeitsfaktoren des Kindes und auch seines familiären Umfeldes.
Auf diesem Hintergrund wird deutlich, warum einfache Prädiktoren keine befriedigenden Vorhersagen gestatten (in dieser Untersuchung und in anderen, z. B. *Wendeler 1986; Röhr 1978).* Aber selbst wenn es gelänge, die Struktur möglicher Einflußfaktoren exakt zu erfassen, wäre damit das Prädiktionsproblem nicht gelöst: Die Leistungsentwicklung ist gekennzeichnet durch ein systemisches Zusammenwirken von Eingangsvariablen und während des Lernens wirkender Faktoren, das sich einer exakten Vorhersage entzieht. Prädiktoren können somit immer nur hinweisenden Charakter haben und den Lehrkräften in einer bestimmten Situation Hilfen geben. Sie gestatten keine exakte Prognose.

Anita Kenter
Besuch in der Laborschule Bielefeld
Episoden II

Gruppenversammlung

Die Gruppe.
Einige Autoren.
Alle sitzen um einen Tisch. Der Gruppenlehrer liest einige kurze Geschichten vor. Eine handelt von einer Blume. Einer einmaligen Blume, die inmitten eines Meeres von Löwenzahn und Rosen steht. Die Blume ist unerreichbar. Ein Bild der Blume, das der Autor selbst gemalt hat, wird gezeigt. Der Autor fügt nun erklärend hinzu, die Kinder haben sich die Blume riesig groß vorzustellen, so groß wie die Laborschule nämlich.
Er hat die Geschichte nicht selbst vorgelesen, weil er nicht lesen kann. Auch kann er außer seinem Namen nichts schreiben. Er ist völlig gesund, aber erst fünf Jahre alt. Es ist sein vierter Schultag, und in ein paar Tagen soll er großer Bruder werden.
Aber er kann sich, weil ihm die Möglichkeit dazu gegeben wird, schon auf eine ganz und gar poetische Art und Weise mit sich selbst befassen und sich ausdrücken. Eben Schriftsteller sein. Welche »Motivation« zum Schreibenlernen wäre idealer, bitteschön?

Wochenanfang

Wer räumt diese Woche die Stifte auf?
Wer die Bücher?
Wer will die Spiele aufräumen?
Wer erklärt sich für die Bühne verantwortlich?
Wer wischt den Frühstückstisch ab?
Wer geht Milch holen?
Wer sammelt das Gruppengeld ein?
Wer den Müll?
Wer gießt die Blumen?
Wer füttert die Fische?
Wer macht den Wetterbericht?
Alle diese Dienste werden am Anfang der Woche auf die Kinder verteilt. Und weil Vergessen menschlich ist, auf einer Tafel mit den jeweiligen Namen versehen.
Auch die Jüngsten, die gerade erst eingeschult worden sind, bekommen einen Dienst. Zwar können sie den »Dienstplan« noch nicht lesen, aber mit Hilfe der Symbole, die neben den Aufgaben angebracht sind, wissen sie ganz schnell, wie so ein Plan funktioniert, und können ihn »irgendwie auch lesen«.

Der erste »richtige« Schultag

Am ersten Schultag nach ihrer Einschulung erhalten die neuen Kinder ihr erstes Geschichtenheft. Das ist ein Schulheft, in dem sie vom ersten Tag an malen und schreiben dürfen. Und damit geht es auch gleich am ersten Tag los. Sie malen ein Bild und »schreiben« alles auf, was sie bereits schreiben können. Das sind einzelne Worte, Buchstaben und Zahlen. Durch ihre Beschäftigung mit Schreiben und Worten kommt es dazu, daß sie spontan anfangen zu reimen: Prima, Kerima! Mattes hat es! Simon läuft nicht davon!

Der Gruppenlehrer schreibt ihnen die Reime mit einem hellen Stift in Blockbuchstaben in die Hefte vor. Sie können so die Buchstaben mit einem anderen Stift nachziehen.

Die Kinder haben schon am ersten Schultag »richtige Worte« geschrieben! Sogar »richtige Reime«!

Freie Arbeitszeit

Jonas, 6, Jessica, 6.

Jonas, seit einem halben Jahr Laborschüler, hat sich »die Buchstaben und das Lesen« selbst beigebracht, wie mir der Gruppenlehrer erklärt. Eines Tages macht er einige seiner ersten Leseversuche innerhalb seines Leselehrgangs in der Laborschule. Er liest von einer Seite des Lehrgangs vor, auf der Sätze und Abbildungen einander nicht entsprechen. So befindet sich neben dem Satz »Susi ist im Hof« eine Zeichnung, auf der ein Kind zu sehen ist, das in einer Wanne sitzt – prompt liest Jonas: »Susi sitzt . . .« – und stutzt. Ich erkläre ihm, daß das Bild nicht zu dem Geschriebenen paßt. Er ist irritiert.

Auch Jessica, die am selben Tisch gerade rechnet, bekommt das mit und ist irritiert und skeptisch zugleich.

Sie ist bereits ein Jahr länger in der Schule und viel weiter im Lesen. Aber sie hatte, wie ich beobachten konnte, in letzter Zeit in ähnlichen Situationen dieselben Schwierigkeiten. Doch auch sie will mir nicht recht glauben. Kurzentschlossen holt sie sich ihren »alten« Leselehrgang und sieht sich das Blatt, das Jonas gerade liest, noch einmal sehr genau an. Danach scheint sie zwar immer noch skeptisch zu sein, nimmt aber ihre Rechenaufgaben wieder auf.

Jonas liest nun die folgenden Sätze des Arbeitsblattes. Er sieht sich die Abbildungen sehr genau an, konzentriert sich jedoch beim Lesen auf den Inhalt der Worte. Wir stellen fest, daß nicht ein einziges Bild zum Satz derselben Zeile paßt. Jessica blickt immer wieder auf und verfolgt das Geschehen.

Sie hatte die Chance, ein Problem, das sich ihr bereits vor einem Jahr gestellt haben muß, wieder aufzugreifen – war es doch noch immer aktuell für sie.

Morgenzeit

Als ich die Gruppenfläche betrete, sitzt Janis bereits am Gruppentisch und nicht in der Lese-Ecke oder auf der Bühne beim Spielen. Er hat kleine Spielzeugtierchen in einer Reihe vor sich aufgebaut, ein Formular vor der Nase, einen Stift in der Hand und eine Blechbüchse neben sich.

Janis hat in dieser Woche den Dienst »Gruppengeld einsammeln«.

Sobald ein Kind die Fläche betritt, schallt ihm auch schon Janis' »Hast-du-Gruppengeld-mit?« entgegen. Oft noch, bevor es sich in das Anwesenheitsbuch eintragen kann.

Wenn ein Kind es tatsächlich vergessen hat, scheint Janis direkt etwas enttäuscht zu sein. Die Kinder, die das Geld mithaben, werden sofort von ihm in Beschlag genommen. Dann sucht er den Namen des Kindes in seiner Liste, die Spalte der jeweiligen Woche, zählt das Geld und trägt alles genauestens ein. Der Gruppenlehrer kümmert sich derweil um andere Angelegenheiten. So lernen die Kinder von Anfang an, eigenverantwortlich über »ihre« Kasse Buch zu führen. Schreiben, Lesen und Rechnen hat im Alltag einen ganz bestimmten Sinn und ist nicht an mehr oder weniger abstrakte Aufgaben gebunden. Schließlich macht »Gruppengeld einsammeln« Spaß und ist eine verantwortungsvolle Aufgabe. Und die möchte jedes Kind einmal übernehmen können!

Freie Arbeitszeit

Drei Kinder. Ein Buch. Ein Lesekreis.

Die Kinder (7 und 8 Jahre) können etwa gleich gut lesen. Sie sollen im Kreis herum jeweils eine Seite vorlesen.

Aber eine Seite ist nicht gleich eine Seite . . . – Mareike hat Pech! Sie erwischt eine besonders lange Seite, von oben bis unten voller Text.

»Oh, je . . ., das schaff' ich nie! So 'ne lange!«

Ihr sonst ungetrübtes Selbstvertrauen scheint in Gefahr. Um sie zu beruhigen, einigen sich die Kinder darauf, daß auch die halbe Seite reicht, wenn sie nicht die ganze schafft, »weil sie wirklich sehr lang ist«. Die Sache scheint geklärt, sie fängt zu lesen an. Nach ein paar Sätzen schiebt sie ganz unvermittelt ein: ». . . Doch, ich lese doch die ganze Seite.« Sie ist offensichtlich, während sie laut liest, nebenher damit beschäftigt, für sich zu klären, wieviel sie schaffen will und kann.

Einige Sätze werden gelesen, dann wieder die laute Überlegung: »Es war ja auch die Aufgabe, die ganze Seite zu lesen.«

Oh ja, sie scheint zu kämpfen. Die Spannung steigt bei allen. Mareike ist über die Hälfte der Seite hinaus.

Dann feuern sie die anderen Kinder an: »Du schaffst es!«, »Ja, Mareike, du schaffst es!« Längst ist nicht mehr das Buch selbst das Spannende. Und Mareike, etwas atemlos und erschöpft, hat es schließlich geschafft. – Mareike hatte Glück! Sie hat eine besonders lange Seite erwischt.

Hans Brügelmann
in Zusammenarbeit mit Inge Lange, Gudrun Spitta u. a.

»Schreibvergleich BRDDR« 1990/91

Die wichtigsten Befunde und ihre Interpretation

Der »Schreibvergleich BRDDR« war ein Versuch, Rechtschreibleistungen in den beiden deutschen Schulsystemen möglichst bald nach dem Fall der Mauer zu dokumentieren und zu vergleichen. Zusätzlich wurden Klassen aus der Schweiz einbezogen, die nach *Jürgen Reichens* Methode »Lesen durch Schreiben« unterrichtet worden waren (vgl. dazu im einzelnen *S. 135ff.* in diesem Band).

Untersucht wurden im Frühjahr 1990 und 1991 die Rechtschreibleistungen von mehr als 8000 SchülerInnen aus drei Schulsystemen in Querschnitten von Klasse 1 bis Klasse 4. Um bestimmte Ergebnisse zu überprüfen, wurde die Studie von 1990 ein Jahr später an Teilstichproben wiederholt, wobei in Rostock dieselben Klassen erneut untersucht werden konnten (echter Längsschnitt; vgl. *Lange/Brügelmann/Kranepuhl 1992).*

Die drei Vergleichsstichproben waren wegen der großen Unterschiede in ihren didaktisch-methodischen Traditionen ausgewählt worden. Unterrichtet wurden die Kinder

– in der DDR lehrgangsartig und konzentriert auf einen ausgewählten »Mindestwortschatz« unter starker Betonung des visuellen Einprägens von Wörtern und der bewußten Einsicht in den Schriftaufbau (»Morfemprinzip«);

– in der Schweiz nach der Methode »Lesen durch Schreiben«, die das eigenaktive Lernen der Kinder und vor allem das selbständige lautorientierte Verschriften von Wörtern in »eigenen Texten« fördert;

– in Deutschland »West« von Klasse zu Klasse sehr unterschiedlich und auch in den einzelnen Klassen meist mit weniger ausgeprägtem didaktischen Profil, d. h. die Stichprobe umfaßt sowohl offene als auch geschlossene Ansätze, in der Mehrheit aber eine Verbindung aus Elementen dieser beiden Positionen, wobei diese von Klasse zu Klasse unterschiedlich gewichtet waren.

Fazit: Am Ende der Grundschulzeit schreiben die Kinder der Gesamtstichprobe durchschnittlich 9 von 10 Wörtern richtig. Erstaunlicherweise gibt es

---

Ein ausführlicher Bericht sowie ein differenzierter statistischer Tabellenteil können gegen eine Schutzgebühr von jeweils 10 Mark über den Hauptautor bezogen werden. Vgl. zur Anlage der Untersuchung und zu ihren Ergebnissen auch: *Brügelmann 1990j; 1990s; Brügelmann u. a. 1991b+c;* zur Kritik *May/Balhorn 1991* und zur Gegenkritik *Brügelmann 1992b+g).*

im freien Text nur geringfügige Unterschiede zwischen den drei Systemen, und auch in den Diktaten sind sie Ende der 4. Klasse nicht sehr bedeutsam. Das Ergebnis gilt überdies für verschiedene Fehlerkategorien, aber auch für sprachliche Merkmale der freien Texte (vgl. ausführlicher S. 149ff. in diesem Band). Beachtung verdienen aber interessante Differenzen in Teilbereichen.
Die wichtigsten Befunde im einzelnen:

1. In ihren Konzepten für den (Recht-)Schreibunterricht unterscheiden sich die Stichproben »Ost« und »West« auch nach den *Selbsteinschätzungen der LehrerInnen* deutlich.
.1 Die Stichprobe »Ost« ist (nach den Aussagen der LehrerInnen zu ihrem (Recht-)Schreibunterricht) homogener als die Stichprobe »West«: enge Anbindung des Anfangsunterrichts an einen gleich- und kleinschrittigen Leselehrgang; frühzeitige und breite Grundwortschatzarbeit; frühere und häufigere Einführung von Rechtschreibregeln; später Beginn freien Schreibens, das zudem auch weniger Raum einnimmt, sind charakteristische Merkmale dieses Unterrichts.
.2 Die Stichprobe »West« bestätigt sich im doppelten Sinn als »Mischstichprobe«: Die Unterrichtskonzepte streuen über ein wesentlich breiteres Spektrum, und überdies stellt der Unterricht in den meisten Klassen eine Mischung aus verschiedenen Konzepten dar. Nur 5–15% der 69 Klassen »West« lassen sich einem »offenen« Unterrichtskonzept zuordnen, die anderen streuen breit – bis hin zu etwa einem Drittel der Klassen, deren Unterrichtskonzept eher dem der Stichprobe »Ost« ähnelt.
.3 Als Kontrastgruppe wurde deshalb in die weiteren Auswertungen eine Schweizer Stichprobe einbezogen, deren Klassen nach der Methode »Lesen durch Schreiben« von *Jürgen Reichen* im Sinne offener Unterrichtsformen unterrichtet worden sind. Strenggenommen dürften für diese Gruppe nur die Ergebnisse Ende der ersten Klasse verglichen werden, da die schreibdidaktische Konzeption für die späteren Schuljahre nicht ausgearbeitet ist; insofern erfassen wir allenfalls Langzeitwirkungen des Anfangsunterrichts (ausführlicher *S. 135* in diesem Band).

2. Ein Leistungsvergleich auf der Ebene der *einzelnen Kinder* ergibt ein differenziertes Bild. Zwar sind viele Leistungsunterschiede zwischen den Stichproben statistisch signifikant, aber nur wenige im Sinne eines »Systemvergleichs« auch pädagogisch bedeutsam (vgl. *Tabelle 1, S. 137):*
.1 Im Diktat schneiden die Kinder der Stichprobe »Ost« vor allem in Klasse 1, aber auch noch in 2 und 3 besser ab als die SchülerInnen »West«. In den Jahrgängen 2 bis 4 sind sie deutlich leistungsstärker als die Schweizer Stichprobe »Lesen durch Schreiben«. Zum Ende der Grundschulzeit sind die Unterschiede geringer als in den ersten Schuljahren und zwischen »Ost« und »West« pädagogisch nicht mehr wesentlich.

.2 Bei den Rechtschreibfehlern in der offenen Schreibaufgabe gibt es zwar statistisch signifikante Unterschiede; diese sind inhaltlich aber allenfalls in der ersten Klassenstufe bedeutsam.
.3 Auch im Umfang der Texte finden sich keine durchgängigen Unterschiede; soweit sie überhaupt bedeutsam sind, weisen sie zu verschiedenen Zeitpunkten in verschiedene Richtungen. Am Ende der 4. Klasse sind sie jedenfalls ausgeglichen.
Die nur begrenzte und im übrigen auf das Diktat beschränkte Überlegenheit der Stichprobe »Ost« ist um so erstaunlicher, als der Deutschunterricht in der DDR etwa doppelt so viele Wochenstunden umfaßte und zusätzlich im Rahmen dieses Unterrichts Rechtschreibübungen eine wesentlich wichtigere Rolle spielten als in den westlichen Bundesländern und in der Schweiz.

3. Der Vorsprung der Stichprobe »Ost« in der Rechtschreibleistung beschränkt sich also auf das Diktat, und innerhalb dieser Aufgabe ergibt er sich im wesentlichen aus Vorteilen im geübten Wortschatz.
.1 Dieser Übungsvorteil gleicht sich jedoch mit wachsender Schreiberfahrung der Stichprobe »West« bis zur 4. Klasse zunehmend aus. Umgekehrt holt die Stichprobe »Ost« ihren anfänglichen Rückstand im Umfang der Texte auf.
.2 Schwache RechtschreiberInnen wurden in den Klassen »Ost« insgesamt am besten gefördert. Bis zum Ende der ersten Klasse zeichnen sich jedoch die »Lesen durch Schreiben«-Klassen durch die geringste Leistungsstreuung und die besten Leistungen im unteren Viertel aus.
.3 Zum Ende der Grundschulzeit liegen die beiden westlichen Stichproben im Diktat nahe beieinander und deutlich, aber nicht dramatisch hinter der Stichprobe »Ost«.
.4 Die Unterschiede zwischen Klassen *innerhalb* der drei Unterrichtskonzeptionen sind wesentlich bedeutsamer als die Differenzen *zwischen* den Systemen.

4. Ein Leistungsvergleich der deutschen Stichproben auf der Ebene von *Klassen* verschiedener Unterrichtskonzeptionen ergibt kein einheitliches Bild. Wir haben die Stichprobe »West« nach dem Grad der »Öffnung« des Unterrichts gedrittelt und die beiden Extremgruppen verglichen:
.1 »Geschlossene« Klassen der Stichprobe »West« sind im Umfang des geübten Wortschatzes der Stichprobe »Ost« ähnlicher als den »offenen Klassen«, die deutlich weniger Wörter des Diktatwortschatzes geübt haben.
.2 In den Rechtschreibleistungen im Diktat schneiden trotzdem die »offenen Klassen« der Stichprobe »West« im ersten und vierten Jahrgang besser ab als die »geschlossenen« Klassen »West« und mindestens ebenso gut wie die Stichprobe »Ost«. In den zweiten und dritten Klassen ist das Bild weniger klar.
.3 Auch bei den Rechtschreibfehlern im freien Text »Mein Traum« sind

sich die Stichprobe »Ost« und die »offenen« Klassen »West« auf zwei von vier Jahrgangsstufen ähnlicher als die Stichprobe »Ost« und die »geschlossenen« Klassen »West«. Am Anfang und am Ende der Grundschulzeit sind die beteiligten »offenen« Klassen »West« den »geschlossenen« auch beim freien Schreiben in der Rechtschreibung überlegen.

5. Eine *aufgabenübergreifende Rechtschreib»fähigkeit«* läßt sich erst Ende der zweiten Klasse feststellen. Die Beziehung zwischen Rechtschreibleistung im Diktat und im freien Text ist aber auch noch am Ende der Grundschulzeit begrenzt (vgl. *Lange/Brügelmann/Kranepuhl 1992).*

.1 Auf der Klassenstufe 1 korrelieren die Rechtschreibleistungen im Diktat und im freien Text nur mäßig (.25 bis .42), ab Klasse 2 bis 4 dagegen in mittlerer Höhe (.54 bis .66). Die Bedeutung wortübergreifenden Rechtschreibwissens ist also in Klasse 1 sehr niedrig, aber auch in den höheren Klassen begrenzt. Im Maximum haben die Aufgaben eine gemeinsame Varianz von 50% (gegenüber z. B. 75% bei zwei Diktaten innerhalb eines Monats in der dritten Klasse oder 65% in zwei Teildiktaten Ende der vierten Klasse, wie wir in anderen Erhebungen festgestellt haben).

.2 Auch die Vorhersage von Rechtschreibleistungen *innerhalb* der Diktataufgabe einerseits bzw. der freien Schreibaufgabe andererseits ist über ein Jahr hinweg nur begrenzt möglich. Das gilt selbst für den stark strukturierten und auf gemeinsame Entwicklung hin ausgerichteten Rechtschreibunterricht der DDR. Erst für 3. auf 4. und 4. auf 5. Klasse erreichen dort die Korrelationen mit .66 bis .78 Werte, die eine Stabilisierung der individuellen Rechtschreibleistung relativ zu anderen Kindern erkennen lassen. Aber auch hier beträgt die gemeinsame Varianz nicht mehr als 40–65%.

.3 Die Vorhersage von Diktat auf Diktat ist über ein Jahr hinweg etwas sicherer als die von freiem Text auf freien Text, obwohl auch im Diktat von Jahr zu Jahr unterschiedliche Wörter zu schreiben waren.

.4 Die Textlänge läßt sich bei zwei verschiedenen Aufgaben über ein Jahr hinweg am schlechtesten vorhersagen. Sie scheint noch stärker themen- als personenabhängig zu sein als die Rechtschreibleistungen.

6. Mädchen sind von der ersten bis zur vierten Klasse den Jungen sowohl im Textumfang als auch in der Quote richtiger Wörter voraus. Praktisch bedeutungsvolle Unterschiede zeigen sich aber nicht durchgängig (vgl. im einzelnen *Richter/Brügelmann 1994):*

– In allen drei Stichproben zeigt sich ein deutlicher Vorsprung nur im Textumfang in den ersten Klassen und in den Diktatfehlern Ende der zweiten Klasse.

– Auf allen drei Merkmalen unterscheiden sich Jungen und Mädchen nur in der Stichprobe »Ost« im ersten Jahrgang und in der Stichprobe »West« im dritten Jahrgang.

– Während die Unterschiede zwischen Jungen und Mädchen in der Stich-

probe »Ost« über die Grundschulzeit hinweg eher geringer werden, nehmen sie in der Stichprobe »West« eher zu.
– Durchgängig am geringsten ist der Vorsprung der Mädchen in den Schweizer »Lesen durch Schreiben«-Klassen.
.1 Die Unterschiede zwischen Jungen und Mädchen beschränken sich in unserer Untersuchung nicht auf einzelne Aspekte des (Recht-)Schreibens, sondern zeigen sich in unterschiedlichen Dimensionen: sowohl in der Textmenge als auch in der Fehlerzahl.
.2 Die Unterschiede in der Rechtschreibleistung beschränken sich nicht auf eine Aufgabe, sondern zeigen sich sowohl im Diktat als auch beim freien Schreiben. Sie bleiben auch bei einer Aufschlüsselung nach Teilwortschätzen bzw. Fehlertypen erhalten, sind jedoch nur für wenige Fehlertypen praktisch bedeutsam.
.3 Die Unterschiede beschränken sich nicht auf den Schulanfang, sondern zeigen sich bis in die 4. (freier Text) bzw. 5. Klasse (Diktat) hinein. Es gibt also keine Anhaltspunkte für eine Abnahme der Differenzen bis zum Ende der Grundschulzeit.
.4 Die Leistungsdifferenzen zwischen den Jungen- und Mädchen-Gruppen lassen sich auf drei verschiedene Muster zurückführen. Zum Teil ist die Gesamtverteilung der Jungen-Gruppen nach unten versetzt, zum Teil streuen die Leistungen in den Jungen-Gruppen breiter; es gibt aber auch Beispiele dafür, daß nur die Extremgruppe der schwachen Leistungen stärker besetzt ist.
.5 Diese uneinheitlichen Muster und die stichprobenspezifischen Differenzen in der Entwicklung der Leistungsunterschiede sprechen gegen eine primär neurologische Erklärung.
.6 Leistungen in anderen Fächern wurden nicht untersucht, so daß nicht festgestellt werden kann, ob die Geschlechtsunterschiede gegenstandsspezifisch waren oder sich auch auf andere Lernbereiche erstrecken.

7. Die in unserer Untersuchung eingesetzten Aufgabenformen kommen nicht einseitig einer Stichprobe entgegen (vgl. *Brügelmann 1992g).*
.1 Die Auswahl der Diktatwörter begünstigt die Kinder der Stichprobe »Ost«, was die Vertrautheit mit dem Material (und vermutlich auch: mit der Aufgabe selbst) betrifft. Demgegenüber dürfte die »offene Schreibaufgabe« die Kinder der Stichprobe »West« begünstigen.
.2 Die Diktatwörter und die häufigsten tausend Wörter der freien Texte (ausgewertet in Stichproben der 4. Klassen) weichen in ortografischer Schwierigkeit nicht bedeutsam voneinander ab. Die Anforderungen der beiden Aufgaben sind insofern vergleichbar.
.3 Wörter aus dem Mindestwortschatz werden sowohl im Diktat als auch im freien Text häufiger richtig geschrieben als »externe« Wörter. Dieser Befund spricht für einen wortgebundenen Übungseffekt. Auf der anderen Seite haben wir auch erhebliche Unterschiede *innerhalb* des Mindestwort-

schatzes gefunden: In der Regel werden Wörter um so häufiger richtig geschrieben, je früher sie eingeführt worden sind. Für diese Beobachtung gibt es noch konkurrierende Erklärungsmöglichkeiten (vgl. *S. 169ff.* in diesem Band):
– Früher eingeführte Wörter sind längere Zeit im Unterricht wiederholt worden (»Übungseffekt«);
– früher eingeführte Wörter werden generell häufiger gelesen und geschrieben, weil sie zu den gängigsten Wörtern in Texten gehören (»Häufigkeitseffekt«);
– früher eingeführte Wörter sind ortografisch einfacher (»Schwierigkeitseffekt«).

8. Mit einigen Vorbehalten können die Stichproben »Ost« und »West« als ihren jeweiligen Grundpopulationen ähnlich betrachtet werden.
.1 Die Stichprobe »Ost« ist regional und sozialstrukturell homogener, die Stichprobe »West« streut breiter zu beiden Extremen hin. Auch besondere Belastungen scheinen in den beteiligten Klassen nicht ungleich verteilt gewesen zu sein.
.2 Insgesamt ist die Stichprobe »West« im zweiten Jahrgang etwas schwächer als die Grundgesamtheit, die Stichprobe »Ost« des vierten Jahrgangs etwas besser als der Durchschnitt in der DDR.
.3 Die Stichprobe »West« hat sich im Vergleich mit anderen Studien in der ersten Klasse als etwas überdurchschnittlich, im vierten Jahrgang als etwas unterdurchschnittlich erwiesen.
.4 Während nach unseren Daten in der DDR weniger SchülerInnen in die Sonderschule ausgesondert wurden, befanden sich in der BRD mehr Kinder fremder Muttersprache in den Grundschulklassen. Beide Verzerrungen der Stichproben dürften sich in etwa ausgleichen.
Wir halten unsere Befunde in den Stichproben »Ost« und »West« also im wesentlichen für generalisierbar auf die Grundpopulationen.

9. Auch andere Untersuchungen des Lesens bzw. Rechtschreibens in Deutschland »Ost« und »West« *(Flor u. a. 1992; Lehmann 1993)* kommen zu dem Ergebnis, daß sich die Leistungen in den beiden Grundschulsystemen Deutschland »Ost« und »West« nicht wesentlich unterscheiden. Das deutlich schlechtere Abschneiden des Hamburger Längsschnitts im Ost-West-Vergleich von *May u. a.* ist auf Stichprobenverzerrungen in der Hamburger Stichprobe »West« zurückzuführen *(Brügelmann 1992g).*

Hans Brügelmann / Elmar Hengartner / Jürgen Reichen

Richtig schreiben durch freies Schreiben?

*Rechtschreibentwicklung in Schweizer Klassen, die nach »Lesen durch Schreiben« unterrichtet wurden**

»Lesen durch Schreiben« ist ein unterrichtsmethodisches Prinzip *(Reichen 1982)* und zugleich ein schulpädagogisches Konzept *(Reichen 1991, vor allem S. 91 ff.).*
Im lauttreuen Verschriften eigener Wörter und Texte sieht *Jürgen Reichen* den Königsweg zum Lesen und Schreiben. Es eröffne Kindern frühzeitig die Einsicht in den Lautbezug der Schrift. »Freies Schreiben« bedeutet in dieser Hinsicht: Kinder schreiben ihre ersten Wörter, ohne die Anforderungen der Ortografie erfüllen zu müssen.
Die Selbständigkeit der Kinder bei *allem,* was sie im Klassenzimmer tun, ist für ihn darüber hinaus die Grundlage jeden Lernens (»Werkstattunterricht«). In diesem weiteren Verständnis bedeutet »freies Schreiben«, daß die Kinder auch inhaltlich selbst bestimmen, was sie in ihren Texten schreiben wollen.
Beide Ideen stehen auf den ersten Blick im Widerspruch zu der Anforderung, daß Kinder Konventionen lernen müssen – insbesondere die Rechtschreibung.
Es ist deshalb interessant zu untersuchen, auf welche Weise Kinder, die während der ersten Klasse frei schreiben dürfen, am Ende des Schuljahres (a) häufige Wörter und (b) eigene kleine Texte verschriften. Unser »Schreibvergleich BRDDR« (s. *S. 129ff.* in diesem Band) bietet eine Vergleichsbasis, um die Leistungen der Kinder, die nach »Lesen durch Schreiben« unterrichtet wurden, einzuschätzen.
Dabei kann unsere Untersuchung schon von der Anlage her allerdings nicht beweisen, daß der Ansatz »Lesen durch Schreiben« (oder »offener Unterricht«) zu besseren Rechtschreibleistungen führt als andere Konzepte. Das ist aber auch nicht unsere Fragestellung. Wir wollten vielmehr prüfen, ob

* *Jürgen Reichen* hat die Erhebung in der Schweiz organisiert, wobei der Rücklauf in verschlossenen Umschlägen direkt an die Bremer Projektgruppe weitergeleitet wurde. Die Auswertung der Daten hat *Hans Brügelmann* gemeinsam mit *Britta Baumbach-Junge, Katrin Busch, Anja Grimm, Silke Großmann, Regina Kreyenborg, Martina Otto, Anette Rendigs, Thomas Vogel* und *Cornelia Wichmann* besorgt. *Hans Brügelmann* und *Elmar Hengartner* haben die Hypothesen zur Erklärung der Befunde entwickelt, die in einem weiteren Schritt von *Jürgen Reichen* kommentiert und daraufhin in die endgültige Fassung gebracht worden sind. Eine Vorfassung dieses Beitrags ist erschienen in *päd.extra, H. 6/92, S. 16–19.*

ein Unterricht nach »Lesen durch Schreiben« zwangsläufig zu Schwierigkeiten bei der Aneignung der Rechtschreibung führt. Sollte dies nicht der Fall sein, gewinnen die eigentlichen Schwerpunkte dieses Ansatzes (selbständiges Lernen, freier Ausdruck, kooperatives Lernen, Lernen durch Einsicht usw.) an Überzeugungskraft.
Von rund 400 deutschschweizerischen LehrerInnen der Klassen 1 bis 5, die mit der Bitte um ihre Mitwirkung angeschrieben worden waren, haben 185 unsere Aufgaben durchgeführt. Da die Anfrage in die letzten Schulwochen vor den großen Ferien fiel, ist das ein erfreulicher Rücklauf.
Für die Interpretation der Befunde sind aber zwei Vorbehalte gegen die Repräsentativität der Daten zu diskutieren:

1. LehrerInnen, die sich auf »Lesen durch Schreiben« einlassen, sind nicht DurchschnittslehrerInnen. Erfolge in diesen Klassen würden mißverstanden, wollte man mit ihnen eine Einführung von »Lesen durch Schreiben« in der Breite oder gar verbindlich »von oben« verordnet begründen (vgl. zum Scheitern eines derartigen Versuchs die Erfahrungen im »Children's Needs Project« in Leeds: *Hofkins 1991; Marston 1991).* Wir stellen die Frage umgekehrt: Gibt es Gründe, LehrerInnen, die nach »Lesen durch Schreiben« arbeiten wollen, von diesem Konzept abzuraten, z. B. weil Kinder am Schulanfang mit der Orientierung am Lautprinzip auf eine falsche Fährte gesetzt werden?

2. Auch unter den LehrerInnen, die nach »Lesen durch Schreiben« arbeiten, dürfte es eine eher positive Selbstauslese engagierter und pflichtbewußter KollegInnen gewesen sein, die sich kurz vor den Sommerferien darauf eingelassen hat, unsere Aufgaben in ihren Klassen zu stellen. Aber auch für die LehrerInnen der Vergleichsgruppen in Deutschland »Ost« und »West« gilt: Sie haben freiwillig an der Erhebung mitgewirkt, stellen also ebenfalls eine positive Selbstauslese dar.
Zudem ist die Zahl der Beteiligten so groß, daß die Befunde auf alle Fälle Aussagen zu dem Einwand erlauben, die pädagogisch wichtigen Ziele von »Lesen durch Schreiben« ließen sich nur auf Kosten der fachlichen Leistungsentwicklung (hier: der Rechtschreibung) erreichen.
Insgesamt 185 Klassen sind kein begrenzter Modellversuch mehr, zumal die LehrerInnen unter Normalbedingungen gearbeitet haben. Was in dieser Breite geleistet worden ist, ist insofern auch an anderer Stelle *möglich.* Ob es gelingt, hängt neben der Methode auch von anderen Bedingungen ab. Dies zeigt deutlich die Streuung der Klassenmittelwerte schon in der untersuchten Stichprobe (vgl. zur Gesamtübersicht über die drei wichtigsten Kriterien die *Tabelle 1, S. 137,* in der die Leistungen für die vier Klassenstufen nach »B« (= Stichprobe Deutschland »West« 1990), »CH« (= »Lesen durch Schreiben« 1991) und »D« (= Stichprobe »Ost« 1990) aufgeschlüsselt und die Unterschiede statistisch überprüft sind).

Tabelle 1: Mittelwerte, Streuungen, Signifikanzen und Stichprobengrößen im Vergleich

Textlänge: freier Text "Mein Traum" [Zahl der Wörter]

Stichprobe Jahrgang		CH [N =]		B [N =]		D [N =]
1 «WORTAL90»	*** ■ ***	25.7 ± 15.1 [1.076]	*** **	22.1 ± 20.8 [323]	- -	19.6 ± 16.6 [223]
2 «WORTAL90»	+ *	46.8 ± 26.0 [740]	** ***	55,0 ± 36.1 [237]	- -	51.7 ± 33.5 [195]
3 «WORTALLE»	■ *** ***	70.2 ± 48.2 [598]	*** ■ ***	86.9 ± 55.5 [288]	** -	93.6 ± 44.6 [219]
4 «WORTALLE»	+ -	104.3 ± 57.7 [285]	- -	101.9 ± 56.2 [388]	- -	106.8 ± 49.7 [230]

Quote richtiger Wörter: freier Text "Mein Traum" [% aller Wörter]

Stichprobe Jahrgang		CH [N =]		B [N =]		D [N =]
& 1 «FEHALP90»	*** ***	62.3 ± 20.1 [1.076]	■ *** ***	52.7 ± 23.4 [332]	*** ***	58.7 ± 22.9 [223]
2 «FEHALP90»	*** ***	74.5 ± 14.2 [734]	+ +	76.4 ± 13.2 [237]	* *	79.2 ± 13.5 [195]
3 «FEHLALP»	+ -	85.7 ± 10.2 [588]	- +	86.9 ± 8.6 [288]	- -	86.9 ± 10.5 [219]
4 «FALLP»	* **	91.1 ± 6.6 [285]	- -	90.8 ± 6.8 [388]	* ***	92.6 ± 5.6 [229]

Quote richtiger Wörter Diktat "Rätselsätze" # [% aller Wörter]

Stichprobe Jahrgang		CH [N =]		B [N =]		D [N =]
& 1 «BSKO901P»	*** *	77.7 ± 16.1 [1.115]	■ *** ***	63.3 ± 26.6 [651]	*** ■ ***	80.7 ± 19.6 [208]
2 «S26x33P»	■ *** ***	70.1 ± 17.4 [770]	*** ■ ***	78.4 ± 16.8 [378]	*** ■ ***	85.4 ± 14.3 [201]
3 «S6x36P91»	■ *** ***	68.4 ± 16.0 [617]	*** ***	72.7 ± 16.0 [336]	*** ■ ***	78.4 ± 14.6 [244]
4 «S6x36P91»	■ *** ***	82.3 ± 11.7 [282]	*** *	84.3 ± 14.7 [393]	** ***	87.9 ± 11.1 [239]

Legende
 # Zahl und Schwierigkeit der Wörter nehmen von Klasse 1 über 2 nach 3/4 zu.
***&** 1. Klasse: ohne Fehler bei der Groß-/ Kleinschreibung kein Wort geschrieben = 100% falsch*
***Effekt-Stärke:** Sie wird berechnet aus der Differenz der Mittelwerte zweier Gruppen, dividiert durch die Standardabweichung der Kontrollgruppe (hier: die Gruppe mit dem niedrigeren Mittelwert). Als »praktisch bedeutsam« markiert wird eine Effektstärke mit:*
■ *mindestens 0.4 (= 0.35+ ; größerer Mittelwert - kleinerer Mittelwert, dividiert durch Standardabweichung des kleineren Mittelwerts)*
Signifikanz-Niveaus:
\+ *max. 10.0% Fehlerwahrscheinlichkeit*
* *max. 5.0% Fehlerwahrscheinlichkeit*
** *max. 1.0% Fehlerwahrscheinlichkeit*
*** *max. .1% Fehlerwahrscheinlichkeit*
Die Unterschiede wurden im Rahmen von SPSS/PC+ 4.0 mit zwei Verfahren überprüft. Das obere Symbol steht für den Mann-Whitney U – Wilcoxon Rank Sum W Test, ein non-parametrisches Verfahren, das anhand eines paarweisen Rangvergleichs von Werten überprüft, ob zwei Gruppen als Stichproben aus derselben Grundgesamtheit betrachtet oder ob systematische Einflüsse angenommen werden müssen. *[Fortsetzung der Legende S. 138 oben →]*

[Fortsetzung der Legende zur Tabelle 1)
Das untere Zeichen steht für den t-test, der Unterschiede in den Mittelwerten darauf prüft, ob sie zufällig zustandege kommen sind oder auf systematische Bedingungen zurückzuführen sind (wegen der Voraussetzung der Normalverteilung und der Intervallskalierung ist dieser Test hier nur mit Vorbehalt anwendbar).
Die Unterschiede zwischen den drei Stichproben B, CH und D wurden paarweise geprüft. Für CH/B bzw. B/D stehen die Symbole der jeweiligen Signifikanzniveaus zwischen den Stichproben (oben M–W und darunter t-test), für CH/D stehen die Zeichen links von der Stichprobe CH.

Leistungen am Ende der 1. Klasse

Wir haben die Rechtschreibleistungen von 1115 Schweizer ErstkläßlerInnen (»Lesen durch Schreiben«) im Vergleich mit den Leistungen unserer Stichproben »West« und »Ost« im freien Text »Mein Traum« und in einem Diktat häufiger (in der DDR auch: häufig geübter) Wörter ausgewertet.

Tabelle 2: Mittelwerte, Streuungen, Signifikanzen und Stichprobengrößen im Vergleich 1. Klassen (vgl. Legende zu *Tabelle 1)*

Textlänge: freier Text "Mein Traum" [Zahl der Wörter]

Stichprobe Jahrgang			CH [N =]		B [N =]		D [N =]
1 «WORTAL90»	*** ***	■	25.7 ± 15.1 [1.076]	*** **	22.1 ± 20.8 [323]	- -	19.6 ± 16.6 [223]

Quote richtiger Wörter: freier Text "Mein Traum" [% aller Wörter]

Stichprobe Jahrgang		CH [N =]			B [N =]		D [N =]
& 1 «FEHALP90»	*** ***	62.3 ± 20.1 [1.076]	■	*** ***	52.7 ± 23.4 [332]	*** ***	58.7 ± 22.9 [223]

Quote richtiger Wörter Diktat "Rätselsätze" # [% aller Wörter]

Stichprobe Jahrgang		CH [N =]			B [N =]			D [N =]
& 1 «BSKO901P»	*** *	77.7 ± 16.1 [1.115]	■	*** ***	63.3 ± 26.6 [651]	*** ***	■	80.7 ± 19.6 [208]

Die wichtigsten Befunde:
a) Die Stichprobe »Lesen durch Schreiben« schneidet bei allen Kriterien besser ab als die deutsche Stichprobe »West«, in der Klassen aus sehr verschiedenen didaktisch-methodischen Ansätzen zusammengefaßt sind. Im Regelfall haben diese mit einem handelsüblichen Fibellehrgang gearbeitet. Allerdings streuen die LehrerInnen in ihrer Bereitschaft, Kinder von Anfang an frei schreiben zu lassen, breit.
b) In der ortografischen Schreibung schneidet die Stichprobe »Lesen durch Schreiben« sowohl im Diktat als auch im freien Text schlechter ab als die Stichprobe »Ost«, sofern man auch die Groß-/Kleinschreibung bewertet. Das ist jedoch noch nicht das Ziel des 1. Schuljahres. Nach dem Kriterium

der richtigen Buchstabenfolge und noch deutlicher nach dem Kriterium der lauttreuen Verschriftung – dem zentralen Ziel des Anfangsunterrichts im Schreiben – schneiden »Lesen durch Schreiben«-Klassen im freien Text sogar eher etwas besser ab als die Stichprobe »Ost« .

c) Es gibt deutliche Unterschiede zwischen Klassen. Wie ein Vergleich der Klassenmittelwerte zeigt, liegen sie in der Stichprobe CH mit 61% bis 89% für die richtige Buchstabenfolge aber wesentlich enger beisammen als in der Stichprobe »West« (36–88%).

d) Die »Lesen durch Schreiben«-Klassen schreiben etwas längere Texte als die Stichprobe »West« und deutlich längere als die Stichprobe »Ost«.

e) Im freien Text sind die Rechtschreibleistungen schwächer als im Diktat häufiger (und auch ortografisch einfacher) Wörter. Dies ist aber auch in den beiden anderen Stichproben der Fall. Mit 2/3 der Wörter (als Buchstabenfolge richtig geschrieben) liegt die Gruppe »Lesen durch Schreiben« auf demselben Niveau wie die Stichprobe »Ost«, in der ortografisch korrekte Schreibung von Anfang an gefordert und systematisch geübt worden war.

Zwischenbilanz: Trotz der Priorität für *andere* fachliche und fachunabhängige Lernziele schneiden die Klassen aus der Schweizer Stichprobe »Lesen durch Schreiben« im Rechtschreiben besser ab als die mehrheitlich an einer Lesefibel orientierten westdeutschen Klassen und kaum schwächer als die von Anfang an stark rechtschreiborientierten ostdeutschen Klassen.

Daß die Kinder bei der Anforderung ortografischer Schreibung häufiger Wörter sogar besser abschneiden als die westdeutsche Stichprobe, überrascht, da der methodische Ansatz ja ausschließlich die lautgerechte Darstellung fordert. Das Ergebnis stimmt aber überein mit Befunden aus angelsächsischen Studien *(Clarke 1988; Foorman u. a. 1991),* in denen über eine Förderung von Spontanschreibungen bis zum Ende der 1. Klasse ebenfalls bessere Ergebnisse in der ortografischen Schreibung (und im Lesen) erzielt wurden als in herkömmlichen Leselehrgängen.

Das schon Ende erster Klasse so weit entwickelte Rechtschreibkönnen der »Lesen durch Schreiben«-Klassen ist aus zwei Gründen besonders hoch zu bewerten: Zum einen gibt es in der Schweizer Stichprobe sehr viele Kinder mit anderer Muttersprache. In einer weiteren Untersuchung sollte versucht werden, deren Sprachkompetenz im Deutschen genauer zu bestimmen. Darüber hinaus ist wegen der großen Bedeutung der Dialekte im Alltag das Schriftdeutsch für die meisten Kinder nicht die Muttersprache. Sie können also die Schreibweisen von Wörtern nicht direkt an ihre Mundart anbinden, sondern müssen den zusätzlichen Schritt in die zweite Sprache tun.

Trotzdem (oder gerade wegen der dadurch früher entwickelten Sprachbewußtheit?) erreichen die deutschschweizerischen Kinder auch *außerhalb* des ausdrücklichen Lernzielbereichs ihres Unterrichts (nach »Lesen durch Schreiben«: lautgerechte Verschriftung) ein hohes Leistungsniveau.

Umgekehrt könnte die etwas spätere Einschulung der ErstkläßlerInnen in

der Schweiz (die Kinder sind im Durchschnitt 3–4 Monate älter) die vergleichsweise rasche Rechtschreibentwicklung begünstigt haben.
In weiteren Untersuchungen, in denen wir Schweizer Kinder, die nach verschiedenen Ansätzen Lesen und Schreiben gelernt haben, untereinander vergleichen wollen, sollen die folgenden möglichen Erklärungen für einen raschen Start in die (Recht-)Schreibentwicklung noch genauer überprüft werden:
Hypothese 1.1: Die hohe Quote ortografischer Schreibungen ist Folge des selbständigen Konstruierens von Wörtern, also der frühzeitigen und intensiven Auseinandersetzung mit Schrift. Diese weckt das Interesse an Schriftmodellen in der Umwelt, so daß die Schreibung zumindest sehr häufiger und einfach strukturierter Wörter sozusagen beiläufig aufgenommen wird.
Hypothese 1.2: Kinder, die frühzeitig zu selbständigem Schreiben angeregt werden, produzieren auch außerhalb der Schule viele Schriftstücke, die von Erwachsenen kommentiert werden. So erhalten die Kinder konkrete ortografische Hilfen/Korrekturen, die eine Orientierung auf die Rechtschreibung stützen.
Hypothese 1.3: Eigene Texte der Kinder motivieren auch zum gegenseitigen Lesen – im Unterschied zu (Fibel-)Texten, deren Inhalt allen gleichermaßen bekannt ist. Die Erfahrung, die Texte anderer Kinder lesen zu können, und das Interesse, daß der eigene Text auch gelesen wird, können die Haltung gegenüber der Rechtschreibung beeinflussen: Wörter müssen so geschrieben sein, daß andere sie (leicht) lesen können.
Hypothese 1.4: Das »Handicap« der bilingualen Situation (Dialekt – Schriftdeutsch) könnte sich als Vorteil erweisen. Sie könnte das Sprachbewußtsein der Kinder fördern und ihnen damit den Zugang zur lautlichen *Form* der Sprache erleichtern. Für andere bilinguale Situationen gibt es entsprechende Hinweise.
Hypothese 1.5: Der kleine Vorsprung der deutschen Kinder »Ost« ist auf einen systematischen Rechtschreibunterricht von Beginn der ersten Klasse an zurückzuführen.
Hypothese 1.6: Der deutliche Rückstand der deutschen Kinder »West« hat seinen Grund in der anderen Ausrichtung des Unterrichts: In den meisten Klassen steht mit der Fibel immer noch das Lesen (zudem von vertrauten *Übungstexten)* eindeutig im Vordergrund. Schreiben und Rechtschreiben gewinnen erst ab der 2. Klasse an Bedeutung.
Wie gelingt den Kindern aus den »Lesen durch Schreiben«-Klassen aber nun der Übergang zur ortografischen Schreibung in der Breite?

Weitere Entwicklung bis zum Ende der Grundschulzeit

Ein forschungsmethodischer Hinweis vorweg: Die Interpretation unserer Daten als Längsschnitt (in den folgenden Abschnitten) gilt nur hypothetisch, da es sich um parallele Querschnitterhebungen in verschiedenen Gruppen von Kindern handelt. Sie ist durch einen echten Längsschnitt zu erhärten, in dem eine kleinere Stichprobe von der ersten bis vierten Klasse zu beobachten wäre.

»Lesen durch Schreiben« ist eine Unterrichtsmethode für den Anfangsunterricht. Das Lehrmittel bietet der Lehrerin ein Konzept, damit Kinder selbstgesteuert lesen und schreiben lernen können. *Reichen* gibt keine unterrichtsmethodischen Hilfen für den Aufbau der Rechtschreibfähigkeit auf der Basis der lauttreuen Schreibung, sondern plädiert für ortografische Toleranz, deren Grenzen – für jedes Kind individuell – kontinuierlich enger gezogen werden.

Das pädagogische Konzept des Werkstattunterrichts allerdings macht Vorgaben für die Organisation von Lernen in der Grundschule *über den Schulanfang hinaus*. Es ist deshalb interessant zu beobachten, wie sich die Kinder nach Abschluß des Leselehrgangs bis zur vierten Klasse weiterentwickeln. Aus den zweiten Klassen liegen Grundauswertungen für alle 823 Kinder vor (von den LehrerInnen selbst korrigiert), detailliertere Analysen in unserem Projekt beziehen sich auf 770 Diktate und 740 freie Texte (vgl. *Tabelle 3*):

Tabelle 3: Mittelwerte, Streuungen, Signifikanzen und Stichprobengrößen im Vergleich 2. Klassen (vgl. Legende zu *Tabelle 1*)

Textlänge: freier Text "Mein Traum" [Zahl der Wörter]

Stichprobe Jahrgang		CH [N =]		B [N =]		D [N =]
2 «WORTAL90»	+ *	46.8 ± 26.0 [740]	** ***	55.0 ± 36.1 [237]	- -	51.7 ± 33.5 [195]

Quote richtiger Wörter: freier Text "Mein Traum" [% aller Wörter]

Stichprobe Jahrgang		CH [N =]		B [N =]		D [N =]
2 «FEHALP90»	*** ***	74.5 ± 14.2 [734]	+ +	76.4 ± 13.2 [237]	* *	79.2 ± 13.5 [195]

Quote richtiger Wörter Diktat "Rätselsätze" # [% aller Wörter]

Stichprobe Jahrgang		CH [N =]		B [N =]		D [N =]
2 «S26x33P»	■ *** ***	70.1 ± 17.4 [770]	*** ■ ***	78.4 ± 16.8 [378]	*** ■ ***	85.4 ± 14.3 [201]

Im zweiten Jahrgang fallen die Klassen der Stichprobe »Lesen durch Schreiben« gegenüber den beiden deutschen Vergleichsgruppen im Diktat deutlich ab: ortografisch vollständig korrekt schreiben sie 70.1% der Wörter (vs. 78.4% in der Stichprobe »West« bzw. 85.0% in der Stichprobe »Ost«). Bei der lauttreuen Schreibung erreichen jetzt alle drei Gruppen ein gleich hohes Niveau (94-96%). – Im freien Text sind die Unterschiede geringer, allerdings hat hier die Stichprobe »West« deutlich aufgeholt: Die beiden deutschen Stichproben schreiben 76.4% bzw. 79.2% der Wörter richtig, in den Klassen »Lesen durch Schreiben« sind es 74.5%. Zugleich hat der Umfang der Geschichten in den Vergleichsgruppen stärker zugenommen als in den Klassen »Lesen durch Schreiben«, so daß die Texte anders als in der ersten Klassen nicht mehr länger, sondern mit 47 Wörtern im Schnitt etwas kürzer sind (vs. 52 bzw. 55 Wörter in den beiden deutschen Stichproben). In den zweiten Klassen vergrößert die deutsche Stichprobe »Ost« also ihren knappen ortografischen Vorsprung vor den »Lesen durch Schreiben«-Klassen deutlich, die Stichprobe »West« überholt die Schweizer Klassen »Lesen durch Schreiben« bei allen drei Kriterien.

Wie ist diese Veränderung zu erklären?
Hypothese 2.1: In den Klassen »Ost« werde der systematische Rechtschreibunterricht gezielt fortgesetzt, in den Klassen »West« setzte er ein (wenn auch weniger intensiv), in den Klassen »Lesen durch Schreiben« dagegen verlasse man sich nach wie vor auf eigenaktives, konstruktives Lernen auch im ortografischen Bereich, ohne daß aber entsprechende Materialien verwendet werden, in denen Rechtschreibung systematisch vermittelt wird oder aus impliziten Strukturen (Wortlisten o. ä.) erschlossen werden könnte. Die Verlangsamung der Rechtschreibentwicklung lasse sich also als Folge unzureichender Angebote/Herausforderungen auf der ortografischen Ebene erklären. Ortografie sei kein zentrales Thema in den »Lesen durch Schreiben«-Klassen, während jetzt auch in den westdeutschen Schulen in diesem Bereich gezielt gearbeitet wird. Der Zuwachs durch beiläufiges Lernen falle gegenüber systematischem Rechtschreibunterricht notwendigerweise schwächer aus (z.B. im freien Text nur 10 Prozentpunkte vs. 15–20 Prozentpunkte in den beiden anderen Stichproben).
Hypothese 2.2: Die zunehmende Bedeutung des Lesens ab Ende der 1. Klasse könnte in zweierlei Hinsicht Folgen für das Rechtschreiben haben. Zum einen tritt die Aktivität des freien Schreibens generell in den Hintergrund, die Kinder erweitern ihre Schreibfähigkeit nicht wesentlich. Zum anderen werden sie über das Lesen mit dem Schriftdeutsch als Anforderung in einer Weise konfrontiert, die ihnen die bisherige Unbefangenheit beim Schreiben nimmt und sie in ihren Lernbemühungen resignieren läßt. Manche Kinder mögen es als »Dialektschock« erleben, daß Schriftdeutsch nun auch für sie offiziell gilt und ihr Erwerb eine Menge abverlangt. Passiv verstehen die Kinder die Hochsprache (z. B. als FernsehkonsumentInnen), aber viele spüren vielleicht, daß sie sie aktiv noch nicht normgerecht verwenden können und halten sich deshalb beim Schreiben zurück. Die Normen des Schriftdeutsch sind ihnen bei den ersten Schreibversuchen noch nicht bewußt, sie werden von den LehrerInnen sogar ausdrücklich ermutigt, ihre *persönliche Sprache* zu verschriften. In den Schulbüchern der

2. Klasse begegnen sie nun nicht nur eindeutigen ortografischen Normen, sondern auch der weniger vertrauten Sprachform des Schriftdeutsch.
Hypothese 2.3: Alternativ wurde vermutet, daß eine Reihe von LehrerInnen in der zweiten Klasse den Werkstattunterricht im Schreiben abbricht, weil »Lesen durch Schreiben« kein Material und kein methodisches Konzept für eine Fortsetzung des eigenaktiven, konstruktiven Lernens im ortografischen Bereich anbietet. Weil für die (Recht-)Schreibförderung nach der 1. Klasse von »Lesen durch Schreiben« kein Konzept angeboten wird, reagieren LehrerInnen unsicher: einige nehmen die Fehlertoleranz plötzlich zurück und nehmen den Kindern damit den Mut zu weiterem eigenaktiven Lernen über Zwischenformen der allmählichen Annäherung an die Ortografie (s. 2.2). Dies könnte vor allem für LehrerInnen zutreffen, die »Lesen durch Schreiben« nur als Methode (»Lehrgang«), nicht als pädagogisches Konzept (des Werkstattunterrichts) verstanden haben. Andere dagegen versäumen es vielleicht, die Kinder allmählich von der Laut- auf die Morfemstruktur der Schrift umzuorientieren und ihnen die Bedeutung konventionellen Schreibens überhaupt (wenn auch Schritt für Schritt) zu vermitteln; damit entstünde dann keine Motivation zur Auseinandersetzung mit der Rechtschreibung. Sie könnten *Reichens* These von der Rechtschreibentwicklung als »naturwüchsigem Selbstläufer« mißverstanden haben als Aufforderung, Ortografie überhaupt nicht zum Gegenstand des Unterrichts zu machen. Oder drittens: Weil in der 1. Klasse die ortografische Korrektheit keine Rolle spielte, nehmen einzelne SchülerInnen/Klassen entsprechende Hinweise der LehrerInnen nicht gleich ernst.
Hypothese 2.4: Alternativ könnte die langsame Rechtschreibentwicklung in der zweiten Klasse aber auch Ausdruck eines Strategiewechsels sein, z. B. wachsender Aufmerksamkeit für ortografische Muster und des breiten Experimentierens mit dem neuen Instrumentarium (Dehnungs-h, Konsonantenverdopplung etc.). Möglicherweise werden viele einfach strukturierte Wörter also in der 1. Klasse (zufällig) ortografisch richtig geschrieben, weil das Kind die Laute 1:1 verschriftet (»H-U-T«). Probiert es jetzt seine neuen Erkenntnisse aus (»H-UH-D«, wären solche Übergeneralisierungen als Fortschritt in einem selbstgesteuerten Lernprozeß zu werten, wie wir es für westdeutsche Spontanschreiber bereits nachweisen konnten und *May* auch für die nachfolgenden Jahrgänge belegt hat. Die langsamere Entwicklung der »Lesen durch Schreiben«-Klassen wäre nach dieser Interpretation (wenn sie sich durch qualitative Fehleranalysen belegen läßt) Folge einer konsequenten Anwendung der Prinzipien eigenaktiven Lernens.
Schwerer zu erklären als die langsamere ortografische Entwicklung ist der geringere Anstieg der Textmenge (um etwa +20 Wörter von 26 auf 47 Wörter vs. + 30-40 Wörter in der Stichproben »Ost« und »West«):
Hypothese 2.5: Die starke Konzentration auf die (lauttreue) Verschriftung von Wörtern und Sätzen fördert in hohem Maße die Einsicht in die technisch-formale Beziehung zwischen Sprache und Schrift. Schreiben als Ver-

fassen von Texten ist aber auch angewiesen auf Stimulation durch literarische Vorbilder (gemeinsames Lesen, Vorlesen, ausdrückliche Förderung des Geschichtenschreibens).

Hypothese 2.6: Zu prüfen wäre auch, in welchem Maße Lehrmittel in den »Lesen durch Schreiben«-Klassen verwendet werden, die Fantasie, kreatives Schreiben und individuelle Schreibentwicklung fördern oder behindern. Es könnte also entweder sein, daß die »Lesen durch Schreiben«-LehrerInnen zu sehr auf die spontane Entwicklung der Textkompetenz von Kindern vertrauen, oder andererseits, daß sie Schulbücher und Arbeitshefte verwenden, die Kindern die Lust zum Schreiben nehmen. Dazu müßten einerseits die Lehrmittel selbst analysiert, andererseits ihre Verbreitung erhoben und am besten auch ihre Verwendung in den einzelnen Klassenzimmern beobachtet werden.

Aus den 3. Klassen liegen Auszählungen für 598 Texte »Mein Traum« und 617 Diktate vor (vgl. *Tabelle 4*). Nach diesen Ergebnissen scheinen die Klassen »Lesen durch Schreiben« in der ortografischen Entwicklung wieder aufzuholen. Im freien Text schreiben die »Lesen durch Schreiben«-SchülerInnen im Durchschnitt 86% der Wörter richtig (vs. 87% in den beiden deutschen Stichproben), im Diktat 70% (vs. 74% bzw. 81% in den Stichproben »Ost« und »West«).

Tabelle 4: Mittelwerte, Streuungen, Signifikanzen und Stichprobengrößen im Vergleich 3. Klassen (vgl. Legende zu *Tabelle 1)*

Textlänge: freier Text "Mein Traum" [Zahl der Wörter]							
Stichprobe Jahrgang		CH [N =]		B [N =]		D [N =]	
3 «WORTALLE»	■ *** ***	70.2 ± 48.2 [598]	*** ***	■ 86.9 ± 55.5 [288]	** -	93.6 ± 44.6 [219]	

Quote richtiger Wörter: freier Text "Mein Traum" [% aller Wörter]						
Stichprobe Jahrgang		CH [N =]		B [N =]		D [N =]
3 «FEHLALP»	+ -	85.7 ± 10.2 [588]	- +	86.9 ± 8.6 [288]	- -	86.9 ± 10.5 [219]

Quote richtiger Wörter Diktat "Rätselsätze" # [% aller Wörter]						
Stichprobe Jahrgang		CH [N =]		B [N =]		D [N =]
3 «S6x36P91»	■ *** ***	68.4 ± 16.0 [617]	*** ***	72.7 ± 16.0 [336]	*** ■ ***	78.4 ± 14.6 [244]

Der Aufholeffekt zeigt sich allerdings nicht im Umfang der geschriebenen Texte: Zwar steigt die Wörterzahl von 47 in der zweiten Klasse auf durchschnittlich 70, aber in den deutschen Stichproben nimmt sie von 52–55 auf rund 87–94 Wörter zu.

Fazit: In der Rechtschreibleistung holen die dritten Klassen »Lesen durch Schreiben« wieder auf. Erklären ließe sich diese Beschleunigung mit unterschiedlicher Rhythmisierung der Grundschulzeit:

Hypothese 3.1: In den Schweizer »Lesen durch Schreiben«-Klassen wird den Kindern am Anfang mehr Freiraum für die Schreibentwicklung gewährt, die Orientierung auf die Rechtschreibung beginnt später bzw. wird im eigenaktiven Lernen der Klassen, die über die ganze Grundschulzeit hinweg den »Werkstattunterricht« praktizieren, später mit größerem Tempo realisiert.

Hypothese 3.2: In einigen Regionen wechseln die LehrerInnen nach der 2. Klasse. Dies bedeutet zugleich eine andere Orientierung im Sprach- und Schreibunterricht (z. B. konkret Einführung von Rechtschreibwörterbüchern in Klasse 3). In dieser Hinsicht wäre es interessant, Klassen aus Regionen zu vergleichen, in denen der LehrerInnenwechsel zu verschiedenen Zeitpunkten stattfindet.

Hypothese 3.3: Die Lehrpläne (und/oder die teilweise für einen ganzen Kanton verbindlichen die Lehrmittel/Schulbücher) gewichten ab der 3. Klasse sowohl die Standardsprache als auch die Rechtschreibung viel höher als in den ersten beiden Schuljahren. Während in den ersten zwei Schuljahren im Unterricht die Mundart dominiert, wird ab dem 3. Schuljahr konsequent Standardsprache gefordert.

Aus den 4. Klassen liegen die Auszählungen komplett vor, d. h. von 285 Kindern sind die Korrekturen der LehrerInnen und unsere eigenen Auszählungen ausgewertet (vgl. *Tabelle 5 auf der nächste Seite).* Im Diktat (»Rätselsätze« Version 1991) beträgt der Abstand gegenüber der Stichprobe »West« (etwas leistungsstärker als 1990) im Durchschnitt 3–4 Prozentpunkte, gegenüber der Stichprobe »Ost« 4–6 Prozentpunkte. Bei häufigen (und zugleich ortografisch einfacheren) Wörtern ist der Abstand geringer (Mindestwortschatz DDR, Grundwortschatz Niedersachsen), bei den selteneren (und zugleich schwierigeren) Wörtern wie in der 3. Klasse etwas größer (8 bis 10 Prozentpunkte).

Die Aufgabe »Mein Traum« wurde in den Stichproben »Ost« und »West« nur 1990 gegeben. In diesem freien Text schreiben die Kinder nach »Lesen durch Schreiben« ebenso lange Texte (104 zu 102 bzw. 107 Wörter im Durchschnitt). Ihre Quote richtiger Wörter liegt mit 91% ebenfalls auf demselben Niveau wie in den Stichproben »Ost« und »West« (93% bzw. 91%).

Die ortografischen Feinanalysen bestätigen diese Einschätzung in allen Dimensionen der Textform (vgl. *S. 149ff.* in diesem Band).

Tabelle 5: Mittelwerte, Streuungen, Signifikanzen und Stichprobengrößen im Vergleich 4. Klassen (vgl. Legende zu *Tabelle 1*)

Textlänge: freier Text "Mein Traum" [Zahl der Wörter]						
Stichprobe Jahrgang		CH [N =]		B [N =]		D [N =]
4 «WORALLE»	+ -	104.3 ± 57.7 [285]	- -	101.9 ± 56.2 [388]	- -	106.8 ± 49.7 [230]

Quote richtiger Wörter: freier Text "Mein Traum" [% aller Wörter]						
Stichprobe Jahrgang		CH [N =]		B [N =]		D [N =]
4 «FALLP»	* **	91.1 ± 6.6 [285]	- -	90.8 ± 6.8 [388]	* ***	92.6 ± 5.6 [229]

Quote richtiger Wörter Diktat "Rätselsätze" # [% aller Wörter]						
Stichprobe Jahrgang		CH [N =]		B [N =]		D [N =]
4 ■ «S6x36P91»	*** ***	82.3 ± 11.7 [282]	*** *	84.3 ± 14.7 [393]	** ***	87.9 ± 11.1 [239]

Fazit: Ende der vierten Klasse sind die Unterschiede im Diktat zwischen den drei Stichproben nur noch gering, insbesondere gegenüber der Stichprobe »West« haben die »Lesen durch Schreiben«-Klassen kaum noch einen Rückstand. In der Textmenge und bei den Rechtschreibfehlern liegen beim freien Schreiben sogar alle Gruppen auf vergleichbarem Niveau.

Hypothese 4.1: Die phasenweise Verzögerung der Rechtschreibentwicklung ist – über die für Klasse 2 und 3 beschriebenen äußeren Bedingungen hinaus – bedingt durch die Zweisprachigkeit (Dialekt/ Schriftsprache). Dann müßte sie sich (entsprechend Hypothese 2.2, entgegen 1.4) auch in Klassen zeigen, die nicht nach »Lesen durch Schreiben« arbeiten.

Hypothese 4.2: Es könnte andererseits sein, daß sich diese zusätzliche Lernanforderung nur zu Beginn der ortografischen Orientierung (2. Klasse) belastend auswirkt. Später könnte die bewußtere Sprachanalyse (als in hochsprachlichen Regionen) die Auseinandersetzung mit der Rechtschreibung sogar fördern, so daß deshalb Ende 4. Klasse der Unterschied geringer ausfällt.

Hypothese 4.3: Der Unterschied zwischen einfachen, häufigen und schwierigeren, selteneren Wörtern erklärt sich aus dem unter 4.1 und 4.2 erläuterten Verzögerungseffekt. Wie die deutschen Klassen »West« holen die Kinder schrittweise (also zuerst die einfacheren Stufen) auf.

Zusammenfassung

Die Ergebnisse aus der Schweizer Stichprobe »Lesen durch Schreiben« bestätigen wichtige Befunde aus unserem »Schreibvergleich BRDDR« *(vgl. Brügelmann u. a. 1992e und oben S. 129ff.):*

Im Bereich des (vor allem in der DDR intensiv geübten) Häufigkeitswortschatzes ist die Stichprobe »Ost« von der ersten bis zur vierten Klasse überlegen. »Lesen durch Schreiben« hält in der ersten Klasse (über die eigenen Lernziele hinaus) außerordentlich gut mit, fällt dann zwar in der zweiten Klasse zurück, holt aber insgesamt (wie auch die Stichprobe »West«) zur 4. Klasse hin wieder auf.

Noch eindrucksvoller: Trotz schwächerer Rechtschreibleistungen im Diktat haben die Kinder aller Jahrgänge aus der Schweiz (wie auch aus Deutschland »West«) nicht mehr Schwierigkeiten als die Stichprobe »Ost«, ihre Gedanken ortografisch korrekt zu verschriften. Dabei hat die Stichprobe »Ost« einen zeitlich umfassenderen und wesentlich intensiveren Rechtschreibunterricht genossen.

Anlaß zum Nachdenken könnte der geringere Umfang der Texte in Klasse 2 und 3 sein. Möglicherweise hängt dies z. T. mit der ungewohnten Situation bei unserer Aufgabe zusammen, erst einen Entwurf und dann eine Reinschrift anzufertigen. Wir hatten diese Praxis übernommen aus Klassen, die nach dem Konzept der »Schreibkonferenz« *(Spitta)* an ein solches zweischrittige Vorgehen gewohnt waren. Allerdings war dieses Verfahren auch für viele Klassen der Stichprobe »West« und für alle Kinder der Stichprobe »Ost« neu.

Vielleicht könnte das stärker schrift-technisch orientierte Konzept »Lesen durch Schreiben« aber auch profitieren von einer ergänzenden Anregung und Stützung der Lese- und Schreib»kultur« in der Klasse, z. B. durch »Autorenkonferenzen« à la *Graves (1986)* und *Spitta (1989; 1992),* Lese- und Schreib-»Versammlungen à la *Bambach (1987; 1989)* oder handlungsorientierte Kontexte wie der »Lesestadt« von *Rütimann (1989)* (s. ergänzend *Dräger 1988* und *Wünnenberg 1989).*

Fazit: Selbständiges Schreiben vom ersten Schultag an schadet nach den vorliegenden Befunden der Rechtschreibentwicklung nicht. Für sich genommen bedeutet es aber auch noch keinen prinzipiellen Vorteil für die Schreibentwicklung (zumindest in dem formalen Sinne, den unser Instrumentarium erfaßt).

Das große Plus: »Lesen durch Schreiben« verschafft den Kindern einen überdurchschnittlichen Start. Ob der Ansatz auch für die relativ guten Ergebnisse in Klasse 4 verantwortlich gemacht werden kann, muß vorerst offenbleiben. Einerseits spricht der »Einbruch« in Klasse 2 dagegen. Andererseits ist nicht bekannt, wie Schweizer Klassen sich entwickeln, die nicht nach »Lesen durch Schreiben« unterrichtet wurden. Ebensowenig wissen wir, wie sich »Lesen durch Schreiben«-Klassen entwickeln, die nicht mit der Anforderung bilingualen Lernens zu kämpfen haben. Diese zwei Kon-

trollbedingungen müßten in einer erweiterten Untersuchung berücksichtigt werden.
Die Streuungen (auch) in der Schweizer Stichprobe machen zudem auf die Bedeutung weiterer Faktoren (über die Methode »Lesen durch Schreiben« hinaus) aufmerksam.
Weitere Untersuchungen des Konzepts »Lesen durch Schreiben« in der Schweiz und parallel in deutschen Schulen sollten sich deshalb auf folgende Fragen konzentrieren:
1. Inwieweit sind die beobachteten Unterschiede zur Rechtschreibentwicklung in Deutschland »Ost« und »West« typisch für den Unterricht in Deutschschweizer Schulen generell oder spezifisch für den Ansatz »Lesen durch Schreiben«?
2. Gibt es systematische Unterschiede zwischen Klassen nach »Lesen durch Schreiben« und fibelorientierten Klassen insgesamt, und gibt es darüber hinaus Unterschiede innerhalb der Gruppe der verschiedenen lehrgangsorientierten Lehrwerke?
3. Gibt es Unterschiede zwischen Klassen, die ab Klasse 2 nach verschiedenen Sprachlehrwerken arbeiten?
4. Lassen sich Bedingungen ausmachen für Unterschiede *innerhalb* der verschiedenen methodischen Ansätze? Sind diese Bedingungen über die verschiedenen Ansätze hinweg gleichartig? (z. B. Unterrichtsstil, Schwerpunkte des ab Klasse 2 anschließenden Sprach- und Rechtschreibunterrichts o. ä.)?
Wichtig für die Praxis ist aber der zentrale Befund dieser Untersuchung: Das umfassende schulpädagogische Konzept eines »Werkstattunterrichts«, der Kinder zum selbständigen Lernen ermutigt, geht nicht auf Kosten der Rechtschreibfähigkeit. LehrerInnen, die nach »Lesen durch Schreiben« unterrichten, brauchen also nicht zu befürchten, daß kreatives und eigenaktives Lernen die konventionell geforderten Leistungen beeinträchtigt.

Hans Brügelmann in Zusammenarbeit mit Anja Grimm, Silke Großmann, Maren Kropp, Oliver Leimbach, Sigrun Richter, Gabi Stucka

Rechtschreibung in freien Texten

Zur Entwicklung schriftsprachlicher Teilleistungen von Klasse 1 bis 4

1. Fragestellung

Immer noch wird Rechtschreibkönnen in der Regel dadurch ermittelt, daß die Fehlerquote in einem Diktat oder in einem Aufsatz ausgezählt und auf den Mittelwert einer Gruppe bezogen wird. Stufenmodelle der Rechtschreibentwicklung haben uns darauf aufmerksam gemacht, daß diese Sicht den Kindern nicht gerecht wird. Für den Schulanfang ist inzwischen weitgehend akzeptiert, daß Kinder sich den Aufbau der Schrift in einer eigengesetzlichen Folge aneignen.

Aber was geschieht danach? Den Übergang zur konventionellen Schreibung haben bisher nur wenige Studien empirisch genauer untersucht (vgl. vor allem *May 1990c; 1993).*

Der »Schreibvergleich BRDDR« bietet interessantes Material aus den Jahrgängen 1 bis 4, vor allem wenn man zusätzlich die Daten der Schweizer Stichprobe »Lesen durch Schreiben« mit einbezieht (s. zur Anlage der beiden Untersuchungen die Beiträge auf den vorangehenden Seiten in diesem Band). Deshalb haben wir die freien Texte »Mein Traum« unter zwei Gesichtspunkten ausgewertet:

1. Wie entwickeln sich verschiedene Aspekte der formalen Schreibkompetenz, insbesondere einzelne ortografische Teilleistungen, über die vier Schuljahre hinweg?

2. Gibt es in dieser Hinsicht bedeutsame Unterschiede zwischen den drei Stichproben »Lesen durch Schreiben« (Schweiz), Deutschland »Ost« und »West«?[1]

Als Bezugspunkt haben wir die Leistungen einer Stichprobe von 63 StudentInnen im Studiengang Primarstufe der Universität Bremen gewählt.

---

* Eine ausführlichere Fassung dieses Beitrags mit detaillierten statistischen Übersichten kann vom Autor (s. *S. 285)* unter dem Kürzel WWRSL-92.002 bezogen werden (Schutzgebühr 5 Mark).

1 s. zu den Unterschieden zwischen den drei Systemen *Brügelmann/Lange/Spitta* in diesem Band *S. 129ff.*

Dies ist ein anspruchsvolles Kriterium, handelt es sich bei der konkreten Gruppe doch um Erwachsene, die das Schulsystem bereits bis zum Ende durchlaufen haben. Das Abitur besteht überdies weniger als ein Drittel eines Jahrgangs der Bevölkerung, und diejenigen, die Deutsch im Lehramt studieren, dürften eine zusätzliche Auslese darstellen, was die Rechtschreibleistungen betrifft.
Uns interessiert also die Frage: Welchen Anteil dieses langen Weges zum qualifizierten Rechtschreibkönnen haben Kinder am Ende der Grundschulzeit schon zurückgelegt – und wo haben sie besondere Schwierigkeiten?

2. *Stichproben*

Der Ergebnisdarstellung liegen freie Texte von insgesamt 2282 Kindern der Klassen 1–4 zum Thema »Mein Traum« zugrunde, die jeweils am Schuljahresende geschrieben wurden. Die folgende Tabelle zeigt die Verteilung der Stichprobe auf die Klassenstufen und die Erhebungsgebiete/didaktischen Systeme.

Tabelle 1

Größe der Stichproben	Jahrgang 1	2	3	4
Deutschland "Ost"	127	103	126	219
Deutschland "West"	235	193	269	379
"Lesen durch Schreiben" (CH)	181	119	102	229
Gesamtzahl pro Jahrgang	543	415	497	827

3. *Ergebnisse*

Im folgenden wird zunächst – nach Textmerkmalen und Fehlertypen gegliedert – die Entwicklung der formalen Schreibkompetenz untersucht. Dabei werden die bei den drei verschiedenen didaktischen Systemen ermittelten Zahlen gemittelt, um die Unterschiede in den Größen der Teilstichproben auszugleichen.
Im zweiten Teil wird der Frage nachgegangen, ob sich bei dieser Entwicklung Unterschiede zwischen Kindern zeigen, die nach verschiedenen didaktischen Modellen unterrichtet wurden.
Die zusammenfassenden Tabellen der 3 Stichproben (Jahrgänge 1 bis 4) befinden sich am Ende des Aufsatzes *(S. 165ff.)*. Für die 4. Klassen wurden die drei Stichproben auch direkt miteinander verglichen und die Differenzen auf statistische Signifikanz geprüft. Um ein schnelles Nachschlagen zu erleichtern, werden die gewählten Variablennamen für die untersuchten Textmerkmale im Text eingefügt.

3.1 Entwicklung der formalen Schreibkompetenz

Der folgende Bericht ist nach Textmerkmalen und Fehlertypen gegliedert. Wir haben zu jedem Kriterium zunächst kurz erläutert, warum dieses Merkmal wichtig ist. Danach stellen wir die Befunde in der zeitlichen Entwicklung dar.

3.1.1 Sprachstatistische Merkmale der Texte

Zunächst haben wir für die verschiedenen Jahrgänge überprüft, ob sich die Texte in formalen Sprachmerkmalen unterscheiden. Denn nur bei zureichender Ähnlichkeit der Textkomplexität und des Wortspektrums lassen sich auch ortografische Leistungen vergleichen.

Umfang der Texte

Unterschiede in der Gesamtzahl der Wörter [WORTALLE] können sprachstatistisch gesehen zwei gegenläufige Effekte haben: Je länger ein Text ist, um so geringer wird der Anteil verschiedener Wörter; wiederkehrende Strukturwörter, die durch häufiges Schreiben vertraut sind, senken – bezogen auf die Summe aller Wörter – die Fehlerwahrscheinlichkeit. Innerhalb der verschiedenen Wörter wächst andererseits der Anteil seltenerer Wörter, so daß – auf diese Größe bezogen – die Fehlerwahrscheinlichkeit zunimmt. Die 63 StudentInnen haben in einer Schulstunde zum Thema »Mein Traum« Texte mit durchschnittlich 275 Wörtern verfaßt. Die ErstkläßlerInnen unserer Stichproben schrieben im Durchschnitt ungefähr 25 Wörter. In der zweiten und in der dritten Klasse verdoppelt sich die Textmenge jeweils ungefähr. Die vierten Klassen steigern den Textumfang nur noch wenig auf ungefähr 108. Damit sind die Texte in drei Jahren auf das Vierfache angewachsen.[2]

Breite des Wortschatzes

Der Anteil verschiedener Wörter [VERSPRO] kann als ein Näherungsmaß für die Ausdrucksvielfalt genommen werden. Wenn Kinder nur wenig verschiedene Wörter in einem Text verwenden, läßt sich ein niedrigeres Sprachniveau vermuten, andererseits sinkt gleichzeitig das Risiko der Fehlschreibung.
In den Texten der StudentInnen sind zwei von drei Wörtern verschieden. In den ersten Klassen liegt dieser Anteil höher. Unter den (durchschnittlich) 25 pro Text verwendeten Wörtern sind rund 20 verschiedene. In der zweiten Klasse sinkt die Quote verschiedener Wörter auf rund 70–75% sprachstatistisch ist dies wegen der deutlich längeren Texte zu erwarten, denn Struktur- und Funktionswörter wiederholen sich zunehmend. In den dritten Klassen

---

2 Die absoluten Zahlen für den Textumfang lassen sich nicht auf freies Schreiben insgesamt verallgemeinern. So haben die Rostocker Kinder unserer Nachuntersuchung 1991 in der Hamburger »Koffer-Geschichte« deutlich längere Texte geschrieben als die im übrigen vergleichbare Stichprobe »Ost« 1990 (vgl. *Lange/Brügelmann/Kranepuhl 1993*). Der Zuwachs über die Grundschulzeit aber war ähnlich: von 37–38 Wörtern Ende der ersten Klasse auf durchschnittlich 156 Wörter in der vierter Klasse.

nimmt der Anteil verschiedener Wörter nur noch geringfügig auf 70% ab, zum Ende der vierten Klasse bleibt er sogar fast gleich (68%), obwohl sich die Textlänge in diesen zwei Jahren erneut verdoppelt. Dieser Wert entspricht schon fast der Quote der StudentInnen. Möglicherweise kompensiert die reicher gewordene (Schrift-)Sprache dabei den zu erwartenden sprachstatistischen Effekt, daß der Anteil verschiedener Wörter mit wachsender Textlänge abnimmt.

Zwischenstück. Eine Erstklässlerin schreibt von einem morgendlichen Pausenbrot (»Znüni«: wurde früher um 9 (neun/nüni) gegessen; ein Gruß aus der Verlags-Abteilung zur Anreicherung der vokabulären Komplexität von Hochdeutschsprachigen).

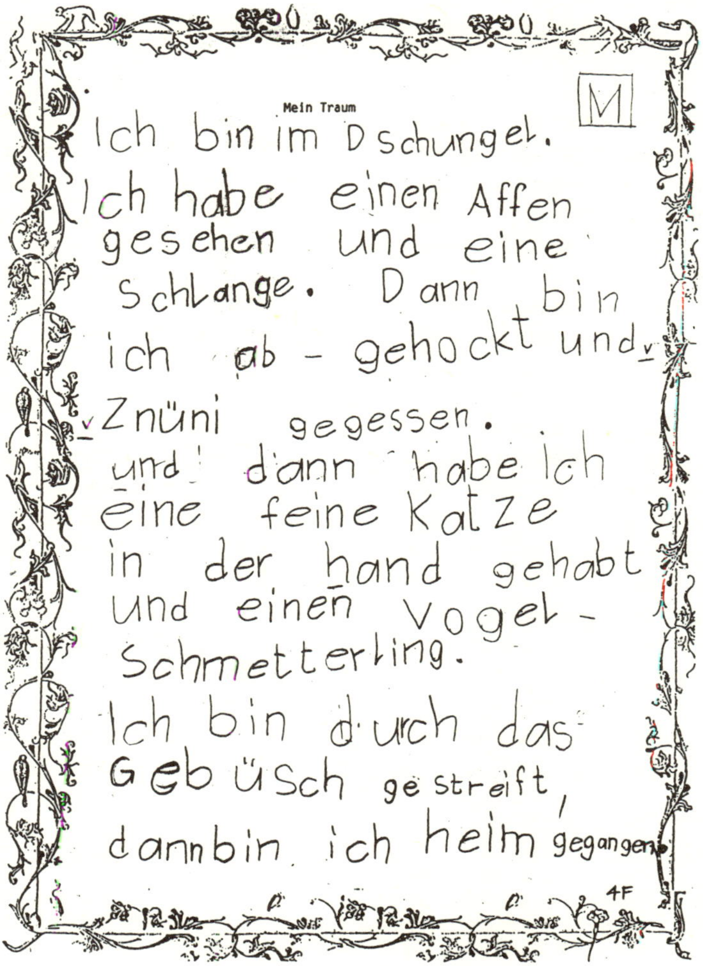
Mein Traum

M

Ich bin im Dschungel.
Ich habe einen Affen
gesehen und eine
Schlange. Dann bin
ich ab-gehockt und
Znüni gegessen.
und dann habe ich
eine feine Katze
in der hand gehabt
und einen Vogel-
Schmetterling.
Ich bin durch das
Gebüsch gestreift,
dannbin ich heim gegangen.

4F

Länge der Sätze
Die Anzahl der Wörter pro Satz ist ein Maß für die syntaktische Komplexität der Sprache (vgl. die »mean length of utterance« in der Forschung zum Spracherwerb von Vorschulkindern). Ausgangspunkt sind zwei verschiedene Werte für die Zahl der Sätze: die von den Kindern selbst markierten Sätze [SATZKIND] bzw. die nach ortografischen Mindeststandards syntaktisch abzugrenzenden Einheiten [SATZWIR]. Entsprechend gibt es auch zwei verschiedene Quotienten für die durchschnittliche Zahl der Wörter pro Satz ([WORTSAZK] und [WORTSAZW]).
Die Sätze der StudentInnen sind im Durchschnitt 13–14 Wörter lang. In der 1. Klasse schreiben die Kinder im Durchschnitt 3–4 Sätze, die im Mittel 7–8 Wörter lang sind. In der 2. Klasse steigt die Satzlänge auf 9 Wörter. Immer noch markieren die Kinder weniger Sätze, als das syntaktische Minimum erfordert: 4–5 statt 5–7. Die Relation ist aber günstiger als in der ersten Klasse (1.8 zu 3.7). In der dritten Klasse verändert sich die Satzlänge kaum, während sie am Ende der Grundschulzeit auf etwas mehr als 10 ansteigt. Die Komplexität der Sätze nähert sich damit erst langsam der durchschnittlichen Satzlänge der StudentInnen mit 13–14 Wörtern. Der Anteil zutreffend markierter Sätze nimmt am Ende der 4. Klasse weiter zu, so daß im Mittel weniger als 10% der Satzschlußzeichen fehlen.

Grammatische Fehler auf der Wortebene
Die Quote der grammatischen Fehler bezogen auf die Gesamtzahl der Wörter [FGRAMMAP] kann als Hinweis auf den Sprachentwicklungsstand der Kinder genommen werden. Insofern sollte sie zwischen den Stichproben vergleichbar sein. Zum anderen könnten grammatische Schwierigkeiten als Erklärung besonderer Probleme mit der Ortografie, z. B. bei der Groß-/Kleinschreibung oder Zeichensetzung, herangezogen werden (vgl. *Bryant/Nunes 1993).*
Die StudentInnen machen erst auf 200 Wörter einen grammatischen Fehler. Genau beträgt ihre Fehlerquote 0.4%. In den ersten Klassen liegt der Anteil mit 4.4% wesentlich höher. Bereits in der 2. Klasse schrumpft die Fehlerquote und sinkt auf 1–2% in Klasse 4.

Ausgelassene Wörter im Satz
Ausgezählt haben wir die Zahl der Wörter, die mindestens erforderlich ist, um einen Satz als syntaktisch akzeptabel zu bezeichnen. Bezogen auf die Gesamtzahl der Wörter ergänzt dieses Merkmal [FEHLAUSP] die Variable [FGRAMMAP] als ein Hinweis auf die grammatischen Fähigkeiten, wenn auch einigermaßen verläßlich erst ab der zweiten Klasse, da Schulanfänger wegen der ortografischen oder motorischen Anforderungen unvollständige Sätze generell häufiger schreiben.
In den Texten der StudentInnen konnten wir kaum eine Auslassung entdekken. In den 1. Klassen unserer Stichproben liegt die Quote im Durchschnitt

bei 5,2%. In den zweiten Klassen sinkt dieser Fehleranteil generell auf 1–2% und er liegt am Ende der 4. Klasse etwas unter 1%. Zusammengefaßt: Die Quote der Auslassungsfehler nimmt von 3% (»Lesen durch Schreiben« Schweiz) bis 8% (»West«) in den ersten Klassen auf weniger als 1% in den vierten Klassen aller drei Stichproben ab. Dabei ist der entscheidende Fortschritt im Verlauf der zweiten Klasse zu beobachten.

3.1.2 Typen von Rechtschreibfehlern und ihre Entwicklung

Wir haben verschiedene Fehlerquotienten gebildet, um unterschiedliche Aspekte ortografischen Könnens zu unterscheiden.

Ortografische Wortfehler insgesamt

Zunächst wurde ein Index für die Wortfehler (einschließlich Groß-/Kleinschreibung und Getrennt-/Zusammenschreibung) berechnet [FEHLALLP]. Danach berichten wir über die Wortfehler ohne Groß-/Kleinschreibung und Getrennt-/Zusammenschreibungen [RICHALLP].

Die StudentInnen machen im Durchschnitt weniger als einen Fehler auf 100 Wörter (Fehlerquote 0.8%). Unter den ErstkläßlerInnen liegt der Fehleranteil bei 42.7%, in der 2. Klasse bei 23.1%. In den 3. Klasse sinkt die Fehlerquote im Durchschnitt auf 13.3 %, in der 4. Klasse auf 8.4%. Auf eine Faustformel gebracht: Nach einem Schuljahr machen die Kinder in jedem zweiten bis dritten Wort einen Fehler, am Ende der Grundschule schreiben sie in ihren Texten bei gut 100 Wörtern Textumfang durchschnittlich 9 von 10 Wörtern richtig.

Korrekte und falsche Buchstabenfolgen

Vor allem am Schulanfang stellen Groß-/Kleinschreibung und Getrennt-/Zusammenschreibung Sonderprobleme dar, die leicht überdecken, in welchem Maße Kinder schon in die Struktur der Schrift eingedrungen sind und ihre Lautform korrekt in Buchstaben(gruppen) übersetzen können. Wir haben deshalb gesondert die Quote der richtigen Buchstabenfolgen ausgezählt [RICHALLP], ohne Fehler in der Groß-/Kleinschreibung und Fehler bei der Getrennt-/Zusammenschreibung zu berücksichtigen.

Bei den StudentInnen macht diese Fehlergruppe nur die Hälfte der 0.8 % Wortfehler aus. Für fortgeschrittene SchreiberInnen sind also Groß-/Kleinschreibung und Getrennt-/ Zusammenschreibung Schwerpunkte ihrer Wortfehler.

In den ersten Klassen unserer Stichproben schrumpft die Fehlerquote um ungefähr 10%, wenn man nur die falschen Buchstabenfolgen wertet, also Groß-/Kleinschreibung und Getrennt-/Zusammenschreibung außen vor läßt. Schon ab der 2. Klasse sind die Differenzen zum Index [FEHLALLP] mit 2–4 Prozentpunkten wesentlich geringer. In den dritten und vierten Klassen werden sie bedeutungslos.

Unserer Vermutung, daß der große Unterschied zwischen den beiden Fehlerquoten in Klasse 1/2 vor allem in Schwierigkeiten der AnfängerInnen mit der Groß-/Kleinschreibung begründet ist und zum Teil weniger mit fehlendem grammatischen Wissen als mit unzureichender Verfügbarkeit der entsprechenden Buchstabenformen zu tun hat, sind wir in einer genaueren Analyse dieses Fehleraspekts im folgenden Abschnitt nachgegangen.

Fehler in der Groß-/Kleinschreibung

Die Groß-/Kleinschreibung ist ein besonderes Problem im Deutschen, weil außer den Satzanfängen und Eigennamen sowohl die Substantive als auch Substantivierungen groß geschrieben werden. Da dieses Problem nichts mit der korrekten Buchstabenfolge zu tun hat, sondern an grammatischen Kategorien anknüpft, ist es wichtig, die Fehler in der Groß-/Kleinschreibung gesondert auszuweisen (GROKLEIP).

Erst auf 300 Wörter machen die 63 StudentInnen einen Fehler in der Groß-/Kleinschreibung, dabei schreiben sie doppelt so häufig ein Wort groß-statt-klein als umgekehrt (0.2% vs. 0.1%). Gegenüber diesen 0.3 % bei den Erwachsenen liegt die Quote in den ersten Klassen mit durchschnittlich knapp 20% wesentlich höher. Bis zum Ende der 4. Klasse sinkt der Anteil jedoch auf knapp 2%. (Da sich in diesem Punkt die Stichproben erheblich unterscheiden, sind zur Erklärung die unterschiedlichen didaktischen Systeme hinzuziehen, s. 3.2.2.)

Fehler bei der Getrennt-/Zusammenschreibung von Wörtern

Der Index [FZUSAMMP] erfaßt ein Sonderproblem der deutschen Schriftsprache, das mit ihrer Beweglichkeit in der Zusammensetzung von Wörtern (»Dach eines hohen Hauses« vs. »Hochhausdach«) und Wortformen (»ich gehe weg« vs. »ich bin weggegangen«) zusammenhängt.

Mit insgesamt 0.2 % macht diese Fehlergruppe immerhin 1/4 der Rechtschreibfehler aus, die wir in den Texten der StudentInnen gefunden haben. In den ersten Klassen liegt die Quote bei 5.7 %. In den folgenden Jahrgängen schrumpft dieser Fehlertyp in den drei Stichproben auf weniger als 1 % am Ende der Grundschulzeit.

Fehler bei der Worttrennung am Zeilenende

In verschiedenen Sprachsystemen gibt es Unterschiede in den Prinzipien der Worttrennung (im Englischen morfematisch, im Deutschen [sprech-]silbisch). Dies hat uns zu der Frage geführt, wie Grundschulkinder mit diesem Problem umgehen.

In den Texten der StudentInnen fanden sich für diesen Fehlertyp (FTRENNUP) keine registrierbaren Häufigkeiten. Bei den Grundschulkindern sind die Quoten ebenfalls sehr gering (0,15% in den ersten beiden Klassen; am Ende der 4. Klasse 0,1%).

Informelle Eindrücke sprechen dafür, daß die Kinder das Problem der Trennung einfach umgehen, indem sie gleich das ganze Wort in die neue

Zeile nehmen. Insofern lohnt es für die Schreibpraxis kaum, im Unterricht viel Zeit auf dieses Rechtschreibproblem zu verwenden. Lediglich AnfängerInnen, die den Text noch nicht so überschauen, fangen oft mit dem Schreiben des Wortes an und entdecken manchmal erst mittendrin, daß der Platz nicht reicht.

Fehler bei der Zeichensetzung

Im Gegensatz zu den meisten Fehlern auf der Wortebene (s. oben [FEHLALLP] vs. [RICHALLP]) verweisen Fehler bei der Zeichensetzung vorrangig auf fehlendes grammatisches Wissen. Allerdings handelt es um speziell syntaktisches Wissen und insbesondere um dessen Auslegung in der Schrift (vgl. Zusatzauswertung oben zu wortbezogenen Grammatikfehlern). Wir haben diese Fehler zur Zahl der Sätze (nach unserer Bestimmung syntaktischer Minimalanforderungen = [SATZWIR]) in Beziehung gesetzt [FZEICHSP].

Den StudentInnen unterlaufen im Mittel immerhin 4–5 Fehler auf 100 Sätze. Allerdings sind ihre Sätze mit durchschnittlich 13–14 Wörtern auch deutlich länger und damit komplexer als die der GrundschülerInnen.

Die ErstkläßlerInnen machen pro Satz im Durchschnitt 1 Fehler dieser Art. In den zweiten Klassen sinkt der Anteil auf etwas weniger als 1 Zeichenfehler pro Satz. Obwohl die Sätze länger (und damit komplexer) geworden sind, verliert das Problem also an Bedeutung. Für den Jahrgang 3 haben wir durchgängig 68–75 Zeichenfehler auf 100 Sätze festgestellt, in den vierten Klassen zwischen 60 und 78 – gegenüber immer noch 22 bei den StudentInnen.

Die nur begrenzte Abnahme dieser Fehlerart verweist einerseits auf besondere Probleme des ortografischen Systems, die z. T. auch Anlaß der anstehenden Rechtschreibreform sind. Zum anderen haben sie vermutlich auch mit der wachsenden Komplexität der Sätze und den parallel steigenden Anforderungen an die Fähigkeit zur Zeichensetzung zu tun (vgl. insbesondere die Entwicklung in der Stichprobe »Ost«). Für diese Annahme spricht, daß die Quote der Zeichenfehler pro Satz mit der Satzlänge korreliert (im 4. Jahrgang mit .41**).

Rechtschreibfehler bezogen auf verschiedene Wörter

Der oben dargestellte allgemeine Fehlerindex [FEHLALLP] könnte Leistungen unterbewerten, die durch einen variationsreicheren Wortschatz bedingt sind. Wir haben deshalb gesondert ausgezählt, wie viele der *verschiedenen* Wörter eines Textes falsch geschrieben worden sind [FEHLVERP] – unabhängig davon, wie oft einzelne Wörter bzw. Fehler auftreten. In einem anderen Bezug läßt sich diese Frage auch beantworten, indem wir darstellen, welcher Anteil aller Fehlerwörter auf verschiedene Fehlerwörter entfällt ([FVERFALP]).

Die Relation zwischen verschiedenen und allen Fehlern [FVERFALP]

beträgt bei den StudentInnen 93.8%. Das bedeutet: Unter zehn Fehlerwörtern ist höchstens eines doppelt vertreten. Diese Quote liegt bei den Grundschulkindern durchgängig bei 91% und bleibt über alle Stichproben und Jahrgänge hinweg fast gleich.
Im Mittel findet sich also nur einer von zehn Fehlern in einem mehrfach falsch geschriebenen Wort. Wenn die Fehler so stark streuen, resultieren sie vorrangig aus Problemen mit selteneren Wörtern. Diese Anforderung läßt sich nicht mehr durch intensivere Übung eines Grundwortschatzes besonders häufiger Wörter auffangen, sondern verlangt einerseits eine stärkere Orientierung auf ortografische Strukturen, andererseits die Gewöhnung an den selbstverständlichen Umgang mit dem Wörterbuch.

Zwischenstück: Eine Drittkläßlerin träumt vom Schwimmen mit einer (statistisch nicht ganz sauber ermittelten, aber hilfreichen) Schar Kaulquappen.

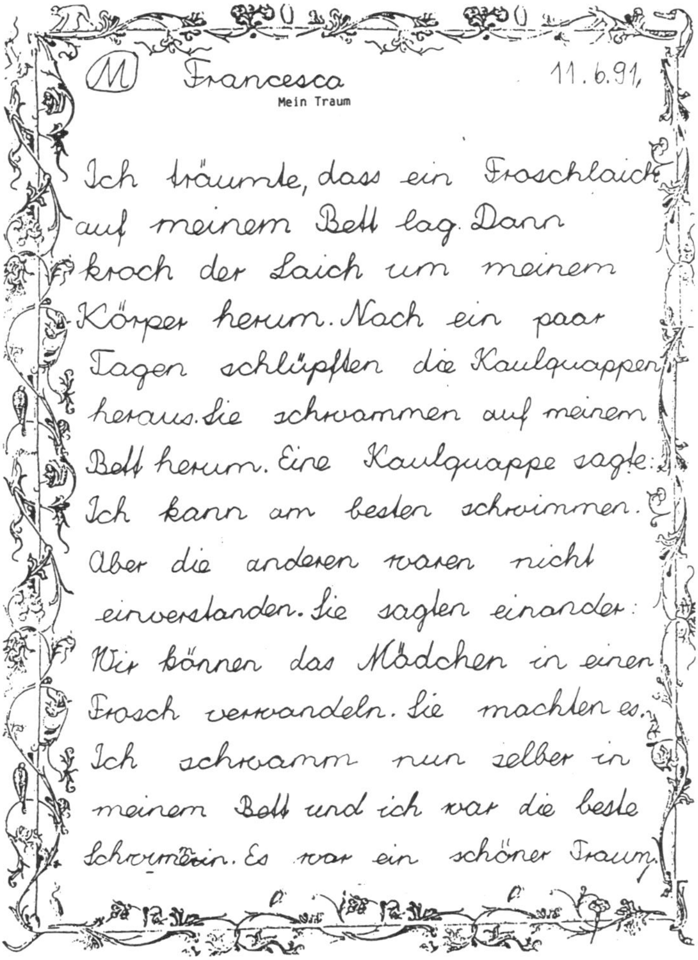
M Francesca 11.6.91

Mein Traum

Ich träumte, dass ein Froschlaich auf meinem Bett lag. Dann kroch der Laich um meinem Körper herum. Nach ein paar Tagen schlüpften die Kaulquappen heraus. Sie schwammen auf meinem Bett herum. Eine Kaulquappe sagte: Ich kann am besten schwimmen. Aber die anderen waren nicht einverstanden. Sie sagten einander: Wir können das Mädchen in einen Frosch verwandeln. Sie machten es. Ich schwamm nun selber in meinem Bett und ich war die beste Schwimmerin. Es war ein schöner Traum.

3.2 Unterschiede zwischen den didaktischen Systemen

Im folgenden soll nun untersucht werden, ob es in bezug auf die unter 3.1 dargestellten Merkmale Unterschiede zwischen den Kindern gibt, die unter unterschiedlichen didaktischen Systemen unterrichtet worden sind.

3.2.1 Sprachstatistische Merkmale der Texte

Umfang der Texte

Die Daten zum Textumfang unterscheiden sich über die Jahre hinweg so unsystematisch, daß wir die Hypothese, eines der drei didaktisch-methodischen »Systeme« habe insgesamt einen besonders förderlichen oder hinderlichen Einfluß auf die Schreiblust der Kinder gehabt, aufgeben. Die beiden didaktischen Extremgruppen (»Ost« und »Lesen durch Schreiben«) erreichen am Ende der vierten Klasse sogar identische Werte. Also scheint weder der umfassende und sehr systematische Rechtschreib- und Aufsatzunterricht in der DDR den Kindern die Lust am Schreiben genommen zu haben, noch hat der frühe Beginn und die breitere Förderung freien Schreibens in den Schweizer Klassen am Ende der Grundschulzeit noch erkennbare Auswirkungen auf die Textmenge (die allerdings nichts über die Textqualität aussagt).

Dieses Patt zwischen relativ global bestimmten Konzepten bedeutet nicht, die Art des konkreten Unterrichts spiele keine bedeutsame Rolle. Dagegen sprechen die erheblichen Unterschiede zwischen den Klassen innerhalb der drei Bezugsgruppen. Innerhalb der Stichprobe »West« haben wir z. B. auch Ende der 4. Klasse deutliche Unterschiede in der Textmenge für verschiedene didaktische Ansätze gefunden *(Brügelmann u. a. 1992e,* Kap. 4.2), die jedoch noch an größeren Stichproben überprüft werden müssen.

Breite des Wortschatzes

Unterschiede zwischen den Stichproben lassen sich beim Anteil verschiedener Wörter nicht feststellen. Auch in dieser Dimension lassen sich also eventuelle Vorurteile über die beiden Extremgruppen DDR und »Lesen durch Schreiben« nicht bestätigen.

Länge der Sätze

Es fällt auf, daß die ErstkläßlerInnen der Stichprobe »Ost« ihre Sätze fast durchgängig schon so markieren, wie die AuswerterInnen dies als syntaktisch begründbaren Mindestanspruch akzeptieren konnten (2.9 vs. 3.0 Sätze). Dagegen fehlt den Kindern der Stichprobe »West« noch weitgehend ein Verständnis für die Interpunktion (1.6 Sätze nach ihrer Markierung vs. 3.4 als Mindestkorrektur der AuswerterInnen). Die »Lesen durch Schreiben«-Klassen liegen mit 2.7 markierten vs. 3.5 »gemeinten« Sätzen in der Mitte. Wir gehen diesem Problem noch gesondert in der Auswertung der Zeichenfehler nach (s. unten FZEICHSP]).

Insgesamt unterscheiden sich die drei Stichproben auch in der Satzlänge nicht bedeutsam; der Vorsprung der Stichprobe »West« beträgt maximal 1 auf 10 Wörter. Die Satzlänge nimmt generell von 7–8 Wörtern in Klasse 1 auf 10–11 Wörter in Klasse 4 zu. Die Markierung der Sätze ist anfangs vor allem in der Stichprobe »West« ein Problem, am wenigsten in der Stichprobe »Ost«. Bis zum Ende der Grundschulzeit verliert diese Schwierigkeit jedoch in allen drei Gruppen an Bedeutung.

Grammatische Fehler auf der Wortebene
Bei diesem Vergleich schneidet die Stichprobe »Ost« jeweils am besten ab, während die Schweizer »Lesen durch Schreiben«-Klassen deutlich mehr Fehler machen, vermutlich aus dialektalen Gründen.

Ausgelassene Wörter im Satz
In den ersten Klassen der Stichprobe »West« liegt die Quote ausgelassener Wörter noch bei 8.0%, in der Stichprobe »Ost« dagegen nur bei 4.6%, und in den »Lesen durch Schreiben«-Klassen sogar nur bei 3.0%. In den 2.– 4. Klassen gibt es keine Unterschiede zwischen den drei Stichproben: zunächst etwas über, dann etwas unter 1% .

Zwischenbilanz zu den formalen Sprachmaßen
Auf der Jahrgangsstufe 1 gibt es deutliche Unterschiede zugunsten der Stichprobe »Ost«, was die Grammatikalität der Texte (Wortfehler, Auslassungen) betrifft. Im übrigen (und ab Jahrgang 2 insgesamt) erweisen sich die Unterschiede in den formalen Sprachmaßen als gering, außerdem in der Tendenz teils zugunsten der Stichprobe »West« (Satzlänge), teils eher zugunsten der Stichprobe »Ost« (Auslassungen). Wir gehen deshalb – jedenfalls ab der 2. Klasse – unter sprachstatistischen Gesichtspunkten von einer Vergleichbarkeit der Texte in beiden Stichproben aus.
Die Abweichungen in den »Lesen durch Schreiben«-Klassen sind trotz der erheblichen Sprachunterschiede (ausgeprägter Dialekt als Muttersprache) erstaunlich gering oder sie fehlen sogar ganz. Lediglich bei den Grammatikfehlern läßt sich eine höhere Fehlerquote feststellen, die allerdings bis zum Ende der Grundschulzeit an Bedeutsamkeit verliert.

3.2.2 Typen von Rechtschreibfehlern und ihre Entwicklung

Ortografische Wortfehler insgesamt
In den ersten Klassen der Stichprobe »West« liegt der Anteil der Fehler bei 48.2%, in der Stichprobe »Ost« mit 37.1% deutlich niedriger. Die Schweizer Stichprobe »Lesen durch Schreiben« erreicht eine mittlere Fehlerquote von 42.9% .
Dieses Ergebnis ist erstaunlich, weil die beiden letzteren Gruppen in der ersten Klasse nach geradezu entgegengesetzten Methoden gearbeitet haben:

die Stichprobe »Ost« über ein morfemorientiertes visuelles Einprägen von Wörtern, die Stichprobe »Lesen durch Schreiben« über das eigenaktive Konstruieren von Wörtern nach ihrer Lautform. So unterschiedlich diese Zugänge auch sind, beide scheinen den Kindern zu einer größeren Rechtschreibbewußtheit verholfen zu haben als die breit streuenden, aber mehrheitlich an Fibellehrgängen orientierten Unterrichtsformen in der Stichprobe »West« (vgl. ausführlicher den Beitrag von *Brügelmann/Hengartner/Reichen* in diesem Band *S. 135ff.)*.
In der 2. Klasse liegen die Quoten dagegen in »Ost« und »West« mit 18.4% bzw. 20.9% auf ähnlichem Niveau und deutlich niedriger als in der Stichprobe »Lesen durch Schreiben« (29.9%). Der Fehleranteil nimmt also in der Stichprobe »Ost« vom ersten zum zweiten Jahrgang um rund die Hälfte ab, in der Stichprobe »West« sogar noch mehr, so daß sie zur Stichprobe »Ost« fast vollständig aufholt. In den »Lesen durch Schreiben«-Klassen ist die Abnahme dagegen geringer, so daß sie mit Abstand auf den dritten Platz zurückfällt.
In den dritten Klassen nimmt die Fehlerquote erneut ab, und zwar um etwa ein Drittel auf 13.6% in der Stichprobe »West« und auf 11.5% in der Stichprobe »Ost«. Noch deutlicher verbessert sich die Schweizer Stichprobe »Lesen durch Schreiben«, so daß sie mit 14.9% wieder fast zur Stichprobe »West« aufschließt. Zum Abschluß der Grundschulzeit ändert sich das Bild nicht: Ende der vierten Klasse haben die Fehlerquoten noch einmal um rund ein Drittel abgenommen und liegen jetzt bei 9.1% in der Stichprobe »West«, 7.4% in der Stichprobe »Ost« und 8.6% in der Schweizer Stichprobe »Lesen durch Schreiben«.
Während also zwischen den methodisch-didaktischen Systemen im Verlauf der Grundschulzeit im Durchschnitt eine weitgehende Angleichung der Leistungen stattfindet, gibt es erhebliche Streuungen zwischen und innerhalb der Klassen. Der letzte Punkt läßt sich mit folgendem Vergleich veranschaulichen: Während die leistungsstärksten ViertkläßlerInnen bereits das Niveau durchschnittlicher StudentInnen erreichen, was Umfang und Fehleranteil ihrer Texte betrifft, befinden sich die schwächsten immer noch auf dem Stand der ersten Klasse.

Korrekte und falsche Buchstabenfolgen

Bei der Verringerung der Fehlerquote, wenn man nur falsche Buchstabenfolgen wertet, unterscheiden sich die Klassen der drei »Systeme« nur unwesentlich.

Fehler in der Groß-/Kleinschreibung

Auf 100 Wörter kommen in den 1. Klassen der Stichprobe »West« 25.9 fälschliche Groß- bzw. Kleinschreibungen (KLSTAGRP und GRSTAKLP), 22.2 in den »Lesen durch Schreiben«-Klassen, dagegen nur 9.4 in der Stichprobe »Ost«.

Fehler in der Groß-/Kleinschreibung sind also in den Texten der Stichproben »West« und »Lesen durch Schreiben« häufiger, und sie machen einen größeren Anteil an den Rechtschreibfehlern insgesamt aus. Wir sehen drei Erklärungsmöglichkeiten für diesen Unterschied: Zum Teil dürfte er damit zusammenhängen, daß eine ganze Reihe von Kindern dieser beiden Stichproben noch in Druckschrift schreibt und dabei z. T. noch BLOCKBUCHSTABEN verwendet. Auf der anderen Seite sind die SchülerInnen in der DDR mit der Groß-/Kleinschreibung im Unterricht früher und systematischer konfrontiert worden (s. »Lehrplan Deutsch« für die 1. Klasse *[Ministerrat . . . 1990, 59, 61])*. Den hohen Anteil von Fehlern in der Groß-/ Kleinschreibung als Indiz für eine verzögerte Rechtschreibentwicklung zu nehmen, halten wir nach den geringen Unterschieden in der Gesamtfehlerzahl für weniger plausibel.
Die erste der drei genannten Hypothesen gewinnt an Gewicht durch die getrennte Auswertung der beiden möglichen Fehlerarten: In der Stichprobe »Ost« verteilen sich die Fehler fast gleich: auf groß-statt-klein (4.1%) und klein-statt-groß (5.4%). In den »Lesen durch Schreiben«-Klassen und in der Stichprobe »West« ist die Quote der klein-statt-groß geschriebenen Wörter nicht viel größer (6.4% bzw. 7.5% zu 5.4%). Dagegen werden wesentlich häufiger Wörter groß-statt-klein geschrieben (15.8% bzw. sogar 18.5% vs. 4.1% in der Stichprobe »Ost«).
Trifft unsere Annahme zu, daß die Schriftart eine bedeutsame Rolle für den hohen Anteil der Fehler in der Groß-/ Kleinschreibung spielt, müßten diese in den 2. Klassen der Stichprobe »West« gegenüber dem 1.Jahrgang deutlich abnehmen. In der Tat sinkt die Quote der Fehler in der Groß-/Kleinschreibung in der Stichprobe »West« von 25.9% auf 5.4%, während sich die Gesamtfehlerquote nur halbiert. Noch auffälliger: Die Teilgruppe groß-statt-klein schrumpft von 18.5% auf 2.1%. Auch in den »Lesen durch Schreiben«-Klassen nimmt diese Fehlergruppe deutlich ab (von 15.8% auf 3.6%).
In den 3. und 4. Klassen setzt sich diese Entwicklung fort, wobei sich die Anteile beider Fehlertypen angleichen: 0.7% zu 0.6% in der Stichprobe »Ost« bzw. 1.1% zu 1.1% in der Stichprobe »West«. In der Schweizer Stichprobe »Lesen durch Schreiben« liegt die Quote der Fehler klein-statt-groß mit 1.4% zu 1.0% immer noch geringfügig höher.

Zusammengefaßt: Die Kinder der Stichprobe »Ost« haben von der ersten Klasse an durchgängig weniger Probleme mit der Groß-/Kleinschreibung als die SchülerInnen der beiden anderen Stichproben. Der Unterschied schrumpft aber von 9% zu 22–26% (Klasse 1) auf 1.3% zu 2.2% bzw. 2.4%. In der ersten Klasse werden Wörter in den Stichproben »West« und Schweiz wesentlich öfter groß-statt-klein geschrieben, ab der zweiten Klasse kehrt sich dieses Verhältnis um, später egalisiert es sich.
Die Groß-/Kleinschreibung ist also eines der wenigen Merkmale, in denen

sich Unterschiede der didaktischen Ansätze niederschlagen. Allerdings gleichen sich diese Differenzen bis zum Ende der Grundschule fast völlig aus. *Didaktisch gewendet:* Es behindert die Rechtschreibentwicklung nicht, wenn man Kinder im ersten Schuljahr Blockschrift verwenden läßt und die Groß-/Kleinschreibung von Wörtern nicht von Anfang an einfordert.

Fehler bei der Getrennt-/Zusammenschreibung von Wörtern
Die Fehlerquote bei Getrennt-/Zusammenschreibung von Wörtern beträgt in den 1. Klassen der Stichprobe »West« 7.4% (»Lesen durch Schreiben« 7.3%), in der Stichprobe »Ost« dagegen bei nur 2.4% .
Dieser deutliche Unterschied in einer besonders schwierigen Rechtschreibfrage könnte als Hinweis auf eine höhere Rechtschreibkompetenz der Stichprobe »Ost« gewertet werden. Eine alternative Erklärung wäre, daß die ErstkläßlerInnen »West« und »Lesen durch Schreiben« in ihren Texten komplexere Wörter verwendet haben. Um zwischen diesen beiden Hypothesen zu entscheiden, müßten zusätzliche Detailanalysen durchgeführt werden.
In den folgenden Jahrgängen schrumpft dieser Fehlertyp von anfänglich rund 7.5%–2.5 % auf eine Quote von 3–1%, und zwar in allen drei Stichproben. Er beträgt am Ende der Grundschulzeit durchgängig weniger als 1%. Wie bei der Groß-/Kleinschreibung scheinen sich die anfänglichen Unterschiede zwischen den Stichproben im Laufe der Zeit auszugleichen.

Fehler bei der Worttrennung am Zeilenende
Die Tendenz, Fehler bei der Worttrennung zu umgehen, ist in allen drei Stichproben gleichermaßen feststellbar (Ausnahme: 2. Klasse »Ost« mit 0.9% gegenüber 0.2% in den beiden anderen).

Fehler bei der Zeichensetzung
Die Kinder der 1. Klassen der Stichprobe »West« machen pro Satz mindestens einen Fehler. In der Stichprobe »Ost« liegt diese Quote mit einem Fehler auf je zwei Sätze deutlich niedriger. In der Mitte liegen die Quoten in den »Lesen durch Schreiben«-Klassen mit etwa einem Fehler pro Satz.
Zur weiteren Entwicklung: Der Anteil der Zeichenfehler in 100 Sätzen nimmt in der Stichprobe »Ost« zunächst von 52 auf 75 zu, in der vierten Klasse dann wieder auf 61 ab, die Quote sinkt in den anderen beiden Stichproben von 91% (»Lesen durch Schreiben«) bzw. 120% (»West«) im ersten Jahrgang auf 60% bzw. 78% am Ende der Grundschulzeit. Damit gleichen sich auch hier die Unterschiede zwischen den Stichproben an.

4. Ein vorsichtiges Fazit

Gegenüber der verbreiteten Kritik an der (Recht-)Schreibkompetenz heutiger SchülerInnen läßt sich für unsere offene Schreibaufgabe »Mein Traum« festhalten, daß Kinder am Ende der Grundschulzeit im freien Text mindestens neun von zehn Wörtern richtig schreiben und daß sie in allen Fehlerkategorien über die vier Schuljahre hinweg erhebliche Fortschritte in Richtung auf das bei StudentInnen erhobene Niveau machen. Bei einer anderen Schreibaufgabe, die wir 1991 nur in den Rostocker Klassen eingesetzt haben, ist das sogar noch günstiger (vgl. *Lange/Brügelmann/Kranepuhl 1993).*

Von der ersten zur zweiten Klasse entwickelt sich die Sprach- und Schreibkompetenz der Kinder dramatisch. Das gilt vor allem für die Stichprobe »West«, die die »Lesen durch Schreiben«-Klassen sogar überholt und auch ihren Rückstand gegenüber der Stichprobe »Ost« in dieser Phase schon zum größten Teil aufholt.

Über die Grundschulzeit hinweg vervierfacht sich die Länge der Texte. Diese werden gleichzeitig sprachlich komplexer und differenzierter. Dabei nimmt die Gesamtsumme aller Rechtschreibfehler, bezogen auf alle Wörter [FEHLSUMP], in der Stichprobe »West« von 66.0% auf 16.3% ab, in der Stichprobe »Ost« von 40.1% auf 13.5% und in den »Lesen durch Schreiben«-Klassen von 55.0% auf 15.2% . Den deutlichen Rückstand am Ende von Klasse 1 gleichen also die »Lesen durch Schreiben«-Klassen und vor allem die Stichprobe »West« bis zum Ende der Grundschulzeit weitgehend aus. Ein früher Beginn und eine so starke Gewichtung des Rechtschreibunterrichts, wie sie in den Klassen der ehemaligen DDR üblich waren, scheinen danach nicht erforderlich, um bis zum Ende der vierten Klasse im freien Schreiben eine vergleichbare Rechtschreibkompetenz zu erreichen.

Unterrichtspraktisch wichtig: Kinder, die lange Texte schreiben, machen in absoluten Zahlen auch viel mehr Fehler (Korrelation in den 4. Klassen .54**), der prozentuale Fehleranteil ist aber fast unabhängig von der Textmenge (korreliert sogar negativ mit –.13**). Wenn Rechtschreibfehler in freien Texten also überhaupt bewertet werden, müßten sie immer auf die Gesamtzahl der Wörter bezogen werden, um den Kindern gerecht zu werden.

Interessant ist auch die Verschiebung zwischen den Fehlertypen.

Ende erster Klasse machen Verstöße auf der Buchstabenebene 1/3 bis 1/2 aller Verstöße aus, an zweiter Stelle folgen Fehler in der Groß-/Kleinschreibung mit 1/5 bis 1/4 aller Verstöße, an dritter Stelle die Zeichenfehler (1/10 – 1/5), anschließend Auslassungen und Fehler in der Getrennt-/Zusammenschreibung mit jeweils schon unter 10% .

Ende der vierten Klasse rangieren jetzt die Zeichenfehler mit 1/3 bis 1/2 aller Verstöße an erster Stelle, obwohl sich ihre Quote auf hundert Wörter gegenüber der ersten Klasse halbiert hat. An zweiter Stelle folgen die Verstöße auf der Buchstabenebene mit einem guten Drittel (bei einer Reduktion ihrer Quote auf ein Fünftel). Fehler in der Groß-/Kleinschreibung machen nur noch 1/8 bis 1/10 aller Verstöße aus; sie sind damit auf den dritten Platz zurückgefallen und haben vor allem quantitativ an Gewicht verloren. Die anderen Fehlergruppen liegen um oder unter 10%. Damit entspricht die Rangfolge der Fehlergruppen schon am Ende der Grundschulzeit in etwa derjenigen bei den Erwachsenen, bei denen Zeichenfehler mit der Hälfte aller Verstöße vor den Buchstabenfehlern mit rund einem Viertel rangieren.

Aber lassen sich diese Befunde generalisieren?

Für die Vergleiche zwischen den verschiedenen Stichproben und Jahrgängen sichert die identische Aufgabe eine zureichende Aussagekraft unserer Daten. Vor einer Verallgemeinerung der Einzelwerte müssen wir aber warnen. In unserer bereits zitierten Nacherhebung mit der »Koffer-Geschichte« aus der Hamburger Schreibprobe 1991 in Rostock haben (im Diktat) gleich leistungsstarke SchülerInnen wesentlich längere Texte mit zugleich deutlich geringerem Fehleranteil geschrieben.

Insofern ist die Aufgabe »Mein Traum« eher als schwierig einzustufen. Solche Unterschiede verweisen auf die Notwendigkeit, für eine umfassende Bestimmung der (Recht-)Schreibkompetenz von Grundschulkindern mehrere Schreibproben durchzuführen, die unterschiedliche Anforderungen stellen.

Unterrichtspraktisch aber schon jetzt bedeutsam: In der dritten und vierten Jahrgangsstufe gibt es nur noch geringe Unterschiede zwischen allen drei Stichproben – trotz der erheblichen Unterschiede in ihren Lebens- und Lernbedingungen. Das gilt insbesondere für die Unterschiede zwischen den »Extremgruppen« Deutschland »Ost« und »Lesen durch Schreiben« in der Schweiz. Deren Mittelwerte liegen z. B. bei den Fehlerquoten im freien Schreiben gerade einmal eine Viertel-Standardabweichung auseinander.

Daraus folgt: Von globalen Reformen wie Veränderungen der Lehrpläne, der Unterrichtsorganisation oder »der Methode« läßt sich keine Verbesserung der Leistungen erwarten.

Bedrückend sind nämlich die Unterschiede *innerhalb* der Stichproben. So reicht das Leistungsspektrum der ViertkläßlerInnen am oberen Ende bis an die Leistungen der StudentInnen heran, am unteren Ende dagegen ist es dem Niveau von ErstkläßlerInnen vergleichbar. Auch zwischen Klassen gibt es erhebliche Unterschiede – in demselben Einzugsgebiet (selbst in der DDR). Hier zeigt sich, daß es doch bedeutsame Unterschiede in den spezifischen Lernbedingungen geben muß. Um diese zu erfassen, brauchen wir differenziertere Untersuchungen, die Lernprozesse im dichteren Längsschnitt und mit Bezug auf den pädagogischen und sozialen Kontext analysieren *(Schneider u. a. 1990;* vgl. auch unser Projekt »Mikroanalysen der Rechtschreibentwicklung«, *Brinkmann/Brügelmann 1991e* und *S. 185ff.* in diesem Band.).

Ortografische Feinauswertung (1990/91)
"Mein Traum" : 4. Klassen im Vergleich

Prüfung statistischer Signifikanz von Unterschieden

N = Variable		219 Ost		229 LdS		379 West	63 Studentinnen
WORTALLE	-	107.1	-	109.7	-	101.9 [388]	275.0
VERSPRO	-	69.1	*	67.5	*	69.2	62.8
SATZKIND	**	11.2	-	11.4	-	10.2	21.5
SATZWIR	*	11.6	-	12.2	-	10.8	21.7
WORTSAZK	*	10.8	-	10.6	***	12.3	13.8
WORTSAZW	*	10.0	-	9.7	***	11.1	13.6
$FEHLALLP	**	7.4	*	8.6	*	9.1 [388]	.8
$FEHLVERP	***	9.6	**	11.6	-	11.9	1.1
FVERFALP	-	90.9	-	91.9	-	91.0	93.8
FEHLSUMP	***	13.5	*	15.2	-	16.3	2.3
$RICHALLP	*	94.3	-	94.1	-	93.2	-
RICHVERP	*	93.4	-	93.3	-	92.2	-
TEXORTHP	**	92.0	*	90.8	-	90.2	-
FEHLAUSP	**	.9	-	.6	-	.7	-
FZEICHWP	**	6.1	-	6.4	*	7.0	1.6
FZEICHSP	***	60.8	-	59.8	*	78.0	22.0
FGRAMMAP	-	1.1	***	1.6	**	1.3	.4
FTRENNUP	-	.0	*	.1	**	.0	-
FZUSAMMP	-	.9	-	.9	-	.9	.2
GROKLEIP	***	1.4	***	2.4	-	2.2	.3
KLSTAGRP	**	.7	**	1.4		1.1	.1
GRSTAKLP	***	.6	**	1.0		1.1	.2
Diktat rich «S6x36P90/91»	**	87.8 [205]	***	82.8 [225]	*	84.6 [377]	-
Gesamtgruppe	**	87.9 [239]	***	82.3 [282]	*	83.9 [395]	-

Da nur bei einigen Variablen eine Normalverteilung angenommen werden kann, wurden die Unterschiede zwischen den Stichproben durchgängig mit mit *Mann-Whitney U -- Wilcoxon Sum Rank W Test* aus dem SPSS+, 4.0, auf ihre statistische Sicherheit getestet. Für das *2-tailed p, corrected for ties* wurde folgende Signifikanzniveaus ausgezeichnet:

*** höchstens 0.1% Fehlerwahrscheinlichkeit
** " 1.0% "
* " 5.0% "

Für die Unterscheide zwischen den Stichproben "Ost" und "West" sind die Signifikanzen in der ersten Spalte angegeben.

Ortografische Feinauswertung (1990)
"Mein Traum" : Stichprobe "West"

1. bis 4. Jahrgang im Vergleich

N = Variable	235 1. Klasse	152	193 2. Klasse	269 3. Klasse	379 4.Klasse West
WORTALLE	25.3	22.3	57.2	87.8	100.9
VERSPRO	82.2	85.6	72.1	69.0	69.2
SATZKIND	2.0	1.6	5.2	8.7	10.2
SATZWIR	3.7	3.4	7.1	10.6	10.8
WORTSAZK	16.7	17.3	15.7	12.4	12.3
WORTSAZW	7.7	7.4	9.1	9.1	11.1
$FEHLALLP	44.9	48.2	20.9	13.6	9.2
$FEHLVERP	51.6	52.9	25.9	17.9	11.9
FEHLSUMP	51.6	66.0	31.6	21.8	16.3
FVERFALP	91.4	92.8	90.5	91.3	91.1
$RICHALLP	66.0	62.7	82.8	89.6	93.2
RICHVERP	64.4	61.0	80.5	88.0	92.2
TEXORTHP	40.8	29.4	75.5	84.7	90.1
FEHLAUSP	6.1	8.0	1.4	1.3	.7
FZEICHWP	16.3	17.6	10.5	8.2	7.0
FZEICHSP	115.3	120.0	91.7	75.4	78.0
FGRAMMAP	3.9	4.7	2.5	1.6	1.3
FTRENNUP	.4	.2	.2	-	-
FZUSAMMP	6.8	7.4	1.8	1.4	.8
GROKLEIP	19.7	25.9	5.4	3.4	2.2
KLSTAGRP	7.4	7.5	3.3	2.1	1.1
GRSTAKLP	12.3	18.5	2.1	1.2	1.1
Diktat rich	59.3	52.6	84.0	74.7 [225]	85.5
	«STUF16P»		«STU26P»	«STU36P»	«STUF46P»
Gesamtgruppe	52.3		80.1	73.7	85.5

Für die 1. Klasse wurde eine Teilstichprobe gebildet (s. rechte Teilspalte), weil die Hauptstichprobe nach den Vergleichswerten für FEHLALLP und STUF16P (s. untere Zeile) im Vergleich zur Grundstichprobe erheblich zu gut abgeschnitten hat.

Von den 152 ErstkläßlerInnen haben drei keine Wörter geschrieben.

Ortografische Feinauswertung (1990)

"Mein Traum" : Stichprobe "Ost"

1. bis 4. Jahrgang im Vergleich

N = Variable	127 * 1. Klasse	103 2. Klasse	126 3. Klasse	219 4. Klasse
WORTALLE	22.4 [130]	45.9	89.7	109.7
VERSPRO	79.6	74.6	69.3	68.9
SATZKIND	2.9	4.6	9.6	11.4
SATZWIR	3.0	5.6	11.5	11.9
WORTSAZK	8.3	11.6	11.4	10.8
WORTSAZW	7.9	8.4	8.7	10.0
$FEHLALLP	37.1 [130]	18.4	11.5	7.4
$FEHLVERP	40.2	22.4	15.2	9.5
FEHLSUMP	40.1	25.7	20.1	13.5
#FVERFALP	91.1	91.5	91.1	90.8
$RICHALLP	71.7	85.9	91.1	94.4
RICHVERP	69.1	84.2	89.5	93.4
TEXORTHP	59.8	81.0	87.5	92.2
FEHLAUSP	4.6	1.2	1.3	.9
FZEICHWP	5.6	6.4	8.6	6.1
FZEICHSP	51.8	54.6	74.3	61.3
FGRAMMAP	3.4	2.1	1.5	1.0
FTRENNUP	.0	.9	.0	.0
FZUSAMMP	2.4	1.0	1.1	.9
GROKLEIP	9.4	3.9	2.6	1.3
KLSTAGRP	5.4	1.8	1.7	.7
GRSTAKLP	4.1	2.0	.9	.6
Diktat rich	76.4 «STUF16P»	86.6 «S26x33P»	81.0 [124] «STUF36P»	87.7 [205] «S6x36p90»
Gesamtgruppe	75.6 [204]	85.4 [201]	80.4 [237]	87.9 [239]

* insgesamt 130 Kinder, von denen 3 nichts geschrieben haben, so daß sie nur in zwei Rubriken auftauchen, im übrigen sind nur diese 127 Kinder berücksichtigt (und zwar mit 0 Wörtern bzw. 100% falsch)

Die Vergleichswerte der "Gesamtgruppe" in den untersten Zeilen beziehen sich auf die (vorausgegangenen) Auswertungen der Gesamtstichprobe nach wenigen Grundkategorien.

Ortografische Feinauswertung
"Mein Traum": Stichprobe Schweiz
"Lesen durch Schreiben" (1991)
1. bis 4. Jahrgang im Vergleich

N = Variable	181 1. Klasse	119 2. Klasse	102 3. Klasse	229 4. Klasse
WORTALLE	24.3	41.2	77.4	109.7
VERSPRO	79.9	75.7	70.2	67.5
SATZKIND	2.7	4.2	8.7	11.4
SATZWIR	3.5	4.7	9.6	12.2
WORTSAZK	11.9	12.8	10.3	10.6
WORTSAZW	7.8	10.2	8.5	9.7
$FEHLALLP	42.9	29.9	14.9	8.6
$FEHLVERP	48.6	35.1	18.9	11.6
FVERFALP	91.8	89.6	90.8	91.9
FEHLSUMP	55.0	38.8	23.2	15.2
$RICHALLP	69.7	78.2	87.7	94.1
RICHVERP	67.8	75.9	86.8	93.3
TEXORTHP	39.8	65.0	82.9	90.8
FEHLAUSP	3.0	2.1	1.3	.6
FZEICHWP	11.7	8.6	8.1	6.4
FZEICHSP	91.5	91.8	68.4	59.8
FGRAMMAP	5.1	4.2	2.9	1.6
FTRENNUP	.3	.2	.2	.1
FZUSAMMP	7.6	3.0	1.2	.9
GROKLEIP	22.2	10.1	3.7	2.4
KLSTAGRP	6.4	6.5	2.1	1.4
GRSTAKLP	15.8	3.6	1.5	1.0
Diktat rich	79.6 «BSKO901P»	68.3 «S26x33P»	69.2 «S6x36P90»	80.8 «S6x81P»
Textgruppe insgesamt	77.9 [N = 572]	70.1 [N= 313]	68.4 [N= 206]	80.4 [N= 282]
Gesamtgruppe	77.7 [N= 1.119]	68.0 [N= 823]	70.3 [N= 698]	80.4 [N= 282]

Hans Brügelmann
in Zusammenarbeit mit Andrea Frantzen / Susanne Kotarba / Maren Kropp / Martina Otto

Häufigkeit vs. Bedeutsamkeit

Oder: Was macht eine Wortauswahl zum Grundwortschatz?

1. Der Anspruch: Weniger Fehler durch die Sicherung häufig verwendeter Wörter

Eines der wichtigsten Argumente für die Konzentration des Rechtschreibunterrichts auf eine begrenzte Zahl von Wörtern ist das lerntheoretische Argument: erst eine zureichend häufige Wiederholung sichert die Geläufigkeit der Rechtschreibung einzelner Wörter. Damit stellt sich sofort die Frage nach dem Kriterium für die Auswahl einzelner Wörter.
Verschiedene Kriterien sind für eine Auswahl als Übungswort denkbar: als besonders fehlerträchtig; als Ankerwort für wichtige Rechtschreibphänomene; als generell wichtig oder als individuell bedeutsam. In der Perspektive, die Fehlerwahrscheinlichkeit beim Schreiben möglichst ökonomisch zu verringern, liegt es nahe, vorrangig die Schreibung besonders häufig verwendeter Wörter zu sichern. Eine entsprechend große Rolle spielt das Kriterium der *allgemeinen Gebrauchshäufigkeit* für die Auswahl von Wörtern für sog. *Grundwortschätze* für den Rechtschreibunterricht (s. *Sennlaub 1983, 11–19; Hesse/Wagner 1985, 7–13; Naumann 1986;* u. a.).
Im Rechtschreibunterricht die Wörter »gibt«, »Fahrrad« oder »älter« statt »webt«, »Zwetschge« oder »plump« zu üben, leuchtet auch didaktisch unbelecktem *common sense* unmittelbar ein. Schaut man sich frei geschriebene Texte von Kindern an, kommt man allerdings ins Nachdenken.

2. Das Grundproblem: Wie häufig sind »häufige« Wörter wirklich?

Balhorn u. a. (1983) haben 793 Aufsätze von 190 SchülerInnen analysiert. Nur 88 Grundwörter tauchen bei allen Kindern auf, danach nimmt die Verwendungsbreite rapide ab. Schon das 409.-häufigste Wort (= Lexem, also jeweils Grundwort plus der abgeleiteten Formen) findet sich nur noch in den Texten von 30 Kindern, d. h. bei nicht einmal 16% der SchreiberInnen. Diese rapide Abnahme läßt für die unteren 2/3 eines Grundwortschatzes (ca. 1000 Wörter in den westlichen Bundesländern, ca. 1500 im

---

* Vorfassungen dieses Beitrags sind erschienen unter den Titeln *Häufigkeitswortschatz – ade. Oder: Was macht eine Wortauswahl zum Grundwortschatz?* In: *GRUNDSCHULZEITSCHRIFT*, 7. Jg., H. 64, 34–36. und *Mickey-Mouse-Wortschatz für Grundschulkinder?* In: *Spektrum der Wissenschaft*, H. 2/93, 119–121.

Mindestwortschatz der ehemaligen DDR, heute in Varianten weiter im Gebrauch) nur noch sehr geringe Gebrauchsbreiten vermuten.
Immerhin: Nach *Balhorn* decken die 409 häufigsten Wörter wegen ihres mehrfachen Auftretens rund 80% der Textmenge in den Aufsätzen ab. Insofern verspricht ihre Übung eine wenig aufwendige Steigerung der Rechtschreibsicherheit. Aber stecken die Rechtschreibprobleme überhaupt in diesen Wörtern – oder in den restlichen 20%? Und soweit sie in diesen Wörtern stecken: Sind es die Grundformen oder besondere Ableitungen *(geben – gibst)*, die Schwierigkeiten machen?
Balhorn u. a. berichten für die 400 häufigsten Wörter eine Fehlerquote von nur rund 5% (also nur in jedem zwanzigsten Wort), für die übrigen 5600 (!) Grundwörter (Lexeme) dagegen eine Fehlerhäufigkeit von 20% (also schon in jedem fünften Wort). Da die 400 häufigsten Wörter *per definitionem* öfter auftreten, macht ihre Fehlerquote dennoch mehr als die Hälfte der Gesamtfehlerquote aus, so daß sich um der effektiven Fehlerreduktion willen eine Konzentration der Übung auf diesen Teilbereich trotz der geringeren Fehleranfälligkeit zu lohnen scheint.
Allerdings gelten zwei Einschränkungen: Es handelt sich um Grundwörter, d. h. zusätzlich zu diesen 400 Einheiten müssen für viele Wörter auch noch Ableitungen geübt werden (nach *Brügelmann/Fischer 1992* pro Wort zwischen 0 und 10 verschiedenen Formen; s. im einzelnen unten). Zum zweiten darf nicht übersehen werden, daß schon aus dieser Auswahl eine ganze Reihe Wörter von vielen Kindern gar nicht (oder nicht sehr häufig) verwendet wird (in diesem Korpus bereits das 400. Wort nur von jedem sechsten Kind, s. oben!).
Hinzu kommt die Frage: Wie sieht es *außerhalb* dieses Kernbereichs der 400 häufigsten Wörter aus? Nach den geringen Verwendungsbreiten, die *Balhorn u. a.* gefunden haben, scheint hier allenfalls eine individualisierte Gebrauchshäufigkeit geeignetes Auswahlkriterium zu sein.
Erika Brinkmann hat die Texte dokumentiert, die ihre Tochter Lisa in den zwei Jahren vor Schulbeginn aus eigener Initiative geschrieben hat (s. *S. 35ff. und 87ff.* in diesem Band). Sie stellt schon unter diesen insgesamt 1500 Wörtern eine breite Streuung fest (vgl. *Brinkmann/Brügelmann 1992):* Lisa verwendet beim Schreiben bereits mit 5–6 Jahren 570 verschiedene Wörter, von denen nur 188 mehr als einmal in ihren Texten auftauchen. Noch bedenklicher wird es, wenn man Lisas Gebrauchswortschatz mit gängigen Grundwortschätzen für die 1. oder 2. Klasse vergleicht.
Von Lisas 50 häufigsten Wortformen (mindestens 5mal belegt) finden sich nur 19 unter den 99 Wortformen für die 1. Klasse bei *Rathenow* (in: *Naegele u. a. 1981).* Die Übung eines Grundwortschatzes hätte ihr also wenig genutzt, Fehler beim Schreiben zu vermeiden. Wesentlich mehr als 100 Wörter aber schlägt kaum jemand in der Rechtschreibdidaktik für das erste Schuljahr vor.
Von den 188 Wortformen, die Lisa mindestens zweimal verwendet, finden

sich selbst in *Rathenows* Liste der 172 Wortformen für die 2. Klasse *(ebda.)* gerade einmal 52, also nicht einmal ein Drittel, wieder; und nur 83 dieser 172 Wortformen – also knapp die Hälfte – tauchen überhaupt in Lisas Texten auf. Gemessen an ihrem persönlichen Schreibwortschatz hätte Lisa also mehr als die Hälfte der Wörter umsonst geübt.
Schon dieser Einzelfall zeigt ein Grundproblem des Häufigkeitsprinzips: Außerhalb eines Kernbereichs der gängigen Funktions- oder Strukturwörter streuen die Wörter je nach Thema, Situation und persönlicher Erfahrung erheblich.

3. Das Kriterium: Verwendungshäufigkeit oder Verwendungsbreite?
Augst (1987; 1989) ist dieser Frage systematischer nachgegangen und hat alle Schulhefte (aller Fächer eines Schuljahres) von zehn Viertkläßlern und zehn Zehntkläßlern ausgewertet. Er faßt seine Ergebnisse zu den Inhaltswörtern wie folgt zusammen *(Augst 1990):*

Wortformen	4. Klasse	10. Klasse	
mindestens 100x belegt	76	52	Wörter
mindestens 40x belegt	288	311	Wörter
mindestens 10x belegt	1.493	1.443	Wörter

Schon innerhalb dieses 1500er Bereichs, der etwa dem relativ umfangreichen Mindestwortschatz der DDR entspricht, zeigt sich eine rapide Abnahme der Verwendungshäufigkeit. Aber selbst dieses Bild sieht besser aus, als es in Wirklichkeit ist. Denn ein 40faches Auftauchen eines Wortes kann heißen, daß ein einziges Kind dieses Wort mehrfach benutzt hat (nämlich 40mal) und von den anderen neun Kindern kein einziges. Es kann im anderen Extrem bedeuten, daß zwar alle zehn Kinder dieses Wort benutzt haben, aber jedes im Laufe des ganzen Schuljahres in den verschiedenen Fächern nur viermal.
Maren Kropp (1993b) hat in einer Teilstudie unseres »Schreibvergleichs BRDDR« die Texte von 600 Kindern zum Thema »Mein Traum« ausgewertet (also nur einen Text pro Kind, dafür aus den drei sehr unterschiedlichen Stichproben Deutschland »Ost« und »West« und »Lesen durch Schreiben« in der Schweiz). Sie fand, daß man schon bei den häufigsten 300 Wortformen zu sehr unterschiedlichen »Grundwortschätzen« kommt, wenn man sie einmal nach »Verwendungshäufigkeit« (im Gesamtkorpus) und zum anderen nach »Verwendungsbreite« (= Quote der VerwenderInnen in einer Bezugsgruppe, vgl. *Brügelmann/Otto 1992b)* bestimmt: In ihren drei Stichproben lag die Überlappung der beiden Auszählungen zwischen nur 23% und 31% der Wortformen *(a. a. O.,* 45). Viele Wörter, die im Korpus insgesamt häufig gezählt werden, gehörten also nicht zu denen, die von vielen Kindern benutzt wurden. – Und selbst mit dem von *Augst* relativ niedrig angesetzten Kriterium erreicht man nicht mehr als rund 300 Formen

von Inhaltswörtern, d.h. zusammen mit den etwa 300 Funktionswörtern einen Kernwortschatz von 600 Wortformen, die zudem nur eine relativ niedrig angesetzte »Häufigkeit« beanspruchen können. Wie wenig das für den Rechtschreibunterricht ist, wird deutlich, wenn man bedenkt, daß häufig mehrere Wortformen, d. h. ortografische Varianten, zu ein und demselben Grundwort gehören (z. B. für den Mindestwortschatz der DDR durchschnittlich pro Wort 4 bis 6 Ableitungen; vgl. *Brügelmann/Fischer 1992)*.

Man mag gegen die Untersuchungen von *Brinkmann* und *Augst* einwenden, daß sie sich auf nur wenige Kinder beziehen. Insofern ist es interessant, die Ergebnisse einer breiteren Erhebung zu betrachten.

4. Gegenkontrolle: Häufige Wörter in größeren Stichproben

Pregel/Rickheit (1987) haben für ihren *»Wortschatz im Grundschulalter«* neben mündlichen Texten auch tausend Schrifttexte von 341 verschiedenen Dritt- und Viertkläßlern ausgewertet (s. auch *Rickheit 1990)*.

Erster Befund zugunsten eines Grundwortschatzes: Nimmt man mündliche und schriftliche Äußerungen zusammen, so decken Pronomina, Artikelwörter und Partikel rund 2/3 des Gebrauchswortschatzes ab. Diese Quote stützt zumindest das Plädoyer für eine Konzentration des Rechtschreibunterrichts (zunächst) auf die rund 300 Strukturwörter.

Die Kehrseite der Medaille: Die Inhaltswörter streuen um so breiter. Auf die Schrifttexte der 4. Klassen bezogen (500 Texte zu fünf verschiedenen Themen) ergibt sich folgende Verteilung der Grundwörter:

	Substantive	Verben	Adjektive	
alle Wörter N =	6 443	7 590	2 260	
verschiedene Wörter N =	1 574	1 033	411	
> 1.0 % Anteil	9 (65x)	16 (76x)	20 (23x)	= 45
> .1 % Anteil	175 (7x)	134 (8x)	130 (3x)	= 439
> .05% Anteil	357 (4x)	244 (4x)	188 (2x)	= 789

Selbst für die 439 häufigsten Inhaltswörter (Substantive, Verben und Adjektive zusammen) finden sich in den 500 Texten zum Teil nur noch weniger als zehn Belege. Nehmen wir die 789 häufigsten Inhaltswörter, dann schrumpft die Häufigkeit gegen Ende sogar auf 2 Belege. Dabei sind abgeleitete Formen, die je unterschiedliche Rechtschreibschwierigkeiten bieten können, nach der Zählweise von *Pregel/Rickheit* (wie bei *Balhorn u. a.)* schon mit eingeschlossen. Nähme man eine Auftretensquote von wenigstens 25 Belegen in 500 Texten (= nur 5%!) zum Maßstab für eine zureichende »Häufigkeit«, käme man auf nicht einmal 100 Inhaltswörter für einen Grundwortschatz.

Die Schnittmenge der verwendeten Wörter scheint also bei – gegenüber *Augst* – wachsender Kinderzahl noch weiter abzunehmen. Damit wird »Gebrauchshäufigkeit« für Wortschätze, die eine Größenordnung von tausend und mehr Wörtern anzielen, zu einem äußerst problematischen Kriterium.

In ihrer bereits erwähnten Auswertung je eines Textes von 600 verschiedenen Kindern fand *Kropp (1993b),* daß schon bei der 30. Wortform die Verwendungsbreite (Anteil der Kinder, die eine bestimmte Wortform verwenden) unter 15% sinkt, bei der 100. Wortform sogar unter 8%. Insofern kann das Argument, die häufigsten 1000 Wörter deckten über 80% des fließenden Textes ab und müßten deshalb auch den Übungswortschatz der Kinder ausmachen, nur auf den ersten Blick beeindrucken.

Wenn im Text »Mein Traum« schon das 500. Wort nur noch von 2% der Kinder verwendet wird und das 800. nur noch von 1%, dann wird deutlich, daß der Sprung von »häufig« zu »selten« sehr viel früher angesetzt werden muß. Zwar decken die häufigsten Wörter einen hohen Anteil des fließenden Textes ab, aber bereits 20 Wortformen reichen für ein Drittel des Textes, 300 Wortformen für drei Viertel. Die nächsten 200 Wortformen erhöhen die Quote nur um 6%, die nächsten 500 um weitere 7%.

Zwischen dem 500., 1000., 1500. oder 2000. Wort gibt es also kaum einen bedeutsamen Unterschied in der Häufigkeit, der eine Auszeichnung als Lernwort für einen allgemein verbindlichen Übungswortschatz rechtfertigen würde.

5. Überlappung von Übungswortschatz und häufig geschriebenen Wörtern
Auch in dieser Hinsicht liefert die Untersuchung von *Kropp* interessante Ergebnisse.

Von den häufigsten 300 Grundwörtern der Kinder im freien Text »Mein Traum« finden sich rund 70% im *Mindestwortschatz* der DDR wieder. Erweitert man diesen auf alle Ableitungen zu den Grundwörtern, so steigt die Überlappung sogar auf über 90%. Die Unterschiede zwischen den drei Stichproben (Deutschland »Ost« und »West« und »Lesen durch Schreiben« in der Schweiz) sind gering; insbesondere hat sich die Erwartung nicht bestätigt, daß die Kinder aus der ehemaligen DDR, deren Rechtschreibunterricht auf den Mindestwortschatz zentriert war, deutlich mehr Wörter aus diesem Bereich verwenden als die beiden anderen Gruppen (72.7% vs. 70.0% in der Schweiz bzw. 71.0% in Deutschland »West« bei den Grundformen; 94.3% vs. 91.3% in der Schweiz und 94.0% in Deutschland »West« – unter Einschluß der abgeleiteten Formen).

Auf den ersten Blick spricht dieses Ergebnis für eine praktische Relevanz eines Übungswortschatzes nach dem Häufigkeitskriterium. Aber das Bild verändert sich, wenn man den Kreis der Wörter erweitert. – In einer ergänzenden Feinanalyse von je rund 100 Texten unserer drei Stichproben *(Frantzen 1992)* zeigte sich, daß nur 60% aller im freien Text »Mein Traum« verwendeten (verschiedenen) Wörter auch im Mindestwortschatz auftauchten. Selbst wenn man diese 1550 Grundwörter um ihre rund 6500 Ableitungen erweitert, kommen nur 3/4 der (verschiedenen) Wortformen

auch im Mindestwortschatz vor. Anschaulich wird das Problem im konkreten Vergleich der 789 häufigsten Inhaltswörter bei *Pregel/Rickheit (1987)* mit den 1546 Wörtern des Mindestwortschatzes der DDR (Inhaltswörter, einschließlich einiger abgeleiteten Wortformen, plus Strukturwörter).
Da *Pregel/ Rickheit* keine Strukturwörter mitgezählt haben, muß man diese (rund 300 Einheiten) von den Wörtern des Mindestwortschatzes abziehen. Selbst von diesen ca. 1250 häufigsten Inhaltswörtern findet sich nur ein Drittel unter den häufigsten 798 Wörtern. Dabei wurde das Häufigkeitskriterium mit z. T. weniger als als 5 Belegen in 5000 Texten bereits sehr niedrig angesetzt. Erhöht man es auf mindestens 25 Belege, so schrumpft die Überlappung auf 40 Wörter – gerade einmal 3.2%. Auch umgekehrt gilt: Von den (relativ) häufig gebrauchten 798 Inhaltswörtern ist fast die Hälfte nicht im Mindestwortschatz vertreten.
Unser Rostocker Kollege *Kurt Richter (1979)* hat schon vor 15 Jahren eine Untersuchung von Gebrauchswortschätzen aus ersten bis vierten Klassen vorgelegt. Sein Ergebnis: In den Jahresleistungen der 4mal zehn Kinder kommen nur 20% der laufenden Wörter und sogar nur 10% der verschiedenen Wortformen zugleich im Mindestwortschatz der DDR vor. Bis zur Wende durfte diese Studie wegen ihres Widerspruchs zur offiziellen Rechtschreibdidaktik nicht veröffentlicht werden. Die Tendenz der Befunde wird aber durch die hier berichteten Studien aus den 80er Jahren bestätigt.

6. Rechtschreibfehler innerhalb und außerhalb des Mindestwortschatzes

Um den Nutzen eines begrenzten Übungswortschatzes beurteilen zu können, ist zu prüfen, ob sich die Fehlerquoten innerhalb und außerhalb von Grundwortschätzen bedeutsam unterscheiden.
In der Studie von *Kropp (1993)* ergab sich folgendes Bild:
Von den *richtig geschriebenen* Wortformen (pro Stichprobe jeweils rund 3000) liegen in allen drei Stichproben rund 60% außerhalb des Mindestwortschatzes. Wider Erwarten ist die Quote in den DDR-Klassen mit 60.8% eher höher als in den beiden anderen Stichproben (57.5% in der Schweiz und 60.4% in Deutschland»West«).
Zur Gegenkontrolle wurde die Verteilung der *Fehlerwörter* auf die Bereiche innerhalb vs. außerhalb des Mindestwortschatzes ausgewertet. Auch die falsch geschriebenen Wortformen stammen zu rund 60% nicht aus dem Mindestwortschatz (einschließlich Ableitungen 62.0% in der DDR, 56.6% in der Schweiz und 60.4% in Deutschland »West«).
Diese Werte zeigen, daß sich die Konzentration des Rechtschreibunterrichts in der DDR auf den Mindestwortschatz nicht in einem anderen Leistungsprofil niederschlägt.
Die Proportionen zwischen den drei Stichproben verändern sich nicht, wenn nur die Überlappung der *Grundformen* ausgezählt werden (allerdings steigen die Anteile außerhalb des Mindestwortschatzes von rund 60% auf 75–80%).

Wie aber steht es mit den Fehlerquoten der Wörter, die in der DDR als Mindestwortschatz wesentlich intensiver geübt worden waren als in den beiden anderen Stichproben?
Die Fehlerquote derjenigen Wörter, die zu den 8023 Elementen des Mindestwortschatzes im weiteren Sinne zählen (Grundformen plus Ableitungen), ist mit 3.5% (Ost) bzw. 5.3% (West) wesentlich geringer als bei den Wörtern außerhalb dieses Bereichs (18.3% vs. 22.6%). Dieser Befund spricht für einen deutlichen Übungseffekt. Aber warum zeigt er sich auch in den westdeutschen Klassen, die gar nicht nach diesem Mindestwortschatz gearbeitet haben?
Otto (1991) hat bereits in einer Teilauswertung unserer Erhebungen darauf hingewiesen, daß die beim freien Schreiben verwendeten Wörter nicht gleichmäßig über das ganze Spektrum des Mindestwortschatzes streuen.
Diese Vermutung wird bestätigt durch weitere Analysen in unserem Projekt, nach denen die Fehlerquote bereits *innerhalb* des Mindestwortschatzes von 5% (für die häufigsten 300 Wortformen) auf rund 20% ansteigt und daß sie sich außerhalb des Mindestwortschatzes nicht weiter erhöht.
Ein weiteres Argument für diese Interpretation: Die geringe Fehlerquote von 3.5 bis 5.5% innerhalb des Mindestwortschatzes (beim freien Schreiben) korrespondiert mit der ähnlich niedrigen Fehlerquote im Diktat – für Wörter der 1./2. Klasse, die insgesamt nur 430 Elemente umfassen. Auch im Diktat steigt die Fehlerquote für Wörter aus dem Mindestwortschatz für 3./4. Klassen bereits auf 17.3% (Ost) bzw. 23.0% (West) an. Dieser Wert ist fast identisch mit den Fehlerquoten, die wir beim freien Schreiben für Wörter *außerhalb* des Mindestwortschatzes festgestellt haben.
Diese Zahlen stützen die Annahme, daß die Mindestwortschatz-Wörter im freien Text vorrangig aus dem Bereich der besonders häufigen 400 Grundwörter stammen. Demnach macht sich in den niedrigen Fehlerquoten weniger ein spezifischer Übungseffekt als die allgemeine Häufigkeit dieser Wörter bemerkbar. Hinzu kommt, daß nur sehr wenige Wörter von mehr als 10% der Kinder falsch geschrieben werden. Die Chancen einer Fehlerreduktion durch gemeinsame Übungen sind also gering.

Damit wird deutlich: Rechtschreibübungen nach einem Häufigkeits- oder Fehlerwortschatz können die Rechtschreibentwicklung der Kinder abstützen, aber ein breites Angebot an Lese- und Schreibaktivitäten für *individuelles* Lernen nicht ersetzen.

7. Folgerungen für den Rechtschreibunterricht

Vier Konsequenzen sind aus den Ergebnissen der referierten Untersuchungen zu ziehen (ähnlich schon *Conrady u. a. 1987; Naumann 1985):*
• Der Übungswortschatz kann nicht für alle Kinder gleich sein. Angemessener ist eine individuelle Wörterkartei um den Kernbereich der allgemeinen Strukturwörter und eine Auswahl gemeinsamer »Klassenwörter«

herum (z. B. als themenorientierte Wortfelder aus Projekten des Sachunterrichts; s. *Menzel 1985, 46 ff.; Brügelmann 1992).*

• Gegenüber der inhaltlichen Bestimmung einer Wortauswahl gewinnt das formale Prinzip »Grundwortschatz« (als wiederholte Übung derselben Wörter) an Bedeutung. Gemeint ist damit die Konzentration von Übungen auf eine intensive Wiederholung einer begrenzten Wortauswahl. Diese kann von Kind zu Kind inhaltlich jeweils anders aussehen. Eine starke Beschränkung des für alle SchülerInnen gemeinsamen Kernbereichs und seine Ergänzung durch »eigene Wörter« *(Bergk 1987)* bzw. durch eine klassenbezogene Auswahl *(Naumann 1986)* wurde in den alten Berliner Richtlinien mit ihrer Vorgabe von nur 600 Wörtern bereits einmal realisiert (vgl. *Spitta 1986, 599).*

• Der inhaltlich gemeinsame Wortbestand muß stärker auf »Modellwörter« für typische Rechtschreibmuster hin konzipiert werden, sollte auch ihrer Häufigkeitsverteilung Rechnung tragen (vgl. *Sennlaub 1983, 20, 42–43; Spitta 1983, 38; Balhorn u. a. 1990; Augst 1990, 325).* Für das /i:/ z. B. wären eher Wörter wie *Biene* als *ihr/ihm/ihn* oder *Maschine* repräsentativ.

• Die Kinder sollten frühzeitig lernen, wie man die gängigen Formen zu den Grundwörtern bildet (Aufmerksamkeit für das Stammprinzip und für grammatische Morfeme; vgl. *Heidrich 1977, 35 ff.; Riehme u. a. 1987, 68 ff.).*

Diese Folgerungen beziehen sich lediglich auf die Frage, *wie* ein Grundwortschatz im Rechtschreibunterricht genutzt werden soll. Welchen Stellenwert solche Übungen überhaupt neben freiem Schreiben und einer selbständigen Überarbeitung eigener Texte haben sollten, wird weiter zu untersuchen sein. Unser Vergleich der ostdeutschen Klassen mit den beiden westlichen Stichproben (vgl. *S. 129ff., 135ff., 149ff.)* ermutigen zu alternativen Versuchen.

Karin Brügelmann
Frederick und die Wörtersammler
Die Schule lädt ein – zum Lesen und zum Schreiben

»Wir könnten ihnen doch FREDERICK vorspielen und ihnen Wörter zeigen zum Lesen oder ihre Namen!« Die Kinder der Klasse 2a überlegen, wie sie nach den Sommerferien die neuen Erstkläßler empfangen wollen. Sie werden die Einschulungsfeier gestalten und eine erste Klasse als Partnerklasse betreuen.
So ist es Brauch an unserer Schule: Die dritten Klassen begleiten die ersten Klassen in den Schulalltag; sie holen sie in die Pause ab, zeigen ihnen Schulgebäude und Pausenhof, spielen mit ihnen, lesen ihnen vor, z. B. in Regenpausen oder in gemeinsamen Unterrichtsstunden. Sie helfen ihnen, sich in unserer Schule einzuleben und heimisch zu fühlen.

FREDERICK von *Leo Lionni* ist für diese Schülerinnen und Schüler fest mit der Erinnerung an ihren eigenen Schulanfang verbunden, war dieses Bilderbuch doch die erste gemeinsame Klassenlektüre, die am ersten Schultag auf dem Platz jedes Kindes lag – ausgeliehen im Klassensatz bei der Bibliothekarischen Arbeitsstelle in Bremen. In diesem Buch lasen wir in der ersten Unterrichtsstunde. Manche Kinder kannten den Text und konnten zu den Bildern »lesend« erzählen. Andere hörten mir besonders gern beim Vorlesen zu, schauten dabei ins Buch und bemühten sich, das rechtzeitige Umblättern nicht zu verfehlen.
Am zweiten Schultag hatten wir viele Mäuse auf unseren Schultischen sitzen – allesamt FREDERICKs, ob aus Ton, Fell oder Stoff. Manches Kind hatte auch das eigene Bilderbuch von zu Hause mitgebracht und zeigte es stolz herum: »Ich hab meiner Mama gestern vorgelesen . . .«. So ernannten die Kinder selbst FREDERICK zu unserem ständigen Begleiter. Täglich wurden mir Bilder überreicht, die zu Hause entstanden waren, bald mit Wörtern dazu – aus dem Buch abgeschrieben oder den in der Klasse hängenden Wortkarten entnommen.
Jeden Morgen sammelten wir Wörter für FREDERICK – er brauchte sie ja, um seine Freunde im Winter zu wärmen und aufzuheitern – und hängten sie an unseren Wörterbaum, einen weitverzweigten Ast in einem mit Sand gefüllten Topf. Im Anschluß zeigte die Klassenmaus FREDERICK ihren neuen Freundinnen und Freunden – der Klasse – ihre Lieblingswörter und

---

Vorfassungen zu einzelnen Abschnitten dieses Beitrags sind eingegangen in die Broschüre »Lesen ist mehr« des Niedersächsischen Kultusministeriums *(Niemann u. a. 1992)*.

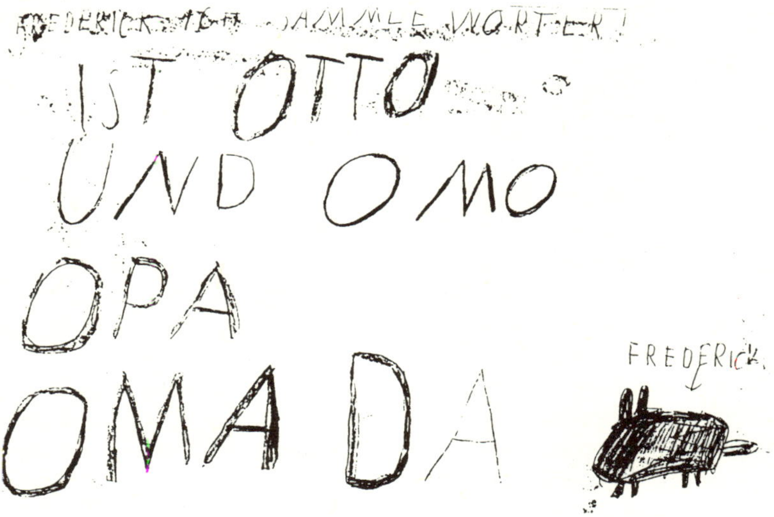

Frederick (im ansonsten bunten Original schwarzgrau rechts unten) sammelt Wörter.

pflückte sie vom Baum: »Kannst du mir das bitte vorlesen?« Einige Kinder konnten es und erklärten den anderen, an welchen Merkmalen sie das jeweilige Wort wiedererkannt hatten.

Manchmal spielte FREDERICK verrückt und las selbst vor – Wörter, die es niemals geben konnte. Die Kinder korrigierten ihn, oder sie ahmten ihn nach. FREDERICK stellte zunehmend schwierigere Aufgaben, ließ sich alle Wörter mit »M« (Anfang/Mitte/Ende) abpflücken, oder er legte selbst Wortkarten in den Kreis, und die Kinder suchten nach auffälligen Gemeinsamkeiten. Manchmal schrieb er gar Wörter an die Tafel – verdreht oder lückenhaft: Wer konnte sie richtigstellen?

FREDERICK bat die Kinder um Mithilfe beim Spiele-Erfinden; er brauchte Lese- und Wörterspiele, so viele es nur gab, damit seine Freunde im Winter draußen in der Steinmauer genug Abwechslung hatten und gar nicht daran denken konnten, wie kalt und einsam es dort war. So sammelten und suchten die Kinder und kamen so beinahe selbst durch den Winter. *Lesen* lernten sie gemeinsam mit FREDERICK, und auch die ersten Schreibversuche orientierten sich an dieser Geschichte: Das erste gemeinsame Buch malte und schrieb die Klasse zu ihrem Lieblingsbuch. Außerdem entstand ein Wandfries: die Steinmauer mit vielen Mäusen, Sonnenstrahlen, Farben und Wörtern.

Zwei Jahre später wird diese Erinnerung wach und der eigene Weg, Lesen zu lernen, als geeignet bestätigt: Wir wollen FREDERICK als Theaterstück für die Schulanfänger aufführen!

Zuerst das Drehbuch; die Schülerinnen und Schüler schreiben in Gruppen ein Theaterstück in vier Akten. Dann die Musik dazu; eine Schülerin bringt

eine Kassette mit Mäuseliedern mit, und wir suchen die passenden heraus. Schließlich: Kulissen werden gemalt und auf der Bühne aufgebaut. Das Stück wird einstudiert.
Alle Kinder der Klasse spielen mit – als singende, tanzende, sprechende Mäuse. Kurz vor den Ferien entsteht eine neue Idee. Die Litfaßsäule in der Pausenhalle wird mit Plakaten zu FREDERICK gestaltet, damit die neuen Schülerinnen und Schüler später nachschauen und nachlesen können, was sie am Einschulungstag auf der Bühne gesehen haben. Aber auch alle anderen, die in unsere Schule kommen, sollen so teilhaben am Lieblingsbuch dieser Klasse.
Der Vorschlag, jedem Kind an seinem ersten Schultag ein selbstgeschriebenes und illustriertes FREDERICK-Buch zu überreichen, kann aus Zeitgründen nicht mehr verwirklicht werden.
Die Einschulungsfeier gelingt. Oft sehen wir später Schulanfänger an der Litfaßsäule stehen und rätseln: F r e d e r i c k . . . Die Litfaßsäule erzählt das Abenteuer von FREDERICK und seinen Freunden – das originale Bilderbuch ist daneben ausgestellt.
Im Flur steht eine Stellwand mit Plakaten zum ersten eigenen Buch der Klasse 2b*: Wuschelbär* von Irina Korschunow. An den Klassentüren hängen Buchempfehlungen:
»Das Buch FINDEFUCHS von IRINA KORSCHUNOW gefällt mir, weil es an manchen Stellen traurig ist und an einer Stelle witzig oder lustig. Eine spannende Tiergeschichte ist das, wie ein kleiner Fuchs seine Mutter bekam. Sie kämpfte mit dem Dachs, und sie ist mit ihm vor dem Hund des Jägers geflüchtet. Die Füchsin gab ihm zu trinken.«
Oder:
»Für Leseratten: OTTO IST EIN NASHORN von . . . Du solltest das Buch unbedingt lesen, weil es lustig ist und weil Topper witzig ist. Er erlebt Abenteuer mit einem Nashorn.«
So geben Schülerinnen und Schüler Lesetips weiter und verteilen Hitlisten zu Lieblingsbüchern (z. B. mit den Rubriken: Autor/in – Titel – Verlag – Urteil).

Eine Klasse bemalt die Schulfenster mit Abenteuern von JIM KNOPF. Kulissen und eine lebensgroße Ronja aus Pappe stehen auf der Bühne in der Pausenhalle und erzählen von der aktuellen Lieblingslektüre der Klasse 3a: RONJA RÄUBERTOCHTER von *Astrid Lindgren.* In einem Schaukasten liegen Bücher aus: Neuerscheinungen zum Thema »Dinosaurier« oder eine Auswahl Gruselbücher, Märchen, Abenteuerromane usw.
Ein großes Plakat mit einem gelben Briefkasten davor fordert dazu auf, ein Buchrätsel zu lösen: Wer errät diesen Buchtitel? Es folgen Fragen, Zitate, Lückentexte und Zeichnungen. Preisverteilung: Datum/Uhrzeit/Ort.

Eine Pinnwand informiert über die Arbeitsergebnisse der Lese-AG.

Auf einer Stellwand sitzen selbstgebastelte Gespenster aus Stoff – Überschrift: *Neues vom Flaschenposträuber.* Briefe von Kindern und auf Computerpapier gedruckte Antworten des »Flaschenposträubers« zeugen von einem regen Briefwechsel. Schülerinnen und Schüler einer zweiten Klasse schrieben im Anschluß an das Bilderbuch »Oh wie schön ist Panama« von Janosch eine Flaschenpost und warfen sie in den nahegelegenen Hombach. Der »Flaschenposträuber« antwortete, und es ergab sich über Wochen eine rege Korrespondenz. Das Geheimnis um die Person des Flaschenposträubers wurde nie gelüftet und wirkt auch in der Erinnerung noch spannend und gruselig.

In den Fluren stehen niedrige Regale, die Bilderbücher, Sachbücher oder Kinderliteratur anbieten, und zwar so, daß nicht die Buchrücken, sondern die Titelseiten gut sichtbar sind. So werden die Kinder angeregt, sich Bücher für den Tag auszuleihen – für Pausen und für Phasen freier Arbeit im Unterricht. Bücher begegnen uns überall; das Lesen in Büchern, die Arbeit mit Büchern macht einen Teil des Schullebens aus. Sie beginnt mit dem ersten Schultag und wird kontinuierlich fortgeführt. Bilderbücher, Abenteuerbücher, Kinder- und Tiergeschichten, Sachbücher knüpfen am Leseinteresse der jeweiligen Altersgruppe an und motivieren zu einem produktiven Umgang mit Literatur. Bücher lesen bedeutet so, aktiv und kreativ sein, indem die Arbeit mit Büchern dokumentiert und auch für andere im Schulhaus sichtbar gemacht wird. »Schule – eine Gemeinschaft von Lesenden« – so faßt *Heide Niemann (1992)* diese pädagogische Grundidee in dem Vorwort zur Broschüre »Lesen ist mehr« des Niedersächsischen Kultusministeriums zusammen.
Dabei sind der Adressatenbezug und der gegenseitige Austausch besonders wichtig. Wir laden die Parallelklasse zum Vorlesen ein oder spielen ihr Szenen aus einem Buch vor. Die beiderseitige Klassenlektüre wird vorgestellt und später ausgetauscht, dazu die selbstgefertigten Texte und Illustrationen. So ergänzen sich Lesen und Schreiben auf allen Klassenstufen und regen zu den verschiedensten Aktivitäten an:
– Kinder stöbern in Bücherkisten, die die Lehrerin/der Lehrer aus der schulbibliothekarischen Arbeitsstelle mitgebracht hat.
– Kinder kuscheln sich zu zweit oder dritt in der Leseecke ein, blättern in einem Bilderbuch und tauschen ihre Gedanken dazu aus.
– Kinder übernachten im Klassenzimmer und schmökern in ihren Lieblingsbüchern, bis ihnen die Augen zufallen – Erlebnis einer Lesenacht.
– Kinder gestalten eine Vorlesestunde für Eltern, Kindergartenkinder, andere Klassen.
Dazu schreiben sie:
– Eine Klasse gestaltet ein gemeinsames Buch zum gelesenen Buch (nach eigenen Ideen oder dem Buchinhalt nachempfunden).
– Jedes Kind schreibt und malt sein eigenes Buch zum Buch.

– In Partner- oder Gruppenarbeit werden Plakate illustriert und geschrieben.
– Eine Klasse gibt Rätsel und Buchempfehlungen für andere Klassen heraus.
– Zur Klassenlektüre schreibt jede/jeder ein Lesetagebuch mit persönlichen Gedanken und Zeichnungen.

Dies sind aus der Sicht unserer Schule Möglichkeiten, Kinder zum Lesen und Schreiben anzuregen. Denn Lesen und Schreiben gehören für uns zusammen. Im technischen Sinn lernen die Kinder »Lesen durch Schreiben«, Laut für Laut verschriftend, wie es *Jürgen Reichen* mit seiner Anlauttabelle darstellt. Literarisch lernen sie »Schreiben durch Lesen«, so wie es *Heide Bambach* in ihrem Buch »Erfundene Geschichten erzählen es richtig« beschreibt: Kinderromane und Sachbücher als inhaltliche Anregung zum Denken, Sprechen und Schreiben, aber auch als Modell für den Aufbau und die sprachliche Form von Texten.

Für das Schreiben eigener Texte sind Hilfen wichtig, die es erleichtern, die richtige Schreibung unbekannter Wörter zu finden: Kinder-Duden und Bild-Wörterbücher; Rechtschreibkarteien; Absprachen, wie man Wörter erfragt: *erst die Nachbarin, dann die Tischgruppe, dann eine »Expertin« oder die »diensttuenden Rechtschreib-Sheriffs«, allenfalls danach die Lehrerin.* Ergänzt werden sollte das freie Schreiben durch eine Vielfalt an Rechtschreibaufgaben, wie sie z. B. bei *Brinkmann/ Brügelmann (1993)* beschrieben sind: Bilder-, Dosen- und Schleichdiktate, Selbst- und Partnerdiktate, »Schatzkästchen mit eigenen Wörtern«, Sammeln von Wörtern zu bestimmten Rechtschreibmustern, »Bingo mit Risiko«, »Dreckfuhler reparieren«, »Wörter hamstern« usw. Solche Spiele und Übungen eignen sich besonders für differenziertes Arbeiten im Rahmen eines Tages- oder Wochenplans.

Institutionalisierte Lesesituationen helfen im Schulalltag, das Buch immer wieder in den Mittelpunkt des Deutschunterrichts zu rücken. Wie oft mahnen uns Lehrerinnen und Lehrer die eingeführten Fibeln und Lese-Bücher zum Gebrauch. Wir fühlen uns gebunden und möchten uns doch befreien und einer Lese- und Schreibförderung Raum geben, die sich am Buch orientiert und nicht an der »Häppchen-Literatur« von Schulbüchern; denn Hinführung zu Literatur heißt Lesen in Büchern, erfahren, daß Bücher spannend, lustig, unterhaltsam und traurig sein können, daß sie Gefühle auslösen und die Phantasie anregen und Zeit vergessen lassen.

Malte Dahrendorf betont die besondere Bedeutung von Büchern im Unterricht. Sie können zum einen Begleiter des Leselernprozesses sein, zum andern können sie ». . . an der entscheidenden Nahtstelle zwischen Abschluß des Leselernprozesses und Zuwendung zur Buchlektüre Weichen fürs Leben stellen (. . .). Zum Leser wird man in dieser Gesellschaft nicht automa-tisch, wie man mit automatischer Sicherheit etwa zum Fernseher und Videogucker wird, sondern nur, indem man dafür etwas tut« *(a.a.O.,* S. 34).

Rituale helfen, feste Lesezeiten im Schulalltag einzuplanen:

• Einmal im Monat ist Lesetag in der Schule; es gibt keine Fächereinteilung, das Buch steht im Mittelpunkt.
• Zum Wochenauftakt oder -ende erhält jede Klassenstufe ein Vorleseangebot, gestaltet von der Lese-AG oder von Eltern.
• Der Stundenplan weist feste Lesezeiten aus. Dann arbeiten die Kinder in der Schülerbücherei, oder sie fertigen ein eigenes Buch an, schreiben in ihr Lesetagebuch, lesen vor oder lesen still.
• Regelmäßig im Schuljahr werden Buchausstellungen gestaltet (Elternsprechtag, vor den Sommerferien, vor Weihnachten).
• Einmal jährlich findet eine Projektwoche »Rund um das Buch« statt. Die Klassen wählen verschiedene Themen – Bücher über Bären, Mäuse . . ., Lieblingstiere der Kinder, Abenteuergeschichten, Bücher von *Erich Kästner,* Hexenliteratur u. a. und lesen und schreiben dazu. Die Klassenräume werden zu Lesehöhlen und Schreibwerkstätten umgebaut. Am Ende der Projektwoche laden die Kinder zu einer Ausstellung ein und bieten den Besuchern verschiedene Aktivitäten zum Lesen und Schreiben an: »Tag der offenen Tür«.

Eine Schule, die Bücher-Lesen als übergreifendes Prinzip von Schulleben, als Schwerpunkt eines pädagogischen Konzepts versteht, wird die Zusammenarbeit mit der Gemeinde- oder Stadtbücherei und mit dem örtlichen Buchhandel suchen. So ist bei uns die Gemeindebücherei im Haus, und die Kinder haben dort feste Ausleihzeiten an einem Vormittag in der Woche. Einige Kolleginnen und Kollegen gehen aber auch zum gemeinsamen Lesen oder während des Deutschförderunterrichts in die Bücherei. Andere Schulen leihen in Stadtbibliotheken Klassensätze eines bestimmten Buches aus oder fordern Bücherkisten an (z. B. Tierbilderbücher, verschiedene Sachbücher zu einem Thema).

Manche Bibliotheken bieten auch Bilderbuchkinos an. Hier wird anstelle eines Bilderbuches, das beiliegt, eine Diaserie gezeigt. Die Kinder sitzen im Kinositz vor der Leinwand und versuchen, an den Dias entlang die Geschichte zu erzählen. Sie stellen Vermutungen an, wie es weitergehen könnte und vergleichen, wenn sie später das Bilderbuch lesen. Bilderbuchkinos kommen der spontanen Erzählfreude von Grundschulkindern entgegen, regen Phantasie und sprachliche Ausdrucksfähigkeit unmittelbar an.

Eine zentrale Aufgabe des Deutschunterrichts ist es, die Schülerinnen und Schüler dazu zu befähigen, in Bibliotheken und Buchhandlungen Bücher auszuwählen und begründet urteilen zu lernen. Der Besuch der Bücherei ist somit fester Bestandteil des Unterrichts, der frühzeitig und regelmäßig, vielleicht auch in Begleitung von Eltern, stattfinden sollte. Bibliothekare helfen bei der Einführung in die Benutzung einer Bibliothek. Außerdem organisieren sie Vorlesenachmittage, laden zu Autorinnen-/Autorenlesungen ein oder gestalten Aktionswochen, an denen interessierte Schulen gern beteiligt werden (z. B. in Niedersachsen zum »Norddeutschen Bücherfrühling«). Weitere konkrete Anregungen gibt *Heide Niemann (1990b)* in ihrem

Aufsatz »Bibliothek und Grundschule – Zusammenarbeit vom ersten Tag«.

Lieblingsbücher möchten Erwachsene gern selbst besitzen, auch Kinder denken so, wie Eltern berichten: Auf der Liste der Geburtstagswünsche stehen häufig die Titel der aktuellen Klassenlektüre. Unser erstes eigenes Buch (Ende 1. Klasse) bestellten wir gemeinsam in der örtlichen Buchhandlung: »Bruder Bär und Schwester Bär« von *Hanna Muschg*, und ließen uns dabei weitere Taschenbücher für das erste Lesealter zeigen. Wir hatten es an einem Elternabend aus sechs vorgestellten Büchern ausgewählt.
Die Lehrerin *Marianne Santen* aus Papenburg berichtet in der Broschüre »Lesen ist mehr« von einer besonderen Aktion, die sie mit ihrer dritten Klasse in einer Buchhandlung realisierte. Die Kinder gestalteten das Schaufenster der Buchhandlung mit Büchern von *Wilson*, nachdem sie gemeinsam »Jeremy James oder: Elefanten sitzen nicht auf Autos« gelesen hatten. Dazu dekorierten sie Bilder, Texte, Basteleien und Beurteilungen. Als Höhepunkt saßen an zwei Samstagen Kinder in einem bequemen Ledersessel im Schaufenster und lasen im »Schichtwechsel« aus Jeremy James vor. Der Ton wurde über Lautsprecher nach draußen übertragen.
Andere Klassen nehmen regelmäßig an den Lesewettbewerben des Börsenvereins des Deutschen Buchhandels e.V. teil und nutzen diese Motivation.

In der Schule anbieten und informieren kann nur, wer selbst Kinder- und Jugendbücher kennt. In manchen Lehrerzimmern liegen neue Bilderbücher, Sachbücher und Kinderromane aus und verlocken zum Lesen und Schmökern. Gespräche über Bücher in den Pausen oder nach Schulschluß bereichern das Miteinander in Schule und Unterricht. Nur wer selbst gern liest, kann Lesefreude auch für andere spürbar machen.

Ohne Eltern geht es nicht. Viele Kinder haben heute das Glück, bereits vor der Schule Erfahrungen mit Büchern zu machen. Sie erleben, wie schön es ist, sich von Eltern vorlesen zu lassen und darüber miteinander sprechen zu können: Bücher lesen ist interessant, spannend, lustig; es ist gemütlich, gemeinsam in ein Buch zu schauen. An diesen Vorerfahrungen muß die Schule anknüpfen und Eltern auch weiterhin für das gemeinsame Erziehungsziel Lesen gewinnen. Anderen Kindern wird die Tür zur Bücherwelt wenigstens ein Stück weit geöffnet, indem Schule Raum zum Lesen und Schreiben bietet und auch Eltern anregt und anleitet, diese Aktivitäten zu Hause zu stützen. Regelmäßige Elternabende, an denen Bücher für das jeweilige Lesealter vorgestellt werden, geben Tips und Anregungen für Buchgeschenke.
Auf Fragen der Eltern zum Unterricht ist die Einladung, sich den Unterricht selbst anzuschauen, die geeignete Antwort. Neue Unterrichtskonzepte werden so mit den Kindern gemeinsam erfahren. Eltern können beim Drucken oder Tippen von Schülertexten helfen. Sie lassen sich im Anfangsunterricht

Geschichten diktieren. Sie schreiben den Kindern eigene, wichtige Wörter für das Wortschatzkästchen auf. Sie geben Auskunft zur Rechtschreibung beim freien Schreiben (Duden-Ecke im Klassenzimmer). Sie lassen sich von einzelnen Kindern vorlesen, oder sie lesen selbst vor: eigene Lieblingsbücher oder von Kindern mitgebrachte Literatur.
So erleben die Kinder: Lesen und Schreiben sind mehr als nur Techniken, in denen sie »alfabetisiert« werden, sie sind Teile einer »Kultur«. Schrift ist eine Sprache im sozialen Raum. Sie wird wichtig durch die Beziehungen zu anderen Menschen und die Situationen, in denen sie verwendet wird.

Frederick, vermutlich kurz vor Entdeckung der Frage: »Was tut der Wind, wenn er nicht weht?«

Hans Brügelmann in Zusammenarbeit mit Albrecht Bohnenkamp, Erika Brinkmann und Britta Junge »Mikroanalysen der Rechtschreibentwicklung«: Rechtschreibkönnen in verschiedenen Aufgaben

MARE: Rechtschreibentwicklung in Perspektive und Kontext

Unser Projekt MARE (»Mikroanalysen der Rechtschreibentwicklung«) ist als Längsschnitt über mehrere Jahre konzipiert (1992–1995). Die empirische Untersuchung konzentriert sich auf Erhebungen zur Rechtschreibentwicklung in ausgewählten dritten Klassen, bezieht aber deren vorherige und anschließende Entwicklung mit ein.
Unsere Studie ist so angelegt, daß wir SchülerInnen von fünf ausgewählten Klassen vom Ende der zweiten bis zum Ende der vierten Klasse eine Reihe ausgewählter Schreib- und Leseaufgaben vorgelegt haben, um ihre Entwicklung über zwei Jahre hinweg dokumentieren zu können. In zwei dieser Klassen haben wir darüber hinaus im zweiten Schulhalbjahr 1993 über einige Wochen hinweg von Tag zu Tag den Unterricht und die Schreibaktivitäten beobachtet, die Schreibprodukte der Kinder gesammelt. Die Kombination unterschiedlicher Forschungsmethoden, z. B. standardisierter Aufgaben und informeller Daten, persönlicher Beobachtungen und technisch kontrollierter Videoaufnahmen, vermittelt ein differenziertes Bild der Schreiberfahrungen in diesen Klassen.
Die Daten der verschiedenen Teilstudien können und sollen in drei Perspektiven ausgewertet werden, die jeweils besondere Erkenntnismöglichkeiten für die Forschung zum Rechtschreiblernen eröffnen *(Brinkmann/Brügelmann 1991e).* Diese Perspektiven und erste Ergebnisse werden im folgenden dargestellt.

1. Linguistisch: Entwicklungsprofile von Wörtern und Rechtschreibmustern

Die Forschung zum Rechtschreiblernen hat sich bisher vor allem dafür interessiert, wie Fehler verringert werden können (rein quantitativ) oder wie sich Rechtschreibstrategien entwickeln (vgl. die sog. Stufenmodelle, z. B. auf *S. 44ff.* dieses Bandes).
Wenig Interesse galt dem einzelnen Wort oder konkreten Rechtschreibmustern. Lediglich *Wolfgang Eichler/Günther Thomé (1994), Peter May*

Vorfassungen zu diesem Beitrag sind erschienen in: *Balhorn, H. (Hrsg.) (1993): Lesen- und Schreibenlernen in verschiedenen Sprachen. DGLS-Beiträge 1993 Verlag für pädagogische Medien: Hamburg.*

(1993), Erika Brinkmann (1991d, 1993), Martina Otto (1990b) und *Albrecht Bohnenkamp (1990)* haben im Detail untersucht, wie sich einzelne ortografische Einheiten *qualitativ* verändern. Die Untersuchungen in unserem Projekt bieten ergänzende Perspektiven: Nicht nur im langfristigen Vergleich (so *Peter May)* und nicht nur in spontanen Produktionen (so *Erika Brinkmann* in diesem Band), sondern von Tag zu Tag und zum Teil gezielt hervorgelockt können wir für einige Wochen die Lernkurven der Rechtschreibentwicklung im Detail analysieren.
Unsere Fragerichtung dabei ist: Gibt es über die verschiedenen Kinder hinweg vergleichbare Organisationsformen von ortografischer Erfahrung? und: Wie lassen sie sich auf der Wort- und Rechtschreibmuster-Ebene fassen? Aus den Ergebnissen könnte folgen, daß es sinnlos ist, bestimmte Rechtschreibmuster vor anderen im Unterricht zu thematisieren.

2. Psychologisch: Ortografische Lernbiografien von einzelnen Kindern
Die Forschung zum Rechtschreiblernen hat sich auf Gruppen konzentriert. Unterschiede zwischen Kindern sind allenfalls bei Spontanschreibern vor der Schule in den Blick gekommen.
Die traditionelle Sicht der Rechtschreibforschung (wie auch der Didaktik) war die der Unterweisung bzw. des Belehrens: Wie bekommen wir das Rechtschreibsystem in den Kopf der Kinder? Untersucht wurden Leistungen vor und nach einer Intervention, z. B. einem Übungsprogramm, der *Lernprozeß* dazwischen blieb eine *black box.*
Die Erkenntnismöglichkeit unseres Projekts ergibt sich aus der Frage: Wie konstruieren *einzelne Kinder* ihr Rechtschreibsystem – und wie entwickelt sich dieses über die Zeit hinweg? Damit können wir besser verstehen, warum *allgemeine Programme* nicht den gewünschten Erfolg haben, und vielleicht gewinnen wir Anhaltspunkte für ein differenzierteres methodisches Repertoire, um Kindern bei Schwierigkeiten individuell helfen zu können.
Unsere zweite Frage ist also: Wie weit überlagern individuelle Ordnungsformen die unter (1.) untersuchten allgemeinen Verlaufsmuster ?

3. Soziologisch: Interaktionen und Regeln im Unterricht
Die Forschung zum Rechtschreiblernen hat sich auf die Wirkung verschiedener Methoden konzentriert (z. B. *Plickat/Wieczerkowski 1979).* Unterricht wurde als ein sozusagen »technischer« Transport von Wissen aus dem Buch oder dem Lehrerkopf in die Kinderköpfe gesehen.
Die Beziehungen zwischen den beteiligten Personen kamen nicht in den Blick. Das gilt nicht nur für die Interaktion von LehrerIn und Kind, sondern auch zwischen den SchülerInnen. Es betrifft somit die *»Schreibkultur«* des Klassenzimmers: Welche Aktivitäten gelten als wichtig? Welche Routinen und Regeln prägen die Erwartungen an die Kinder?
Hierzu gibt es – neben interessanten Ansätzen bei *Dehn (1990e)* und

Kochan (1988b) – bisher nur Vorbilder aus der Bauersfeld-Gruppe zur Untersuchung des Mathematikunterrichts (vgl. *Maier/Voigt 1991)*.
Die Erkenntnismöglichkeit unseres Projekts folgt aus der dritten Frage: Welche Normen, welche Erwartungen, welche Gewohnheiten im Klassenzimmer können die Entwicklung einer Rechtschreibhaltung und konkreter Arbeitsformen stützen oder hemmen?
Ein wichtiger Auswertungsgesichtspunkt: Wie werden dieselben Wörter in verschiedenen (Typen von) Aufgaben geschrieben, d. h. gibt es neben der übergreifenden Kultur des Klassenzimmers auch situationsspezifische Bedingungen, die beeinflussen, wie Kinder ihr Rechtschreibkönnen umsetzen? Didaktisch gefragt: Welche konkreten Arbeits- und Prüfformen eignen sich besonders, um Kindern ein eigenaktives Rechtschreiblernen zu ermöglichen?
Ein solches Projekt verlangt, sehr unterschiedliche Forschungsverfahren zu kombinieren: Beobachtung von Schreibprozessen vs. Auswertung von Schreibprodukten; Analyse von freien Texten vs. gezielten Schreibaufgaben; Untersuchung von häufigen vs. seltenen Wörtern usw. Ein Beispiel für unser Vorgehen beschreibt *Bohnenkamp (1993b)*.

Rechtschreiblernen durch Korrigieren fremder Fehler?
Angeregt durch die Untersuchung von *Schneider (1985)* haben wir gegen ein »didaktisches Grundgesetz« verstoßen und den Kindern einen Text mit Rechtschreibfehlern »zum Korrigieren« gegeben.
Das für uns verblüffendste Ergebnis: Obwohl von 75 Wörtern jedes dritte falsch geschrieben war, haben sich die Kinder in der Einschätzung der richtig geschriebenen Wörter nicht irritieren lassen. Nicht einmal 1.5% der ortografisch korrekten Schreibungen wurden »verschlimmbessert«. Lediglich das für fast alle Leistungsgruppen problematische und bewußt in verschiedenen Varianten angebotene Wort *Fahrrad* wurde in der richtigen Form von fast jedem fünften Kind angestrichen.
Von den Fehlern wurden im Mittel 2/3 entdeckt, mit deutlichen Unterschieden je nach Typ des Fehlers (z. B. Veränderung der Lautung wie in <stalz> für <stolz> vs Ableitungsfehler wie in <schiept> statt <schiebt>). Aber auch innerhalb einer Fehlerkategorie gab es Unterschiede je nach Häufigkeit oder Komplexität eines Wortes. Schon diese Grobauswertung macht deutlich, daß sich »ortografische Schwierigkeit« nicht auf eine Dimension reduzieren läßt.
Die Aufgabe von *Schneider* hat aber auch ein didaktisches Potential. Sie selber fand, daß schwache RechtschreiberInnen – entgegen dem methodischen Tabu, ihnen keine Fehler vorzulegen – davon profitieren, sich mit Fehlschreibungen auseinanderzusetzen.
Kinder sollten Wörter nach Diktat schreiben oder aus einer Liste mit alternativen Schreibungen wiedererkennen. Zusätzlich wurde in der 3. Klasse ein zweites Diktat nach der Aufgabe »Wiederkennen« gestellt. Die Ergeb-

nisse (jeweils ohne zwischenzeitliche Rückmeldung oder Übung): Beim Wiedererkennen wurden wesentlich weniger Fehler gemacht als beim Selberschreiben. Und nach der Aufgabe, richtige Schreibungen unter Fehlschreibungen in einer Liste zu finden, wurden ohne weitere Rückmeldung auch im Diktat weniger Fehler gemacht als vorher.

Eine Studie von *Bosman/de Groot (1992, 280f., 287)* stützt und erweitert diesen Befund, daß eine bewußte Auseinandersetzung mit ortografischen Problemen die Rechtschreibleistung verbessern kann. Verglichen wurden vier Übungsformen im Rechtschreibunterricht der ersten Klasse, wobei sich folgende Rangfolge der Wirksamkeit ergab:

1 lautes Buchstabieren von Wörtern aus dem Kopf (»Pilotsprache«),

2 Benennen von Rechtschreibschwierigkeiten an sichtbaren Wörtern (»Kommentieren«),

3 Abschreiben der Wörter,

4 mehrfaches Lesen der Wörter.

Wichtig ist der Hinweis, daß andere Untersuchungen bei älteren SchülerInnen und StudentInnen keine klaren Effektunterschiede verschiedener Lernstrategien nachweisen konnten (vgl. *Ormrod/Jenkins 1989; Sears/Johnson 1986).*

Die Ergebnisse im einzelnen: Das Lesen der Wörter ist am wenigsten ergiebig, 6faches nicht wirkungsvoller als 2faches (und auch 18faches nicht effektiver als 3faches, vgl. schon *Bosman/de Groot 1991,* d. h. häufiges Lesen kann sich erst nach einer sehr viel höheren Frequenz auf die Rechtschreibung auswirken); Abschreiben ist wirksamer als Lesen (s. auch *van Doorn-van Eijsden 1984)* und etwa gleich effektiv wie ein ausdrückliches Kommentieren (aber zeitaufwendiger als dieses); der motorische Akt scheint gegenüber der geistigen Bewußtheit weniger bedeutsam (vgl. den Vorteil von 1 gegenüber 3 – entgegen früheren Befunden von *Cunningham/ Stanovich [1990],* wonach das Abschreiben mit der Hand dem Schreiben per Tastatur oder mit gegenständlichen Buchstaben überlegen sei); am wirkungsvollsten ist die bewußte Vorstellung des Wortes im Kopf – wie sie ja auch beim Schreibakt verlangt wird (so auch *Roberts/Ehri 1983):*

Die Ergebnisse belegen, daß Rechtschreiblernen ein Denkakt, nicht bloß mechanische Übung ist. Dafür spricht auch eine englische Vergleichsstudie *(Peters 1974),* über die *Downing (1979, 75–76)* berichtet: 3/4 der Klassen, in denen die Kinder über den untersuchten Zeitraum weniger als durchschnittliche Fortschritte in der Rechtschreibung machten, wurden von LehrerInnen unterrichtet, die auf bloß wiederholendes Üben setzten *(»Schreib das falsche Wort dreimal richtig ab!«);* demgegenüber wurden 3/4 der Klassen, die überdurchschnittliche Erfolge aufzuweisen hatten, von LehrerInnen unterrichtet, die von den Kindern verlangten, ihre Fehler selbst zu finden; die die SchülerInnen auf »kritische Punkte« in Wörtern aufmerksam machten; die sie erst selbst probieren und dann fragen/nachschauen ließen. Auch wenn das jeweils abweichende Viertel darauf verweist, daß das Bild nicht schwarz-weiß gemalt werden sollte: Eigenständiges Nachdenken spielt auch nach dieser Untersuchung eine wichtige Rolle beim Rechtschreiblernen. Aber welcher Art sind diese Denkakte?

Fremdkontrolle, Selbstkontrolle, soziale Kontrolle

In der Aufgabe »Fehlerkorrektur« wird eine bewußte Auseinandersetzung mit ortografischen Mustern verlangt, aber noch nicht ihre explizite Verbalisierung. Auf letztere zielt *Erika Brinkmann (1993e)* mit der Aufgabe »Diskussionsdiktate«: Nach der Niederschrift eines Diktats wurden die Kinder gefragt, bei welchen Wörtern sie Schwierigkeiten gehabt hatten. Diese Probleme wurden dann im Kreis besprochen und die richtige Schreibweise verdeutlicht. Verglichen wurde diese Korrekturform mit der üblichen Berichtigung von Fehlern, die die Lehrerin angestrichen hatte, und mit einer »Selbstkontrolle«: Die Kinder erhielten nach der Niederschrift den kompletten Text, sollten ihre Schreibweise mit der Vorlage vergleichen und gegebenenfalls entdeckte Fehler selbst verbessern.
Jeder Korrektur-Typ wurde an anderen, aber in ihrer ortografischen Schwierigkeit vergleichbaren Wörtern überprüft. Der für den einzelnen Korrekturtyp identische Wortschatz wurde fünfmal in verschiedenen Textvarianten geschrieben und nach der betreffenden Korrekturform überprüft und verbessert. Zwei Ergebnisse aus den Grobauswertungen sind berichtenswert:

- In allen drei Varianten sinkt die Fehlerzahl nach den vier Korrekturdurchgängen auf die Hälfte. Demnach sind die drei Korrekturformen als gleich effektiv einzustufen. Für die Praxis wichtig: Kinder, die sich selbst kontrollieren, schneiden nicht schlechter ab als Kinder, denen die Lehrerin die Diktate vollständig korrigiert zurückgibt: sie verbessern ihre Rechtschreibleistung in gleichem Maße (zu einem noch günstigeren Ergebnis für die Selbstkontrolle kam unter anderen Bedingungen übrigens schon *Nickel 1979)*. Eine zusätzliche Verbalisierung von Rechtschreibmustern oder gar von ortografischen Regeln (im »Diskussionsdiktat«) hat sich bei unseren DrittkläßlerInnen als nicht erforderlich oder auch nur vorteilhaft erwiesen.

- Die Entwicklungsverläufe der einzelnen Kinder gleichen sich über die drei Korrekturformen hinweg allerdings nicht. Oder anders ausgedrückt: Während die eine Schülerin mehr vom Diskussionsdiktat profitiert hat als von der Korrektur durch die Lehrerin, war es bei einem anderen Kind genau umgekehrt. Quantitativ läßt sich dieser Befund sehr eindrücklich in den Korrelationen zwischen den Leistungen in den verschiedenen Varianten ermessen: Die Fehlerzahl im jeweils ersten Diktat der drei Serien (also ehe überhaupt etwas korrigiert wurde) läßt sich aus der Fehlerzahl eines anderen ersten Diktats mit großer Genauigkeit voraussagen (r = .80** bis r = .87**). Die Fehlerquoten der jeweils letzten Diktate korrelieren dagegen nur noch niedrig bis mäßig (r = .25 bis r = .59**). In der schulischen Übungspraxis

lohnt es sich also, die Kinder verschiedene Korrekturformen ausprobieren zu lassen und mit ihnen über die beobachteten Vorteile und Schwierigkeiten zu sprechen, so daß sie die Arbeitsform finden oder entwickeln können, die ihnen persönlich am meisten bringt.
Ausdrückliche Verbalisierung scheint nach diesen Versuchen also nicht erforderlich, um das Rechtschreiblernen zu fördern. Damit stellt sich die noch weiter gehende Frage: Ist überhaupt eine bewußte Auseinandersetzung mit den ortografischen Besonderheiten erforderlich?

Ortografische Strukturen: bewußte »Brille« oder unbewußter »Filter«?
In einer ganz anders angelegten Versuchsserie hat *Britta Junge (1994)* die Bedeutung implizit verfügbarer Rechtschreibmuster untersucht. Sie zeigte den Kindern auf einem Computerbildschirm für jeweils eine halbe Sekunde verschiedene Folgen von jeweils zehn Buchstaben (»BLITZWORT«-Versuche). Nach jeder Folge sollten die Kinder unmittelbar möglichst viele der Buchstaben notieren. Die Details der Aufgaben, ihrer Auswertung und vor allem der Filosofie, die hinter diesen Versuchen steht, ist in *Junges* Arbeit im einzelnen nachzulesen.
Im Blick auf die Rechtschreibfähigkeit der Kinder interessiert vor allem ein Merkmal der Versuche: Die vorgelegten Buchstabenfolgen waren nach unterschiedlichen Kriterien zusammengestellt (wobei a], b] und d] aus demselben Buchstabenmaterial konstruiert werden konnten):
a] aus häufigen Teilwörtern zusammengesetzte Wörter (z. B. <KINDERHAUS>),
b] bedeutungslose, aber aussprechbare Buchstabenfolgen (z. B. <HINSERKAUD>),
c] Folgen ortografischer Muster (z. B. <SPCHPFCKTZ>),
d] zufällige Buchstabenfolgen (z. B. <EOEBMRSRTS>).
Eine der von *Junge* untersuchten Hypothesen: Je nach der Strukturiertheit des Materials (insbesondere [a] vs. [d]) werden die Kinder unterschiedlich viele Buchstaben aufnehmen und wiedergeben können. Darüber hinaus sind Unterschiede zwischen den SchülerInnen zu erwarten: Die Wahrnehmung und die Speicherung der Buchstaben dürfte nämlich zusätzlich von den (schrift-)sprachlichen Mustern, die das Kind dank seiner Lese- und Schreiberfahrung bereits im Gedächtnis gespeichert hat, über die es deshalb *automatisch* verfügt, abhängen.
Beide Hypothesen wurden durch die Versuche bestätigt *(Brügelmann/Junge 1993; Junge/Brügelmann 1993):* Strukturiertes Material wird besser wiedergegeben als unstrukturiertes Material, und es gibt deutliche Unterscheide zwischen verschiedenen Personen. Da dieselbe Untersuchung zum Vergleich auch mit Erwachsenen durchgeführt wurde, konnten wir feststellen, daß schrifterfahrene Personen bei allen Vorlagen bessere Ergebnisse als unsere DrittkläßlerInnen erreichen. Das gilt sogar schon für zufällige Buchstabenfolgen, die von Schriftkundigen anscheinend anders wahrgenommen

werden als von weniger schrifterfahrenen Kindern. Besonders ausgeprägt ist der Vorsprung der Erwachsenen, wenn nicht bekannt ist, welcher Reiztyp zu erwarten ist (sog. »MIX-Bedingung«), während die SchülerInnen aufholen, wenn sie vorher wissen, welche Struktur zu erwarten ist (sog. »SET-Bedingung«). Wir haben dies so interpretiert, daß Erwachsene aufgrund ihrer Schrifterfahrung über stärker automatisierte »Raster« verfügen, die keine bewußte Aufmerksamkeit verlangen.

In unserem Zusammenhang interessieren die spezifischeren Hypothesen, daß leistungsstarke RechtschreiberInnen Folgen »ortografischer Muster« besser wiedergeben können als zufällige Buchstabenfolgen und daß dieser »ortografische Vorteil« bei ihnen ausgeprägter ist als bei schwachen RechtschreiberInnen.

Beide Annahmen konnten nicht bestätigt werden. Selbst schriftkundige Erwachsene zeigen nicht den erwarteten »ortografischen Vorteil« gegenüber zufälligen Buchstabenfolgen. Dagegen können sie aussprechbare Buchstabenfolgen fast genausogut wiedergeben wie sinnvolle (häufige) Wörter.

Dieses Ergebnis überrascht. Zumindest bei den Erwachsenen hatten wir erwartet, daß sie die vertrauten ortografischen Kombinationen innerhalb der Buchstabenfolgen »auf einen Blick« erfassen und sich deshalb mehr Buchstaben(gruppen) merken würden. Dies um so mehr, als die Versuchspersonen unter der SET-Bedingung ausdrücklich darauf aufmerksam gemacht wurden, daß sie nun Folgen von Rechtschreibmustern sehen würden.

Das tatsächliche Ergebnis, also der fehlende »ortografische Vorteil« gegenüber den zufälligen Buchstabenfolgen spricht zunächst gegen die Annahme eines visuellen ortografischen Speichers. Zur Kontrolle hat *Junge* auf eine andere Auswertungsform zurückgegriffen. Statt lediglich die *Zahl* der richtig wiedergegebenen Buchstaben auszuzählen, hat sie die Reproduktionen danach ausgewertet, ob die Buchstaben an der richtigen Stelle wiedergegeben wurden bzw. welchen Umfang die »größten Blöcke«, also zusammenhängende Buchstabenketten entsprechend der Vorlage hatten.

Nach diesem Kriterium fallen die Leistungen bei zufälligen Buchstabenfolgen stark ab (gegenüber der Zahl der richtig wiedergegebenen Buchstaben – unabhängig von ihrer Beziehung zueinander), so daß nach dieser Auswertung die ortografisch strukturierten Vorgaben besser wiedergegeben werden als zufällige Buchstabenfolgen. Zudem gewinnen die Erwachsenen bei dieser Auswertungsform einen deutlichen Vorsprung von 10–15 Prozentpunkten gegenüber den DrittkläßlerInnen. Insofern scheinen die Erwachsenen die angebotenen ortografischen Gruppierungen doch eher auszunutzen als die Kinder.

Dennoch werden noch genauere Auswertungen und auch weitere Untersuchungen erforderlich, um den Einfluß ortografischer Raster auf die Wahrnehmung von Schrift zu überprüfen. Insbesondere bietet es sich an, für die Aufgabe »aussprechbare Buchstabenfolgen« eine zusätzliche Variante einzuführen, nämlich »aussprechbare Folgen von Rechtschreibmustern« (z. B. <schiepfeln>) deutlich unterschieden von »aussprechbaren Folgen von Einzelbuchstaben« (z. B. <sinfelepar>). Denn zur Zeit mischen sich in den eingesetzten Folgen beide Formen (z. B. <nibteische>), da nur so bei der geringen Anzahl eingesetzter Wörter unter allen Versuchsbedingungen (außer der reinen Rechtschreibmuster-Folge) derselbe Buchstabenbestand verwendet werden konnte.

Gerheid Scheerer-Neumann (1981b, 189–190) berichtet z. B., daß bei gleicher Buchstabenzahl einsilbige Wörter rascher als zweisilbige erkannt werden. Das bedeutet, es muß sich um Wörter mit Rechtschreibmustern in unserem Sinne handeln. Insofern verspricht der »Dreiecksversuch«

– Rechtschreibmuster, aber nicht aussprechbar
– Rechtschreibmuster in aussprechbarer Folge
– aussprechbare Folge von Buchstaben ohne Rechtschreibmuster

genaueren Aufschluß über das Gewicht der einzelnen Faktoren.

Am meisten erhoffen wir uns aber von den Auswertungen der Versuche und der Schreibproben auf der Ebene einzelner Kinder. Denn auch bei der Auswertung der »Blitzwort«-Experimente von *Junge* deuten sich individuelle Unterschiede an, die auf verschiedene Strategieprofile schließen lassen. Eine solche individuelle Modellierung von Unterschieden – von *Peter May (1993)* in der Entwicklungsperspektive ortografischer Zugriffsweisen und von uns selbst im Taktiken-Modell des Lesens *(AG-Leseförderung 1977; 1978)* angedacht – dürfte für die zukünftige Rechtschreibpsychologie und -didaktik produktiver werden als die Suche nach allgemeinen Unterschieden zwischen SchülerInnen mit und ohne Lese-/Rechtschreibschwierigkeiten (vgl. zu dieser »Sackgasse« bisheriger Forschung schon *Zielinski 1980, 80 f.).*

Albrecht Bohnenkamp
Rechtschreibförderung auf verschiedenen Wegen

Zwei Fragen bildeten den Ausgangspunkt meiner Studie:[1]

- die Frage nach dem Sinn und Erfolg des Einsatzes von Lernprogrammen auf dem Computer im Vergleich mit anderen Lernmedien,
- die Frage nach dem (Rechtschreib-)Lernen von Kindern im Rahmen von verschiedenen Übungsformen.

Die Untersuchung war eingebettet in die außerschulische Förderung von Kindern, die seit Beginn in der Lernwerkstatt »Büffelstübchen« (s. Beitrag *Brügelmann u. S. 269ff.*) einen Schwerpunkt der Arbeit bildet.
Ein Grundprinzip der Förderarbeit in der Lernwerkstatt ist der Versuch, mit dem einzelnen Kind an dem Punkt seiner Entwicklung weiterzuarbeiten, an dem es sich gerade befindet, wobei häufig eine Diskrepanz zwischen individueller Entwicklung und den aktuellen schulischen Lerninhalten besteht. Diese Diskrepanz, Ausdruck und auch Ursache von Lernschwierigkeiten in der Schule im Sinne des »Teufelskreises Lernstörung« *(Betz/Breuninger 1982),* versuchen wir in den Förderstunden zu verringern.
Aufgrund der geringen Förderzeit (zum Zeitpunkt der Untersuchung lag sie bei ca. 1 Stunde pro Woche – erst später haben wir sie auf generell 2 1/2 Stunden verlängert) waren unsere Möglichkeiten allerdings so eingeschränkt, daß wir einen Erfolg schon darin sehen, wenn die betroffenen Kinder über einen freieren, veränderten und an ihren Fähigkeiten orientierten Zugang den Lerngegenstand (beispielsweise Schrift) weniger negativ besetzt erlebten. Im Mittelpunkt unserer Förderarbeit stehen offen strukturierte Arbeitsformen, in denen wir den Kindern innerhalb eines Rahmens von sozialen und didaktischen Institutionen möglichst viel Entscheidungsfreiheit lassen. Damit versuchen wir, sowohl die kognitiven Aspekte von Lernblockaden (z. B. die konkrete Überforderung durch Zuweisung unpassender Aufgaben) als auch deren emotionalen Anteile (z. B. Ängste und Vermeidungsstrategien) bei den Kindern zu reduzieren.
Im Bereich der Lese- und Schreibförderung legen wir viel Wert auf freies Schreiben und versuchen, die Kinder über verschiedene Wege zur Produktion von eigenen Texten zu motivieren. Systematische Rechtschreibübungen finden neben diesen zentralen Aktivitäten ebenfalls ihren Platz, wobei

1 Der folgende Beitrag bezieht sich auf eine Untersuchung, die ich im Rahmen meiner Examensarbeit 1989/1990 durchgeführt habe *(Bohnenkamp 1990).* Im Mittelpunkt der Arbeit standen Erfahrungen und Beobachtungen, die ich bei der Einzelförderung mit zwei Kindern (8 bzw. 9 Jahre alt) in der Lernwerkstatt »Büffelstübchen« in der Zeit zwischen November 1989 und April 1990 gesammelt habe.

hier ein Ziel der Arbeit darin liegt, bei den Kindern den Aufbau von eigenen, sinnvollen Lern,- Arbeits- und Übungsstrategien zu fördern (s. auch den Beitrag von *Miriam Weiss* in diesem Band).
Seit 1988 spielen in der »Lernumgebung Lernwerkstatt« auch Computer, eingesetzt als Schreib- und Lernspielgeräte, eine größere Rolle. Im Projekt »Computer in der Lernwerkstatt« wurde über den Zeitraum von Herbst 1988 bis Sommer 1989 der Einsatz von Computern mit geeigneten Programmen in Fördersituationen und im offenen Angebot der Lernwerkstatt erprobt und dokumentiert. Bei der Beobachtung der unterschiedlichen Kinder in unterschiedlichen Situationen bei der Arbeit mit unterschiedlichen Programmen haben wir feststellen müssen, daß es »den« Computereffekt nicht gibt.
Vielmehr scheint es eine Reihe von »Filtern« zu geben, die die Wirkungen des Einsatzes von Computern beeinflussen (s. *Bohnenkamp u. a.* in diesem Band). Diese zahlreichen Einflüsse auf unterschiedlichen Ebenen scheinen zu bewirken, daß die Forschungsergebnisse zum Einsatz von Computern in Schulen so widersprüchlich ausfallen, daß *V. Herrmann (1989, 71)* nach Sichtung der relevanten anglo-amerikanischen Literatur zum Thema folgert: ». . . es kann nicht gesagt werden, daß eine eindeutige, wissenschaftlich korrekte und verallgemeinerbare Aussage möglich ist, daß der Computer bezogen auf Lerneffekte generell verstärkend wirkt.«

Das Förder- und Untersuchungskonzept: Kinder als ihre eigene Kontrollgruppe

Weil verallgemeinerbare und eindeutige Aussagen über die Lerneffekte der Arbeit am Computer aus den bisherigen zahlreichen Untersuchungen nicht abzuleiten waren, interessierten mich die Lerneffekte im Speziellen – beim Einsatz von Computern mit neuen, didaktisch sinnvollen Lernprogrammen in der konkreten Situation der Arbeit in der Lernwerkstatt. Ich wollte im Rahmen einer kleinen Studie mit wenigen Kindern möglichst viele der o. g. Filterwirkungen erfassen, um dann zu einer Aussage für die jeweils spezifischen Lernsituationen der Kinder zu kommen.
Breit angelegte empirische Untersuchungen müssen aufgrund der notwendigen Stichprobenzahl viele der genannten Filterwirkungen unkontrolliert lassen, mit wachsender Repräsentativität wächst deshalb die »Unschärfe« in Hinsicht auf die reale, spezifische Situation des Einzelfalls. In der konkreten Arbeit »vor Ort« wollte ich das Lernen bestimmter Kinder mit und ohne Computer vergleichen und somit die vorliegenden empirischen Ergebnisse ein wenig ergänzen. Um aber in der konkreten Situation überhaupt zu Aussagen zu kommen und mich nicht in einem Dickicht von Daten, Parametern und Beobachtungsperspektiven zu verlieren, war eine Eingrenzung der Untersuchung erforderlich.
Ich beschränkte mich deshalb:
– auf die Beobachtung von zwei Kindern in der Lese-Schreib-Förderung,

– auf einen Untersuchungszeitraum von November '89 bis April '90,
– auf den Einsatz von wenigen ausgewählten Lernmedien (Computerprogrammen bzw. »Papier und Bleistift«-Materialien) und
– auf die Arbeit an einem bestimmten Wortmaterial.

Bei der Gestaltung der Untersuchung versuchte ich, in diesem eingeschränkten Rahmen verschiedene Kontraste und damit spezifische Vergleichsmöglichkeiten einzurichten. Diese lagen in:
• der Auswahl der Kinder: Beide Kinder hatten Probleme im Bereich des Schriftspracherwerbs, ihre Probleme waren aber, nicht nur aufgrund der Altersdifferenz, von unterschiedlicher Natur;
• der Auswahl der Medien: Beide Kinder arbeiteten mit speziellen Lernprogrammen an einem Computer – aber auch mit herkömmlichen Materialien wie Arbeitsbögen und Karteikasten;
• dem Übungswortschatz: Beide Kinder lernten während der Förderung an unterschiedlichem Wortmaterial.
Die (von mir vorgegebenen) Wörter waren in zwei Varianten gruppiert: Zum einen in Wortlisten zu einem gemeinsamen Rechtschreibmuster (Dehnungs-h und Doppelkonsonanten). Hier ging es darum, den Kindern über Übungen implizite Einsichten in die Regelhaftigkeit (Laut-/Morfembezug) von Rechtschreibung zu vermitteln. Zum anderen übten beide Kinder an Gruppen von Wörtern, die lediglich die Gemeinsamkeit besaßen, daß sie aus einer Grundwortschatz-Auswahl stammten und beim Eingangsdiktat von den Kindern zu einem größeren Teil noch nicht richtig geschrieben wurden. Hier ging es also vornehmlich um die Automatisierung häufiger (aber rechtschriftlich schwieriger) Wörter.
Um die Lernerfolge jedes Kindes bei der Arbeit mit und ohne Computer vergleichen zu können, bildete jedes Kind quasi seine eigene »Kontrollgruppe«. Parallel (natürlich zeitlich versetzt) bearbeiteten die Kinder vergleichbar strukturiertes Wortmaterial zum einen mit dem Computer, zum anderen mit herkömmlichen Medien. Dabei arbeiteten die Kinder im wöchentlichen Wechsel an Wortlisten zu den zwei verschiedenen Rechtschreibmustern »Doppelkonsonanten« bzw. »Dehnungs-h« (Wortmaterial aus »Wortlistentraining (wwlt3), *Balhorn u. a. 1985*, wobei zunächst jedes Rechtschreibmuster nur von einem bestimmten Medium (Computer vs. Arbeitsblatt) präsentiert wurde. In der zweiten Halbzeit der Untersuchung wurde diese Zuordnung gewechselt, um die Lernerfolge unabhängig von der Qualität des jeweiligen Rechtschreibmusters einschätzen zu können.
Zusätzlich lernten die Kinder an einer insgesamt 2mal 17 Wörter umfassenden Liste von Wörtern aus dem Grundwortschatzbereich, die nach Zufallsprinzip aus dem Minimalwortschatz Rechtschreiben 2. Klasse *(Rathenow 1981)* bzw. dem Gebrauchswortschatz 3./4. Klasse *(Warwel 1981)* ausgewählt worden waren.
Hier gab es ebenfalls einen wöchentlichen Wechsel des Mediums (Compu-

ter vs. Kartei) und damit auch der dem Medium direkt zugeordneten 17 Lernwörter.
Für die Förderstunden ergab sich bei beiden Kindern folgendes Schema:

Woche 1:
Automatisierung/Sichtwortschatz mit Kartei (die ersten 17 von 34 Wörtern) (20 min)
Rechtschreibmuster 1 am Computer (Wortmaterial analog zu *wlt)* (ca. 20 min)
frei verfügbare Zeit: 20 min

Woche 2:
Automatisierung/Sichtwortschatz mit Computer (die zweiten 17 von 34 Wörtern) (20 min)
Rechtschreibmuster 2 mit *wlt 3 (Balhorn u. a.1985)*
frei verfügbare Zeit : 20 min

(Woche 3: wie *1, Woche 4:* wie *2,* etc.)

Nach 6 Sitzungen und einem Kontrolldiktat erfolgte dann ein Wechsel der Zuordnung von Rechtschreib-Muster und Lernmedium für die nächsten 6 Termine, so daß durch entsprechende Kontrolldiktate vor und nach den Übungssequenzen der Lernzuwachs der Kinder in den unterschiedlichen Bereichen und mit den unterschiedlichen Lernmedien vergleichbar wurde. Um bei den Kontrolldiktaten die (implizite) Anwendung des Morfemprinzips zu überprüfen, diktierte ich nicht die geübten Wörter, sondern Wörter aus der gleichen Wortfamilie.

Automatisation oder Einsicht?
Übungen am Computer und mit Papier und Bleistift

Im allgemeinen wird in der Lernwerkstatt nicht über einen längeren Zeitraum hinweg ausschließlich mit denselben Materialien gearbeitet. Für meine Untersuchung mußte dies so sein. Um so wichtiger war mir eine motivierende und interessante Gestaltung der Aufgaben.

Automatisierung

Im Bereich der Automatisierung von Wörtern aus dem Grundwortschatz nutzte ich zum einen das Computerprogramm »Mit Lalipur in die Schatzkammer« aus der COMLES-Reihe *(Scheimann/Zinner 1989).* In mancher Hinsicht entspricht dieses Programm älteren Lernprogrammen: Wörter, die kurz auf dem Monitor erscheinen, sollen von den Kindern nachgeschrieben werden. Die Kinder müssen sich also das Wort (oder seine Buchstabenfolge) merken und reproduzieren, um die Aufgabe zu erfüllen. Der Clou an diesem Programm ist aber, daß die Kinder die Dauer der Wortanzeige selber bestimmen. – Durch die Einbettung in eine spielerische Handlung (in der durch Öffnen verschiedener Tore ein Schatz erreicht werden soll, wobei pro Tor fünf »Schlüsselwörter« richtig reproduziert werden müssen) wird erreicht, daß die meisten Kinder versuchen, die Anzeigedauer der Wörter so kurz wie möglich zu halten. Für die Anzeige jedes Wortes muß das Kind nämlich »Wunderlampen« benutzen, deren Anzahl die Anzeigedauer bestimmt. Da der Gesamtvorrat an Lampen begrenzt ist, setzen die meisten Kinder nur so viele Lampen ein, wie sie zu benötigen meinen. Genaues Hinschauen und die richtige Wiedergabe der Buchstabenfolge des jeweiligen Wortes ist notwendig, um hier erfolgreich zu sein.

Wie bei allen Lernprogrammen der COMLES-Reihe ist es in diesem Programm möglich, ohne größeren Aufwand mit eigenen Wörtern neue »Routen« zum Schatz zu erstellen und auf die individuellen Bedürfnisse (Wortschatz, Schwierigkeitsgrad) der Kinder abzustimmen. Die als Parallelaufgabe durchgeführte Arbeit mit der »Wörterklinik« ist im Prinzip eine Variante des Rechtschreibtrainings mit dem Karteikasten. Die Idee stammt von *Martin Sassenroth,* Fribourg/Schweiz. Im Karteikasten befanden sich Wortkarten mit den W örtern aus dem Grundwortschatz, die ich den Kindern zu Beginn diktiert hatte. Die Besonderheit der »Wörterklinik« liegt nun darin, daß hier die »kranken« (d. h. falsch geschriebenen Wörter) vom Kind »behandelt« werden – so lange, bis sie gesund sind. Das Kind kommt somit aus seiner Rolle als »Falschschreiber« in die Rolle eines »Wörterchirurgen«, der »kranke« Wörter »operiert« . . .! In meiner Wörterklinik gab es drei Stationen, in denen die Wörter unterschiedlich bearbeitet wurden. Auf der »Intensivstation«, auf der sich die beim Kontroll-Diktat falsch geschriebenen Wörter anfangs befanden, sollten die Wörter zunächst gelesen und abgeschrieben werden.

In einer »zweiten Behandlung« wurden sie auswendig geschrieben, d. h. die Kinder lasen das Wort, drehten die Karte um und versuchten, das Wort richtig zu reproduzieren. Dann konnte die Wortkarte in die »Normalstation« verlegt werden. Hier befanden sich zusätzlich auch die Wörter, die im Kontroll-Diktat richtig geschrieben worden waren. Die »Behandlung« bestand in nochmaligem auswendigem Schreiben und im Schreiben nach meinem Diktat.

Nach der »Normalstation« folgte noch die »Entlassungsstation«. Wenn die Kinder hier das Wort noch einmal nach Diktat richtig geschrieben hatten, konnte es aus der Kartei entfernt werden. Insgesamt wurden so alle fehlerhaften Wörter mindestens fünfmal geschrieben. Meine Rolle bei dieser Aufgabe kam der eines »Sekretärs« gleich, der die Karten nach erfolgter Behandlung abhakte und sie wieder ihren Stationen zuwies. Beiden Aufgabenformen fördern also durch wiederholtes Nachschreiben und auswendiges Schreiben (und das dazugehörige »Bewegen der Wörter im Kopf«) die Fähigkeit, selbst schwierige Wörter nach häufigem Gebrauch automatisiert wiederzugeben.

Einsicht in Regelhaftigkeit
Bei den Übungsformen mit Wortlisten zu gemeinsamen Rechtschreibmustern ging es dagegen um eine Auseinandersetzung mit Laut- und Morfembezug von Rechtschreibung und damit um eine Beschäftigung mit regelhaften Strukturen der Schriftsprache.

Bei den »Papier- und-Bleistift-Übungen« nutzte ich das von *Heiko Balhorn* entwickelte »Wortlistentraining« (1985). In der Ausgabe »wlt 3« fanden sich sowohl drei Arbeitsbögen zum Rechtschreibmuster »Dehnungs-h« als auch zu »Doppelkonsonanten«. Alle Faltlisten des »wlt« sind in struktureller wie gestalterischer Hinsicht ähnlich aufgebaut und eignen sich für die selbständige Bearbeitung durch die LernerInnen. *Balhorn* spricht in diesem Zusammenhang von einer »Balance der variierenden Gleichförmigkeit«, die für den Lerner bedeutet, »daß er immer zugleich vertrautes wie neues vorfindet« (in: Lehrerkommentar zum *wlt, Balhorn 1984/85, 13).*

Neben dem Nachschreiben der Übungswörter, deren gemeinsames Rechtschreibphänomen in der Kopfzeile angesprochen wird, gibt es auf jedem Blatt noch unterschiedliche Übungen, die sich vor allem auf strukturähnliche Wörter aus den Wortfamilien beziehen und die versuchen, Einsichten in die Regelhaftigkeit der Schreibung zu fördern.

Auch in der Arbeit am Computer wurden unterschiedliche Übungen mit immer wieder gleichen Lernprogrammen realisiert. Beim Training zu Rechtschreibmustern am Computer benutzte ich mehrere Programme aus dem COMLES-Paket *(Scheimann/Zinner 1989).* Die Aufgabe des Nachschreibens der Übungswörter, die ja auch auf jeder Faltliste des Wortlisten-Trainings an erster Stelle steht, erledigten die Kinder am Computer wieder mit dem Programm »Mit Lalipur in die Schatzkammer« (s. o.). Als Wortmaterial für die Übungen am Computer wählte ich möglichst ähnliche, aber eben andere Wörter als die, die in der jeweiligen Übung des »wlt« verwendet wurden.

In einem zweiten Teil der Übung wurde (mit dem gleichen Wortmaterial) vor allem das Programm »Reise mit Käpten Tom« (ebenfalls aus dem COMLES-Paket, s. o.) verwendet. Die generelle Spielidee in diesem Programm besteht darin, mit einem kleinen Krokodil, welches mit der »Maus« über den Bildschirm bewegt wird, Wörter, Buchstaben oder Sätze, die sich in einem »Fluß« von rechts nach links über den Bildschirm bewegen, durch »Anklicken« einzufangen und »aufzufressen«. Dabei müssen die zur Aufgabenstellung passenden Wörter vom Kind gefunden und deshalb auch sinnentnehmend gelesen werden, wenn das Kind nicht auch die (zusätzlich eingegebenen) falschen Wörter schnappen will. Bei jedem richtigen »Fang« wird das Krokodil dicker, falsche Wörter lassen es wieder abmagern. Ziel des Spiels ist es, das Krokodil zum Platzen zu bringen, um eine neue Spielstation oder aber die Ausgabe des Abschlußprotokolls zu erreichen.

Ich gestaltete für die Übung zu Rechtschreibmustern mit diesem Programm Aufgaben, bei denen in Analogie zum *wlt* Zuordnungen getroffen werden sollten, indem die richtigen Antworten vom Krokodil geschnappt werden mußten. Einen Schwerpunkt bildete die Suche nach verwandten Wörtern aus der Wortfamilie (um den Morfembezug der Rechtschreibung zu verdeutlichen). Dies waren meist zusammengesetzte Substantive (Beispiel: »Müll-Mülleimer«), Pluralformen (Beispiel: »Tasse – Tassen«), Vergangenheitsformen (Beispiel: »fahren – fuhren«) oder Übertragungen in andere Wortarten (z. B. Verb-Substantiv und umgekehrt, Beispiel: »wohnen – Wohnung«).

Die Kinder – und: Was kam denn nun eigentlich dabei heraus?

Uwe – zwischen Anspruch und Fähigkeiten

Uwe ging zum Zeitpunkt der Untersuchung in die 2. Klasse. Ich kannte ihn erst seit November des Schuljahres, in dem er von seiner Mutter, die sich sehr engagiert, zum Teil auch besorgt um die schulische Entwicklung ihres ältesten Sohnes kümmerte, wegen seiner Schwierigkeiten beim Lesen und Schreiben für den Förderunterricht in der Lernwerkstatt angemeldet worden war. In der Tat war Uwes Entwicklungsstand im Bereich der Schriftsprache eher unterdurchschnittlich, allerdings nach meiner Einschätzung nicht so besorgniserregend, wie dies von seiner Mutter wahrgenommen wurde:
Bekannte Wörter konnte Uwe relativ gut erkennen, beim Erlesen von neuen Wörtern scheiterte er oft an seinem Anspruch, seiner Ungeduld, die ihn nach ersten Leseversuchen zu vorschnellem Erraten möglicher Bedeutungen führte oder aber gleich zu Verweigerungen (»Nein – das kann ich noch nicht lesen, das ist zu schwer . . .«). Im Prinzip kannte Uwe die Lautwerte aller Buchstaben, manchmal verwechselte er allerdings grafisch und klanglich ähnliche Zeichen wie »b« oder »d«.
Seine Spontanschreibungen von unbekannten Wörtern im »9-Wörter-Diktat« (vgl. *Brügelmann* oben *S. 102ff.)* zeigten ihn auf der Stufe zwischen Skelettschreibung und lauttreuer Umschrift. Rechtschreibmuster (außer Umlauten, *ch, sch* und Endungen wie *...en)* verwendete Uwe noch selten.
Auch viele häufige Wörter schrieb Uwe weitgehend konstruierend, sie waren ihm (noch) nicht geläufig im Sinne einer automatisierten Schreibweise. Dabei ging es ihm genauso wie beim Lesen: Seine Ungeduld (eigentlich wollte er längst schreiben können) und die gleichzeitig vorhandene Unsicherheit brachten ihn oft vom konstruierenden Schreiben (mit genauer Lautanalyse) ab. Statt dessen riet er und übersprang bei der Lautanalyse ganze Wortteile. Zunächst eher schüchtern und zurückhaltend, blühte der für sein Alter relativ kleine Uwe im Laufe der Förderung in der Lernwerkstatt richtig auf. Er wurde immer selbstbewußter und bewegte sich nach den ersten Monaten bald sehr sicher in unseren Räumen – genau wissend, was er wollte und was nicht!
Der Computer, für ihn ein völlig neues Medium, faszinierte ihn. Nach anfänglicher Unsicherheit benutzte er ihn gerne und mit Vorliebe (»Können

wir heute wieder mit dem Computer. . .?«). Dafür war neben dem »Reiz des Neuen« vor allem der spielerische Charakter der Lernprogramme verantwortlich – für spielerische Arbeitsformen zeigte Uwe sich auch ohne Computer immer besonders motiviert.

Uwe entdeckt die Doppelkonsonanten

Uwes Lernerfolge im Untersuchungszeitraum zeigen im Bereich des Sichtwortschatztrainings keine großen Unterschiede zwischen den Lernformen mit und ohne Computer. Bei beiden Lernmedien vergrößerte sich der Anteil richtig geschriebener Wörter um mehr als das Doppelte von ca. 25% auf über 50%. Auch die Wörter, die er am Ende der Untersuchung noch nicht ganz richtig schrieb, weisen weniger falsche bzw. fehlende Buchstaben auf. Die Zahl der fehlenden bzw. falschen Buchstaben verringerte sich dabei im ersten Fall von 29,5 (richtige Buchstaben am falschen Platz wurden mit 0,5 bewertet) auf 14,5 von 78 Buchstaben. Im zweiten Fall (bei der Übung am Computer) verringerte sich der Anteil der falschen bzw. fehlenden Buchstaben von 26,5 auf 9 (von 78). Insgesamt gibt es also nur einen leichten Vorteil für die am Computer geübten Wörter.

Ganz anders fällt dagegen das Ergebnis bei den Übungen zu Rechtschreib-

Tabelle 1a

UWE, Doppelkonsonanten geübt am Computer:		
	Schreibung	Schreibung
Diktiert:	28.11.89	13.2.90
knallen	kaln	kanlen
Kämme	Käeen	(Kamm:) Kamm
Mülleimer	Mleiler	(Müll:) Müll
sonnig	sonnek	sonnnik
Bretter	Beutn	derter
schlimmer	schma	(schlimm:)schmm
Stille	schle	(still:) schill
Treffer	Faa	Tferer
Rechtschreibmuster		
richtig:	1	5
falsch:	0	0

Tabelle 1b

UWE, Dehnungs-h geübt mit WLT 3:		
	Schreibung	Schreibung
Diktiert:	28.11.	13.2.
bezahlen	Bealn	(Zahl:) zall
Lehrerzimmer	Leuerzma	(Lehrer:) Lerrea
Kornmühle	Keunmeule	Konnmülle
gähnten	Gentn	genten
Ermahnung	Emank	(mahnen:) maann
Lohn	Lont	(belohnen)belonen
dehnte	Bente	dente
Wohnzimmer	Wonzma	Wonnzmer
Rechtschreibmuster		
richtig:	0	0
falsch:	0	6

(Zu Tabelle 1a/b : Die in Klammern gesetzten Wörter sind die Wörter, die beim 2. Kontrolldiktat diktiert wurden. Die ersten Wörter hatten sich als zu lang erwiesen.)

mustern aus: Hier bearbeitete Uwe zunächst Wortlisten zu Doppelkonsonanten am Computer, Wortlisten zum Dehnungs-h mit dem Wortlistentraining *(wlt3)*. (Anmerkung: Obwohl Uwe noch in die 2. Klasse ging, konnte ich keine Aufgaben aus dem *wlt2* verwenden, da die zu übenden Rechtschreibmuster erst im *wlt3* als Wortlisten vorkommen.) In dieser ersten Arbeitsphase entdeckte Uwe das Rechtschreibmuster »Doppelkonsonant«. Er verwendete es beim ersten Diktat im November kaum, beim Kontrolldiktat im Februar fast überall, auch illegal (nach gedehnten Vokalen). Das »Dehnungs-h« ignorierte er nach der ersten Übungsphase (mit dem *wlt)* noch völlig *(Tab. 1a/b)*. Nach der zweiten Übungsphase (Doppelkonsonanten wurden jetzt mit Wortlistentraining, Dehnungs-h mit dem Computer geübt) nahm die Übergeneralisierung der Doppelkonsonanten ab (!), in 6 von 8 Fällen verwendete er sie richtig, in nur einem Fall noch an einer illegalen Position. In 2 von 8 Fällen verwendete er nun (im März) auch ein richtig plaziertes »Dehnungs-h« *(Tab. 2a/b)*.

Uwe scheint nach der ersten Arbeitsphase völlig fasziniert gewesen zu sein von der Möglichkeit, in einem Wort zweimal den gleichen Buchstaben hintereinander zu verwenden. Wenig Bezug hatte dies für ihn zum Lautwert des vorangegangenen Vokals, denn er benutzte die Doppelkonsonanten auch in den Übungswörtern mit Dehnungs-h. Mein Erklärungsversuch: Er

Tabelle 2a

UWE, Doppelkonsonanten geübt mit WLT 3:		
	Schreibung	Schreibung
Diktiert:	27.2.90	16.3.90
fallen	fallen	fallen
Bälle	Bälle	Bälle
Affen	Affe	Affen
Treppen	Tetten	Täppen
Betten	Betten	Betten
schneller	schlaer	schlar
fettig	fettg	fettäg
dümmer	dear	demara
Rechtschreibmuster		
richtig:	5	6
falsche:	0	0

Tabelle 2b

UWE, Dehnungs-h geübt am Computer:		
	Schreibung	Schreibung
Diktiert:	27.2.90	16.3.90
anlehnen	anllen	anlen
bewahren	Bewen	dewaren
Zähne	Zäne	Zehe
führen	Färren	füren
rühren	rärrn	rühren
Kühlschrank	Källscharck	Küschag
wehrte	Wert	wete
wühlen	wüllen	wüllen
Rechtschreibmuster		
richtig:	0	2
falsche:	5	1

schien an dieser Stelle nur zu erinnern, daß in den Wörtern irgend etwas besonders war – und verwendete dann die besondere Schreibweise, die ihn am meisten beeindruckt hat. Auch nach einem Wechsel der Arbeitsmedien blieben die Doppelkonsonanten für Uwe das Rechtschreibmuster, welches er vorrangig verwendete. Allerdings nutzte er es, wie in den *Tabellen 2 a/b* zu sehen ist, jetzt zunehmend an legalen Plätzen, also nur nach kurzem Vokal. Ob diese zunehmende Legalisierung, wie auch anfangs die starke Übergeneralisierung, nur auf die Übung am Computer zurückzuführen ist, ist nicht zu entscheiden.
Eine andere (möglicherweise auch ergänzende) Erklärung liegt im Bereich der Lernentwicklung von Uwe. Vor Beginn der Untersuchung verwendete er kaum Rechtschreibmuster und verschriftete, wie oben geschildert, die meisten Wörter nur lauttreu. Daß er nun, parallel konfrontiert mit zwei neuen und verschiedenen Rechtschreibmustern, zunächst seine Aufmerksamkeit vor allem auf eines der beiden richtete (und zwar auf das häufigere und regelhaftere!), ist auch ohne Berücksichtigung der Computernutzung einsichtig. Der starke Rückgang der Übergeneralisierung in der zweiten Arbeitsphase wäre dann als Normalisierung im Verlauf des Entwicklungsprozesses zu erklären.

Dieter – kommt man auch langsam zum Ziel?
Dieter, 9 Jahre alt, ging zum Zeitpunkt der Untersuchung in die 4. Klasse. Schon auf den ersten Blick wirkte er sehr ruhig und bedächtig, fast behäbig. Daß diese Eigenschaft durchaus ein Problem darstellte, erfuhr ich in den Gesprächen mit seiner Mutter. Denn Dieters Arbeitstempo reichte für die schulischen Anforderungen zumeist nicht aus, was sich unter anderem in Bemerkungen in seinen Zeugnissen seit dem ersten Schuljahr niederschlug. Besondere Schwierigkeiten hatte Dieter im Bereich der Rechtschreibung. Sehr häufig verwendete er noch lauttreue Schreibungen oder setzte Rechtschreibmuster an illegalen Stellen ein. Auch in der Groß- und Kleinschreibung schien ihm die (zugegebenermaßen komplizierte) Logik des Systems noch nicht einsichtig. Nach einigem Nachdenken konnte er allerdings manchen Fehler herausfinden, wenn ich ihn darauf hinwies, daß bestimmte Wörter noch nicht ganz richtig seien.
Dieter, der sonst lange, gründlich und ausgiebig über Phänomene der Umwelt nachdenken konnte (ein Grund für sein oft langsames Arbeitstempo), schien zur Systematik der deutschen Rechtschreibung offensichtlich wenig Zutrauen und das Nachdenken darüber aufgegeben zu haben. Generell ging Dieter sehr ungern in die Schule, besonders wenig mochte er den Deutschunterricht. Lesen und Schreiben waren stark negativ besetzt.
In der Förderung in der Lernwerkstatt ließ er sich allerdings auf viele Angebote ein. Dies gilt besonders für den spielerischen Umgang mit Schrift und Situationen, in denen der Gebrauch von Schrift für ihn persönlichen Sinn machte, so zum Beispiel in Quiz-Spielen oder bei eigenen Texten.

Noch stärker als Uwe war Dieter fasziniert von den Möglichkeiten des neuen Mediums Computer. Aber auch die »Papier-und-Bleistift-Aufgaben« erledigte er im Untersuchungszeitraum (mir zuliebe?) sehr pflichtbewußt.

Einmal richtig geschrieben – immer richtig geschrieben?

Dieters Lernentwicklung im Untersuchungszeitraum zeigt, ähnlich wie bei Uwe, keine eindeutigen Vorteile für ein bestimmtes Lernmedium. Es lassen sich sowohl bei den Übungen am Computer, wie bei den Übungen mit dem Wortlistentraining vergleichbare Lernzuwächse beim Rechtschreibmuster »Dehnungs-h« feststellen. Die Übungen erscheinen nach den ersten Monaten schon fast zu wenig anspruchsvoll, denn beim Rechtschreibmuster »Doppelkonsonant« machte er nach der ersten Übungsphase (am Computer) bei den Wörtern, die mit dem »wlt« geübt werden sollen, von Beginn an keine Fehler mehr. So ist ein Lerneffekt hier von vornherein nicht mehr zu beobachten. Am Ende der Übungssequenzen machte er auch im Bereich der Wörter mit Dehnungs-h kaum noch Fehler.

Im Bereich des Trainings zur automatisierten Schreibung von Wörtern aus dem Grundwortschatz finden sich auch keine prägnanten Differenzen zwischen der Arbeit mit den unterschiedlichen Medien. Und dies, obwohl die Motivation bei der Arbeit mit den Lernprogrammen deutlich größer war als bei der Karteiarbeit. Dieter vergrößerte die Anzahl richtiger Wörter nach dreimonatiger Arbeit mit der Lernkartei von 6 auf 15 (von 17 Wörtern). Bei der vergleichbaren Arbeit am Computer mit dem Programm »Mit Lalipur in die Schatzkammer« verbesserte er sich von 5 auf 14 richtige Wörter (von 17). Die Zahl der (wortunabhängig gezählten) Fehler im Sinne von falschen oder fehlenden Buchstaben nahm von 16 auf 2 (Lernkartei) bzw. von 16 auf 3 (Computer) ab. Auch nach den Osterferien, mit einem Abstand von ca. 8 Wochen ohne jede Übung, schreibt Dieter noch 15 der mit der Kartei geübten Wörter und 13 der mit dem Computer geübten Wörter richtig. Aber bei genauerem Hinsehen fällt auf, das dies zum Teil andere Wörter sind als beim letzten Diktat vor den Ferien. Bestimmte Wörter schreibt Dieter jetzt also ohne jede Übung plötzlich richtig, bei anderen hingegen produziert er wieder neue Fehler. Dies macht einen genaueren Blick auf die Schreibungen notwendig.

Dabei wird ein anderes Ergebnis der Untersuchung deutlich. Nicht ausreichend erscheinen quantitative Aussagen über Lerneffekte, die nur nach dem Schema: Vortest / Übung / Nachtest erhoben werden und dadurch einen additiven Lernzuwachs nach dem Motto: »Immer mehr Wörter werden immer ›richtiger‹ geschrieben« suggerieren.

Die nähere Betrachtung der Arbeitsphasen von Dieter (aber ebenso von Uwe) und die genaue Analyse ihrer Schreibungen der zu übenden Wörter an sämtlichen Terminen zeigen nämlich ein differenzierteres Bild. Weder nehmen die Fehler in den einzelnen Wörtern unbedingt systematisch ab, noch werden einmal richtig geschriebene Wörter unbedingt (an den folgenden

Terminen) weiterhin richtig geschrieben. Auch werden nicht dieselben Fehler kontinuierlich wiederholt, sondern es tauchen bei manchen Wörtern immer neue Falschschreibungen auf. Die folgende Tabelle zeigt ausschnittsweise an bestimmten Wörtern, die Dieter mit der Kartei bzw. mit dem Computer bearbeitet hat, wie unterschiedlich sich die Schreibungen der einzelnen Wörter über den Übungszeitraum hinweg entwickelt haben:

Tabelle 3

DIETER, Übungen zur Automatisierung mit und ohne Computer

	Wort	1. Diktat (1.12.89)	1.Übung	2. Übung	3. Übung	4. Übung
1.	Päckchen	Peckchen	Päckchen	Päckchen	Päckchen	Päckchen
2.	Heizung	Heitzung	Hietzung	Heitzung	Hietzung	Heizung
3.	Kissen	Kssen	Kissen	Kissen	Kissen	Kißen
4.	Thermometer	Termometter	Thermometer	Thermometer	Termometer	Tehrmometer
5.	Xylophon	Xülopohn	Xylophon	Xyülopon	Xülopon	Xylopon
6.	pünktlich	pünktlich	pünktlich	püncktlich	pünktlich	-----
7.	Motorrad	Motorad		Motorad	Mottorrad	Motorrad
8.	Radiergummi	Radirgumi		Radiergummi	Radiergumie	Radirgummi
9.	Spaghetti	Spagetie		Spagettie	Spaghett	Spaghetti
10.	kriechen	krichen		kriechen	krichen	kiechen

	5.Übung	Kontrolldiktat (5.3.90)	Nachdiktat (27.4.90)
1.	Päckchen	Päckchen	Päckchen
2.	Heizung	Heizung	Heizung
3.	Kissen	Kissen	Kissen
4.	Tehermometer	Tehrmometer	Thermometer
5.	Xylopon	Xylopfon	Xylophon
6.	-----	pünktlich	püncktlich
7.	Motorrad	Motorrad	Mottorrad
8.	Radiergummi	Radiergummi	Radiergummie
9.	Spagetti	Spahgetti	Spaghetti
10.	kriechen	kriechen	krichen

Bei diesen interessanten Unregelmäßigkeiten machte im übrigen das Lernmedium keinen Unterschied aus. Die in der Tabelle dargestellten Wörter stammen zur Hälfte aus Übungen mit dem Computer, die andere Hälfte wurde mit der Kartei bearbeitet. Auch wenn man berücksichtigt, daß unter den Umständen der Untersuchung zwischen den Übungsterminen der jeweiligen Wörter Abstände von 14 Tagen liegen, was einem wirklich häufigen Schreiben bzw. Üben nicht entspricht, sind die »Biografien« dieser Wörter in ihrer Verschiedenheit faszinierend.

Sie sind wieder ein Indiz mehr für die These, daß Kinder nicht einfach die richtige Schreibung eines Wortes »abspeichern«, sondern daß dieser Prozeß deutlich komplizierter ist. Kinder denken nach – mal mehr, mal weniger – über das, was sie tun, und bilden sich eigene, immer wieder neue und wechselnde Theorien über die Wirklichkeit, auch über die Schreibung von Wörtern. Dabei ordnen sie ihre Erfahrungen unbewußt, organisieren aufgrund neuer Beispiele ihr Rechtschreibsystem (»eigenaktive Regelbildung«) insgesamt um – und verändern damit auch bereits gelernte Elemente (»Übergeneralisierung«).

Ein Einfluß von Unterricht und Übung darauf scheint zwar vorhanden zu sein (immerhin haben bei beiden Kindern die Fehler deutlich abgenommen), aber dieser Unterricht (hier die Übungssequenzen) wirkt nicht so direkt vermittelnd, wie wir uns das bei seiner Planung immer wünschen.

Was aber bewirkt die Veränderung in den Köpfen der Kinder – wenn es der gezielte Unterricht alleine nicht ist? Im Projekt MARE (Mikroanalysen der Rechtschreibung) haben wir versucht, über tägliche Beobachtung von Unterricht in zwei ausgewählten Klassen und die Sammlung von allem geschriebenen Material ausgewählter Kinder in einem Zeitraum von zwei bis drei Monaten, diesen Dingen ein wenig mehr auf den Grund zu kommen. Ein erster Bericht findet sich in diesem Band (s. *Brügelmann u. a.,* in diesem Band *S 185ff.*).

Fazit

Abschließend mein kurzes Fazit zur Untersuchungsmethode und zu den beiden Fragen, die den Ausgangspunkt meiner Überlegungen darstellten:

1. Bei beiden Kindern gab es Fortschritte in den Übungen am Computer und den »Papier-und-Bleistift-Aufgaben«. Die Unterschiede waren aber nicht gleichsinnig.
2. Beide Kinder haben sich in den geübten Bereichen verbessert. Unter der Oberfläche quantitativen Fortschritts verbergen sich aber – bezogen auf konkrete Wörter und Rechtschreibphänomene – erhebliche Unterschiede.

Zur Untersuchungsmethode: Fallstudien lassen sich in einer Weise »disziplinieren«, daß auch die Untersuchung weniger Kinder (mit dem Vorteil höherer Intensität und breiterer situativer Einbettung) zu methodisch kontrollierbaren Effekten führen.

Hans Brügelmann
Verflixte zweite Halbzeit
Die Länge von Diktaten als Falle für schwache RechtschreiberInnen

Nils Mutter versteht die Welt nicht mehr: »Zu Hause macht er beim Üben nur ganz wenige Fehler. Aber in der Schule schreibt er beim Diktat wieder jedes zweite Wort falsch.«

Viele LehrerInnen kennen diese Klage. Nur wenige nehmen sie ernst. Dabei müßte uns die einfache Anschauung einer korrigierten Textseite nachdenklich stimmen: Decken wir die untere Hälfte einer Seite ab, sehen wir meist viel weniger rot, als wenn wir die obere abdecken.

Bei gleich schweren Wörtern machen schwache RechtschreiberInnen im ersten Teil eines Diktats in der Regel weniger Fehler als im zweiten Teil: Zeitdruck, die sich aufbauende Erfahrung, einige Wörter nicht gekonnt zu haben, wachsende Panik, es wieder nicht zu schaffen, legen die Leistungsfähigkeit zunehmend lahm.

Brigitte Schneider hat in einer kleinen Studie Kindern mit und ohne Rechtschreibschwierigkeiten eine Wortliste diktiert – und zwar einmal von vorne nach hinten, ein andermal von hinten nach vorne. Dann hat sie die Leistungen von Kindern mit und solchen ohne Lese-/Rechtschreibschwierigkeiten verglichen. Mittelt man die Fehler über beide Diktatformen und vergleicht jeweils die erste Testhälfte mit der zweiten, so sinken in beiden Gruppen die Leistungen ab: ohne Lese-/Rechtschreibschwierigkeiten von 94,2% richtig auf 84,0 %, mit Lese-/Rechtschreibschwierigkeiten von 48,2 auf 8,3%.

Der Leistungsabfall bei den schwachen RechtschreiberInnen ist also dramatisch höher: –40 Punkte vs. –10 Punkte in der durchschnittlichen Gruppe. In Fehlerzahlen ausgedrückt: Im ersten Fall müßten wir den schwachen RechtschreiberInnen auf 10 Wörter weniger als 5 Fehler ankreiden, im zweiten Fall mehr als 9.

Um diesen Befund in einer größeren Stichprobe zu überprüfen, haben wir den Text unseres Diktats »Rätselsätze« im »Schreibvergleich BRDDR« (s. o. *S. 129ff.)* in vier Viertel zu je 18 Wörter aufgeteilt. Nach den Fehlerquoten zu urteilen, waren die Anforderungen in allen Vierteln etwa gleich hoch. Es gab eher einen leichten Trend zu besseren Leistungen im zweiten Teil (4. Klassen Ost 90–91% richtig vs. 88% im ersten Teil: 4. Klassen West 86% richtig vs. 85%). Dieser Trend gilt auch in den 3. Klassen, wenn man die überdurchschnittlichen SchülerInnen betrachtet (96-97% richtig im zweiten Teil vs. 94–95 % im ersten Teil).

Das Bild verändert sich jedoch deutlich, sobald man sich den unteren Leistungsgruppen zuwendet. Zwei Beispiele: Die leistungsschwächsten 6%

der Viertkläßler West schreiben in den ersten drei Vierteln des Diktats 43% der Wörter richtig, im letzten Viertel dagegen nur noch 31%. Unser Ergebnis bestätigt also den Befund von *Schneider*. Der weniger dramatische Unterschied macht aber noch einen zweiten »Last-Faktor« sichtbar: die Wortauswahl (in unserem Diktat mehr geübte Wörter als bei Schneider, also eine nicht so starke Überforderung wie vor allem in ihrem zweiten Teil).
Welche Konsequenzen sind aus diesen Daten für die Beurteilung von Leistungen im Rechtschreibunterricht zu ziehen? Für mich die wichtigste: Wenn wir daran interessiert sind, die Rechtschreibfähigkeit und nicht primär die Streßresistenz der Kinder zu prüfen, müssen wir den Zeitdruck verringern – und auch andere Bedingungen, die Angst oder Panik auslösen können.
Gerhard Sennlaub hat einen praktikablen Vorschlag gemacht: Er differenziert nicht erst in der Benotung, sondern schon in den Anforderungen. Jedes Kind entscheidet selbst, ob es einen längeren Text schreiben will (mit der Chance, auch ein »sehr gut« zu erreichen) oder lieber nur das erste Drittel (maximal »befriedigend«) oder das erste und zweite Drittel (maximal »gut«).
Die Unterschiede in den Rechtschreibleistungen lassen sich damit nicht wegretuschieren. Und ihre Überbewertung in der Gesellschaft kann die Schule auf diese Weise auch nicht überwinden. Aber die Nebenwirkungen ungeeigneter Prüfungspraktiken, also den Teufelskreis schwacher Leistung, die sich durch Versagensangst noch weiter verschlechtert, den können wir durchbrechen. Dazu gehört auch, daß ein Kind dasselbe Diktat (nach Kassette) mehrmals schreiben darf, um seine Leistung zu verbessern, bis es selbst sie für beurteilungsfähig hält.

Weitere Vorschläge für sinnvolle Übungs- und Prüfformen anstelle der üblichen Diktate finden sich in unserer »Ideenkiste« *(Brinkmann/Brügelmann 1993*, Lernfeld S).

Hans Brügelmann

20 Thesen zum Rechtschreibunterricht

1. Rechtschreibung verändert sich wie Sprache

Der Rechtschreibunterricht sollte die geltenden Konventionen vermitteln, aber auch ihre kulturelle Bedingtheit und historische Wandlung (und Wandelbarkeit) zeigen. Wenn Kinder ihre Schreibversuche nicht nur als Minderleistung erleben (gemessen an der Norm), sondern als mögliche (und anderswo oder zu anderen Zeiten praktizierte) Lösung, stärkt das ihre Lernlust und Denkfähigkeit. Die bevorstehende Rechtschreibreform (»Was würdet ihr anders schreiben?«) eröffnet eine konkrete Perspektive für solche Gespräche.

2. Freies Schreiben und gezielte Rechtschreibarbeit ergänzen sich

Das Wechselspiel von selbständigem Experimentieren und von vielfältig variierter Auseinandersetzung mit Modellen/Korrekturen ist die Basis aller Rechtschreibentwicklung. Persönlich attraktive Schreibanlässe steigern die Motivation, und häufiges Schreiben und Redigieren eröffnen zugleich kognitiv ein breites Erfahrungsfeld. Beiläufiges Lernen allein reicht aber nicht aus. Es ist überdies unökonomisch. Strukturierte Arbeit an bestimmten Rechtschreibphänomenen und intensive Übung häufiger Wörter erfordern ergänzend eine *phasenweise Ausgliederung von Rechtschreibarbeiten* im Unterricht.

3. Rechtschreiben lernen Kinder, indem sie viel selbst schreiben

Die Schule sollte Kindern Raum geben, von Anfang an zu schreiben, was sie inhaltlich zu Papier bringen *wollen,* nicht nur, was sie ortografisch korrekt verschriften *können.* Je mehr ein Kind schreibt (nur begrenzt: je mehr ein Kind liest), um so häufiger denkt es über Schreibweisen von Wörtern nach – und um so stärker entwickelt sich seine Schreib- und seine Rechtschreibfähigkeit. Es erfährt dabei auch, daß und wo andere Probleme mit dem Lesen haben, wenn die Rechtschreibung nicht beachtet wird.

4. Lautgerecht schreiben zu können ist die Grundlage jeden Recht-Schreibens

Den Lautbezug der Ortografie (»fonologisches Prinzip«) müssen Kinder als Grundprinzip der alfabetischen Schrift begreifen. Vom Anlaut über das Laut-Skelett bis hin zur präzisen Umschrift (selbst von Übergangslauten)

* Dieser Beitrag ist erstmals erschienen in: GRUNDSCHULZEITSCHRIFT, H. 52, März 1992, 37–39.

differenzieren Kinder diese Einsicht durch selbständiges »Konstruieren« der Schriftform. Ziel des 1. Schuljahres ist es, daß Kinder Wörter mindestens *lauttreu* schreiben, d. h. daß die Sprechweise des Kindes aus den von ihnen geschriebenen Buchstabenfolgen rekonstruierbar ist. Wer ortografisches Können vor der Lautschrift fordert, ist wie einer, der das Tanzen während der Krabbelphase zu lehren versucht *(Sennlaub).*

5. Auch ortografische Muster werden eigenaktiv erprobt

Erst in einem zweiten Schritt werden Kinder auf Rechtschreibmuster *(sch, ie, mm* usw.) aufmerksam. Wie beim Lautspracherwerb werden neu gelernte Besonderheiten zunächst übergeneralisiert (»legal«, also grundsätzlich passend z. B. in: *Tieger, imm)* oder sogar »illegal« verwendet *(Schtein, kohmen).* Solche Fehler sind ein natürliches Durchgangsstadium. Grobe Zwischenformen werden mit wachsender Schrifterfahrung weiter differenziert *(Wald, Rind, Hund;* aber: *kalt, rinnt, Welt).*

6. Ortografisches Können erwächst aus Beispielen

Parallel zum selbständigen »Konstruieren« sammeln die Kinder vom ersten Schultag an Wörter in ihrer ortografisch korrekten Form (als »Rechtschreib-Anker«): im »Schatzkästchen« eigener Wörter, in der »Kartei schwieriger Wörter«, im »ABC-Heft«. Zugleich gewöhnen sie sich mit wachsendem Wortbestand durch eigenes Sortieren an die *alfabetische Ordnung* und bereiten sich auf die selbständige Arbeit mit dem Wörterbuch vor. Solche Wörtersammlungen bieten die Beispiele für eine eigenaktive Gruppen- und Musterbildung.

7. Richtig Schreiben ist Anspruch an die Überarbeitung nicht an den Entwurf

Schreibweisen, die die Kinder selbst wissen wollen, können ihnen vorgeschrieben (auf Zuruf des Wortes an der Tafel oder über Over- head-Projektor) oder über andere Hilfsmittel (Themen-Plakate, Bild-Wort-Lexika, Wörterbücher und -karteien) zugänglich gemacht werden. Unabhängig davon sollte eine Arbeitsteilung in einen vorläufigen Entwurf und eine (auch ortografische) Überarbeitung für die Veröffentlichung von Anfang an selbstverständlich sein. »Schreibkonferenzen«, »Leseversammlung« oder ähnliche Rituale helfen, diesen Arbeitsgang zu modellieren und als Routine selbstverständlich werden zu lassen.

8. Rechtschreibung: ein kognitives Rätsel, nicht nur Medium der Sprache

Sprache soll im Unterricht nicht nur eine selbstverständliche Kommunikationsform sein, sondern auch *Gegenstand der Analyse.* Sprachspiele, Sprachvergleiche, Fehlersuche und andere bewußte Aktivitäten der Auseinandersetzung mit Gehalt und *Form* von Sprache und Schrift machen die nötige Übung attraktiver. Sie ermöglichen Einsichten in die Baumuster der

Schrift (vermitteln nicht nur Einzelkenntnisse und Können). Zudem stärken sie das Selbstvertrauen der Kinder in ihre Fähigkeit, Probleme zu lösen, und sie wecken Interesse an den Rätseln der Ortografie.

9. Die vollständige Rechtschreibsicherheit gibt es nicht

Die Grundschule sollte durch systematische Wiederholung eines begrenzten Grundwortschatzes die Richtigschreibung besonders *häufiger* Wörter sichern (»Geläufigkeit«). Sie sollte über die Auswahl dieser Wörter zugleich genügend Beispiele für die Gruppierung von Wörtern zu wichtigen Rechtschreibmustern anbieten (vgl. Idee und Material des »Wortlisten-Trainings«). So lassen sich die Anforderungen an den Unterricht und an die Lernfähigkeit der Kinder realistisch begrenzen. Zugleich wird die Fehlerwahrscheinlichkeit auf diese Weise am wirkungsvollsten gesenkt.

10. Grundwortschatz ist eine Arbeitsform, keine inhaltliche Vorschrift

»Grundwortschatz« bedeutet nicht, daß alle Kinder einer Klasse oder gar eines Landes dieselben Wörter lernen müssen. »Grundwortschatz« ist ein *Organisationsprinzip* des Unterrichts und fordert die Konzentration der Übung auf eine begrenzte Auswahl von Wörtern. Dies können – als Faustregel – zu 1/3 allgemein häufige Wörter (vor allem Funktionswörter), zu 1/3 ein gemeinsamer Klassenwortschatz (Sachunterricht!) und zu 1/3 weitere, z. B. dem Kind persönlich besonders wichtige Wörter sein.
Vorschläge bzw. Vorschriften für Grundwortschätze umfassen für die vier Grundschuljahre zwischen 500 und 1500 »Wörtern«. Faustregel: 500 verschiedene Lexeme (Grundwörter) mit jeweils 1–5 verschiedenen Formen, also insgesamt *rund 1.500 verschiedene Wortformen* sollten als Kernbestand rechtschriftlich gesichert werden. Je nach Klassensituation: 1. Jahrgang: 50–100; 2. Klasse: 200–300; 3. Klasse: 300–600; 4. Klasse: 500–800 (nach sechs Jahren: ca. 1000 Lexeme mit etwa 3.000 abgeleiteten Formen).

11. Auch in der Rechtschreibung: Das Lernen lernen

Der Rechtschreibunterricht der Grundschule muß sich aus ökonomischen Gründen auf eine Auswahl von Wörtern und Rechtschreibmustern konzentrieren. Um diesen Bestand zu erweitern – und um auch im Lernen selbständig zu werden – müssen Kinder lernen, wie sie sich die Schreibweise von Wörtern erarbeiten und merken. »Leitkarten« für Grundschritte beim Lernen und Kontrollieren, selbstentwickelte und dann eingelernte »Kommentare« zu den kritischen Stellen im Wort (»STRUMPF – groß, mit ST und PF«) sind wichtige *Hilfen für »Lernformen«*.

12. Regelmäßigkeiten folgen aus der Ordnung von Beispielen – nicht umgekehrt

»Regeln« lassen sich nicht vorgeben. Kinder können sie nur durch Gruppierung von Beispielen aus eigener Erfahrung entwickeln. Gerade wegen ihres

Näherungscharakters sollten sie von den Kindern selbst erarbeitet (und in ihrer Sprache »gefaßt«) werden. Sie sollten als *»Merkhilfe« für beobachtete Gemeinsamkeiten* formuliert werden, nicht eine verläßliche Vorhersage unbekannter Schreibungen suggerieren.

13. Selbständigkeit setzt Vertrautheit mit Hilfsmitteln voraus

Rechtschreibung ist ein komplexes System und wie alle Sprache offen: Es gibt Rechtschreibfälle, die noch nicht offiziell geregelt sind, und noch viel mehr, die jedenfalls von der Schule nicht behandelt werden können. Darum müssen Kinder lernen, wie sie sich Fragen beantworten, wie sie Konflikte zwischen Regeln lösen. Der *Umgang mit dem Wörterbuch* (und später mit dem Regelteil des Duden) muß gelernt werden: durch Einführung und Erklärung, aber auch durch häufigen Gebrauch.

14. Faustregeln statt Scheinsicherheit

Regeln oder Operationen, mit deren Hilfe sich die Schreibung eines Wortes sicher ableiten läßt, gibt es nicht. Es gibt sie jedenfalls nicht in so einfacher Form, daß Kinder sie lernen und handhaben können. Es gibt aber Häufigkeitswissen, das mit großer Wahrscheinlichkeit zur Richtigschreibung führt (z. B. wird /i:/ mit wenigen Ausnahmen als <ie> geschrieben, dagegen wird bei den anderen Vokalen die Länge meist nicht markiert; der Laut /f/ wird fast immer als <f> und nicht als <v> geschrieben, die Ausnahmen lernt man am besten als Liste). Solche *Näherungsregeln* sollte die Grundschule zulassen, ihre Begrenztheit aber auch thematisieren. Durchsichtigkeit des Systems ist notwendig auf Vereinfachung angewiesen, und mit dieser ist *Fehlertoleranz* verbunden. Fehlertoleranz wiederum ist in der Schule je nach Entwicklungsstand und in der Gesellschaft je nach Anwendungsbereich (z. B. Beruf!) unterschiedlich eng zu bestimmen.

15. Individuell probieren – gemeinsam nachdenken

Die Kinder sollten ermutigt werden, *eigene Lösungsstrategien* zu erproben: »Verwandte« suchen (Halt/halten), andere Formen bilden (Länder/ Land). Der Austausch über solche Strategien im Klassengespräch regt zum Nachdenken an. Er macht zugleich deutlich, daß kein Verfahren generell Rechtschreibung sichert. Auch für die Formulierung von Regeln sollten sich die Kinder eigene Merksätze ausdenken, sie sollten sich austauschen über individuelle Lerntechniken, ihre Vor- und Nachteile erproben und diskutieren.

16. Wörter verschieden »sehen« können fördert das Rechtschreibverständnis

Wörter lassen sich in ortografischer Hinsicht unter verschiedenen Gesichtspunkten gruppieren: als Wortfamilien *(fahren, Fahrrad, Fahrer* usw.; »morfematisches Prinzip«) oder nach gemeinsamen Rechtschreibbesonderheiten *(kommen, Sommer, Hammer* usw.; »ortografische Muster«). Durch *Umsortieren unter verschiedenen Gesichtspunkten* – Bedeutung (»Wortfelder« wie: Obst = Banane, Apfel, Birne, Kirsche usw.), Anfangsbuchstaben, Silbenzahl, Rechtschreibmuster, Wortfamilien – werden Kinder aufmerksam auf verschiedene Aspekte der Schrift und beweglicher im Finden von ortografischen Lösungen für unbekannte Wörter.

17. Selbstkontrolle ist effektiver als Fremdkontrolle

Kinder übersehen zwar mehr Fehler als LehrerInnen. Aber sie lernen trotzdem mehr, wenn sie ihre Schreibversuche selbst korrigieren. Selbst- und Partnerkontrolle fördern zudem die eigene Verantwortung für die Rechtschreibung. Um sie wahrnehmen zu können, brauchen Kinder Techniken. Diese lassen sich am besten aus dem Gespräch über unterschiedliche Verfahren entwickeln. Anforderungen an die »Berichtigung« sollten auf etwa 3–5 Fehler konzentriert werden. *Die Anforderung an selbständige Verbesserung läßt sich stufen:* Markieren der Zeile, in der ein Fehler ist; Markieren des Wortes; Markieren der »kritischen Stelle« im Wort. In allen drei Fällen setzt sich das Kind noch einmal selbst mit der Richtigschreibung auseinander. Die übrigen Fehler berichtigt die Lehrerin kommentarlos.

18. Diktate: Auf das »Wie« kommt es an

Diktate sind *eine* Möglichkeit, gezielt *eingeführte Wörter zu üben.* Wichtig ist die Variation der Aufgabe:

Beim »Füll-Diktat« sind nur Lücken in Sätzen aus einer Auswahlliste (sinnvoll *und* richtig) zu schließen. Im »Selbstdiktat« schreibt das Kind alle Wörter auf, die es kennt (oder: die es in 5 min schafft; 10 schwierige, die es richtig schreiben kann).

Beim »Laufdiktat« hängt der Text in einiger Entfernung vom Schreibplatz, so daß sich jedes Kind die Textmenge in so große Portionen teilt, wie es sich bis zu seinem Platz merken kann (variierbar mit oder ohne Zeitvorgabe).

Beim »Dosen-Diktat« ist der Text zuerst aus Satzstreifen zusammenzusetzen (inhaltsorientiertes Lesen!); dann werden die Streifen einzeln angesehen, in die Dose gesteckt und aus dem Kopf aufgeschrieben (anschließend wieder mit der Vorlage in der Dose verglichen).

Beim »Partner-Diktat« läßt sich die Schülerin einen selbstgewählten Text (oder eine Auswahl schwieriger Wörter aus der individuellen Fehlerkartei) von der Nachbarin diktieren.

Das »Hör-Diktat« von Kassette ermöglicht wiederholtes Diktieren im selbstgewählten Tempo.

Bei der »Fehler-Korrektur« werden jeweils zu einem Bild vier alternative Schreibweisen angeboten; das Kind hat die richtige abzuschreiben [Achtung: die Fehler werden NICHT an den kritischen Stellen eingebaut! Also *Wold,* aber NICHT *Walt* für »Wald«). In allen Fällen ist die umgehende Selbstkontrolle anhand der Vorlage wichtig.

19. Anforderungen (und Noten) nach Leistungsstufen staffeln

Wie in anderen Fächern auch ist eine Beschreibung des Leistungsstandes sinnvoller als (nur) eine Ziffernnote. Wo diese am Ende der Grundschule unvermeidlich wird, gilt: Test-Diktate machen nur Sinn, wenn der Wortschatz geübt ist. Texte, die sich auf ausgewählte Rechtschreibphänomene (»Fallen«) konzentrieren, verwirren. Schwache RechtschreiberInnen machen die meisten Fehler (oft zwei- bis dreimal so viele!) im zweiten Teil von Diktaten.

Deshalb sollten die Kinder im Umfang (evtl. zusätzlich: unterschiedliche Schwierigkeit) zwischen verschiedenen Anforderungen wählen können. Dabei ist die Notenskala an die Anforderungen gekoppelt, z. B.: 0–1 Fehler in der Langform = »1«, in der mittleren Form »2«, in der Kurzform »3«. Eine Alternative sind »Fortschritts-Diktate«: Die Kinder schreiben den Text vor *und* nach der Übungsphase, beurteilt wird die Verbesserung (absolut oder prozentual). Generell sollte es möglich sein, durch mehrfaches Schreiben desselben Diktats (z. B. von Kassette) eine Verbesserung der Note zu erreichen, indem individuell nachgearbeitet wird (Üben im »Laufdiktat«, »Dosendiktat«, »Hördiktat« . . .).

20. Rechtschreibleistung hat auch mit Gefühlen zu tun

Wer Lob für das Gekonnte statt Abwertung des nicht Gekonnten erfährt, wird sich eher anstrengen. Kinder, die *Angst haben oder die sich überfordert fühlen,* machen mehr Fehler. Auch wenn die Lehrerin oder die Eltern ihre Wertschätzung für das Kind von der Rechtschreibung abhängig machen, schwächen sie seine Leistungsfähigkeit. Umgekehrt können Rechtschreibschwierigkeiten auch Ausdruck von persönlichen Problemen des Kindes sein (aktuelle Belastungen, Beziehungsprobleme).

Memento: Rechtschreibung hat zwei verschiedene Aufgaben

Sie dient vor allem zur Erleichterung des Lesens. Die Besonderheiten in der Schreibung einzelner Wörter(gruppen) sind nur aus der LeserInnen-Perspektive verständlich: Das Lautprinzip wird überlagert durch grafische Auszeichnungen von Bedeutungsunterschieden *(Lied/Lid; Tat/tat)* und Bedeutungsverwandtschaften *(Wald/Wälder),* um diese auch visuell erkennbar zu machen. Die Regelhaftigkeit der Ortografie ist insofern leichter rekonstruierbar »von oben nach unten«, d. h. in ihrer Funktion, »Texte lesbar zu machen« *(Utz Maas).*

Eine verbindliche Rechtschreibung hat zugleich den Nebeneffekt, Wörter leichter »schreibbar zu machen«. Dadurch, daß die Buchstabenfolge konventionell festgelegt ist, muß man nicht jedes Mal von neuem überlegen, wie ein Wort geschrieben werden soll. Die formale Seite des Schreibens kann – ebenso wie die des Lesens – automatisiert werden. Das Schreibenlernen wird damit zwar schwieriger, aber fortgeschrittene Schriftkundige profitieren von solcher Standardisierung – allerdings auch nur dann, wenn

Abweichungen in einer gewissen Bandbreite toleriert oder gar ausdrücklich als Varianten zugelassen werden.
Ortografie ist also als *inhaltliche* Festlegung von Schreibungen eine Strukturierungshilfe für SchreiberInnen, ihre Gedanken auch in der Form des Textes ausdrücklich zu machen, so daß LeserInnen sie leichter rekonstruieren können. Die Tatsache einer festgelegten Schreibweise ermöglicht darüber hinaus, die Aufmerksamkeit beim Lesen und Schreiben auf den Inhalt zu konzentrieren.

Ich danke vielen KollegInnen für kritische Anmerkungen, vor allem *Heike Adolphs, Heiko Balhorn, Erika Brinkmann, Inge Lange, Utz Maas, Hermann Schwarz, Gerhard Sennlaub, Gudrun Spitta* und meinem Forschungscolloquium »Störungen des Schriftspracherwerbs«.
Zur Begründung und Vertiefung der Thesen verweise ich auf: »Kinder auf dem Weg zur Schrift« (Libelle Verlag, 5. Aufl. 1994), Kap. 23, 31 und 32; zu Rechtschreibreform und Rechtschreibunterricht auf: *Balhorn, H., u. a. (1989a):* Jeder spricht anders – Normen und Vielfalt in Sprache und Schrift. DGLS-Jahrbuch »Lesen und Schreiben« 3. Ekkehard Faude: Konstanz.
Eine inhaltlich überzeugende und sehr lesbare Einführung in Rechtschreibung, Rechtschreibdidaktik und Rechtschreibunterricht ist der Sammelband *Ruf, U. (Hrsg.) (1987):* Rechtschreibunterricht. Schweizerischer Lehrerverein: Zürich (3. Aufl. 1989).
Vielfältige praktische Ideen bieten: *Balhorn, H., u. a. (1990b):* Wortlisten wlt 2-6. Trainingsprogramm mit Wörtern und Texten. Lehrerkommentar. Verlag für pädagogische Medien: Hamburg (9. Aufl. 1988/89, Nachdruck 1990). *Bergk, M. (1987):* Rechtschreibenlernen von Anfang an. Diesterweg: Frankfurt. *Sennlaub, G., u. a. (1984):* Heimliches Hauptfach Rechtschreiben. Drei Lehrer stellen ihren Unterricht vor. Agentur Dieck: Heinsberg (1. Aufl. bei Bagel: Düsseldorf 1979).
Empfohlen seien außerdem ein Wörterbuch, in dem die Wortstämme (»morfematisches Prinzip«) als Merkhilfe hervorgehoben sind: *Balhorn, H., u. a. (1985a):* Grundwortschatz. Verlag für pädagogische Medien, und eines, das den Anfängern mit großer Schrift und Teilwortschätzen entgegenkommt: *Sennlaub, G. (1984c):* Von A bis Zett. Wörterbuch für Grundschulkinder. CVK: Berlin.

Der Traum eines Rechtschreibdidaktikers am Ende des Alfabets

Heiko Balhorn fragt mich: »Weiß du, warum man ›Zähne‹ mit [ä] schreibt?«
»Na klar, weil es von ›Zahn‹ kommt.«
Zwischenruf von Gudrun Spitta: »Vorsicht, hier geht es um Andersschreibung zur Differenzierung ähnlicher Bedeutungen.«
Beschämt korrigiere ich mich gerade noch vor dem Aufwachen: »Ach so, damit man nicht [Zehne] mit [Zehen] verwechselt.«
Hans Brügelmann

Sigrun Richter / Hans Brügelmann

Von der Grundschule in die Orientierungsstufe: Bruch oder Brücke in der Rechtschreibentwicklung?

1. Fragestellung

Rechtschreibförderung wird im wesentlichen als Aufgabe der Grundschule betrachtet. Am Ende der 4. Klasse sollen die Kinder einen definierten Grundwortschatz beherrschen. Der Rechtschreibunterricht in der Sekundarstufe dient der Rechtschreibsicherheit der Kinder in darüber hinausgehenden Bereichen. Zwar wird in den LRS-Erlassen anerkannt, daß es SchülerInnen gibt, die über die Grundschule hinaus Förderung brauchen. Auch sollen Kinder mit isolierten Rechtschreibproblemen nicht vom Besuch der Realschule und des Gymnasiums ausgeschlossen werden. Der in steigendem Maße als gesellschaftliches Problem erkannte Analfabetismus (auch in den hochindustrialisierten Ländern mit ausgebauten Bildungssystemen) läßt aber vermuten, daß die Schule über die Klasse 4 hinaus keine effektiven Möglichkeiten hat, (lese-)rechtschreibschwachen Kindern zu helfen.

Um diesem Problem begegnen zu können, ist es erforderlich, zu bilanzieren,
- in welchem Umfang Rechtschreibprobleme am Ende der 4. Klasse vorhanden sind und
- wie sich diese Probleme in der Sekundarstufe I verändern.

Im folgenden werden die Ergebnisse einer Untersuchung dargestellt, die helfen soll, diese Fragen zu beantworten.

2. Untersuchungsdurchführung

2.1 Stichprobe

Die Erhebung wurde am Ende des Schuljahres 1990/91 in 4. und 5. Klassen im Landkreis Diepholz durchgeführt. Diese Region ist ein ländlich und kleinstädtisch strukturierter Flächenkreis in Nordniedersachsen, der sich von Bremen bis Nordrhein-Westfalen erstreckt und somit auch einen Teil des Bremer Umlandes umfaßt.

Die Stichprobe bestand in den 4. Klassen aus 936 Kindern (von 1843 insgesamt = 50,8%) aus 50 Klassen (30 Schulen von 51 insgesamt = 58,8%). Die beteiligten Schulen entstammen dem Einzugsbereich aller 14 Orientierungsstufen im Landkreis, von denen 10 (= 71,4%) an der Erhebung in den 5. Klassen beteiligt waren. Diese zweite Teilstichprobe umfaßte 1011 Kinder (von 1766 insgesamt = 57,2%).

Die an der Erhebung beteiligten Schulen decken sowohl regional als auch hinsichtlich unterschiedlicher Schulgrößen die gesamte Bandbreite in der Region ab, so daß von einer guten Repräsentativität für diesen Bereich ausgegangen werden kann. Da die Aufgabe zeitgleich auch in anderen Bereichen des deutschen Sprachraums für Erhebungen verwendet wurde, kann ein Mittelwertsvergleich mit Ergebnissen aus anders strukturierten Bereichen zur Abschätzung der überregionalen Gültigkeit der hier dargestellten Ergebnisse dienen.

2.2 Aufgabe

Die Aufgabe[1] bestand aus Sätzen mit 81 Wörtern (65 verschiedene), die in Sätzen diktiert wurden. Diese hatten die Kinder anschließend als »lustig« oder »nicht lustig« einzustufen.

Die Wörter entstammen einerseits dem niedersächsischen Grundwortschatz, so daß angenommen werden kann, daß sie häufig geübt wurden. Zum anderen waren solche aufgenommen, die in die »Hamburger Schreibprobe« *(May/Balhorn 1991)* als Träger besonderer Rechtschreibschwierigkeiten aufgenommen wurden.

Bezogen auf den niedersächsischen Grundwortschatz können die Wörter wie folgt eingeteilt werden:

41 aus dem Kernbereich des niedersächsischen Grundwortschatzes,

17 zusätzlich aus dem Außenbereich des niedersächsischen Grundwortschatzes,

23 nicht aus dem niedersächsischen Grundwortschatz.

3. Ergebnisse

3.1. Vergleich der Leistungen in 4. und 5. Klassen

Vergleich der Rechtschreibleistungen in den 4. und 5. Klassen				
% richtige Wörter	4. Klasse		5. Klasse	
	abs.	%	abs.	%
bis 30	1	0,1	1	0,1
31 - 40	4	0,4	2	0,2
41 - 50	9	1,0	8	0,8
51 - 60	37	3,9	26	2,6
61 - 70	69	7,3	45	4,5
71 - 80	159	16,9	110	10,9
81 - 90	304	32,4	282	27,9
91- 100	356	37,9	537	53,1
N	939	100,0	1.011	100,0
M	84,8%		88,0%	

Tabelle 1

---

1 erstellt in Zusammenarbeit mit *Wolfgang Schneider*, Max-Planck-Institut für Psychologische Forschung, München, und *Gerd Mannhaupt/Harald Marx,* Sonderforschungsbereich 227/ Universität Bielefeld.

Das arithmetische Mittel der richtig geschriebenen Wörter betrug in den 4. Klassen 84,8% (niedrigster erreichter Wert: 20%; höchster Wert: 100%), in den 5. Klassen 88%. *Tabelle 1 (auf der vorhergehenden Seite)* zeigt die beiden Verteilungen im Vergleich, wobei die Meßwerte (% richtige Wörter) in 10-%-Intervallen zusammengefaßt sind.
Die Verteilungen der Werte sind stark linksschief, d. h.: Die Werte streuen am unteren Ende der Skala stark, während sie im oberen Bereich sehr nahe beieinander liegen. In den 4. Klassen erstreckt sich die Variationsbreite des leistungsschwächsten Viertels der Stichprobe auf 55 Prozentpunkte (richtig geschriebener Wörter), während die Leistungen bei den mittleren 50% der Kinder nur über 15 Prozentpunkte streuen und bei den 25% leistungsstarken über 10 Prozentpunkte. In den 5. Klassen steigt die Variationsbreite im unteren Viertel sogar noch etwas an (56%), während sie sich bei den beiden mittleren Vierteln auf 11% und im oberen Viertel sogar auf nur 4% reduziert.

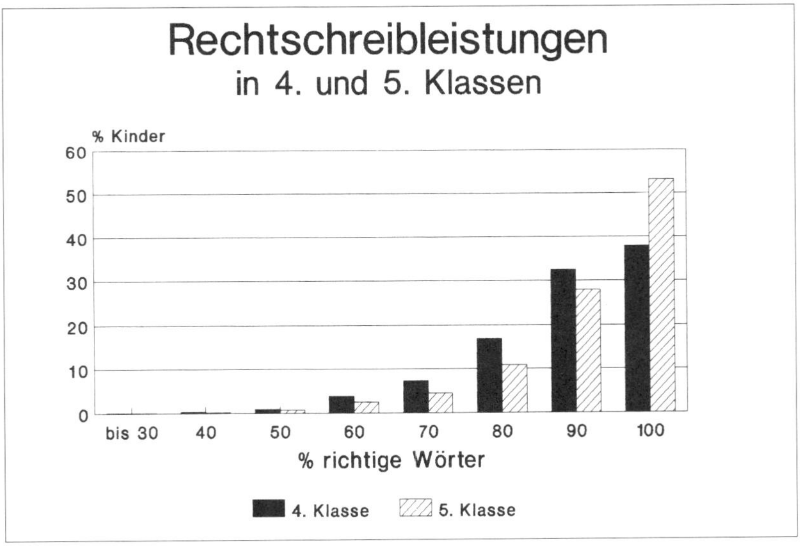

Abbildung 1: Rechtschreibleistungen in 4. und 5. Klassen

Die Verteilungen der 4. und 5. Klassen unterscheiden sich statistisch hochsignifikant.[2] Eine genauere Betrachtung zeigt jedoch, daß dies nicht als signifikante Verbesserung in allen Leistungsbereichen interpretiert werden darf.
Der Mittelwert hat sich nur unwesentlich – um 3,2 Prozentpunkte – verbessert. Die breite Streuung im unteren Bereich hat sich nicht verändert. Die bedeutsamen Verschiebungen zeigen sich nur im oberen Bereich. Es hat also eine Verschiebung vom Beginn der unteren Durchschnittsgrenze an

2 Chi-Quadrat = 51,55; df 7; $p < .001$

stattgefunden, während die Kinder aus dem unterdurchschnittlichen Bereich kaum nennenswerte Leistungszuwächse erreichen.
Wir haben in unserer Argumentation die beiden Querschnitte aus den 4. bzw. 5. Klassen wie einen Längsschnitt individueller SchülerInnen behandelt. Diese Interpretation der Daten scheint aus drei Gründen zulässig:

1. Beide Stichproben stammen aus derselben Region, sind in demselben Verfahren gewonnen (freiwillige Meldung bei Ansprache aller) und haben zu qualitativ vergleichbaren Gruppen geführt (jeweils rund 50% der Grundgesamtheit). Es gibt also keine Anzeichen für eine Selbst-Selektion oder andere Verzerrungen der Auswahl.

2. Die beschriebenen »Entwicklungen« lassen sich auch für Teilregionen der Stichprobe (Umland der Großstadt, Fernbereich, ländliche Kleinstadt) abbilden. Lediglich im Nahbereich (zwischen Umland und Fernbereich) sind die 5. Klassen quantitativ unterrepräsentiert. Eine Nachuntersuchung Anfang der 6. Klasse erbrachte hier aber dasselbe Bild eines begrenzten Zuwachses wie in den anderen Regionen.

3. Die Möglichkeit, daß sich individuelle Leistungsbewegungen zur Mitte und nach unten ausgleichen, könnte unserer Hypothese einer Stagnation einzelner Schüler(gruppen) im unteren Leistungsbereich widersprechen. Dagegen spricht aber der Befund aus dem echten Längsschnitt 1990/91 in Rostock, daß sich dort im Leistungsbereich bis 80% (Ende Klasse 4) kein einziger Schüler bis Ende 5. Klasse verschlechtert hat.

Wir gehen also davon aus, daß tatsächlich die Gruppe leistungsschwacher SchülerInnen »hängenbleibt«. Ergebnisse eines Längsschnitts 1./2. Klasse *(Richter 1992)* lassen vermuten, daß diese Entwicklung sich bereits in der 2. Klasse abzeichnet und ein negatives Selbstbild, aber auch unzureichende Lernerfahrungen über die Grundschulzeit hinweg kumuliert.

3.2 Unterschiede zwischen einzelnen Klassen innerhalb der Jahrgänge

Die Mittelwerte der beteiligten 4. Klassen unterscheiden sich hochsignifikant.[3] Sie lagen zwischen 74,4% und 94,4% und lassen sich wie folgt klassifizieren (nach Quartilmaßen):

unterdurchschnittlich	74,4% bis 81,4% richtige Wörter
durchschnittlich	81,5% bis 88,8% richtige Wörter
überdurchschnittlich	88,9% bis 94,4% richtige Wörter

Konkret heißt das: Kinder, die mit 85% richtig geschriebenen Wörtern

3 Rangreihen-Varianzanalyse nach *Kruskall-Wallis:* Chi-Quadrat = 149,5; $p < .000$

genau das Mittel der Gesamtgruppe erreichen, werden in einem Viertel der Klassen zur Leistungsspitze zählen, in einem anderen Viertel zum unteren Durchschnitt oder gar zum Risikobereich. Dieselbe Leistung wird subjektiv also ganz unterschiedlich erlebt, was entsprechende Folgen für die Lernbereitschaft haben dürfte, vor allem wenn sich die Benotung der Lehrerin am Klassenniveau orientiert.
In den 5. Klassen reduziert sich die Streuung etwas, die Unterschiede bleiben aber signifikant.[4]

3.3 Die Leistungen bei verschiedenen Wortschätzen

Im folgenden wird untersucht, wie sich die Ergebnisse unterscheiden, wenn man nach den Wortschätzen (s. 2.2) getrennt auswertet. Eine paarweise Signifikanzprüfung ergibt sowohl für 4.[5] als auch für 5. Klassen[6] hochsignifikante Unterschiede zwischen den Verteilungen: Sowohl zwischen den beiden Teilen des Grundwortschatzes (GWS) als auch zwischen Wörtern des GWS einerseits (sowohl beide Teile als auch gesamt) und denen, die nicht zum GWS gehören.
Die Kinder der 5. Klassen erreichen größere Zuwächse bei den Wörtern, die nicht zum Kernbereich des niedersächsischen GWS zählen. Dies stützt die im Vorabschnitt abgeleitete Interpretation, daß die Zuwächse in der 5. Klasse im wesentlichen im oberen Bereich erzielt wurden.
Für die signifikanten Leistungsdifferenzen zwischen den Wortschätzen gibt es verschiedene Erklärungsmöglichkeiten: Die Wortschätze könnten im Unterricht in abgestufter Häufigkeit geübt worden sein, wie es die Richtlinien nahelegen. Da der Grundwortschatz vor allem nach dem Kriterium der Gebrauchshäufigkeit zusammengestellt wird, könnten sich allgemeine Lese- und Schreiberfahrung auswirken. Schließlich sind häufige Wörter oft auch ortografisch einfachere Wörter. Wir gehen diesen Fragen in einem anderen Beitrag dieses Bandes (s. *S. 169ff.*) nach.
Von besonderem Interesse ist bei der Betrachtung der Entwicklung von der

---

4 Rangreihen-Varianzanalyse nach *Kruskall-Wallis*: Chi-Quadrat = 126,316; p = .0000

5 Paarweise Signifikanzprüfung der (voneinander unabhängigen) Wortschätze mit dem Wilcoxon-Test für abhängige Stichproben (4. Kl.)

Wortschatz-Paare	Z	p
nds. GWS Kern-/Außenbereich	– 22.2513	.0000
nds. GWS Kern-B./nicht nds. GWS	– 25.0664	.0000
nds. GWS Außen-B./nicht nds. GWS	– 8.9555	.0000
nds. GWS ges./nicht nds. GWS	– 24.1158	.0000

6 Paarweise Signifikanzprüfung der (voneinander unabhängigen) Wortschätze mit dem Wilcoxon-Test für abhängige Stichproben (5. Kl.)

Wortschatz-Paare	Z	p
nds. GWS Kern-/Außenbereich	– 17.1749	.0000
nds. GWS Kern-B./nicht nds. GWS	– 24.8337	.0000
nds. GWS Außen-B./nicht nds. GWS	– 13.5340	.0000
nds. GWS ges./nicht nds. GWS	– 24.2171	.0000

4. zur 5. Klasse, wie sich die Leistungen beim Grundwortschatz entwickeln, der als ortografisches »Grundwissen« angesehen werden kann. Der Anteil der Kinder, die eine 90%ige Sicherheit in den beiden Bereichen des niedersächsischen Grundwortschatzes erreichen, steigt an. Zugleich bleibt aber die Teilgruppe jener Kinder erhalten, die erhebliche Schwierigkeiten haben, wenn auch etwas schwächer besetzt.

3.4 Vergleich mit Ergebnissen aus anderen Regionen
Für den Vergleich der in unserer Stichprobe erbrachten Leistungen mit denen aus anderen Bereichen stehen Ergebnisse aus repräsentativen Studien in München (4. Klasse), Bielefeld (4. Klasse) und Rostock (4. und 5. Klasse) zur Verfügung. In *Tabelle 2* werden die Mittelwerte aus den verschiedenen Erhebungen gegenübergestellt.

Tabelle 2

Vergleich der Rechtschreibleistungen (4. und 5. Klassen) in verschiedenen Regionen (% richtige Wörter)

Region	4. Klassen		5. Klassen		Zuwachs
	N	M	N	M	
Diepholz	939	84,9%	1011	88,0%	+ 3,1
München	1145	85,2%	-	-	-
Bielefeld	123	85,0%	-	-	-
Rostock	149	87,2%	149	92,1%	+ 4,9

Die in den 4. Klassen erreichten Mittelwerte von ca. 85% richtig geschriebener Wörter sowohl in der süddeutschen Großstadt München als auch in der Mittelstadt Bielefeld und in unserer ländlich strukturierten norddeutschen Stichprobe lassen bei aller gebotenen Vorsicht bei der Verallgemeinerung aus nur drei Stichproben auf eine Einheitlichkeit der Rechtschreibleistung in den alten Ländern schließen.

Die Ergebnisse aus Rostock weichen davon in zweifacher Hinsicht ab: Die Ausgangslage Ende der 4. Klasse liegt über der in den westdeutschen Stichproben, und trotzdem ist die Steigerung, die am Ende der 5. Klasse erreicht wird, erheblich größer.

Katharina Schraepler

Schule ohne Wände

Episoden III

Gabriel kann schon lesen

Die Arbeitsmaterialien für die orange Gruppe werden in Absprache mit dem jeweiligen Kind ausgesucht.
So kommt es vor, daß ein Kind am Wortlistentraining arbeitet, ein anderes Kind, welches gerade anfängt, schreiben zu lernen, arbeitet an einem Schreibvorkurs. Andere Kinder beschäftigen sich mit einem Lese-Schreibheft. Auch gibt es immer wieder individuell zusammengestellte Kopien, die für das jeweilige Kind zu einem Buch zusammengeheftet werden.
Ein Junge, der sein Arbeitsheft beendet hat, bekommt gerade sein eigenes Lesebuch. Dies ist eine Mappe mit leeren Blättern. Auf ihnen schreibt die Stammgruppenleiterin, teilweise mit dem Kind zusammen, Sätze. So steht dort:

Gabriel will lesen.
Gabriel kann schon lesen.
Gabriel fährt mit dem Bus.
Gabriels Freund heißt Tom.

Jeden Tag kommen hier weitere Sätze hinzu. Es entsteht ein Buch, welches nah an der Erlebniswelt des Kindes ist. So wird für dieses Kind Lesen interessant, weil die Texte jetzt etwas mit ihm zu tun haben.
Zusätzlich werden leere DIN-A4-Bücher herausgegeben, die Kinder bekommen, die schon so weit in ihrer Schreibfähigkeit gekommen sind, daß sie Geschichten schreiben können. Dies ist dann ihr Geschichtenbuch geworden, aus dem sie, wenn sie wollen, im Morgenkreis den anderen Kindern vorlesen.

Was wir schon alles können

Im Tagebuch der orangen Gruppe werden die Geschehnisse eines Schultages von der Stammgruppenleiterin festgehalten und am nächsten Tag in der »kleinen Versammlung« vorgelesen. So wird den Kindern der vorige Tag mit seinen Spaziergängen, zum Beispiel in die naheliegende Universität oder auf den Abenteuerspielplatz, in Erinnerung gerufen.
Es wird festgehalten, was die einzelnen Kinder alles geschafft haben. So hört man, wieviel Sätze Gabriel am Vortag gelesen hat, wie gut Oliver Luise, der neuen Vorschülerin, geholfen hat oder wie viele neue Geschichten Isabel geschrieben hat.
Gerade für die Kinder, die immer wieder von ihrer Umgebung hören, wie

wenig sie können und wert sind, gibt dies neues Selbstbewußtsein. Zudem sehen die Kinder, daß Schrift Geschehenes festhalten kann. Sie wird ein Teil ihres täglichen Lebens.

Komm, wir machen es gemeinsam

Patrick, der neue Vorschüler, hat sich das ABC-Spiel von Ravensburger herausgesucht. Dies ist ein Spiel, das aus Buchstaben- und Bildkarten besteht. Zu jeder Buchstabenkarte gibt es eine passende Bildkarte. Passende Karten können ineinandergesteckt werden.
Patrick versucht, den Anlaut der abgebildeten Gegenstände herauszufinden, indem er sich die Wörter laut vorspricht. Einige Male versucht er, durch Ineinanderstecken einzelner Karten die passenden zu finden.
Später kommt Gabriel dazu. Er ist bereits ein Jahr länger in der Laborschule und kennt dieses Spiel gut. Sie versuchen es gemeinsam, so daß sie zum Schluß alle Buchstabenkarten den richtigen Bildkarten zugeordnet haben.
Immer wieder fällt auf, wie gut die Kinder sich bei solchen Unterrichtsformen ergänzen können. Vor allem lernen sie, Hilfe zu geben und anzunehmen. Später wird vielleicht Patrick, der ein Mathematik»profi« ist, Gabriel helfen können.

Patrick feiert Geburtstag

Patrick, einer der neuen Vorschüler der orangen Gruppe, hat gleich am Anfang des neuen Schuljahres Geburtstag.
Hierzu hatte er bereits am Vortag die Zutaten für seine Geburtstagstorte ausgesucht. Er geht mit zwei von seinen Freunden aus der Gruppe hinunter in die Küche und backt dort seinen Kuchen.
Später, als dieser mit allen geteilt wird, ist Patrick sehr stolz, denn es ist sein Kuchen, und er hat ihn für die anderen gebacken.
Ganz nebenbei lernen die Kinder beim Backen auch Lesen, Rechnen und Schreiben. So müssen sie alleine die Gebrauchsanweisung, die hinten auf der Packung steht, lesen und verstehen. Sie müssen die Zutaten zuordnen und richtig abmessen können. Den Kindern wird wieder einmal deutlich, daß Lesen, Rechnen und Schreiben zu ihrem Leben gehören und nicht nur für die Schule existieren.

Patrick lernt seinen Namen schreiben

In das Tagebuch der orangen Gruppe schreiben die Kinder, neben den Tagesgeschichten, ihre Namen hinein.
So ist die Anwesenheit für den jeweiligen Tag festgehalten, und die Kinder können später sehen, wenn sie im Buch blättern und die Tagesgeschichten lesen, wer damals alles in ihrer Gruppe war.
Die Namen der neuen Vorschüler sind auf einem Pappstreifen in großen Blockbuchstaben geschrieben. Dieser Streifen wird neben die Namensliste geheftet. So kann Patrick einerseits seinen Namen abschreiben, anderer-

seits kann er sich, wenn er sicherer wird, vergewissern, ob er ihn richtig geschrieben hat.

Isabels erstes Geschichtenbuch

Schon seit einiger Zeit hat Barbara, die Stammgruppenleiterin der orangen Gruppe, beobachtet, daß Isabel sicherer im Schreiben und redefreudiger geworden ist. So bekommt Isabel heute in großes, leeres DIN-A4-Buch, das jetzt ihr Geschichtenbuch wird. Nachdem sie das Namensschild bemalt und ihren Namen dort eingetragen hat, fängt sie an, Geschichten zu schreiben. Damit füllt sie gleich 1 3/4 Seiten!
Später wird sie ein paar davon im Morgenkreis vorlesen.

Luise macht es selbst

Heute malen die Kinder der orangen Gruppe neue Namensschilder für sich. Hierzu liegen große Plastikbuchstaben zum Nachzeichnen aus. Jedes Kind kann sich so die Buchstaben, die es für seinen Namen benötigt, heraussuchen.
Patrick, der neue Vorschüler, der seinen Namen schon schreiben kann, braucht keine Hilfe mehr. Luise, die zur gleichen Zeit eingeschult worden ist, ist noch unsicher und möchte, daß ihr geholfen wird. Sie wird darauf hingewiesen, daß es schon einige Gegenstände gibt, auf denen ihr Name steht. So steht ihr Name z. B. im Tagebuch der orangen Gruppe oder an ihrem Fach.
Daraufhin kann Luise ihren Namen selbständig schreiben, indem sie zwischen Tagebuch, Plastikbuchstaben und Pappstreifen hin- und herrennt; immer wieder, um zu sehen, welcher Buchstabe als nächstes folgt. Sie macht dies mit großer Freude und ist später sehr stolz auf sich, daß sie dies alles alleine geschafft hat.

Hallo Stefan und Arthur

Maria und Daniela stehen an der Tafel. Sie wollen für ihre Freunde Stefan und Arthur eine Nachricht hinterlassen. Sie haben sich hierzu eine Notiz auf einem Zettel vorbereitet. Er wird an die Tafel geheftet und immer wieder verglichen, denn es soll alles richtig geschrieben werden.
Nach dieser Anstrengung können Arthur und Stefan an der Tafel lesen:

HALLSTEFAN +
ARTHUR

Die Kinder können hier Unterricht in so wenig schulischen Situationen erleben, daß sie die Freude am Lernen behalten können. Die Kinder lernen, daß Schreiben nützlich sein kann, um wie hier Nachrichten hinterlassen zu können.

Hans Brügelmann

Outing: ich bin onomasthen

Zur Frage, ob es LRS, Legasthenie und Analphabetismus »wirklich gibt«

Ich kann mir Namen schlecht merken. Am unangenehmsten ist es, wenn ich Leuten begegne, deren Gesichter ich sofort wiedererkenne, wenn mir aber partout nicht einfällt, wie sie heißen. Ich erinnere mich meist gut, woher ich diese Menschen kenne und in welchen Arbeitszusammenhang sie gehören. Nur ihr Name will nicht über meine Zunge. Im übrigen bin ich mindestens durchschnittlich intelligent und habe in den Schulfächern sogar überdurchschnittliche Noten erreicht. Meine »Namensschwäche« (auch was Pflanzen, Konzertnamen und ähnliche Etiketten betrifft) fällt aus dem Rahmen meiner sonstigen kognitiven Leistungen. Ich bin also teilleistungsschwach, konkret: Ich habe eine Onomasthenie.

Seit ich mich als onomasthen erkannt habe, geht es mir weder schlechter noch besser. Weder weiß ich nun, woher diese Schwäche rührt, noch gibt es spezielle Methoden, Programme oder Tricks, um sie zu überwinden. Jedenfalls keine, die nicht auch normalen Menschen helfen würden, sich Namen besser zu merken. Denn Onomasthenie ist ein gradueller Zustand: Einige Menschen haben mehr, andere weniger Schwierigkeiten mit ihrem Namensgedächtnis. Ab wann man von einer »Schwäche« spricht, ist ziemlich willkürlich und auch von den individuellen Lebensumständen abhängig, z. B. von den unterschiedlichen beruflichen Anforderungen. Auch meine eigene Leistung schwankt, manchmal ist sie normal, dafür fällt sie unter Streß besonders stark ab.

Aber »Legasthenie« – gibt es die?

Auch das ist eine Definitionsfrage. Manche Menschen können schlechter lesen (und rechtschreiben), als ihre sonstigen Schulleistungen erwarten lassen. Diese Teilgruppe können wir »Legastheniker« nennen. Aber damit haben wir keine tiefere Schicht der Wirklichkeit aufgedeckt, sondern nur einen Begriff geprägt. Schon *Sirch (1975)* und *Schlee (1976)* haben gezeigt: Mit der Beherrschung der Schriftsprache verhält es sich nicht anders als mit anderen Lerngegenständen: Manche Menschen meistern sie besser, manche schlechter. Und wie bei anderen Leistungen auch stimmt die Rangfolge der Personen nur sehr grob mit der in einem Intelligenztest oder in anderen Leistungs- oder Merkmalsbereichen überein. Es gibt (über-)durchschnittliche SchülerInnen, die besondere Probleme in Mathematik oder in Physik oder in Musik haben. Es gibt manche große Menschen, die weniger hoch springen können als viele kleinere. Es gibt sozial engagierte Personen, die die Steuer betrügen. »Zacken« in Eigenschaftsprofilen sind normal. Wenn wir es als sinnvoll erachten, eine »wider Erwarten unterdurchschnittliche

Leistung in einzelnen Bereichen« besonders zu benennen, dann »gibt es« auch Legasthenie. Aber ist das sinnvoll?

Meine Durchsicht der Forschung in den letzten 15 Jahren zeigt (ausführlicher zu einzelnen Punkten *Balhorn/Brügelmann 1987, 78 ff.*, und vor allem *Scheerer-Neumann 1979,* in der Substanz immer noch aktuell, wie ihr englisches Postscript 1992 zeigt):

- »Legastheniker« machen keine andersartigen Fehler als generell schulschwache Kinder mit vergleichbar großen Lese-/Rechtschreibschwierigkeiten.
- »Legastheniker« machen nicht einmal andere Fehler als erfolgreiche LeserInnen und SchreiberInnen in frühen Stadien ihrer Entwicklung.
- »Legastheniker« im Vergleich untereinander haben keine identischen, sondern unterschiedliche Probleme mit dem Lesen und/oder Rechtschreiben, sie sind keine homogene Gruppe, die eine gleichartige Förderung verlangt bzw. ermöglicht.
- »Legastheniker« zeigen nicht generell parallele Ausfälle in bestimmten anderen Leistungsbereichen (visuelle Wahrnehmung, Artikulation, Sprachbewußtheit o. ä.). Es gibt Untergruppen, die Schwierigkeiten in einzelnen dieser Bereiche haben, aber vergleichbare Untergruppen finden sich auch bei den anderen Kindern mit Lese-/Rechtschreibschwierigkeiten.
- Es gibt keine Ursache, also kein persönliches Merkmal, keine Umweltbedingung, die generell oder auch nur in der Mehrheit der Fälle zur »Legasthenie« führt. Und es gibt keine Merkmale oder Umstände, die nur zur »Legasthenie« (und zu keinen anderen Lernproblemen) führen.
- Es gibt keine »Therapie«, keine Fördermaßnahme, die speziell »Legasthenikern«, aber nicht anderen Kindern hilft, wenn sie Lese-/Rechtschreibschwierigkeiten haben.

Gibt es »Legastheniker«? Ja, wenn wir so definieren. Lohnt diese Sonderklassifikation? Nach dem heutigen Kenntnisstand nicht.

Was ist also zu tun?

Wir müssen wie bisher nach Wegen suchen, möglichst vielen Kindern den Zugang zur Schriftsprache zu bahnen. Wir müssen dafür über ein gut ausgearbeitetes Repertoire an methodischen Ideen verfügen. Und wir müssen wissen, daß verschiedene Kinder es je nach ihrer Vorgeschichte unterschiedlich schwer bzw. leicht haben, lesen und schreiben zu lernen, daß es nicht einfach Faulheit, Widerborstigkeit, fehlende Intelligenz oder ein spezifischer Defekt ist, die sie scheitern lassen. Physische Anlagen, Psyche und soziales Umfeld sind Kräfte, die auf schwer durchschaubare Weise in der individuellen Entwicklung zusammenwirken. Da gibt es nicht nur »Zacken« im Persönlichkeitsprofil, sondern auch Sprünge und Brüche in der Entwicklung. Manchmal schon durch einen bloßen Wechsel der Lehrerin. Unterricht hat sich also auf unterschiedliche Lernvoraussetzungen und Lernwege einzustellen. LehrerInnen müssen aber auch wissen, wie unzulänglich unser Instrumentarium ist, Lernvoraussetzungen zu bestimmen:

Kinder, die in Tests (gleich welcher Art) »gleich« abschneiden, können sich – selbst in derselben Klasse – ganz unterschiedlich entwickeln: auch im Lesen und Schreiben (vgl. *Richter 1992b; 1994).* Dieser Tatbestand mag manche LehrerInnen entmutigen, macht er es doch schwer, Unterricht präzise zu planen. Aber er ist auch ermutigend: Der Lernweg eines Kindes ist nicht determiniert durch seine »Voraussetzungen«. Auch die Klassifikation eines Kindes als »Legastheniker« sagt uns nicht, welche besonderen Voraussetzungen und Schwierigkeiten es mitbringt in die Schule, welche Lernwege es gehen und welche (Miß-)Erfolge es dabei haben wird und vor allem: wie wir ihm am besten helfen können.

Wir kommen nicht darum herum: Sorgfältige Beobachtung und ein breites und reichhaltiges, aber zugleich gut geordnetes Angebot versprechen am ehesten, dem einzelnen Kind gerecht zu werden (vgl. unsere Vorschläge in: *Brügelmann u. a. 1984*. Um diesem Anspruch gerecht werden zu können, braucht die Schule mehr Zeit, mehr Sachmittel, aber vor allem kompetente und sensible LehrerInnen. Das erfordert eine bessere Fortbildung, Beratung und Unterstützung in der schwierigen Alltagsarbeit. Unsere Gesellschaft muß sich fragen lassen, was ihr die Lese- und Schreibfähigkeit der kommenden Generation wert ist. Die steigenden Anforderungen in diesem Bereich verlangen einen anspruchsvolleren Unterricht, nicht die Rückkehr zur alten Paukschule.

Denn das ist die andere Seite der Medaille: Lese-/Rechtschreibschwierigkeiten schlagen heute negativer zu Buche als noch vor 50 oder 100 Jahren. Analphabetismus gab es schon immer, nach vielen Daten sogar in größerem Umfang. Er wird aber erst heute zum Problem, weil immer mehr Menschen auf einem immer höheren Niveau lesen und schreiben müssen (vgl. *Giese 1987)*. Die Anforderungen eines Fahrkartenautomaten sind nur ein Beispiel dafür, daß Lesen mehr erfordert als Buchstabenkenntnis, Synthesefähigkeit oder das rasche und genaue Benennen von häufigen Wörtern. Mit einzelnen dieser Teilleistungen konnte man früher als alphabetisiert gelten. Heute reicht das bei weitem nicht mehr. Auch die Häufigkeit von »Analphabetismus« ist also eine Definitionsfrage, allerdings eine gesellschaftspolitische. Streiten wir uns nicht mehr um Begriffe. Kümmern wir uns um die didaktischen und pädagogischen Probleme, die zu bewältigen sind. Die aber unterscheiden sich nicht für »Legastheniker« und andere Kinder mit Lese-/Rechtschreibschwierigkeiten.

Hans Brügelmann

Alfabetisierung oder Schriftspracherwerb?

Förderung statt Forderung des Lesens und Schreibens *

I. Alfabetisierung ist kein zureichendes Ziel mehr für unsere Schule heute.[1]
Unser Problem ist nicht, daß die Lese- und Schreibleistungen der SchülerInnen schlechter wären als früher. Vielmehr sind die Anforderungen gestiegen, d. h. wir müssen heute in allen Lebensbereichen besser lesen und schreiben können als vor 50 oder 100 Jahren. Schrift ist zu einer eigenständigen Sprachform des öffentlichen, des privaten und beruflichen Alltags geworden. Vor 100 Jahren galt man als »alphabetisiert«, wenn man mit dem eigenen Namen unterschreiben konnte, heute ist das Durchschnittsniveau der 4. oder gar der 8. Klasse der Maßstab. Verständigung untereinander, aber auch individuelle Denk- und Handlungsmöglichkeiten werden in Zukunft sogar noch mehr von schriftsprachlichen Fähigkeiten abhängen wegen der internationalen Verflechtung (»Europäischer Binnenmarkt '92«) einerseits, wegen der wachsenden Bedeutung der Informationstechnologien andererseits.

II. Alfabetisierung ist eine unzureichende Methode des Lese- und Schreibunterrichts.[2]
Schrift als zweite Sprache zu erkennen, bedeutet, Lesen- und Schreibenlernen als *Erwerb* einer zweiten Sprache zu begreifen. Sprechen lernen Kinder aber auf eine ganz andere Art und Weise, als wir es von den traditionellen Lese- und Schreiblehrgängen her kennen. Sie lernen es »durch Gebrauch« *(Kochan)*. Kinder verwenden Sprache im alltäglichen Umgang und lernen so ihre Funktionen. Sie bilden eigene Regeln, sie testen diese in ihren

---

* Erweiterte Fassungen dieser Thesen sind als Beiträge zum Weltalfabetisierungsjahr 1990 erschienen unter dem Titel: *Alfabetisierung oder Schriftspracherwerb? Zur Alltagsbedeutung des Lesens und Schreibens für Kinder*. In: *Metz, S. (Red.) (1991):* Zwischen Byte und Böll. Schriftsprache in der hochtechnisierten Gesellschaft. Hrsg. von der Volkshochschule Düsseldorf. FB 9 der Volkshochschule: Düsseldorf (S. 40–59), und *Schriftspracherwerb statt Alfabetisierung. Auf dem Weg zur Schrift: Für ein verändertes Verständnis des Lesen- und Schreibenlernens*. In: *Harting, U. (Hrsg.) (1991):* Menschen ohne Schrift – WAS TUN? Dokumentation der Fachtagung anläßlich des Weltalphabetisierungsjahres 1990 . . . W & M-Materialien. Adolf-Grimme-Institut: Marl (S. 23–37)

1 Ausführlicher: *Giese, H. (1986):* Ursachen und Konsequenzen des Analphabetismus bei jungen Menschen in der Bundesrepublik Deutschland. Eine Studie für die UNESCO (Paris). Zentrum für Wissenschaftliche Weiterbildung. Universität: Oldenburg.

2 Im einzelnen entfaltet und begründet in: *Brügelmann, H. (1983):* Kinder auf dem Weg zur Schrift – eine Fibel für Lehrer und Laien. Libelle Verlag (5. Aufl. 1994). *Balhorn, H., u. a. (1987):* Welten der Schrift in der Erfahrung der Kinder. DGLS-Jahrbuch »lesen und schreiben« Bd. 2., Faude Verlag.

Sprechversuchen aus, und sie lernen so auch die technische Logik (»Grammatik«). Die Erwachsenen sind als verständnisvolle GesprächspartnerInnen primär am Inhalt und an der sozialen Beziehung interessiert; sie fördern den Spracherwerb darüber hinaus als geduldige Modelle entwickelter Sprachform und als unauffällig korrigierender »Spiegel« (vgl. *S. 53ff.).* Analog müssen wir unseren Lese- und Schreibunterricht konzipieren. Die Rückkehr zur alten Paukschule würde uns in eine Sackgasse führen.

III. Der enge Begriff »Alfabetisierung« verführt zur technischen Verkürzung von Lernproblemen und Förderversuchen.
Mangel an neuen Lehrmethoden oder Materialien ist nicht das Problem der Schule: Es geht vielmehr um eine andere Haltung gegenüber Kindern und ihren Lernversuchen.
Lernende sind nicht analog zu Computern zu betrachten, denen identische Verhaltensprogramme beizubringen und bei denen Lernschwächen wie »defekte Module« zu reparieren sind. Wir sollten sie endlich als Personen ernst nehmen, die in ihrer Umwelt sinnvoll handeln wollen – mit und ohne Schrift. Unser Ziel ist nicht eine noch bessere Programmierung des Lernens durch individuelle Verzweigung von Lehrgängen. Vielmehr brauchen Kinder mehr Raum für ihre Lernversuche und für das Lernen mit- und voneinander.

IV. Das traditionelle Verständnis von Alfabetisierung unterstellt, unser Problem sei eine effektivere Belehrung Unwissender sozusagen »von oben«.
Das Konzept »Schriftspracherwerb« betont demgegenüber, daß Kinder und Erwachsene als aktive Lerner erkannt und anerkannt werden müssen. Schulwissen läßt sich nicht »intakt« in die Köpfe der Lernenden transportieren; sie müssen es vor dem Hintergrund und im Rahmen ihrer persönlichen Erfahrung neu konstruieren. Das schließt ein: Sie lernen über Fehler, d. h. über Zwischenformen des Könnens, die immer eine vorläufige Ordnung von Erfahrung darstellen. Auch Konventionen wie die Rechtschreibung werden nicht additiv Stück für Stück, sondern über eine allmähliche Differenzierung grober, aber umfassender Umgangsweisen mit der Schrift angeeignet. Diese Sicht bedeutet eine Revolution gegenüber der jahrhundertealten Lehrgangstradition von Fibeln.

Folgerungen: Prävention von »Analfabetismus« heute: Was ist konkret zu tun?

Viele Menschen können nicht zureichend lesen und schreiben. Sie sind damit in wichtigen Lebensbereichen sprachlos und brauchen doppelte Hilfe: grundlegende Hilfe, ihre Schriftfähigkeit allmählich zu erweitern, und aktuelle Hilfe, wenn es um Schriftanforderungen im Alltag geht, die sie nicht bewältigen können.

Hilfe im nachhinein ist aufwendiger als Hilfe vorweg. Die persönlichen wie auch die gesellschaftlichen Kosten einer unzureichenden Verfügung über Schriftsprache sind in diesem Jahrhundert beträchtlich gewachsen: Schriftlosigkeit oder Schriftferne sind individuell wie auch für die Gesellschaft insgesamt ein schweres Handicap.
Das Bürgerrecht auf Lesen und Schreiben erfordert unser pädagogisches und unser bildungspolitisches Engagement für einen anspruchsvolleren Lese- und Schreibunterricht ebenso wie die betriebs- und volkswirtschaftlichen Kosten einer unzureichenden Lese- und Schreibfähigkeit im Berufsleben:

1. Wir müssen Eltern, LehrerInnen und die Schulverwaltung gewinnen für eine neue Pädagogik, die das Lesen- und Schreibenlernen als Erwerb einer zweiten Sprache ernst nimmt.
Zum Beispiel muß die Überhöhung der Rechtschreibung als Auslese- und Einstellungskriterium abgebaut werden. Die Privatisierung der schulisch nicht bewältigten Lernverpflichtungen (in kommerziellen »Lernstudios«) ist ein Skandal. Hilfe für Kinder ist in der Schule zu organisieren. Dabei geht es nicht um ein bloßes Mehr an Übung, sondern um eine Bereicherung des Schullebens durch Lesen und Schreiben als alltäglichen Sprachformen.
Eine solche Neuorientierung bedeutet insbesondere eine Öffnung des Unterrichts gegenüber den Schrift-Erfahrungen der Kinder vor und außerhalb der Schule. Daraus folgt weiter eine Öffnung gegenüber den dramatischen Unterschieden in den individuellen Möglichkeiten und Anforderungen zum Umgang mit Schrift im Alltag.
Bei dieser »reformpädagogischen Öffnung« der Schule geht es um sieben Prinzipien des Lernens (s. *S. 267ff.)*:[3]

- . . . mit allen Sinnen, nicht nur mit dem Kopf und vom Papier;
- . . . an persönlich bedeutsamen Aufgaben, nicht nur am »Präparat« im Lernlabor Schule;
- . . . durch eigenen probierenden Gebrauch und über Produkte, die um ihrer selbst willen anerkannt werden;
- . . . im Anschluß an bereits verfügbares Können und Wissen (»Passung«);
- . . . mit- und voneinander, nicht nur durch Instruktion;
- . . . über selbständiges Experimentieren, auch über Fehlversuche (»Fehler als allmähliche Annäherung«);
- .. . durch Verstehen und anschließende Übung, nicht durch bloßen Drill.

---

3 Wie eine solche Pädagogik konkret aussehen und wie Literatur zum Mittelpunkt des Grundschulunterrichts werden kann, schildert überzeugend und lebendig: *Bambach, H. (1989):* Erfundene Geschichten erzählen es richtig. Lesen und Leben in der Schule. 2. Aufl. 1993, Libelle Verlag.

Dies ist ein hoher Anspruch an LehrerInnen, für dessen Umsetzung es keine einfachen methodischen Rezepte gibt. Er verlangt eine grundlegende Veränderung des gesamten Unterrichtsstils – realisierbar aber nur in kleinen Schritten und jeweils auf die besondere Situation der Klasse bezogen.
Denn Lesen und Schreiben sind nicht rein intellektuelle Leistungen. Wir müssen den Schriftspracherwerb und seine Schwierigkeiten auch als Teil der Persönlichkeitsentwicklung begreifen. Versagen beim Lesen- und Schreibenlernen bedeutet immer auch Verletzung persönlicher und sozialer Identität.

2. Wir brauchen mehr Unterstützung für die LehrerInnen, die sich auf eine derartige Öffnung des Anfangsunterrichts einlassen.
In Lehrplänen und Fortbildungsangeboten hat sich viel getan, es gibt hilfreiches neues Material. Aber das Problem ist die Umsetzung im täglichen Unterricht: schulnahe Unterstützung, Beratung, Fortbildung, »Hilfe zur Selbsthilfe« für die Zusammenarbeit und den Erfahrungsaustausch der LehrerInnen vor Ort sind notwendig.
Diese Forderung stand schon in den Empfehlungen des Deutschen Bildungsrates von 1974. Heute sprießen solche »Lernwerkstätten« an vielen Orten, aber meist mühsam erkämpft als private Initiativen und nur in Einzelfällen von außen unterstützt (z. B. durch die Robert-Bosch-Stiftung).

3. Wir brauchen mehr und sensiblere Hilfe für Erwachsene und Jugendliche mit Schwierigkeiten beim Lesen und Schreiben (nicht mehr nur für »Analfabeten«):
– eine feste Institutionalisierung der Hilfsangebote,
– endlich eine bessere Bezahlung der KursleiterInnen,
– eine Erweiterung über die Vermittlung technischer Lese-/Schreibfertigkeiten hinaus (vgl. das Konzept »elementarer Qualifikationen« und das Projekt »soziale und personale Kompetenzen als Basisqualifikationen« der PAS der Volkshochschulen in Frankfurt),
– Akzeptieren unterschiedlichen Könnens, keine Diskriminierung als individuelle »Defekte«,
– Lese-/Schreib-Stuben oder -»Handlungen« als persönliches Hilfsangebot (wie technische Werkstätten bei handwerklichen Problemen),
Die allerorten zu beobachtende Zurücknahme des Bibliotheksangebots auf Gemeinde- und Schulebene ist unvertretbar. Im Gegenteil sind ihr Ausbau und ihre Öffnung zum Gemeindeleben und zur Schule hin nötig.

4. Wir brauchen einen konzentrierten Forschungsschub im Bereich Lesen- und Schreiben(-lernen).
Die Ergebnisse der angelsächsischen Forschungsanstrengungen der letzten 10 Jahre sind ein Durchbruch. Sie lassen sich aber wegen der anderen Sprache/Schriftstruktur, wegen des jeweils besonderen Schulsystems und

der kulturellen Unterschiede nur zum Teil direkt auf unsere Verhältnisse übertragen.
Minimum ist ein Forschungsschwerpunkt über 3–5 Jahre zur Untersuchung der Bedingungen und Schwierigkeiten des Lesen- und Schreibenlernens. Dabei ist vor allem die individualpsychologische Einengung bisheriger LRS- und »Legasthenie«-Forschung zu überwinden, z. B. durch ein Programm »Schriftspracherwerb und Schriftgebrauch im sozialen Feld«, wie es 25 ForscherInnen aus der Deutschen Gesellschaft für Lesen und Schreiben (DGLS e.V.) 1989 vorgeschlagen und ausgearbeitet haben.
Hier ist die Bildungspolitik gefragt, da eine solche praxisorientierte Forschung nicht als Grundlagenforschung (z. B. bei der Deutschen Forschungsgemeinschaft) durchsetzbar ist.
Noch besser wäre eine feste Institutionalisierung, analog dem »Institut für Pädagogik der Naturwissenschaften« in Kiel bzw. dem Institut für »Didaktik der Mathematik« in Bielefeld (vgl. unseren Vorschlag I-PLUS für ein »Institut für die Pädagogik des Lesens und Schreibens«). Dies könnte und sollte allerdings in kleinerem Maßstab als dort geschehen, u. a. wegen der Möglichkeiten zur arbeitsteiliger Kooperation mit den National Centers in den USA und in England, mit dem UNESCO-Institut und ähnlichen Einrichtungen). Über die »European Science Foundation« wird z. Zt. ein europäisches Kooperationsnetz aufgebaut, dessen Anstöße durch die Bund-Länder-Kommission für Bildungsplanung und auf Länderebene aufgenommen werden sollten.

Miriam Weiss

Von der LRS-Nachhilfe zu offenen Formen der Lese-/Schreibförderung

Dienstag, 14.30 Uhr. Mit großen, etwas ängstlichen Augen betritt Tim an der Hand seiner Mutter zum ersten Mal das Büffelstübchen. Auch wir, das Förderteam, erwarten Tim gespannt. Konzentrationsprobleme und Schwierigkeiten bei der Rechtschreibung stehen auf Tims Anmeldekartei. Tims Mutter erhielt den Rat, Tim zum Förderunterricht im Büffelstübchen anzumelden, vom zuständigen Schulpsychologen, an den sie die Lehrerin verwiesen hatte, da Tim für ein Sonderschulüberweisungsverfahren angemeldet werden sollte.

Jetzt im großen Raum, der durch das große Materialangebot und die akute Raumnot mehr als gefüllt ist, fällt Tim zunächst die Orientierung schwer. Andere Kinder der Gruppe stürzen wie selbstverständlich in den Raum, setzen sich in die Leseecke, schnappen sich den Fußball oder erzählen eifrig die neuesten Tageserlebnisse, ein typischer Gruppenbeginn. Als endlich 10 der 12 Kinder da sind, beginnen wir, nachdem wir Tim begrüßt, seine Mutter verabschiedet und ihr einen Extratermin für ein Gespräch im Anschluß an die Förderarbeit angeboten haben, im Sitzkreis in der Leseecke. Da in der Woche zuvor ebenfalls ein neues Kind zu uns kam, Nina, spielen wir als erstes gemeinsam Kofferpacken. Die Kinder, die schon lange in der Gruppe sind, mögen dieses Spiel aufgrund der zu erbringenden Gedächtnis- und Phantasieleistung sehr.

Arnd beginnt, er möcht heute einen Koffer für ein Sportfest packen. »Ich heiße Arnd und packe in meinen Koffer einen Fußball«. Nina fährt fort: »Ich heiße Nina und packe in meinen Koffer einen Fußball und einen Badeanzug.« Zum Glück sitzt als letzter in der Runde ein »Großer«, freuen sich die Kinder, der dann alles wiederholen muß, aber nein, es gibt ja noch eine zweite Runde. Nach dem Kofferpacken liest Indra den Tagesplan, der für alle Kinder sichtbar an der Tafel hängt, vor.

Tagesplan

Spiel:	»Kofferpacken« »Lesespiel«
Freiarbeit:	Post aus Kirchweyhe: Briefe, Briefe, Briefe, Dialog schreiben 5-Wörtergeschichten

PAUSE

Projekt: Video
Geschichte: »Rennschwein Rudi Rüssel«

Da der Nachmittag für die Kinder immer aus zwei Phasen besteht, die inhaltlich zwar verschiedene Schwerpunkte haben, die Arbeitsformen den Kindern aber vertraut sind, können die Kinder anhand des Tagesplanes ihren Nachmittag sowohl mit Hilfe vorgegebener als auch eigener Ideen planen. Doch zuvor noch das Lesespiel. Aus einem Büchlein, das aus Text- und Bildseiten besteht, die wir zerschnitten und auf Pappkarten geklebt haben, entstand das Lesespiel. Alle Bild- und Satzkarten werden unter den Kindern aufgeteilt. Ein Kind beginnt seine erste Textkarte vorzulesen: »Bär und Igel unterm Baum träumen einen schönen Traum.« »Ich habe es«, ruft Sandra und legt die entsprechende Bildkarte zum Text. Nun liest das nächste Kind seinen Text vor. Obwohl viele Kinder die Karten schon kennen ist dieses Spiel für alle sehr spannend und schön.
Seit einem halben Jahr besteht zwischen der Brinkumer und der Kirchweyher Fördergruppe eine Gruppenkorrespondenz. Heute sind wieder Briefe aus Kirchweyhe im Postkasten, so daß in der Freiarbeit Briefe geschrieben werden können. Tim, der ja heute zum ersten Mal bei uns ist, schreibt einen Brief an die ganze Gruppe, stellt sich vor und fragt, ob ein Kind aus der Gruppe ihm einmal schreiben mag. Die Korrespondenz zwischen den beiden Gruppen besteht seit einem halben Jahr. Zu Beginn schrieben wir den Kindern aus Kirchweyhe einen gemeinsamen Brief, den wir am Overhead-Projektor formulierten und gestalteten. Später druckten zwei Kinder den Brief mit der Freinetdruckerei. Ein ehemaliges Postpaket wurde unser Briefkasten. Die Kirchweyher Kinder schickten uns nun Steckbriefe »von sich«, in denen sie sich vorstellten und diewir dann beim darauffolgenden Mal im Anfangskreis gemeinsam lasen, so daß sich die Kinder überleen konnten, wem sie zurückschreiben wollten.

Andreas und Sandra haben heute keine Lust, einen Brief zu schreiben. Gemeinsam entscheiden sie sich zum Dialogschreiben. Abwechselnd verfassen die beiden Satz für Satz eine Fantasiegeschichte.

Auch Steffen hat heute keine Lust zu arbeiten. Gelangweilt sitzt er in der Leseecke, mault und versucht so, Aufmerksamkeit zu produzieren. Seine erste Idee, heute drucken zu wollen, hat er schnell verworfen, da er »keinen Bock hat«, einen eigenen Text zu formulieren. Dann möchte er »Computer machen.« Ich frage ihn, was er am Computer machen möchte. »Weiß nicht«, ist seine Antwort. »Was spielen halt.« In der Lernwerkstatt gibt es mehrere Computer, die den Kindern am Nachmittag sowohl zum Verfassen eigener Texte als auch zur Übung von Rechtschreibung und Mathematik anhand von Lernspielen zur Verfügung stehen.
Ich schlage Steffen vor, »Lalipur« zu spielen, seine Miene hellt sich auf.

Steffen kennt dieses Lernspiel gut, kann die nötigen Befehle ausführen und selbständig damit arbeitem. »Lalipur« ist ein Computerspiel, mit dem die Kinder gezielt ihre Rechtschreibung verbessern können. Der Geist »Lalipur« begleitet die Kinder zur Schatzkammer. Die Kinder müssen, um zur Schatzkammer »vorzudringen«, Wörter, die in einem bestimmten Zeitrhythmus aufblinken, richtig schreiben. Gelingt ihnen dieses, so öffnet sich eine weitere Tür auf dem Weg zur Schatzkammer.
Für uns ist dieses Spiel sehr wertvoll, da die Wörter von uns für jedes Kind individuell eingegeben werden können, so daß viele Kinder eigene Routen haben, die aus Wörtern bestehen, mit denen sie in freien Texten Probleme hatten oder die aus dem Grundwortschatz unbekannt sind. Steffen liebt »Lalipur«, da er bei diesem Spiel sehr erfolgreich ist, was ihm im Schulalltag häufig verwehrt bleibt. Steffen und ich vereinbaren, daß er zunächst eine Route wählt, von der er weiß, daß er viele Wörter kennt und sie schnell lösen kann. Danach soll er eine Route mit Grundwortschatzwörtern der 4. Klasse wählen.
Steffen ist eines der zwei Kinder in unserer Gruppe, die die nahegelegene Sonderschule besuchen. Als Steffen vor zwei Jahren zu uns kam, war er in der zweiten Klasse der Grundschule. Trotz seiner zehn Jahre wirkte er sehr kindlich, verspielt, aber auch sehr aufgeweckt. Auf Empfehlung des Schulpsychologen, der Steffen während eines Sonderschulüberweisungsverfahrens kennengelernt hatte und bei dem er sich total verweigerte, kam Steffen zu uns. Da wir, soweit die Stabilität der Gruppe es zuläßt, auch zwischen den Halbjahren Kinder neu in die Gruppe aufnehmen, den Kindern aber eine konventionelle Testdiagnostik ersparen möchten und dennoch etwas zum Stand der Rechtschreibung erfahren möchten, lassen wir die Kinder während der ersten Fördernachmittage »Rätselsätze« schreiben.
Die Rätselsätze, in denen Wörter aus dem Grundwortschatz zu witzigen und z. T. unsinnigen Sätzen kombiniert sind, geben, nach qualitativer als auch quantitativer Auswertung in regelmäßiger Wiederholung häufig einen guten Einblick in die Rechtschreibentwicklung eines Kindes. Steffen schrieb die Rätselsätze bei uns am Anfang – zu unserer großen Verwunderung nach Gesprächen mit seiner Mutter und dem Schulpsychologen – mit großer Ernsthaftigkeit und großer Anstrengung. Seine Rechtschreibentwicklung lag im unteren Durchschnitt der 2. Klasse. Da Steffen schon das erste Schuljahr wiederholt hatte und eine nochmalige Wiederholung des zweiten Schuljahres nicht möglich erschien, sollte er in die Sonderschule überwiesen werden. Die Sonderschule bedeutete für Steffen und besonders für seine Mutter einen sozialen Abstieg und für Steffen ein völliges Versagen.
Als Steffen nach einem halben Jahr Förderunterricht im Büffelstübchen zur Sonderschule kam, verweigerte er sowohl in d er Schule als auch bei uns schriftliche Arbeiten völlig. Sein Arbeitsverhalten war von riesigen »Mißerfolgsängsten« geprägt, die ihn immer wieder scheitern ließen. Seine Rechtschreibleistung war kaum noch zu beurteilen, da Steffen so wenig

schrieb und wenn er etwas schrieb, sich Wort für Wort, Buchstabe für Buchstabe durch Nachfragen der Richtigkeit zu versichern suchte. Seine Erfahrung mit Schrift sind für Steffen so negativ geprägt, daß wir versuchen, ihm weitere negative Erfahrungen zu ersparen und ihm vielmehr Angebote machen, die er gut bewältigen kann, bei denen der Erfolg mit Schrift im Vordergrund steht. »Lalipur« ist für Steffen aufgrund des Mediums Computer als auch wegen der Spielstruktur – ist ein Buchstabe im Wort falsch, »piepst« der Computer – attraktiv. Auch die Schreibmaschine und die Druckerei üben auf Steffen als auch auf viele andere Kinder einen großen Reiz aus. Das große Stempelangebot, Umriß-, Buchstaben-, Tier- oder Schaumstoffstempel, viele schöne Stifte und ein großes Angebot an buntem Papier erleichtert Kindern, den Zugang zur Schrift zu finden bzw. eine für sie attraktive Möglichkeit der Auseinandersetzung mit Schrift zu erleben und in Verbindung damit für sich die Möglichkeit zu erhalten, individuell den Wert und die Bedeutung von Schrift zu erkennen und in für sie persönlich bedeutsame Texte umzusetzen. Den Kindern diesen Zugang zur Schrift zu erleichtern bzw. vielen Kindern nach gescheiterten Erfahrungen mit Schrift diesen Zugang wieder zu ermöglichen, ihnen den Gebrauchswert von Schrift zu verdeutlichen, sie zu freien Texten zu ermutigen, die erst später rechtschriftlich bedeutsam werden, ist eines der wichtigsten Ziele unserer Förderarbeit.

Für die Kinder ist nun endlich Pause. Die Freiarbeitsphase ist abgeschlossen. Die Briefe werden in den Postkasten geworfen. Andreas und Sandra wollen ihre Fantasiegeschichte im Schlußkreis vorlesen. Kerstin hat eine eigene Geschichte begonnen, die noch nicht fertig ist, aber beim nächsten Mal beendet werden soll. Jedes der Kinder besitzt im Gruppenraum ein eigenes Fach, in das es sowohl fertige als auch begonnene Dinge ablegen kann. Fertige Texte, Kreuzworträtsel etc. werden in ein Buch, das jedes Kind für sich erstellt, gebunden.
Nach der Pause arbeiten wir in zwei Kleingruppen mit den Kindern in einem Videoprojekt. Da wir die Kinder nur einmal in der Woche sehen, ist eine kontinuierliche Arbeit an einem Thema im Rahmen einer Förderung schwierig, und doch ist dieses für uns eine ideale Vorstellung. Das Videoprojekt ist von den Kindern sehr selbständig und engagiert bearbeitet worden. Nach der Überlegung, was man mit einer Videokamera machen möchte, von technischen Details, Selberfilmen bis zum Gefilmtwerden, haben die Kinder ihre Ideen auf Karteikarten geschrieben, die wir dann auf einem großen Plakat gesammelt haben. Das Selberfilmen als auch das Gefilmtwerden stand dabei im Vordergrund, wobei auch viele thematische Vorschläge gemacht wurden, so daß eine Theater- und eine Nachrichtengruppe entstanden.
In der Nachrichtengruppe haben wir am Anfang entschieden, eine Witznachrichtensendung zu produzieren. Die fünf Kinder unserer Kleingruppe

haben alle verschiedene Beiträge übernommen, die zunächst geschrieben werden müssen, um dann vor der Kamera verlesen werden zu können, auch Außenszenen müssen noch zu einzelnen Beiträgen gefilmt werden.
Florian und Frank wollen heute ihre Sportmeldung zusammen erstellen. Gemeinsam setzten sie sich an den Computer und beginnen, eine kleine Meldung zu erstellen; abwechselnd geben sie die Wörter ein, da beide schon im dritten Schuljahr sind und wissen, wie man ein Wörterbuch benutzt, bitte ich sie, für sie schwierige Wörter im Wörterbuch nachzusehen.
Felix ist im ersten Schuljahr und sammelt für eine Tiermeldung Phantasiedinosauriernamen. Die Buchstabenverbindungen sind für ihn sehr schwierig, und da er in der Freiarbeit schon einen kleinen Brief lautschriftlich geschrieben hat, bittet er mich, mir die Namen diktieren zu dürfen, um sie dann später mit der Maschine richtig abtippen zu können. Ich finde, daß das eine gute Idee ist, und schreibe ihm die Namen vor.
Um 16.30 ist eine »Redaktionskonferenz« angesetzt, in der sich die Kinder ihre Meldungen gegenseitig vorstellen. Die Kinder sind untereinander sehr kritisch mit ihren Texten, der »Meteorologe« wird gebeten, noch etwas Witziges dazuzuschreiben. Da Thomas das älteste Kind ist, übernimmt er die Aufgabe des »Rechtschreibsheriffs«, schaut in den Texten nach Fehlern bzw. beantwortet Fragen. Die Kinder sind alle sehr stolz auf ihre Meldungen und stellen sie einander begeistert vor. Beim nächsten Mal müssen noch kleine Änderungen vorgenommen und die Reihenfolge festgelegt werden, doch dann kann mit den Außenaufnahmen begonnen werden, da unser Nachrichtenstudio auch Liveberichte mit Korrespondenten enthält. Eine genaue Planung der Kinder ist wichtig, da sich die Kinder überlegt haben, ihre Nachrichtensendung beim letzten Treffen vor den Sommerferien vorzustellen. Dieses letzte Treffen ist ein ganz besonderes, wurden doch auch die Kirchweyher KorrespondentInnen eingeladen, das Brinkumer Büffelstübchen und die Gruppe kennenzulernen. Diese Begegnung, die mit viel Spannung erwartet wird, ist ein Höhepunkt, da der Briefkontakt schon sehr aufregend ist.
Doch für heute ist die Zeit fast vorüber, um 10 vor 5 treffen wir uns alle mit der Theatergruppe im Schlußkreis wieder. Die beiden Kleingruppen machen beide ein großes Geheimnis aus ihrer Arbeit, was die Spannung sehr erhöht. Im Schlußkreis lesen wir seit langer Zeit »Rennschwein Rudi Rüssel« vor, und obwohl immer eine Woche vergeht, wissen die Kinder immer sehr gut über »Rudis« Abenteuer Bescheid.
Für uns, das MitarbeiterInnen-Team, ist um 17.00 Uhr noch nicht Schluß. In der Nachbesprechung wird über die Aktivitäten der einzelnen Kinder noch einmal berichtet, Probleme werden diskutiert und eine Grobplanung für das nächste Mal entworfen. Unser Förderkonzept, Kinder der ersten bis zur vierten Klasse gemeinsam miteinander und voneinander lernen zu lassen, Hilfe von Erwachsenen zu bekommen, wenn sie es möchten, wenn nötig, herausgefordert zu werden, andererseits aber auch die Zeit zu bekom-

men Dinge zu vertiefen, dem eigenen Lernprozeß vertrauen zu lernen, eigene Lernstrategien zu entwickeln, in einem offenen Raum Material, Angebote und Hilfe zu bekommen, ist für mich ein – wenn auch oft vielleicht unrealistisches – dennoch sehr wünschenswertes, übertragbares Konzept für viele Klassenzimmer.

Hans Brügelmann

Schwierigkeiten und Hilfen beim Schriftspracherwerb

Fragen, Trends und Thesen

Die vergangenen zehn Jahre markieren einen tiefgreifenden Wandel in der Sicht des kindlichen Schriftspracherwerbs und seiner Schwierigkeiten. Diese Einschätzung gilt für Theorien des Lesen- und Schreibenlernens, also für psychologische Erklärungen, sie trifft aber ebenso zu für Praktiken des Lese- und Schreibunterrichts, also für didaktisch-methodische Konzepte und ihre Realisierung.[1]

Vor diesem Hintergrund halte ich den Titel »Prävention von Analfabetismus« als Motto der BLK-Tagung (und eines eventuellen Modellprogramms) für das falsche Signal. Schon die Metapher stimmt nicht: Man *wird* nicht zum Analfabeten, allenfalls *bleibt* man es. Insofern geht es nicht darum, etwa eine Krankheit zu verhindern oder gar eine gesellschaftliche Bedrohung auszurotten. Ziel muß vielmehr sein, die Sprachfähigkeit aller Menschen in den Schriftbereich hinein zu erweitern.

Menschen, die nicht lesen und schreiben können (und das sind z. B. alle Vorschulkinder), verfügen meist über ein differenziertes Sprach- und Zeichenrepertoire, mit dessen Hilfe sie sich oft sehr erfolgreich in ihrer sozialen Umwelt orientieren können. Diese Leistungen zu respektieren führt zu einer pädagogischen und bildungspolitischen Haltung, die die Aufgabe der Schule und der Erwachsenenbildung, insbesondere des jeweiligen Lese- und Schreibunterrichts, in der Förderung des persönlichen Wachstums und nicht in der »Reparatur von Defekten« oder in der Heilung einer Krankheit sieht.

Im Rückblick auf diese Neuorientierung der Schriftsprachdidaktik in den letzten zehn Jahren finde ich zehn Fragen wichtig, wenn wir überlegen, welche konkreten Perspektiven für ein Modellprogramm »Förderung des Schriftspracherwerbs« in den kommenden zehn Jahren fruchtbar werden können.

Zu jeder Frage benenne ich die aktuellen Diskussionspunkte und fasse

---

In diesem Beitrag habe ich das Manuskript für meinen Einführungsvortrag auf einer Tagung »Prävention von Analphabetismus« der Bund-Länder-Kommission am 1. – 3. 9. 93 in Schwerin ausgearbeitet.

1 Vor allem Mitglieder der Deutschen Gesellschaft für Lesen und Schreiben haben diesen Wandel maßgeblich beeinflußt, und die DGLS hat sowohl die theoretische Diskussion als auch die Veränderungen im Schulalltag in ihren Jahrbüchern »Lesen und Schreiben« umfassend dokumentiert. Auf diese Grundlagen stütze ich mich im folgenden, ohne jeweils im einzelnen nachzuzeichnen, wer wann was untersucht, entwickelt oder publiziert hat (s. o. *S. 17ff.*)

anschließend meine persönlichen Antworten auf die jeweilige Frage als These für die weitere Diskussion zusammen.

1. Analfabetismus, Legasthenie, LRS oder . . . ?

Als erstes sind für ein Modellprogramm und für einzelne seiner Projekte, aber auch für die Förderung im Schulalltag die Zielgruppen zu klären, an die sich konkrete Maßnahmen richten. Das Schlagwort vom »Analfabetismus« suggeriert eine klar umrissene Leistungsschwäche, während wir es in der Praxis mit ganz unterschiedlichen, vor allem unterschiedlich schwer wiegenden Lese-/Rechtschreibschwierigkeiten zu tun haben. Die klassische Definition, nach der es schon seit hundert Jahren kaum mehr Analfabeten gibt, stellte auf die Fähigkeit ab, mit dem eigenen Namen Dokumente unterschreiben zu können. Heute haben sich die funktionalen Anforderungen, aber auch die persönlichen Lese- und Schreibbedürfnisse erheblich ausdifferenziert.

An dieser Stelle möchte ich sehr nachdrücklich warnen, die These vom »zunehmenden Analfabetismus« weiter zu kolportieren – auch wenn sie es kurzfristig erleichtern mag, im politischen Raum Geld zu mobilisieren. Es gibt keine empirischen Belege für diese Behauptung, wohl aber viele Hinweise, diese Annahme zu verwerfen. Die Lese- und Rechtschreibleistungen haben sich vermutlich sogar verbessert – aber die schriftsprachlichen Anforderungen haben noch viel stärker zugenommen. Mit dem Motto »Prävention von Analfabetismus« setzen wir das falsche Signal. Breite Förderung grundlegender *und* anspruchsvollerer Lese- und Schreibfähigkeiten muß unser Ziel werden. Daß aus den USA von »30 Millionen Analfabeten« berichtet wird, andererseits dieses Land in der IEA-Lesestudie zur Spitzengruppe zählt, verdeutlicht, wie stark die Maßstäbe für eine zureichende Lese- und Schreibfähigkeit differieren. So kommen die empirischen Studien der letzten 20 Jahre je nach Kriterium auf 4% bis 40% »funktionale« Analfabeten in den USA.

Differenzierung tut not, als erstes zwischen Lese- und Schreibleistungen. Denn vieles, was in der Öffentlichkeit unter den Stichworten »Analfabetismus« oder »Legasthenie« diskutiert wird, folgt aus übertriebenen Perfektionsansprüchen allein an die Rechtschreibung. Unser zentrales Problem: Nirgendwo ist befriedigend definiert oder gar empirisch überprüft, was denn z. B. zureichende Rechtschreibfähigkeiten sind und ob sich dieses Ziel überhaupt generell, also für verschiedene Lebensperspektiven gleichartig, bestimmen läßt. Warum bekommen beispielsweise FünftkläßlerInnen im Diktat mit 100 Wörtern bei 15 Fehlern ein Mangelhaft attestiert, in Mathematik mit 85% richtigen Lösungen aber noch ein Befriedigend?

Während Rechtschreibschwierigkeiten als zentraler Indikator für Schriftsprachkompetenz gelten, spielt die Fähigkeit, Texte zu verfassen, also eigene Gedanken verständlich zu Papier zu bringen, eine untergeordnete Rolle. Mit wachsenden Anforderungen im Beruf und Alltagsleben tut sich hier eine neue Dimension »funktionalen Analfabetismus« auf, die noch kaum zur Kenntnis genommen wird.

Zum anderen müssen wir Lese-/Rechtschreibschwierigkeiten nach ihrer Schwere unterscheiden. Relativ grob lassen sich drei Niveaus bestimmen, von denen bisher teils nur das erste, manchmal aber auch die ersten beiden zusammen als Ausprägung »funktionalen Analfabetismus« angesehen werden:

1. Probleme bereits mit dem Erlesen einzelner Wörter;
   Unfähigkeit, Wörter lesbar, also wenigstens lautgerecht zu verschriften;
2. Schwierigkeiten, den Sinn einfacher Sätze oder gar Texte zu verstehen;
   Schwierigkeiten mit der Rechtschreibung häufiger Wörter;
3. Probleme mit komplexeren Texten, die für den Berufs- oder Lebensalltag wichtig sind (Gebrauchsanweisungen, Verträge u. ä..);
   Unsicherheit bei ortografischen Besonderheiten des Rechtschreibens.

Selbst eine derart grobe Kategorisierung signalisiert unterschiedliche Erwartungen an die Förderung.

Gemindert wird die Brauchbarkeit solcher allgemeiner Kategorien dadurch, daß dieselbe Schwierigkeit je nach Alter bzw. Stufe der Bildungslaufbahn ihre Bedeutung verändert. Schon von der Lebenssituation und Lernerfahrung her haben Kinder, die Wörter lediglich als Lautskelette zu Papier bringen können, am Ende der ersten Klasse andere Perspektiven für ihr weiteres Lernen und weniger Schwierigkeiten, sich auf eine Förderung auch emotional einzulassen, als DrittkläßlerInnen mit denselben Schwierigkeiten. Noch ganz anders sieht es bei einem 15jährigen oder bei einem Erwachsenen aus, der in Skelettform schreibt.

Meine These 1: Schwierigkeiten beim Lesen und (Recht-)Schreiben müssen in ihrer Bedeutung nach Lebenssituation und Altersgruppen (Entwicklungsstand) differenziert und vorgeschlagene Maßnahmen auf einzelne dieser Untergruppen bezogen werden, um ihre Wirksamkeit beurteilen und verbessern zu können. Voraussetzung dafür ist eine Bestimmung angemessener Anforderungen in verschiedenen Lebensbereichen einerseits, eine genauere Markierung von kritischen Punkten in der Entwicklung der Lese- bzw. Rechtschreibfähigkeit andererseits. Von dieser psychologischen und situativen Differenzierung unterschiedlicher Lese-/Rechtschreibschwierigkeiten zu trennen ist die weitere Frage nach der Organisation pädagogischer Angebote:

2. Öffnung des Unterrichts oder ausgegliederte Förderung?

Lernschwierigkeiten, nicht nur beim Lesen und Schreiben, wurden lange Zeit auf qualitative Unterschiede in den Voraussetzungen und Lernformen von Kindern zurückgeführt. Die Einrichtung von Sonderschulen und ihre Gliederung in Untertypen für spezifische Behinderungen sind ein Beispiel für diese Sicht. Sie prägt auch die Versuche, Legasthenie als Sonderform der Lese-/ Rechtschreibschwierigkeiten zu bestimmen und zu behandeln. Bis-

her sind solche Ansätze nicht sonderlich erfolgreich gewesen. Es ist nicht gelungen, diese Gruppen, z. B. nach ihren Lese-/ Rechtschreibfehlern, überzeugend voneinander abzugrenzen. Ebensowenig konnten spezifische Ursachen ausgemacht oder Fördermethoden unterschieden werden, die eher der einen oder anderen Gruppe nutzen. Sicher: Es gibt z. B. Kinder, die mehr Orientierung, die klarere Strukturen brauchen als andere. Aber diese und ähnliche Persönlichkeitsunterschiede decken sich nicht mit den Unterschieden in verschiedenen gegenstandsbezogenen Leistungen.
Körperliche oder soziale Behinderungen führen nicht sozusagen mechanisch zu Lernschwierigkeiten: Jedes Kind geht mit seinen Handicaps anders um. Ob eine solche Belastung als Herausforderung begriffen wird und bewältigt werden kann oder ob sie erdrückt, hängt von vielen Umständen ab. Deshalb kann Förderung auch nicht als eine Behandlung isolierter Schwächen konzipiert werden. Die kontroverse Deutung von Lese-/Rechtschreibschwierigkeiten als »Differenz« oder als »Defekt«, d. h. konkret: Erschwernis und damit Verzögerung oder ganz andersartiger Verlauf des Lernens, schwelt dennoch weiter. Für die vergleichende Erprobung in einem Modellprogramm lassen sich deshalb fünf grundsätzlich verschiedene Förderkonzeptionen denken:

a) Aktivitäten und Anforderungen qualitativ verändern, d. h. Unterricht insgesamt stärker auf die Lebenswelt der Kinder und auf ihre persönlichen Interessen beziehen;
b) im Unterricht Kindern mit Schwierigkeiten mehr Zeit geben, vielfältigere Aufgaben anbieten und mehr Unterstützung sichern;
c) die gleichen Aufgaben und Angebote stellen, aber eine intensivere Bearbeitung fordern, kurz: denselben »Stoff« mehr üben;
d) inhaltlich das gleiche Angebot stellen, aber Arbeits- und Sozialform stärker strukturieren;
e) grundsätzlich andere oder systematischer strukturierte Inhalte auswählen.

Ich persönlich würde den ersten beiden Ansätzen Priorität einräumen. Zur Begründung. . .
Meine These 2: Weder im Erscheinungsbild noch in den Ursachen gibt es (a) homogene und (b) eindeutig abgrenzbare Grundtypen von »LRS«, »Analfabetismus« oder «Legasthenie«, denen sich unterscheidbare Förderkonzepte zuordnen ließen *(Scheerer-Neumann, Valtin).* Personen mit Schwierigkeiten beim Lesen- und Schreibenlernen brauchen keine qualitativ andere Förderung als leichter lernende Menschen. Sie brauchen jedoch mehr Zeit, vielfältigere Aufgaben/Angebote, eine intensivere Unterstützung und mehr persönliche Zuwendung. In welchem Maße dazu eine organisatorische Ausgliederung sinnvoll ist, hängt von den konkreten Fördermöglichkeiten vor Ort, nicht von persönlichen Eigenschaften der Lernenden ab. Das bedeutet aber auch: Wenn diese Bedingungen in der Grundschule verbessert

werden (Aus- und Fortbildung der LehrerInnen, Stundenzahl für den Deutschunterricht, Klassengröße, zumindest teilweise Doppelbesetzung), können wir uns viel Aufwand für Sondermaßnahmen in selbständigen »Fördereinrichtungen« sparen.

3. Schriftfreie Voraussetzungen nachholen oder direkter Einstieg in die Schrift(sprache)?

In der Sonderpädagogik gibt es eine lange Tradition der Förderung »basaler Voraussetzungen«, die auch in einigen neueren Konzepten zur LRS-Förderung wieder an Einfluß gewinnt. Die Ausgangshypothese dieses Ansatzes: Schwierigkeiten beim Lesen und (Recht-)Schreiben rühren aus Rückständen in der Entwicklung psychischer Grundleistungen her. Deshalb muß Förderung mit einer breiten Schulung allgemeiner Wahrnehmungs- und motorischer Leistungen beginnen. Das bedeutet vorrangig: Training formaler kognitiver und Sinnes-Funktionen (Wahrnehmung von Farben, Formen, Geräuschen usw.; Feinmotorik, visu-motorische Koordination; Aufmerksamkeit, Konzentration, Gedächtnis).

Ich stelle gegen diese Vorstellung eines schriftfreien Vorkurses . . .

Meine These 3: »Basale Funktionen« sind nur als ausdrückliches Minimum »Voraussetzung« des Lesen- und Schreibenlernens. Sie lassen sich auch durch den Umgang mit Sprache und Schrift fördern. Wesentliche Leistungen des Lesens und Schreibens sind darüber hinaus gegenstandsspezifisch und können sinnvoll nur im Umgang mit der Schrift entwickelt werden (nicht technische Perfektionierung der Detailwahrnehmung, sondern Unterscheidung wesentlicher von unwesentlichen Merkmalen durch Einsicht in die Logik des Systems).

4. Gesamthandlung oder Teilleistungen fördern?

Zum Schriftspracherwerb haben sich in den letzten Jahren zwei konkurrierende Positionen entwickelt, die sich aber beide von einer schriftunspezifischen Förderung (s. These 3) abgrenzen. Kognitive Leistungen sind aus ihrer Sicht bereichsspezifisch, also muß sich eine Lese-/ Schreibförderung direkt auf Schrift beziehen.

Nach der einen Vorstellung lassen sich Lesen und Schreiben in gegenstandsspezifische Teilleistungen wie Buchstabenkenntnis, Synthesefähigkeit, Lautanalyse usw. gliedern. Diese sind jeweils für sich zu vermitteln und durch gezielte Übungen zu sichern. Dieses Förderkonzept basiert auf einer gestuften Einführung von Elementen (Buchstaben, Wörtern, Wortbausteinen, Regeln) und Fertigkeiten (Erkennen häufiger Wörter, Synthetisieren unbekannter Wörter, Gliedern langer Wörter, . . .) und konzentriert sich auf die Diagnose von Ausfällen in diesen Teilleistungen sowie auf deren gezielte Übung. Vor allem auf der Basis angelsächsischer und skandinavischer Studien wird aus dieser Perspektive die Förderung fonologischer Leistungen propagiert – teils im Sinne spezifischer sprachlicher Voraussetzungen

des Lesen- und Schreibenlernens, teils im Verständnis von Teilleistungen des Lesens und Schreibens selbst (vgl. dazu vor allem das Projekt »Früherkennung und Prävention bei Risiken der Lese-/Rechtschreibschwäche« des Sonderforschungsbereichs 227 »Prävention und Intervention im Kindes- und Jugendalter« an der Universität Bielefeld).
Eine alternative Position ist der Spracherfahrungsansatz. Lesen- und Schreibenlernen erwachse aus einer reichen Erfahrung mit Schrift. Förderung bedeutet danach Bereitstellung von vielfältigen Gelegenheiten, Materialien und Aufgaben für einen selbsttätigen Umgang mit Schrift. Die Lehrerin muß im Klassenzimmer eine »Schriftsprachkultur« entwickeln und pflegen, in der Lesen und (richtiges) Schreiben einen sozialen Status haben und von den Lernenden als persönlich bedeutsam, lohnend und attraktiv erlebt werden (vgl. auch *These 9).*
Schriftspracherwerb ist Erwerb einer zweiten Sprache. Kinder lernen sie durch Gebrauch in bedeutsamen Situationen, nicht als Summe von isoliert, sozusagen »auf Vorrat« vermittelbaren Fertigkeiten und Kenntnissen. Auf der anderen Seite lassen sich Fortschritte im Lesen und Schreiben auch dort beobachten, wo gezielt bestimmte Einsichten erschlossen oder einzelne Teilleistungen geübt werden. Unterrichtspraktisch stellt sich deshalb die Frage nach dem Verhältnis dieser beiden Lernformen »durch Gebrauch« bzw. »durch Übung«.
Für die ortografische Entwicklung beispielsweise sind aus unserem »Schreibvergleich BRDDR« positive Effekte sowohl aus dem freien Schreiben, insbesondere dem eigenständigen Verschriften von Lautsprache nach dem Ansatz »Lesen durch Schreiben«, als auch aus der intensiven Wiederholung eines Grundwortschatzes häufiger Wörter und ihrer systematischen Analyse in der Stichprobe »Ost« zu berichten (vgl. *S. 129ff.).*
Aus solchen Erfahrungen haben sich in den letzten Jahren in den Schulen pragmatische Verbindungen beider Ansätze entwickelt und insgesamt auch bewährt. Zwei weit verbreitete Vorstellungen können damit ad acta gelegt werden:
a] die lineare Vorstellung, zunächst müßten die Teilleistungen perfektioniert, dann erst dürfe die Gesamthandlung praktiziert werden, also in Lehrgänge übersetzt: von der Schönschrift über die Rechtschreibung zum Aufsatz;
b] die Unterscheidung von Lernniveaus nach dem Motto: Die »Guten« lernen durch Gebrauch, die »Schwachen« durch Übung.

Alle Menschen lernen am besten »durch Gebrauch«, also Lesen, indem sie auf ihrem jeweiligen Entwicklungsstand lesen, und Schreiben, indem sie in Vorformen schreiben und dabei ihre Zugriffe auf Schrift in der Anwendung entwickeln und differenzieren. Allerdings wird die Verbindung von Lernen durch »Gebrauch« und durch »Übung« sehr unterschiedlich interpretiert. Modellversuche müßten deshalb klären,

– für welche Teilleistungen,
– in welchem Umfang und vor allem:
– in welchen Formen

ausgegliederte Übungen förderlich, vielleicht sogar notwendig sind, um das beiläufige Lernen durch Gebrauch zu festigen (»Automatisierung«) bzw. zu ergänzen (»Systematisierung«). Andererseits ist zu prüfen, wieweit lehrgangsartige Übungen ersetzt werden können durch individuelle Arbeitsformen und auf Eigenaktivität zielende Aufgaben wie: persönliche Wörterkartei, ortografische Ordnung von eigenen Wörtern, Gebrauch von Nachschlagewerken.

Meine These 4: Lesen lernen wir über eigene Leseversuche, Schreiben über selbständiges Schreiben. Auch technisches Können entwickelt sich über praktischen Gebrauch, indem grobe Vorformen allmählich ausdifferenziert werden. Die »Übung von Teilleistungen« und der »Spracherfahrungsansatz« können jeweils für sich keinen Ausschließlichkeitsanspruch erheben. Als Rahmenkonzept kommt dem Spracherfahrungsansatz allerdings Vorrang zu: Auch AnfängerInnen können von Anfang an in bedeutungsvollen Situationen mit Schrift wirkungsvoll handeln, und nur aus deren Anforderung heraus können sie die Automatisierung von Teilleistungen als sinnvolle Aufgabe erleben.

5. Lernen Menschen kontinuierlich oder sprunghaft?

Die Leistungen über- und unterdurchschnittlicher LeserInnen bzw. RechtschreiberInnen lassen sich leicht nach Kriterien wie Geschwindigkeit und Genauigkeit, also Fehlerzahl, bzw. Umfang der bewältigten Einheiten unterscheiden. Lehrgänge bestimmen folgerichtig Lerneinheiten und Lernzuwachs quantitativ in Form von Buchstaben/Lauten bzw. Wörtern. Fehleruntersuchungen aus freiem Schreiben und Lesen haben jedoch qualitative Veränderungen in den Zugriffen der Kinder auf Schrift nachgewiesen. Stagnationen, ja eine erneute Zunahme von Fehlern beim Erwerb neuer Einsichten bzw. Strategien stellen ein lineares Wachstumsmodell des Lernens in Frage. Außerdem zeigen sich ähnliche Lernverläufe in Klassen und Schulsystemen, die nach ganz verschiedenen Methoden unterrichten. Lernen ist also kein direktes Abbild von Lehre. In der psychologischen und didaktischen Diskussion ist allerdings umstritten, ob alle Kinder beim Erwerb der Schriftsprache zwingend alle Stufen durchlaufen müssen und ob verschiedene Zugriffe wirklich im Sinne eines strikten Nacheinander zu verstehen sind.

Eine fruchtbarere Interpretation der Entwicklungsstufen ist die Deutung, daß neue Zugriffe die alten nicht verdrängen, sondern überlagern, so daß sich das Profil der zum Teil konkurrierenden, zum Teil komplementären Strategien verändert. Auch diese Sicht erfordert eine Passung von Aufgaben/ Lernangeboten einerseits und Entwicklungsstand andererseits. Zumindest muß das angebotene Material so reich, so offen und so klar gegliedert

sein, daß verschiedene LernerInnen verschiedene Zugriffe anwenden und unterschiedliche Strukturen aus ihm abstrahieren können.
Meine These 5: Quantitative und qualitative Fortschritte bedingen sich wechselseitig. Lernen ist mehr als die Addition von Teilleistungen. Es bedeutet Umorganisation von Denk- und Handlungsmustern. Stufenmodelle beschreiben die qualitative Veränderung solcher Muster. Sie helfen, Fortschritte und Schwierigkeiten in der Lese-/Schreibentwicklung zu deuten und gezielt Lernräume zu eröffnen. Entwicklungsmodelle eignen sich aber ebensowenig zu einer verbindlichen Planung von Lehrschritten wie eine sachlogische Analyse des Gegenstandes Schrift oder eine psychologische Analyse des voll entwickelten Lese- bzw. Schreibprozesses.

6. Vereinfachung durch LehrerInnen oder Toleranz für Fehler?

Fachdidaktik und Methodik rechtfertigen ihre Bedeutung für Unterricht vor allem mit dem Anspruch, Inhalte und Aufgaben so aufzubereiten, daß sie leichter zu lernen sind. Fibellehrgänge sind der Prototyp dieses Ansatzes, der programmierte Unterricht ein Versuch, die Vereinfachung für alle mit dem Anspruch einer Individualisierung der Lernwege zu versöhnen.
KritikerInnen sehen aber genau in dieser Kleinschrittigkeit die entscheidende Barriere für erfolgreiches Lernen. Die Begrenzung und Kontrolle der zur Verwendung freigegebenen Buchstaben bzw. Wörter verfälsche die Lese- und Schreibhandlungen. Sie nehme Lernenden nicht nur die Lust, sich auf Schrift einzulassen, sondern erschwere auch die kognitive Auseinandersetzung mit der Logik des Gegenstandes. Da eine individuelle Passung von außen unmöglich erscheint, wird vorgeschlagen, den Lernenden Raum zu geben, ihren Umgang mit Aufgaben selbst zu differenzieren.
Damit findet die Einsicht, daß im Grunde jedes Kind auf eine besondere Weise lesen und schreiben lernt, zunehmend Anerkennung. Der Anspruch, dieser durch eine von der Lehrerin gesteuerte und kontrollierte Individualisierung sozusagen »von oben« gerecht zu werden, läßt sich jedoch nicht einlösen. Er widerspricht auch einer weiteren Einsicht der jüngeren Schriftsprachdidaktik, nämlich daß Lernen als eigenaktive Ordnung von persönlichen Erfahrungen begriffen werden muß. Statt Kinder verschiedenen Förderprogrammen zuzuordnen, sollte deshalb der Unterricht geöffnet werden

- nach außen hin auf konkrete Erfahrungen und Handlungsforderungen in der Lebenswelt der Kinder,
- nach innen für ihre unterschiedlichen Lernwege.

Offenheit bedeutet Raum, Herausforderungen und Angebote für eine Individualisierung »von unten«, d. h. für eine Differenzierung durch die Kinder selbst: durch die Wahl von Aufgaben, durch individuelle Lösungen oder verschiedene Lösungswege.
Lernen wird verstanden als Differenzierung grober Vorformen (s. *These 4).* Fehler sind in diesem Konzept als Vereinfachungen der Aufgaben durch die

Lernenden selbst zu begreifen. An die Stelle der Belehrung einer SchülerIn tritt das Modell »MeisterIn – Lehrling«, also das Mitlernen auf dem jeweiligen Entwicklungsstand, aber in Ernstsituationen. Pädagogik nicht als Auflösung von Komplexität, sondern als Hilfe bei ihrer Bewältigung.

Meine These 6: Eine gestufte Einführung des Schriftmaterials, sei es nach Buchstaben/Lauten, nach Wörtern, nach Rechtschreibphänomenen oder Wortstrukturen, und die Beschränkung von Lese- und Schreibaktivitäten auf dieses Material ist weder notwendig noch produktiv. Vereinfachung sollte den Lernenden überlassen bleiben (als Zulässigkeit von fehlerhaften Zwischenlösungen), nicht durch ein Programm oder die Lehrerin vorgegeben werden. Gefordert ist Unterstützung bei der Lösung anspruchsvoller Aufgaben statt ihrer künstlichen Präparation.

Die *Thesen 5* und *6* verweisen auf grundlegende Kontroversen über das Verständnis des Lernens. Umstritten ist vor allem die Möglichkeit (bzw. umgekehrt: die Notwendigkeit), Logik und Aufbau der Schrift ausdrücklich zu erklären. Diese Kontroverse wirft die Frage nach dem Ort systematischer Strukturen im Unterricht auf.

7. Lernen durch implizite Ordnung oder durch explizite Regelbildung?

Die Vermittlung der Rechtschreibung über sprachlich gefaßte Regeln wird heute behutsamer und sparsamer genutzt als noch vor einigen Jahren. Andererseits ist auch deutlich geworden, daß Kinder Rechtschreibung nicht lernen, indem sie sich einzelne Wörter als intakte Einheiten einprägen. Damit löst sich eine weitere Kontroverse: Lernen durch Einsicht oder durch (bloße) Wiederholung. Allgemeine Muster können nur durch die Auseinandersetzung mit konkretem Material gebildet werden. Andererseits können Lernende wesentliche Anstöße erhalten, wenn sie immer wieder vor die Aufgabe gestellt werden, ihre Erfahrungen zu ordnen, individuelle Ordnungsversuche zu explizieren und in der Auseinandersetzung mit anderen zu überprüfen.

Dies gelingt aber nicht im luftleeren Raum. Es ist Aufgabe des Unterrichts, Gelegenheiten für das Gespräch über Konzepte und Strategien zu schaffen. Die Lehrerin kann auch Hypothesen einführen und auf Muster aufmerksam machen – aber sie kann Regel-Bildung nicht durch die Vorgabe von Regeln ersparen. Dies gilt auch und gerade für Menschen, die Schwierigkeiten mit dem Lesen und Rechtschreiben haben. Solche Schwierigkeiten entstehen nämlich oft aus der fehlenden Passung zwischen selbstentwickeltem und von außen auferlegtem System. Möglichkeiten zur Re-Konstruktion des Systems (statt es zu kopieren) sind gefordert.

Auch wenn die DDR-Didaktik und neuerdings auch wieder KollegInnen aus den alten Bundesländern mehr Gewicht auf die explizite Vermittelbarkeit des ortografischen Systems legen, formuliere ich entschieden . . .

Meine These 7: Menschen lernen an Beispielen. Schon Kinder ordnen Erfahrungen in (meist impliziten) Denk- und Handlungsmustern. Strukturen gehören als Angebot für solche Ordnungsversuche in das Lernmaterial (»Modellwortschatz«) bzw. in die Aufgabenform (»Wortlisten«). Regeln sind das Produkt eigenaktiver Ordnung, sie lassen sich nicht von außen dem Denken auferlegen. LernerInnen sollten die Chance erhalten, sich selbst und anderen ihre (verschiedenen) Konzepte und Strategien als alternative Ordnungsversuche bewußt zu machen (statt daß ein Verfahren/ein Muster für alle vorgeschrieben wird).

8. Wieviel Zeit/Raum muß man der eigenaktiven Entwicklung gewähren?
Wieviel Eingrenzung/Leistungsanforderung ist notwendig, damit Lernen überhaupt in Gang kommt?
Wir verstehen zunehmend:
– Lernen ist nicht direkte Folge oder gar Kopie von Lehren;
– Entwicklung braucht Zeit;
– Erfahrung emotionalen Drucks kann kognitive Möglichkeiten blockieren.
Wir erleben aber auch:
– Lernende weichen der Anstrengung des Lernens aus;
– sie richten sich mit Umwegstrategien ein;
– Lernchancen in anderen Fächern/Lebensbereichen hängen vom Niveau der Lese-/Schreibfähigkeiten ab.
Der Konflikt zwischen diesen beiden Erfahrungen läßt sich allgemein bzw. durch die Operationalisierung von termingebundenen Anforderungen (»Mindeststandards«) nicht auflösen.
Meine These 8: Lernen als Entwicklung von Strategien und Konzepten braucht Zeit. Ohne Modelle, ohne Rückmeldung und ohne Herausforderung gibt es andererseits keinen Grund und keine Perspektive für Lernen. Übung und ihre Intensivierung können jedoch Einsicht nicht ersetzen, diese kann nur aus eigener Erfahrung wachsen. Grundsätzlich ist die pädagogische Spannung zwischen Wartenkönnen und Fordernmüssen nicht auflösbar. Forschung kann Interventionspunkte nicht objektiv bestimmen. Lernen ist immer auch Entwicklung der Person und damit nicht allein didaktisch-methodisch faß- oder gar technisch planbar. Individuelle Entwicklungsberichte können jedoch den Blick für kritische Konstellationen und produktive Herausforderungen schärfen.
In diesen Zusammenhang gehört auch die Frage nach dem Fokus pädagogischer Förderung:

9. Individuelle Programme oder Förderung der Schriftsprachkultur?
»Förderung« bei Lese-/Rechtschreibschwierigkeiten ist lange Zeit im Dreieck »Kind – Lehrerin – Gegenstand« gedacht und praktiziert worden. Diese psychologisch-pädagogische Sicht wird zunehmend als unzulässige Einengung kritisiert. In der Forschung ist deutlich geworden, daß Störungen des Lernprozesses nicht lediglich personbezogen verstanden und behoben werden können. Aus individuellen Merkmalen begründete Risikoprognosen

werden zu recht »systemisch« in Frage gestellt: Was im Kontext A zum Problem wird, kann unter den Bedingungen B oder C unauffällig bleiben (vgl. o. *S. 109ff.).*

Daraus folgt die Einsicht, daß auch nicht einzelne methodische Ideen und Verfahren den Erfolg von Förderung erklären, sondern daß erst die soziale Interpretation im pädagogischen Kontext ihre »Bedeutung« für die Lernenden bestimmt.

In diesem Sinne plädiere ich dafür, die zwei »Welten« der Leseförderung – als technische Nachhilfe für die »Schwachen« in der Schule, als Einführung in die Lesekultur durch Bibliotheken, Buchhandel und andere außerschulische Einrichtungen – zusammenzuführen. Die Aktion »Das lesende Klassenzimmer« des Börsenvereins des Deutschen Buchhandels statt der früher dominierenden Lesewettbewerbe für Vorlese-Eliten signalisiert diesen Wandel in erfolgreicher Form und führt zugleich Lesen und Schreiben stärker zusammen.

Meine These 9: Lernschwierigkeiten sind nicht persönliche Eigenschaften, Individualisierung darf nicht als soziale Vereinzelung mißverstanden werden. Eine kontextorientierte Sicht des Schriftspracherwerbs muß auf der pädagogischen Ebene umgesetzt werden in Maßnahmen zur Entwicklung einer »Kultur des Klassenzimmers« *(Bauersfeld).* Unterrichtspraktische Ansätze für den Schriftsprachbereich finden sich bereits in folgenden Konzepten:

- elementare Schriftkultur *(Dehn, Fuchs-Brüninghoff/Pfirrmann, Giese),*
- Leseversammlung *(Bambach, Mauthe-Schonig, Niemann),*
- Autorenkonferenz und interaktives Schreiben *(Baumann, Bergk, Graves, Spitta),*
- Lese- und Schreibwerkstatt *(Brügelmann, Drecoll, Kochan),*
- LernerInnen als SprachforscherInnen *(Balhorn, Erichson).*

Mit einem allgemeinen Problem möchte ich schließen:

10. Austausch didaktisch-methodischer Systeme oder Reform des Lernraumes und seiner Außenbedingungen?

Modellversuche haben sich in der Vergangenheit meist darauf beschränkt, »gute« pädagogische Konzepte oder Lernprogramme zu erproben und anschließend als didaktisch-methodisches Material oder in Berichtform zu veröffentlichen. Verbreitung durch Publikation verändert aber nicht den Schulalltag. Dieser Befund der Innovationsstudien zur Curriculumreform ist seit 1970 bekannt – für die pädagogische Reformpraxis jedoch weitgehend folgenlos geblieben. Modellversuche haben deshalb auch die organisatorischen Randbedingungen und die »Ökologie des Lernraums« zu erfassen, um die Übertragbarkeit, sprich: Rekonstruktion der Grundideen unter anderen Umständen zu stützen. Pädagogische Modellversuche sind deshalb zugleich immer als Innovationsstudie anzulegen, die den Reformprozeß selbst dokumentieren. Das bedeutet konkret, Begleitmaßnahmen

wie Ausbildungs- und Fortbildungskonzepte in Modellversuche mit einzubeziehen, um Arbeits- und Organisationsformen zu erproben, die geeignet sind, die Erfahrungen der »Pioniere« in der Breite zu vermitteln. Außerdem hat die wissenschaftliche Begleitung in Formen zu erfolgen, die eine Übertragung der Erfahrung auf unterschiedliche Kontexte erleichtern.
Meine These 10: Auch pädagogische Reformen sind »ökologisch sensibel«. Didaktische Konzepte und Programme lassen sich nicht kontextfrei (als »Methoden«) optimieren und verbreiten. Modellversuche sollten deshalb verpflichtet werden, den institutionellen und personellen Transfer ihrer Ideen ausdrücklich zu erproben und diese Erfahrungen ebenfalls für Dritte aufzubereiten, um das Potential der pädagogischen Konzeption bei einer Übernahme realistisch einzuschätzen.
Bei all diesen Überlegungen (vor allem für die Einrichtung von Modellversuchen) ist ein Gedanke zentral: Pädagogische Konzepte und methodische Ideen lassen sich nicht in Form von »Techniken« transferieren. Eine solche Verdinglichung widerspricht der Kontextabhängigkeit jedes pädagogischen Handelns. Sie widerspricht ebenso der Einsicht, daß auch LehrerInnen über ihre *persönlichen* Stärken wirken. Pädagogik und Didaktik verstehen zunehmend, daß wir Lernende nicht nur als LeserInnen und SchreiberInnen sehen und ihre Schwierigkeiten nicht als isolierte »Defekte reparieren« können. Nichts anderes gilt für LehrerInnen und die Entwicklung ihrer Kompetenz. Unterricht ist mehr als Anwendung und Durchführung von »Programmen«.
Das bedeutet: Wir müssen in erfolgreichem Unterricht das Exemplarische sehen, das seinem Geiste, nicht seinem Buchstaben nach übertragen und damit neu interpretiert werden muß, wenn es mit anderen Personen und unter anderen Bedingungen lebendig werden soll.

Nanni Felter / Anne Kleinert Alvarado

Schreiben in der Freizeit:

Das Projekt »Büffelstübchen-Zeitung«

In der Schule bleibt zu oft keine Zeit zum Experimentieren mit Schrift. Der meist relativ starre Fibellehrgang vermittelt, daß vor der Schule gemachte Erfahrungen der Kinder mit Schreiben und Lesen, ihre häufig vorhandenen Buchstabenkenntnisse nicht gefragt sind. Für Kinder, die schon mehr wissen, kann dies ebenso frustrierend sein wie für die Kinder, die mit dem vorgegebenen Tempo nicht gut Schritt halten können. Schreiben wird für viele SchülerInnen so nach einiger Zeit vielfach zu einer lästigen Angelegenheit, die nun einmal zur Schule gehört. Das erste Heranführen an das Schreiben kann daher große Auswirkungen auf den weiteren Umgang mit Schrift haben. Wenn Kinder von Anfang an so schreiben dürfen, wie es ihren Möglichkeiten entspricht, spürt man ihre große Lernmotivation und kann oft nach kurzer Zeit erstaunliche Erfolge sehen. Ein konkreter Anlaß (Einkaufszettel, Brief, Texte für ein Buch) gibt Kindern eine weitere Motivation zum freien Schreiben.

Die Idee

In der Lernwerkstatt »Büffelstübchen« (s. *S. 269ff.)* haben wir, angeregt durch diese Erfahrungen, ein Projekt durchgeführt, das Kindern die Möglichkeit bieten sollte, sich spielerisch an eigene Texte heranzuwagen. Ziel des Projektes war es, mit den Kindern eine »Büffelstübchen-Zeitung« herzustellen, die aus Beiträgen der Kinder zusammengestellt werden sollte. Die Kinder sollten außerhalb der Schule Lesen und Schreiben einmal anders erleben, in ungezwungener Form, so wie es sie individuell interessiert, mit einem konkreten, attraktiven Ziel vor Augen.
Ganz nebenbei bot das Projekt das Lernen verschiedener Druck- und Schreibtechniken an. Die Tageszeitung sollte den Kindern als Modell dienen, das ihnen Anregungen geben konnte, eine eigene (Tages-)Zeitung zu entwerfen und zu realisieren.

Die Bedingungen

Einmal in der Woche trafen wir uns mit den Kindern nachmittags für zwei Stunden über einen Zeitraum von etwas mehr als einem Jahr in der Lernwerkstatt. Hier stand dem Projekt ein großer Raum zur Verfügung, der mit allen Möglichkeiten zum Schreiben ausgestattet war: Freinet-Druckerei, Computer und Schreibmaschinen, Buchstabenstempel verschiedener Art, Farben, Stifte und Papier aller Sorten. Außerdem konnte eine Leseecke mit Kinderbüchern genutzt werden.

Das Projekt war offen für alle Kinder der Gemeinde im Grundschulalter. Es gab keine Begrenzung der Teilnehmerzahl und keine Verpflichtung, regelmäßig zu erscheinen, so daß es nicht erforderlich war, sich wie zu einem Kurs anzumelden.

Erste Erfahrungen

Zu Projektbeginn schickten wir an alle Klassen der Grundschule einen Brief, in dem wir die Kinder zu uns einluden. Die ersten TeilnehmerInnen, die zu unserem Projekt erschienen, waren fast ausschließlich Kinder aus den ersten beiden Schuljahren, also Kinder, die sich fast alle beim Schreiben und Lesen noch im Anfangsstadium befanden. Damit hatten wir nicht gerechnet, und es erschien uns schwierig, mit ihnen eine Zeitung zu gestalten. Die Kinder belehrten uns jedoch eines Besseren, indem sie sofort begannen, das Material auszuprobieren. Sie experimentierten an Computer und Schreibmaschine, malten Bilder und stempelten.
Erst nach und nach wurden die Arbeiten im Hinblick auf die Zeitung hergestellt. Das erste konkrete – sehr wichtige – Produkt für die Zeitung war die Liste mit den Namen der MitarbeiterInnen, die dann auch sofort in die Titelseite eingearbeitet wurde:

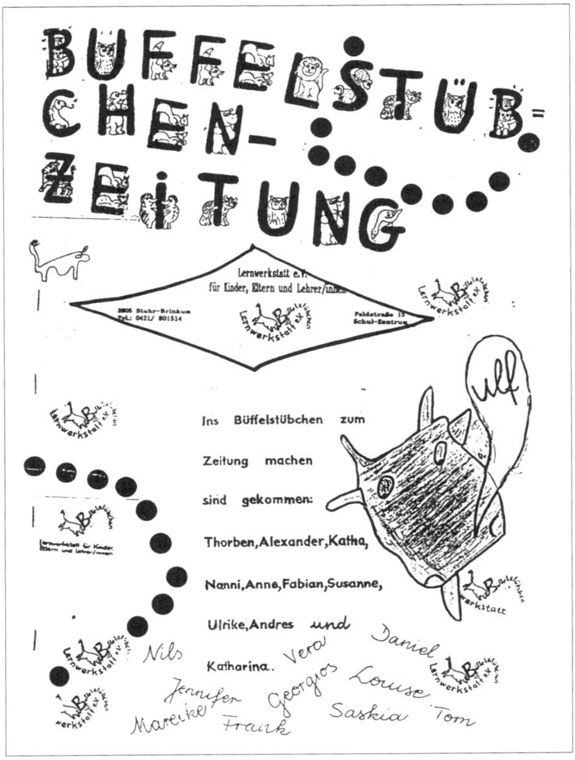

Ich weiß nicht, was ich schreiben soll!

Viele Kinder waren nicht an selbständiges Arbeiten gewöhnt. Sie konnten sich nicht vorstellen, worüber sie etwas schreiben könnten. Wir machten dann häufig mit allen zusammen eine Besprechung, in der Kinder eine Idee oder etwas bereits Angefangenes kurz vorstellten, so daß sich andere daran orientieren konnten. Wir rieten den Kindern, die auch dann noch unschlüssig waren, erst einmal ein Bild zu malen, was ihnen offensichtlich wesentlich leichter fiel. Danach war das Schreiben eines eigenen Textes nicht mehr so schwer für sie, da ihnen durch ihr Bild schon Anhaltspunkte vorlagen. Eine weitere Schreibanregung waren auch die Bücher in der Leseecke. Die »RedakteurInnen« stöberten dort während ihrer Arbeitspausen, in den gemeinsamen Pausen lasen wir regelmäßig vor. Nachdem die erste Ausgabe der Zeitung fertig war, diente sie den Kindern als Modell, sie verschaffte ihnen eine konkrete Vorstellung über ihre Möglichkeiten, eigene Beiträge zu verfassen. Wir hatten am Anfang anhand einer Tageszeitung besprochen, was in unserer Zeitung alles vorkommen könnte, dementsprechend entstanden zuerst Berichte über Unfälle, Überfälle und das Wetter, sogar eine Todesanzeige war dabei: Später kamen immer mehr auch ganz persönliche Geschichten und Texte dazu:

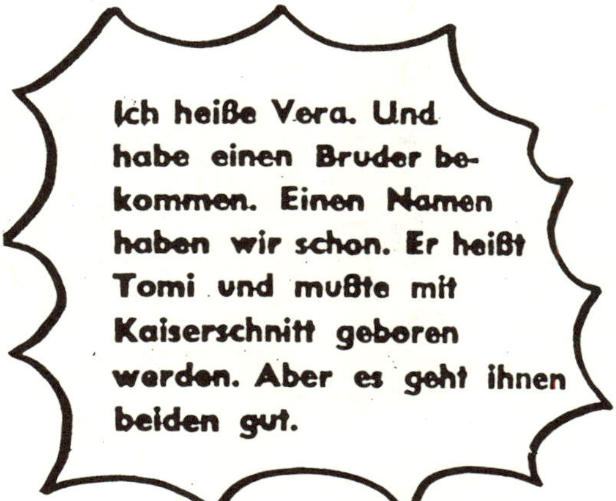

Ich kann aber noch nicht so gut schreiben!

Bevor es ans eigentliche Schreiben ging, hatten wir mit den ProjektteilnehmerInnen verschiedene Möglichkeiten eines Beitrages für die Zeitung besprochen. Dies war besonders wichtig für die Kinder, die sich nicht zutrauten, etwas für die Zeitung zu schreiben. Für sie bot sich die Möglichkeit, Bilder zu malen. Es ergab sich dann fast von selbst, daß sie ihre Bilder zumindest mit ihrem Namen versahen und auch einzelne Personen oder Dinge beschrifteten. Wir machten den Kindern das Angebot, uns Sätze oder Geschichten zu diktieren wie einem/r SekretärIn. Dies war besonders bei den SchreibanfängerInnen beliebt. Sie hatten wichtige und teilweise auch komplizierte Dinge zu erzählen und waren alleine nicht in der Lage, sie aufzuschreiben. Wir bemühten uns dabei um eine möglichst wörtliche Wiedergabe, lasen aber das bereits fertige Stück der Geschichten zwischendurch wieder vor, um den Kindern das schon Geschriebene zu vergegenwärtigen. Dabei kam es dann vor, daß sie Änderungen verlangten.

Kinder aus der ersten Klasse, die erst seit einigen Wochen die Schule besuchten, zeigten große Ausdauer, eigene Sätze zu drucken und zu gestalten. Dabei lernten sie durch Nachfragen neue Buchstaben und Wörter. Wenn diese Kinder einen Text alleine verfaßt hatten, übernahmen wir den Originaltext so, wie er geschrieben worden war, und setzten auf Wunsch in Schreibmaschinenschrift den ortografisch korrekten Text darunter (vgl. *Gudrun Spitta 1985).*

(Loni ist noch zu Hause)

Von uns aus wurden die Kinder nicht auf Fehler in der Rechtschreibung hingewiesen. Den SchreibanfängerInnen, die mit der Frage: »Habe ich das so richtig geschrieben?« zu uns kamen, gaben wir die Rückmeldung: »Ich kann gut lesen, was du geschrieben hast, andere können das auch. Die Erwachsenen haben sich auf eine bestimmte Schreibweise für Wörter geeinigt, damit alle Leute die Wörter gleich schreiben. Man kann sie beim Lesen dann schneller erkennen. Ich kann dir deine Wörter so abschreiben, wie ein Erwachsener sie geschrieben hätte, und das kleben wir dann zu deiner Geschichte.« Damit waren die Kinder fast immer einverstanden, hatte es sie doch schon genug Mühe gekostet, ihre Texte selbständig aufzuschreiben, und ›richtig‹ sollten sie ja auch sein. Einmal hatten einige Kinder zusammen einen Text mit sehr großen Drucklettern gesetzt, der als Anfang einer Geschichte gedacht war und von anderen Kindern fortgesetzt werden sollte. So schrieb ein Mädchen aus dem ersten Schuljahr vorbildlich lautierend:
Es war einmal eine kleine, schwarze Katze

Di Hate eine Kleiue weise

Taze und Abenz Lojchten

Ire Augn

Gleichzeitig druckte ihre Freundin, während beide eifrig über jedes Wort ihrer beiden Texte diskutierten:

in unsera Straße ist ein

vogel in Hagebüten

hengengebliben

Ältere Kinder (ab Ende 2. / Anfang 3. Schuljahr) wiesen sich gegenseitig auf Schreibweisen hin, sie legten großen Wert darauf, daß Wörter ›richtig‹ geschrieben sein sollten. Als Hilfe gab es dann Wörterbücher zum Nachschlagen oder Nachschlagenlassen oder das Nachfragen bei uns BetreuerInnen. Bei Kindern, die in der Rechtschreibung noch sehr unsicher waren und die uns darum baten, halfen wir von vornherein, während sie schrieben. Es hätte sonst leicht passieren können, daß sie die Lust am Schreiben verloren hätten. Bei Texten, die mit der Freinet-Druckerei gedruckt wurden, wurde zunächst immer ein Probedruck hergestellt. Wir betonten dies besonders und erklärten, daß es auch in den Druckereien von Zeitungen und Büchern so gemacht werde und daß erst mit Hilfe des Probeabdruckes noch viele Fehler gefunden werden könnten. So war es für viele von unseren »RedakteurInnen« eine Erleichterung zu hören, daß Fehler vorkommen dürfen, sie waren dadurch sogar motiviert, regelrecht nach Fehlern zu fahnden.

Das verstehe ich aber nicht!

Bevor längere Texte in die endgültige Form gebracht wurden, ließen wir die Kinder noch einmal die Rohfassung laut vorlesen. Dabei fielen ihnen sprachliche Unzulänglichkeiten meistens auf; sie wurden von ihnen selbst verbessert. Umgangssprachliche Ausdrücke wie »Ein Kind ging über die Ampel . . .«, ließen wir stehen, während wir die Kinder auf eindeutige Grammatikfehler hinwiesen. Es kam auch vor, daß Kinder neugierig waren auf das, was andere gerade schrieben. Sie durften es meistens lesen, und ihre Nachfragen beim/bei der AutorIn führten wiederum zu Veränderungen der Texte.

Gefühle

An einigen der Zeitungsnachmittage gab es den Themenschwerpunkt »Tiere«. Dies hatten die Kinder selbst im Anfangskreis festgelegt, indem sie beschlossen: »Wir machen eine Tierseite.« Tiere spielten für die Kinder der Zeitungsgruppe eine sehr große Rolle, ein Mädchen brachte sogar sein Meerschweinchen mit zum Projekt. Aus der einen Tierseite, die die »RedakteurInnen« vorgesehen hatten, wurde nach und nach fast eine eigenständige

Tierzeitung. Mit diesem Thema brachten die Kinder am häufigsten ihre Gefühle zum Ausdruck.
Eine Geschichte ist uns noch besonders deutlich in Erinnerung geblieben. Ein Mädchen aus der ersten Klasse machte eines Tages von unserem Angebot Gebrauch. Sie diktierte Nanni ihre Geschichte, indem sie sie ihr Wort für Wort ins Ohr flüsterte. Diese geheimnisvolle Art des Diktierens ließ schon erkennen, daß es sich dabei um etwas ganz Besonderes handeln mußte:

Ich hatte ein Kaninchen...
... und jetzt fängt die Geschichte an:
Eines Tages fuhren ich und mein Bruder und meine Mutter zu meiner Oma und meinem Opa.
Eines Tages passierte es: Abends, ungefähr 8 Uhr, hat mein Vater angerufen. Er sagte, er hätte mein Kaninchen umgebracht. Als ich abends ins Bett ging, habe ich ganz doll angefangen zu weinen.

Nachdem diese Geschichte aufgeschrieben war, stellte sich für uns die Frage, ob wir sie überhaupt veröffentlichen dürften, in einer Zeitung, die für alle Interessierten zugänglich ist. Wie würden die Eltern darauf reagieren? Nach langem Überlegen entschlossen wir uns, die Geschichte in der Zeitung abzudrucken, da das Mädchen darauf bestand.
Kurz nachdem diese Ausgabe verteilt war, erhielten wir eine positive Rückmeldung von den Eltern des Mädchens. Erst über diesen Umweg – die Zeitung – wurde den Eltern deutlich, wie sehr das Kind noch mit diesem Ereignis beschäftigt war, und sie konnten mit ihren Kindern noch einmal darüber reden. Dabei wurden uns auch die Hintergründe des »Kaninchenmords« berichtet: Die Kinder hatten sich nach anfänglicher Begeisterung nicht mehr ausreichend um ihre Kaninchen gekümmert. Alle Bemühungen seitens der Eltern blieben fruchtlos, die Kaninchen wurden von den Kindern nur ungern versorgt und fielen zur Last. Schließlich legte der Vater – landwirtschaftlich erfahren – Hand an und schlachtete die Kaninchen in Abwesenheit der Kinder.
Solche Texte zeigen, wie wichtig das freie Schreiben für Kinder sein kann, um ein Erlebnis zu verarbeiten und auf ihre persönliche Situation aufmerksam zu machen.
Ein Junge aus der zweiten Klasse stempelte mit dem Ricto-Set:

Hanni ist lieb.

Hanni ist eine Hündin.

Zum Setzen brauchte er sehr lange, es war eine richtige Geduldsprobe für ihn, aber als er endlich fertig war, druckte er zehn Exemplare, die er später in seiner ganzen Familie und auch in der Schule verteilte.
Ein Kind aus der dritten Klasse kam an einem Nachmittag mit einem sehr traurigen Gesichtsausdruck. Es sagte, daß es schon wisse, was es heute schreiben werde:

TRAUERGESCHICHTEN

MEINE KATZE TIGER

Tiger hat Kinder bekommen

vier Stück, leider sind sie

alle tot

Mit großem Eifer schrieb ein siebenjähriger Junge seine Geschichte über den »Igel« mit der Hand vor. Es machte ihm große Mühe zu schreiben, und als er fertig war, bat er uns, die Geschichte noch einmal mit der Schreibmaschine abzuschreiben. Während wir das taten, sagte er ganz leise: »Der kleine Igel, das bin ich«:

Der Igel
Es waren einmal zwei Igel.
Sie hatten ein Kind.
Sie waren glücklich mit ihrem Jungen.
Aber der Vater wollte fischen gehen, aber da war ein Hai, der wollte den Igel nicht in dem See haben.
Dann hat der Hai den Igel gefressen, aber das Kind bekämpfte den Hai.
Dann war der Hai tot und ENDE

Was kann ich sonst noch machen?

Manche Kinder probierten die Materialien aus und machten sich mit der Druckerei Briefpapier oder Schilder für ihr Zimmer.
Es gab auch kleine Nachrichten, die eine besondere Form forderten und liebevoll gestaltet wurden:

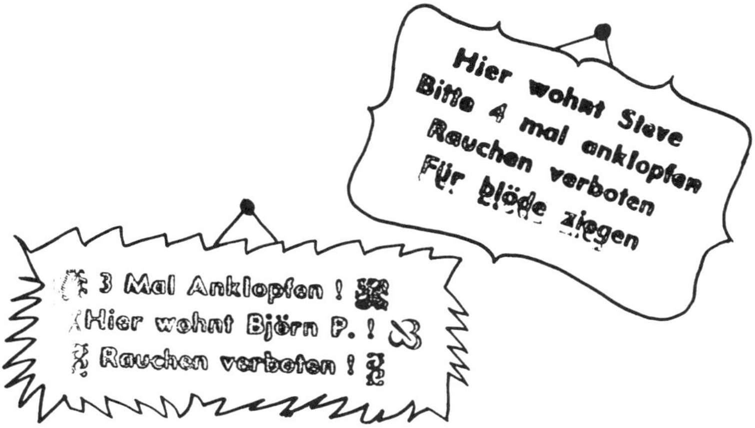

Letzte Redaktionssitzung – die Zeitung ist fertig

Sobald eine ausreichende Anzahl von Texten vorlag, setzten wir uns mit den Kindern zusammen. Die Textvorlagen wurden gemeinsam durchgesehen und besprochen, einige noch illustriert und verziert. Auf großen Papierbögen verschoben die Kinder die Artikel, bis die Seiten ihnen gefielen, und klebten sie auf. Da die einzelnen Beiträge (bis auf die gedruckten) nur einfach vorlagen, kopierten wir die Seiten. Das Zusammenstellen, Lochen und Binden der Zeitung übernahmen die »Herausgeber« wieder selbst. Sie waren jedesmal sehr stolz, ihre fertige Zeitung in der Hand zu halten, in der ihre eigenen Geschichten und Bilder abgedruckt waren. Die Zeitung, die mit einer Auflage von je 40 Stück erschien, verkauften die Kinder an ihre Eltern und Freunde; manche kauften auch selbst mehrere Exemplare, um sie in der Schule zu zeigen oder zu verschenken. Mit dem eingenommenen Geld wurden Saft und Kekse für die »Redaktionssitzungen« und teilweise das Verbrauchsmaterial finanziert.

Resümee

An den Nachmittagen kamen unterschiedlich viele Kinder. Manchmal waren nur 6 Kinder da, aber es gab auch Tage, an denen bis zu 18 Kinder an der Zeitung arbeiteten, durchschnittlich waren etwa 14 Kinder anwesend. Die »Redaktion« der Zeitung bestand, bis auf eine »Stammbesetzung« von ungefähr sechs Kindern, aus »freien MitarbeiterInnen«. Die verschiedenen Altersstufen waren, außer bei den ersten Treffen, gleichmäßig vertreten. Für viele der Kinder war das Projekt im »Büffelstübchen« ein mehr oder weniger regelmäßiger Treffpunkt für über ein Jahr. In diesem Zeitraum entstanden vier Ausgaben unserer Zeitung.

Albrecht Bohnenkamp / Hans Brügelmann / Erika Brinkmann

Computer sind keine Motivationsautomaten

Seit einigen Jahren arbeiten wir mit Kindern in sehr unterschiedlichen Formen an Computern. Wir nutzen sie zum Schreiben von freien Texten, aber auch für Lern- und Übungsprogramme, das traditionelle Einsatzfeld für Computer im Unterricht.

Lernen Kinder effektiver durch Computer-Lernprogramme? Vor allem in den USA wurde diese Frage seit den 60er Jahren in vielen Projekten untersucht. Inzwischen gibt es sogar mehrere »Meta-Evaluationen«, die insgesamt Hunderte von Studien vergleichend ausgewertet haben. Aber die Befunde ergeben kein einheitliches Bild. Eines der wenigen übereinstimmenden Ergebnisse: Leistungsschwächere SchülerInnen machen generell bessere Fortschritte mit Computer-Lernprogrammen als im herkömmlichen Unterricht.

Dieses Ergebnis hat uns neugierig gemacht. Seit 10 Jahren beschäftigt uns im Projekt »Kinder auf dem Weg zur Schrift« die Frage, wie Kinder lesen und schreiben lernen, und in der Lernwerkstatt »Büffelstübchen« (s. *S. 269ff.)* arbeiten wir seit 1987 mit Kindern, die Lernschwierigkeiten schon in der Grundschule haben. Allerdings gibt es weitere Befunde aus den US-amerikanischen Untersuchungen, die uns nachdenklich gestimmt haben: Je länger Programme erprobt wurden, um so geringer fiel ihre Überlegenheit gegenüber herkömmlichen Unterrichtsformen aus. Und: Die Streuung innerhalb beider Unterrichtsformen ist wesentlich größer als die Unterschiede zwischen ihnen.

Vor der Frage nach den *Effekten* von Computerprogrammen sind deshalb die *Umgangsweisen* der Kinder mit dem neuen Medium zu untersuchen. Mit unserer eigenen Untersuchung orientieren wir uns an einer »ökologischen« Psychologie und Pädagogik, die auch Medien nicht eine eindimensionale Wirkung unterstellt. Vielmehr versuchen wir, die persönliche *Bedeutung* des Computers im sozialen Feld besser zu verstehen. Uns interessiert also zunächst einmal, was verschiedene Geräte und Programme für einzelne Kinder bedeuten und welche *Unterschiede* in den Nutzungsweisen

---

Dieser Beitrag ist eine Kurzfassung unserer Berichte an die Deutsche Forschungsgemeinschaft *Computer in der Lernwerkstatt (Teil 1). Bericht No. 53. Projekt »Kinder auf dem Weg zur Schrift«. FB 12 an der Universität: Bremen,* und *Computer in der Lernwerkstatt: Fallberichte. Anhang zu Bericht No. 53 Projekt »Kinder auf dem Weg zur Schrift«, FB 12 / Universität: Bremen.* Eine ausführlichere Zusammenfassung findet sich u. a. in: *Bohnenkamp, A./Brügelmann, H. (1992): Computer im Grundschulunterricht? In: Diskussion Deutsch, 23. Jg., H. 128, 509–527.*

erkennbar werden (statt eine homogene Wirkung »des« Mediums zu unterstellen und diese mit einer ebenso homogenen Wirkung des Unterrichts ohne Computer zu vergleichen). *Abbildung 1* macht deutlich, welche Filter wir in diesem Prozeß annehmen und daß wir Kinder nicht als passive »Opfer« der Medienwirkung sehen.

Abbildung 1: (Streu-)Filter für die mediale Wirkung von Computern in Lernsituationen

Medium: »Computer«

Technische Voraussetzungen
(Gerätetyp und Peripheriegeräte oder auch »Hardwarebedingungen«)

Programmebene: »Softwarebedingungen«
Bedienungsmöglichkeiten (»Eingabe«, »Steuerung«, »Ausgabe«)
Didaktische und mediale Aufbereitung der Lerninhalte

Soziale Situation und kultureller Rahmen des Einsatzes
Lernsituation (Sozialform, institutioneller und pädagogischer Kontext)
normative Ladung des Mediums in der Bezugsgruppe
pädagogische Interpretation des Mediums durch die erwachsenen Bezugspersonen

Individuelle biographische Einflüsse beim Kind/Nutzer
unterschiedliche Lernprobleme
unterschiedliche Lerngeschichten etc.

Wirkungen des Mediums – Lerneffekte durch das Medium

Mit Unterstützung der Deutschen Forschungsgemeinschaft haben wir in einer intensiven Pilotstudie elf Kinder über ein Jahr hinweg in der wöchentlichen Förderung beobachtet und zusätzlich in einem offenen Raum Eindrücke vom freien Umgang weiterer rund 60 Kinder mit den Geräten und Programmen gesammelt. Die Computer waren dabei nur ein Angebot unter anderen in einer reichhaltigen Lernumgebung. Außerdem haben wir die Computer nicht nur für (geschlossene) Übungsprogramme genutzt, sondern vor allem als »Werkzeug« eingesetzt, z. B. für das Schreiben freier Texte (mit der Möglichkeit, Fehler leicht zu korrigieren und Texte ästhetisch ansprechend zu gestalten und auszudrucken).
Im folgenden wollen wir mit einigen Protokollausschnitten illustrieren, welche Erfahrungen wir dabei gemacht haben (vgl. ausführlicher: *Stoll 1989; Brügelmann/Bohnenkamp 1989; 1990; Balhorn/Brügelmann 1991).*

Alle elf Kinder unserer Förderung fanden die Computer grundsätzlich attraktiv. Aber dieses Interesse war unterschiedlich intensiv, unterschiedlich dauerhaft und wirksam.
Rasmus* hat sich überhaupt erst durch das neue Medium auf Schreibversuche eingelassen. Allerdings setzte das voraus, Vorformen (wie das bloße Abschreiben aus Büchern) zuzulassen – eine pädagogische Haltung, die schwer zu realisieren ist, wenn ein Kind beim »Computer-Kritzeln« und -Malen ansetzt (wie Daniel, ein anderes Kind aus einer 3. Klasse).

*

Als das »Büffelstübchen« im Herbst 1988 die ersten Computer bekam, zeigte *Rasmus* (10 Jahre) sofort großes Interesse und wollte gleich an ihnen arbeiten. Den technischen Umgang mit den Computern beherrschte er rasch, hatte aber am Schreibcomputer das Problem, daß ihm nichts einfiel, was er hätte schreiben können. Schließlich schrieb er eine kurze Zusammenfassung eines Kinderbuches, das gerade zwei anderen Kindern vorgelesen worden war, während er darüber nachgrübelte, was er schreiben könnte. Rasmus war beim Schreiben von der Möglichkeit fasziniert, den Text ohne später sichtbare Verbesserungen korrigieren zu können und sich anschließend eine saubere, fehlerlose Fassung ausdrucken zu lassen. Von da an wählte Rasmus unter verschiedenen Arbeitsmitteln konsequent immer den Computer und erklärte sich sogar dazu bereit, einen Text zu einer Bildergeschichte zu schreiben, obwohl das sonst zu seinen ungeliebtesten Aufgaben gehörte. Den fertigen Text druckten wir unter der kopierten Bildergeschichte aus, und Rasmus war von seinem Werk so angetan, daß er sich gleich mehrere Exemplare kopierte, um sie an seine Eltern, seine Lehrerin, verschiedene Freunde und an seine Schwester zu verschenken. Da Rasmus so gerne am Computer arbeitete, wurde nach und nach auch die 20minütige Rechtschreibtrainingsphase zu Beginn jeder Stunde auf den Computer übertragen. Dabei wurde das Trainingsprogramm »Neubert/Kiel« verwendet, bei dem Rasmus zwischen unterschiedlichen Übungsformen wählen konnte wie »Wortblitz« – ein Wort wird auf dem Bildschirm eingeblendet, verschwindet dann und muß aus dem Gedächtnis nachgeschrieben werden –, »Wörter raten« – bestimmte Wörter müssen buchstabenweise erraten werden – und »Wortlücken« – bei jedem Wort fehlen die rechtschriftlich problematischen Buchstaben und müssen ergänzt werden. Zum Ende der Trainingsphase erhält der Schüler Rückmeldung über die

---

* Alle Namen von Kindern wurden geändert.

Anzahl und Art der falsch geschriebenen Wörter. Rasmus mochte diese Übungsprogramme, wählte später aber statt »Wortblitz« immer »Wörter schreiben«, ein ganz ähnliches Spiel aus dem »Cokos«-Programm, bei dem es keine negative Bilanz als Rückmeldung gibt, sondern bei dem alle richtig geschriebenen Wörter als Liste am Rand des Bildschirms erscheinen. Bei Fehlschreibungen wird das richtige Wort zum Vergleich eingeblendet; die Anzahl der Fehlversuche wird nicht aufgelistet, so daß die Kinder nur die positive Verstärkung bekommen.
Besonders gut gefiel Rasmus das Schreiben mit dem »Lückentext« von »Story-Corner«. Allerdings wollte er sich nicht selbst einen Text ausdenken, sondern suchte sich einen Diktattext aus dem Büchlein »Schmunzeldiktate« aus, den er in den Computer eintippte und in dem er danach die Wörter löschte, von denen er meinte, daß sie ihm Schwierigkeiten bereiten könnten. Diese Wörter mußte er anschließend wieder eingeben, und sie wurden vom Computer nur bei richtiger Schreibweise angenommen. War ein Wort beim ersten Versuch nicht richtig geschrieben worden, überlegte Rasmus – laut vor sich hinsprechend – andere Schreibmöglichkeiten, indem er die Endung überprüfte, mögliche Dehnungs- oder Kürzezeichen ausprobierte und über Groß- bzw. Kleinschreibung nachdachte.
Dieses selbständige Arbeiten an einem Text, bei dem er seine Fehler alleine finden und korrigieren konnte und am Schluß einen fehlerlosen Text ohne Hilfe fertiggestellt hatte, war für Rasmus sehr attraktiv und stärkte sein Selbstbewußtsein im Umgang mit Schrift so, daß er sich auch an ein Kreuzworträtsel-Programm herantraute, bei dem er alles selbst formulieren mußte. Für Rasmus war die positive Rückmeldung seiner Fortschritte durch die Computerprogramme sehr motivierend, und sie ermutigte ihn auch zum selbständigen Schreiben.
Auf jeden Fall blieb die Arbeit am Computer für Rasmus weiterhin attraktiver als der Umgang mit anderen Arbeitsmaterialien. Es gab während der ganzen Zeit nur eine Situation, in der er nicht am Computer arbeiten wollte: Eine Gruppe von Kindern nahm im »Büffelstübchen« eine Kindernachrichtensendung mit einer Videokamera auf, die anschließend gemeinsam wieder angesehen werden sollte. Vor die Alternative gestellt, ein Übungsprogramm zu bearbeiten oder die »Sportnachrichten« zu übernehmen, die Meldungen aufzuschreiben und vor der laufenden Kamera vorzulesen, wählte Rasmus die Beteiligung an der Kindersendung.

Interessanterweise taucht Rasmus nach seiner Abmeldung von der Förderung häufiger im »Büffelstübchen« auf und sitzt dann auch allein am Computer, um etwas für die Schule zu schreiben.
Bei den meisten Kindern sind es eher die produktorientierten Hilfsprogramme (Textverarbeitung, »Kreuzworträtsel«), die sie motivieren und die auch zu Fortschritten führen. Video- und Toneffekte oder der Reiz bestimmter Spielformen in Übungsprogrammen nutzen sich rasch ab.

Der Neuheitseffekt und seine Bindung an die »Verpackung« werden besonders deutlich bei Tobias, der das Angebot im»Büffelstübchen« nach der Art eines didaktischen »Büffets« nutzt und nach anfänglicher Faszination durch die Computer zur Freinet-Druckerei, zum Ricto-Set und zu herkömmlichen Spielen wechselt, die er aber mit der gleichen Konsumhaltung wählt und verwirft. Bei seiner Arbeit stand deutlich die Faszination des Materials, nicht die Auseinandersetzung mit dem Lerngegenstand (Lesen) im Vordergrund.

*

Mit den diversen Materialien und Lernspielen zum Schriftspracherwerb, die im »Büffelstübchen« in mehreren Regalen zur Verfügung stehen, ging *Tobias* (8 Jahre) wie folgt um. Er stellte sich vor das entsprechende Regal und sah sich die unterschiedlichen Spiele an. Wenn ihm irgend etwas vom Äußeren her zusagte und interessant erschien, nahm er sich das entsprechende Material und forderte mich auf, ihm zu erklären, wie das Spiel funktioniert, und es mit ihm zu spielen. Wenn ihm das Spiel gefiel, konnte er 10–15 min dabeibleiben, gefiel es ihm nicht, stellte er es schnell wieder weg und ging zum nächsten Regal.
In Mathematik war für Tobias das Spiel mit dem »Rechenzug« der eindeutige Favorit. Zweimal verbrachten wir eine ganze Stunde damit, Spielsteine in die zehn Waggons des Zuges ein- und wieder auszuladen, mit dem Zug hin und her zu fahren und ganz nebenbei sehr viel zu rechnen. Da jeder Waggon genau 10 einzelne Spielsteine faßt, zudem noch Zehnerblöcke als Spielsteine vorhanden sind, ist der Rechenzug ein Material, mit dem im Zahlenraum bis Hundert am konkreten Gegenstand spielend gerechnet und gelernt werden kann.
In der Spielsituation mit Tobias übernahm ich die Rolle eines »Bauherrn«, der beim »Lieferanten« (Tobias) eine bestimmte Anzahl von Steinen bestellt. Dies geschah auf »Bestellscheinen«, um den Bezug zu abstrakten Zahlen herzustellen. Da ich öfters eine »Bestellung« widerrief oder ergänzte, mußte Tobias ständig addieren und subtrahieren, ohne daß ihm dies recht bewußt wurde . . .
Dieses Spiel machte ihm im September so viel Spaß, daß er es sich im Dezember wieder wünschte und mit der gleichen Begeisterung wieder eine ganze Stunde lang spielte. Mit den übrigen Lernmaterialien zum Bereich Rechnen ging er ähnlich um wie mit den Lese- und Schreibmaterialien. Wenige fand er so interessant, daß er mehrmals mit ihnen arbeiten wollte.
Im Frühjahr hatten sich Tobias' Leistungen deutlich verbessert – seine Motivation aber stark abgenommen, zwei Gründe für die Eltern, um die Förderung abzubrechen, da ihm »im Büffelstübchen nichts Neues mehr geboten wird«.

Typisch für Kinder wie Tobias ist, daß sie gerne »Packlett« spielen, ein Programm, das üblichen Videospielen (»Pacman«) nahekommt, das ihnen außerdem keine neuen Lernschritte abverlangt. –

Insgesamt haben wir zwei verschiedene Effekte beobachtet: Neue Medien (auch Druckerei oder elektronische Schreibmaschine) wecken generell die Neugier fast aller Kinder. Anders gestaltete Programme (aber auch computerfreie Spiele, Aufgaben) beleben erlahmendes Interesse neu.

Wir unterscheiden eine »Oberflächen-Motivation« durch die methodische oder mediale Verpackung von der persönlichen Bedeutung des Gegenstandes bzw. der Handlung. Daß Computer(programme) auch diese »Tiefenstruktur« verändern, also eine über das Programm hinausgehende Lese- und Schreiblust wecken können, halten wir nur in Einzelfällen und als Überwindung einer Schwellenangst für möglich (vgl. im Ansatz bei Rasmus). Ob neu erwachendes Interesse und Selbstvertrauen sich stabilisieren kann, hängt vom pädagogischen Umfeld und nicht vom Medium allein ab.

In dieser Perspektive lassen sich manche dem Computer zugewiesene Effekte zurückführen auf die Eigenschaft »anders als Schule (sonst)«. Dies gilt sowohl für den Spielcharakter vieler Übungsprogramme als auch für die Nutzung der Textverarbeitung als »Schreibwerkzeug« *(Kochan 1988).* Wir halten es deshalb für äußerst unwahrscheinlich, daß Lese- und Schreiblust von SchülerInnen allein durch den Einsatz von Computern zunimmt – wenn sich nicht auch der pädagogische Kontext verändert, in dem sie genutzt werden. In diesem Rahmen sind Computer als methodische Anreicherung und Abwechslung oder als Arbeitshilfe für spezifische Aufgaben durchaus sinnvoll; sie werden jedoch insgesamt nur kleine Unterschiede ausmachen (nicht anders als Freinet-Druckerei, Lese-Ecke usw.).

Ein zweiter Befund: Verschiedene Kinder reagieren sehr unterschiedlich auf einzelne Programme. Auch deshalb sehen wir den Computer nur als *zusätzliches* Medium in einer offenen Lernumgebung mit vielfältigen Lernmöglichkeiten. Denn es sind eher positive Erfahrungen mit folgenden spezifischen *Möglichkeiten* als eine generell nachweisbare Überlegenheit des neuen Mediums, die aus unserer Sicht dafür sprechen, Computer auch mit Grundschulkindern für die Förderung des Lesens und Schreibens zu erproben:

- produktorientiertes Arbeiten;
- Lernen ohne direkte Aufsicht durch Erwachsene;
- leichte Korrekturmöglichkeit bei Fehlern;
- Probierenkönnen mit sachbezogener Rückmeldung;
- Verstärkung der Erfolge statt Fehlerrüge;
- immer sauberes Schriftbild;
- gedankliche Einheit Buchstabe = motorische Einheit Tastendruck;
- vorzeigbares, grafisch ausgestaltbares Produkt;
- Einkleidung notwendiger Übung in attraktive Spiel- und Arbeitsformen.

Wir haben positive Effekte unter diesen Aspekten manchmal nur bei einem einzigen Kind festgestellt: Während z. B. für Mark und Rasmus das leichte Korrigieren von Texten am Bildschirm sehr wichtig war (Mark schrieb sonst nur mit dem Bleistift, um gleich das Geschriebene wieder ausradieren zu können), waren Fehler für Verena überhaupt kein Problem. Und während ein Kind die Herausforderung eines Spiels bevorzugt, in dem das Arbeitstempo vorgegeben ist, ist für das andere die Möglichkeit individueller Zeitbestimmung zentral, um die Schwierigkeit der Aufgabe selbst bestimmen zu können. Erleichtert die Tastatur manchen motorisch ungeschickten SchülerInnen das Schreiben, empfinden andere, die mit der Hand schnell und flüssig schreiben, das Suchen nach den Buchstaben als hemmend.

Solche (beispielhaft ausgewählten) Beobachtungen stützen unsere Annahme, daß Computer nur in den Klassenzimmern einen Sinn machen, in denen LehrerInnen sich bemühen, Kindern individuelle Zugänge zum Lernen über verschiedene Medien und Aktivitäten zu eröffnen. »Computerlabors« mit einem Gerät pro Kind (evtl. gar mit identischen Programmen) würden dagegen den gleichschrittigen Unterricht der Vergangenheit verstärken. Soziale Isolierung, Reduktion der Eigentätigkeit und des erfahrungsorientierten Lernens sind Konsequenzen unserer *Pädagogik,* nicht der Medien, mit denen wir sie umsetzen. *The medium is NOT the message.*

Computer(programme) lösen unsere didaktischen und erst recht unsere pädagogischen Probleme nicht. Aber sie fordern uns heraus: negativ, sofern sie Lehrgangstrott bis ins Detail perfektionieren; positiv, wo sie andere Zugänge zum Gegenstand oder neue Arbeitsformen eröffnen. Als »Grenzgegenstand« *(Turkle 1984)* verfremden sie Unterrichtsalltag. Damit machen sie es leichter, über scheinbare Selbstverständlichkeiten neu nachzudenken. Wenn wir Computer(programme) nur als methodisches Vehikel oder als Motivations-Bonbon diskutieren, verschenken wir die Möglichkeit, Lernen aus einer anderen Perspektive zu sehen und zu erproben.

Besonders empfehlenswert für die Arbeit in der Grundschule sind die Programme aus dem COMLES-Paket der Firma RELE (Scheimann & Zinner, Reifenstuelstr. 6, 80469 München 5), vgl. auch die Beiträge von *Brügelmann/ Drecoll* (s. *S. 53ff.)* und von *Bohnenkamp (S. 193ff.)* in diesem Band.

Computer im »Büffelstübchen«

Nachdem ich Nadja und Christa, beide 10 Jahre alt, Erklärungen über die verschiedenen Möglichkeiten im »Büffelstübchen« gegeben hatte und sie einen ersten Blick in alle Räume geworfen hatten, setzten sich beide gleich vor den Textverarbeitungscomputer, der im offenen Raum in der Ecke stand. Auch ihre Äußerungen schon beim ersten Rundgang ließen darauf schließen, daß ich es mit zwei computerbegeisterten Mädchen zu tun hatte.
Kaum waren sie nämlich eingetreten, ertönte schon ein lautes: *»Oh, ihr habt ja hier Computer, das ist ja toll«* (u. ä).

Erstaunlich fand ich die Begeisterung, mit der beide Mädchen mit dem ziemlich »trockenen« Rechtschreibtraining (»Colli« von *Norbert Sommer-Stumpenhorst)* arbeiteten. Eine Aussage Nadjas bei der Arbeit mit diesem Programm, nachdem es eine positive Rückmeldung auf dem Bildschirm ausgegeben hatte, verdeutlicht dies: *»Der Computer ist richtig nett, das macht richtig Spaß hier . . .!«*

In einer anderen Situation, auch bei der Arbeit mit »Colli«, kommt plötzlich von ihr der begeisterte Ausruf: *»Oh, ist das schön hier im Büffelstübchen!«* Auch Christa scheint die Arbeit mit »Colli« sehr spannend und interessant zu finden.

Erst das ständige Üben mit dem gleichen Programm und die Konkurrenz von mehr produktorientierten Programmen wie »Kreuzworträtsel« u. ä. läßt im Februar, also nach einem halben Jahr, das Interesse an den Trainingsprogrammen ein wenig erlahmen.

Beim Einsatz des Klett-Programms »Rechtschreiben mit Köpfchen« war Verena (7 Jahre) von den bunten Bildern und den beweglichen Objekten sehr fasziniert. Die Einsetzübungen <p/b> usw. erledigte sie fast mechanisch, aber als das Schiff über das Meer fuhr, jubelte sie: *»Kommt nachher wieder ein Schiff?«* Sie verfolgte das Schiff mit dem Finger auf dem Bildschirm, und als nach der nächsten Übung ein Hai vorbeischwamm, wuchs die Spannung weiter: »Was kommt denn noch?« Schließlich schaute sie versonnen auf den Bildschirm und sagte: »Das ist ja eigentlich wie Fernsehen, nur daß man hier noch was machen kann.«

Das Klett-Programm verlangen die Kinder ab und zu von sich aus. Die Animation durch die bewegten Belohnungsbilder scheint groß zu sein. Wenn sie das Programm anfordern, heißt es immer *»das mit dem Hai«* oder *»das mit dem Männchen in der Wüste«* und nicht *»das mit p und b«*.

Empfehlenswerte Lernprogramme
Kommentare und Bezugsadressen

Neben den mehrfach erwähnten vielfältigen Programmen der COMLES-Familie aus dem RELE-Verlag (Reifenstuelstr. 6, 80469 München 5), die auf spielerische Art gezielt verschiedene Aspekte des Schriftspracherwerbs unterstützen, haben wir auch noch einige andere Programme eingesetzt und erprobt, von denen vor allem zwei Erwähnung verdienen:

• »Story Corner« (Comet-Verlag, Postfach 100249, Pappenstr. 34, 47057 Duisburg) ist ein kleines Textverarbeitungsprogramm, welches aufgrund seiner unkomplizierten Bedienung für Laien und Kinder besonders geeignet erscheint. Der Clou an diesem Programm: In den erstellten Texten, die bis zu einer Bildschirmseite lang sein dürfen, können Wörter ausgewählt werden, die dann in einem separaten Übungsteil als Lücken erscheinen. Die Aufgaben für die Übenden besteht in der Rekonstruktion der Lücken. Dies erfordert die Nutzung des Textkontexts bzw. – je nach Wahl der Lücke – die Anwendung ortografischer, syntaktischer und inhaltlicher Konzepte.

• »Lesezeile« (Prof. Dr. Jürgen Walter, Institut für Heilpädagogik, PH Kiel, Olshausenstr. 75, 24118 Kiel 1) ist ein Programm für grundlegende Leseförderung. Es besteht im Prinzip aus der Kombination von visueller und akustischer Darbietung von Wörtern bzw. Wortbestandteilen, wobei die Wörter in ansprechend großer Schrift über den Bildschirm »gleiten« oder auch nur kurz angezeigt werden.
Durch die zusätzliche akustische Rückmeldung können die Leseanfänger ständig ihre (Lese-) Hypothesen überprüfen. Die Darbietung der Wörter in voneinander abgesetzten und einzeln erscheinenden Wortbausteinen (wie Silben o. ä.) fördert zudem die Ausbildung sinnvoller Segmentierungsstrategien. In einem zusätzlichen Programmteil wird die Leseaufgabe noch um das Nachschreiben der gelesenen Wörter ergänzt.
Albrecht Bohnenkamp

Hans Brügelmann

Lehrling oder SchülerIn ?

*Lernwerkstätten als Orte und alternative Formen pädagogischer Erfahrung für Kinder und Erwachsene**

Kinder lernen wie Erwachsene. Oder lernen Erwachsene eher wie Kinder?[1] Diese beiden Thesen widersprechen sich nur scheinbar, wie ich im folgenden zeigen will. Es geht mir darum, einige pädagogischen Prinzipien genauer herauszuarbeiten, die sich aus meiner Sicht hinter der Idee von *Lernwerkstätten* verbergen – bezogen auf die Arbeit mit Kindern und mit Erwachsenen (in Aus- bzw. Fortbildung).

Lernwerkstätten sprießen seit einigen Jahren in der Schullandschaft wie Pilze im Wald nach einem warmen Sommerregen. Viele Jahre blühten die Lernwerkstatt an der TU Berlin und die Grundschulwerkstatt an der GHS Kassel als exotische Blumen, inspiriert von *Lillian Webers* »Workshop Center for Open Education« am *City College (New York),* umsichtig auf- und ausgebaut von *Karin Ernst, Ariane Garlichs, Herbert Hagstedt* und ihren MitstreiterInnen. Doch seit Ende der 80er Jahre vermehren sie sich so rasch und unübersichtlich wie vor 20 Jahren ihre Vorläufer in den angelsächsischen und skandinavischen Ländern, vor allem die englischen *Teachers' Centres* in den späten 60ern. [2.]

Diese waren eine der Inspirationen für die drei Alternativen zur »Regionalisierung« von Lehrerfortbildung, die wir von 1971 bis 1974 beim Deutschen Bildungsrat entwickelt haben.[3] Damals waren es vor allem drei Argumente, die für eine schulnahe Anregung und Unterstützung der Schulreform ins Feld geführt wurden: *Demokratisierung* durch eine direkte Beteiligung der SchülerInnen, Eltern und LehrerInnen an Entscheidungen über Schule und Unterricht; *Motivation* durch Verantwortung, da sich pädagogische Veränderungen, die unter die Oberfläche gehen sollen, nicht von oben verordnen lassen; *Effektivität* durch eine bessere Passung der Lehrplanung

---

* Vorabdruck in: *Bolland, A. (Hrsg.) (1993):* Lernwerkstätten als Orte der Reform von Lehren und Lernen. Dokumentation der 5. bundesweiten Fachtagung der Lernwerkstätten. Pädagogik-Kooperative: Bremen (Goebenstr. 7).

1 *Ernst, K. (1990):* Das Einfache, das schwer zu machen ist . . . Erwachsene lernen »wie Kinder«. In: GRUNDSCHULZEITSCHRIFT, 4. Jg., H. 35, 29–32.

2 Vgl. meine Berichte: *Die englischen Teachers' Centres – Dezentralisierung der Curriculum-Entwicklung auf lokaler Ebene.* In: *Die Deutsche Schule, 64. Jg., Nr. 9, 534–546; Lokale Zentren leben von der Initiative der Lehrer.* In: *betrifft:erziehung, 5. Jg., Nr. 9, 19–22.*

3 Gemeinsam mit *Heinrich Bauersfeld* (Vorsitzender), *Gerold Becker, Jens Hoffmann, Ludwig Huber, Jürgen Raschert* und *Horst Rumpf.* Vgl. *Deutscher Bildungsrat (1974)* und den ergänzenden Gutachtenband *Deutscher Bildungsrat (Hrsg.) (1976).*

auf die besonderen Bedingungen der einzelnen Schule und der unterschiedlichen Lerngruppen. Parallel zur Entwicklung des Bildungsratskonzepts wurde in Hessen die Regionalisierung der Lehrerfortbildung praktisch erprobt,[4] daran anschließend kam es nur zu zwei befristeten Modellversuchen: in Bad Kreuznach und in Aurich.

Im Konzept »offener« Curricula klang damals aber schon ein weiterer Gedanke an: Auch das *Lernen* erfordert, die Schüler- und Lehrerrolle im Unterricht umzudenken. Unter dem Stichwort »Öffnung des Unterrichts« ist dies in den letzten Jahren in vielfältiger Weise geschehen. Inzwischen ist das Spektrum der Konzepte so breit, daß es schwerfällt, die definierenden Gemeinsamkeiten herauszuarbeiten.

Diese Vielfalt ist gut, weil eine Kanonisierung den Reichtum der Ideen und Praktiken stark einschränken würde. Ein Streit um die »wahre Lehre« ist in der Pädagogik noch nie fruchtbar geworden. Auf der anderen Seite erschwert die Diffusität der Vorstellungen, Erfahrungen kritisch auszuwerten und die Konzepte gezielt weiterzuentwickeln.

Kürzlich habe ich in einer Schule zwei Klassen besucht, die sich beide an dem Konzept »Werkstattunterricht« von *Jürgen Reichen*[5] orientieren. Der eine Raum war sparsam, ja karg eingerichtet, die Atmosphäre war geschäftsmäßig-sachlich. Wie bei *Maria Montessori* stand die Beziehung zwischen Kind und Sache, die »Aufgabe« im Vordergrund. Hier gingen die Kinder ihrer Arbeit nach, und auch der Lehrer arbeitete an seinem Schreibtisch – teils mit ihnen, teils neben ihnen.

Das andere Klassenzimmer glich eher einer »Wohnstube«, wie sie schon *Pestalozzi* als Modell für die Schule gepriesen hat: gemütlich eingerichtet, bewußt ästhetisch gestaltet, ein Ort, an dem Lehrerin und Kinder fast familiär miteinander umgingen.

In beiden Klassen schienen sich die Kinder wohl zu fühlen, es herrschte eine freundliche Atmosphäre, trotzdem gab es auch Streit und andere Schwierigkeiten, kurz: die sozialen Beziehungen waren für den Tagesbesucher nicht erkennbar besser oder schlechter. Und doch verkörperten die beiden Klassenzimmer zwei Bilder von Schule, die sich in unterschiedlicher Weise der Umwelt gegenüber öffneten: das eine hin zur Arbeitswelt, das andere zum Familienleben.

Diese unterschiedlichen Interpretationen desselben Unterrichtskonzepts waren sicher auch durch den persönlichen Stil der beiden Lehrpersonen bedingt. Doch unabhängig davon verweisen sie auf grundsätzlichere Fragen nach unserem Bild von Lernen. Viele beschäftigt heute vor allem die Frage: Was unterscheidet das Lernen in einer Lernwerkstatt vom Lernen in der Schule? Und: Entspringt diese Idee lediglich pädagogischen Wunschträumen oder läßt sie sich auch lernpsychologisch begründen?

---

4 Vgl. *Haller, I./Wolf, H. (1973).*

5 Vgl. die Einführungen in: *Reichen, J. (1982); Reichen, J. (1991).*

Bei meinem Versuch, Antworten auf diese Fragen zu finden, haben mir Konzeptionen geholfen, die in den letzten Jahren in den USA unter dem Stichwort *cognitive apprenticeship (»kognitive Lehre«)* entwickelt worden sind.[6]

Manche Lernwerkstätten profilieren sich mit Schwerpunkten im musisch-ästhetischen, im handwerklich-praktischen oder sozial-emotionalen Lernen als ausdrücklichem Gegenstück zur »Kopf- und Buchschule«. Dieser Kontrapunkt der »Erfahrung mit allen Sinnen« ist wichtig, um Lernen in seiner ganzen Breite zu fördern. Aber auch im traditionell schulischen Aufgabenbereich des fachlich-kognitiven Lernens können Lernwerkstätten eine Alternative bieten.

Konkret entfalten *Collins, Brown* und *Newman* ihre Idee einer »Denkentwicklung als Lehrling« in ihrem Vorschlag für eine Alternative zum herkömmlichen Lese- und Schreibunterricht. Sie beziehen sich dabei ausdrücklich auf die Traditionen der »manuellen Lehre«.

In einer produktiven Lehre *». . . beobachtet der Lehrling der Meister wiederholt dabei, wie dieser die zu lernende Tätigkeit ausführt (bzw. vormacht); diese schließt in der Regel verschiedene, aber aufeinander bezogene Teilleistungen ein. Der Lehrling versucht dann, diese Tätigkeit unter Anleitung und mit Hilfe des Meisters* (›coaching‹) *selbst durchzuführen. Wesentliches Merkmal eines solchen ›Coaching‹ ist das Angebot eines Gerüsts, d. h. der Unterstützung in Form von Hinweisen und Hilfe, die der Lehrling braucht, um das Gesamt der Teilleistungen näherungsweise praktizieren zu können. Sobald der Lerner eine ungefähre Vorstellung von dieser Leistung hat, verringert der Meister seine Mitwirkung und gibt nur noch begrenzte Hinweise, Ergänzungen und Rückmeldungen, so daß der Lerner die Gesamttätigkeit übt, indem er ihrer flüssigen Ausführung Stück für Stück näherkommt.«* (456)

In der Reflexion dieser theoretischen Ansätze auf unsere Erfahrungen aus der Lernwerkstatt »Büffelstübchen« in Stuhr bei Bremen sind die folgenden Prinzipien für die Arbeit in Lernwerkstätten entstanden. Sie stellen meine persönliche Sicht der Aktivitäten, genauer: der Möglichkeiten dar, die sich in den letzten fünf Jahren im »Büffelstübchen« entwickelt haben. Insofern beschreiben meine Überlegungen nicht die aktuelle Arbeit (die sich zudem ständig verändert), sondern ein Konzept, an dem sich einige MitarbeiterInnen enger, andere weniger stark orientieren.

Im Frühjahr 1987 haben wir einen gemeinnützigen Verein »Lernwerkstatt e.V.« gegründet, zunächst als Selbsthilfe arbeitsloser LehrerInnen, denen wir ein Arbeitsfeld für sinnvolle pädagogische Tätigkeiten verschaffen wollten. Inzwischen ist es eine Einrichtung, die weitgehend von engagierten

---

6 z. B. von: *Collins, A./Brown, J.S. (1988); Collins, A., et al. (1989); Anderson, R. C./Armbruster, B. B. (1990)*

StudentInnen als Ort ihrer eigenen praxisnahen Ausbildung genutzt wird. Die Idee der Lernwerkstatt, wie wir sie praktizieren, hat zwei Wurzeln:

- Als Ort schulnaher Fortbildung, Beratung und Unterstützung von LehrerInnen, z. B. durch Materialien für eine Öffnung des Unterrichts, orientiert sie sich an den Vorstellungen, die der Deutsche Bildungsrat von 1971 bis 1974 entwickelt hat, zum Teil mit ausdrücklichem Bezug auf die englischen *Teachers' Centres* (s. oben).
- Als Raum außerschulischer Lernförderung und thematischer »Freizeit«-Projekte für Kinder entwickelt und erprobt die Lernwerkstatt Möglichkeiten einer Öffnung von Unterricht in doppelter Hinsicht: Öffnung der Schulpädagogik nach außen gegenüber der Lebenswelt der Kinder und ihren Alltagserfahrungen; zum zweiten Öffnung gegenüber den Unterschieden zwischen den Kindern, ihren unterschiedlichen Fähigkeiten, Interessen und Bedürfnissen.

Im Leitungsteam arbeiten häufig ein, zwei erfahrene MitarbeiterInnen mit ein bis zwei fortgeschrittenen StudentInnen und zwei AnfängerInnen zusammen.[7] Wir haben also die klassische Werkstattsituation von *MeisterIn, GesellIn und Lehrling*. Diese Gliederung ist nicht im Sinne einer formellen Rollentrennung zu verstehen. Oft bestimmen Vorstellungen der jüngeren MitarbeiterInnen einzelne Aktivitäten, und meist verändert sich sogar das Konzept eines Teams mit dem Wechsel derjenigen, die in ihm arbeiten. Diese Offenheit der Zusammenarbeit unterscheidet unsere Lernwerkstatt deutlich von Lehrwerkstätten oder der Ausbildung im Betrieb. Insofern spiegelt die Unterscheidung von MeisterIn, GesellIn und Lehrling nicht eine Entscheidungshierarchie, sondern sie spielt auf Unterschiede in der Erfahrung und in den Kompetenzen bzw. auf die Art des Lernens voneinander an, das sich deutlich vom üblichen »Unterricht« in Schule und Hochschule unterscheidet.

Eine Meisterlehre hat ihre eigenen Probleme, die in der Diskussion um die Organisation beruflicher Ausbildung detailliert diskutiert worden sind. Produktiv ist aber die Grundfigur einer Zusammenarbeit von NovizInnen und ExpertInnen unterschiedlicher Erfahrung *(Pallasch/Reimers 1990)*.

Analog versuchen wir, diese Konstellation auf der Ebene der Kinder zu realisieren, indem wir auch in der Förderung kleine Projekte mit ihnen durchführen, in denen sie gemeinsam Produkte herstellen (vgl. *S. 232ff.)*. Lesen und Schreiben beispielsweise verbinden sich in »Leseversammlungen« oder »AutorInnenkonferenzen«,[8] in denen Kinder selbstgeschriebene

---

7 Vgl. zur Gestaltung der Fördergruppen den Bericht von *Cornelia Wichmann (1993)*, in dem auch die praktischen Erfahrungen mit einem Tutorium »LRS-Förderung in der Lernwerkstatt« für StudentInnen der Primarstufe beschrieben werden. Dieser Versuch eines veränderten Praktikums wurde von der Universität Bremen mit einem Tutorium aus Mitteln der Zentralen Kommission für Lehre, Studium und Prüfung gefördert.

8 Vgl. *Graves, D. H. (1986); Bambach, H. (1987; 1989a); Spitta, G. (1989; 1992a).*

Texte vorstellen und kritisch würdigen. So lernen sie voneinander, gestützt und modelliert durch Beispielaktivitäten der Erwachsenen und anderer Kinder. Das aus der Altersmischung resultierende »fruchtbare Bildungsgefälle« hat bereits 1927 *Peter Petersen (1974, 38)* mit der Figur von Meister, Geselle und Lehrling gefaßt, um die Zusammenfassung von drei Jahrgängen in einer Stammgruppe zu begründen.
Wenn ich einleitend schrieb: *Kinder lernen wie Erwachsene* und *Erwachsene lernen wie Kinder,* dann will ich auf zwei Probleme hinaus.

- In der Schule als einem pädagogischen Schonraum neigen wir dazu, Kinder intellektuell zu unterfordern, indem wir die Welt inhaltlich simplifizieren; andererseits überfordern wir sie durch die Formalität der Arbeitsformen, über die wir diese Weltsicht vermitteln.
- In der Ausbildung von StudentInnen dagegen tun wir genau das Gegenteil: Wir präsentieren inhaltlich komplexe Sachverhalte und Theorien, andererseits unterfordern wir sie mit der zu leistenden Bearbeitung, die sie in glatter Form auf dem Papier vollziehen dürfen, statt sich dieser Komplexität real stellen zu müssen.

Dabei stehen wir in der Grundschule wie in der Hochschule vor sehr ähnlichen Problemen: Wie verbinden wir persönliche Erfahrung als Ausgangspunkt und als Ziel jeden Lernens mit dem Wissen, den Traditionen, die in unserer Kultur oder in einzelnen ihrer Disziplinen gewonnen wurden?

Etwas vereinfacht gibt es zwei Grundformen des Lernens:

- das »Reden über« mit dem Ziel, explizites Wissen zu vermitteln;
- das »learning by doing«, um »Können« zu erwerben.

Mein Eindruck: In Schule wie Hochschule überwiegt die erste Form zu Lasten der zweiten.
In bezug auf die zeitliche Beziehung von »Lernen« und »Gebrauch« folgen daraus zwei verschiedene didaktische Perspektiven:

- Lernen *auf Vorrat,* in einer Art Schonraum anhand didaktisch präparierter Aufgaben und Materialien; und
- Lernen *im Vollzug* (durch Gebrauch), indem genau die Kompetenz gefordert und zugetraut wird, die doch erst erworben werden soll, mit Verantwortung für Handlungen und Produkte, an denen gelernt wird.

Auch in dieser Hinsicht neigen Schule und Hochschule zum ersten Pol. Lernwerkstätten als Orte und Formen alternativen Lernens können die Balance jeweils zugunsten des zweiten Pols stärken.

Meine These: Dieser Gegenpol ist wichtig für Kinder wie Erwachsene. Denn beide können wichtige Erfahrungen nicht nur explizit, verbal und sozusagen auf Vorrat erwerben. Damit solches Wissen lebendig wird, damit es Können in komplexen Alltagssituationen stützt, also eingeht in ein persönlich verfügbares und flexibles Repertoire, müssen wir das klassische Bild vom Unterricht als einer Beziehung zwischen LehrerInnen und Schü-

lerInnen, zwischen DozentInnen und StudentInnen ergänzen durch eine zweite Lernform: die Meister-Lehrling-Beziehung.
Was aber ist das Besondere an dieser alternativen Sicht des Lernens? Und wie kann verhindert werden, daß die Balance nun wieder zur anderen Seite kippt, daß zufällig, ohne Ziel und mit frustrierenden Umwegen gelernt werden muß?
Ich sehe vier Prinzipien der Lernorganisation für Erwachsene wie Kinder als gleichermaßen wichtig an:

1. Modellieren statt Dozieren
Die übliche Universitätsausbildung leidet an einer Überlast von Kopfwissen und einem Defizit an Handlungswissen, anders gesagt: an »Können«. Praktika dagegen führen oft zu bloßer Nachahmung ohne Reflexion.
Die Arbeit im Team ermöglicht gemeinsame Planung, die Beobachtung unterschiedlicher Stile, ihre Kommentierung durch die Handelnden, d. h. eine Verbindung von Vormachen und Erklären, die den StudentInnen hilft, ein konzeptuelles Modell der Rolle als LehrerIn zu gewinnen. »Lautes Denken« der Fortgeschrittenen hilft den AnfängerInnen zu verstehen, welche Gründe zu beobachtetem Verhalten führen.
Übertragen auf die Ebene des kindlichen Schriftspracherwerbs bedeutet das: Wir Erwachsenen müßten viel häufiger modellieren, wie wir Texte verfassen bzw. lesen und auf welche Strategien wir zurückgreifen, um Schwierigkeiten zu überwinden.
»Leseversammlungen«, wie *Heide Bambach* sie beschreibt, oder »AutorInnenkonferenzen«, wie sie von *Graves* und *Spitta* erprobt worden sind, bieten einen didaktischen und organisatorischen Rahmen für solche Aktivitäten. Wo sonst erleben Kinder, daß auch Erwachsene erst Entwürfe schreiben und diese mehrfach redigieren, ehe eine Reinschrift entsteht? Nur durch das laute Kommentieren der eigenen Gedanken beim Schreiben können Erwachsene den Kindern den *Prozeß* des Schreibens durchsichtig machen.
Konkret geht es um folgende Teilprinzipien:
1.1 Kommentieren des Vollzugs statt abstrakten Erklärens einerseits oder nur stummen Vormachens: Handlungswissen ist mehr als reflexives Wissen. Darum ist es wichtig, daß die NovizInnen die zu erlernenden Tätigkeiten im Vollzug beobachten können. Anschauung allein reicht aber auch nicht aus, um ein konzeptuelles Modell zu gewinnen. Ziel muß nämlich sein, nicht nur einzelne Tätigkeiten zu üben, sondern einen Rahmen zu gewinnen, in dem Teilleistungen Sinn machen. Beobachtung und Erklärung gehen Hand in Hand. Kinder z. B. erleben *Lesen* fast nur als Vorlesen, ihnen bleibt verborgen, was sich im Kopf tut, wenn jemand einen Text und damit seine *Bedeutung* rekonstruiert.
1.2 Lautes Problemlösen statt fertiger Merksätze: Theorien vereinfachen die Komplexität der Praxis und glätten ihre Wahrnehmung. Über lautes Denken können die MeisterInnen ihre Schwierigkeiten mit neuen Aufgaben

und ihre Art, diese Probleme zu bewältigen, durchsichtig machen. Schulanfänger erleben z. B. fast nie, wie Erwachsene unbekannte Wörter lautierend erlesen – und den »Sprung zur Bedeutung« aus der eigenen Sinnerwartung und Spracherfahrung probieren. So zweifeln manche an der Richtigkeit ihrer Lautierungsversuche und flüchten ins Raten.
1.3 Varianten erproben statt Lösungen vermitteln: Anwendungssituationen sind unterschiedlich. Jede Regel – ob ein methodisches Muster für den Unterricht oder ein Aufsatzformat für Kinder – ist zu grob, um allgemeine Geltung zu beanspruchen. Sie sind nur Ausgangspunkte oder Hypothesen, deren Passung von Fall zu Fall zu überprüfen und oft erst herzustellen ist. Diese Interpretations- und Ausgestaltungsleistung muß gelernt werden.
1.4 Alternative Positionen statt scheinbare Allwissenheit kennenlernen: In der Zusammenarbeit mit erfahreneren Personen können (und sollten) unterschiedliche Sichtweisen, Stile erlebt werden. Die pädagogische Ausbildung zielt eher auf richtige, denn auf mögliche Lösungen. Abgrenzung von Positionen (statt ihrer Relativierung nach spezifischen Stärken und Schwächen) verlangt Auswahl, wo Anreicherung des eigenen Repertoires wichtig wäre. Die Begegnung mit MeisterInnen und GesellInnen, die unterschiedliche Konzepte praktizieren, kann solche Differenzierung fördern.
In allen vier Perspektiven ergänzt das Modellieren im Vollzug das dozierende Vermitteln von Lösungen in wichtiger Hinsicht.

2. Ernst- statt Laborsituation

Lernen an präparierten Aufgaben in Schule und Hochschule leidet darunter,
- daß meist für die Ablage gearbeitet wird und nicht, weil die Tätigkeit bzw. ihr Ergebnis einen Eigenwert hat;
- daß die erworbenen Kompetenzen zu simpel bzw. zu stereotyp sind, um der Vielfalt wechselnder Anforderungen im Alltag gerecht zu werden.

Eine Folge sind die bekannten Transferprobleme. Die Alternative ist, schon die Lernenden mit der Komplexität der Ernstsituation zu konfrontieren. Statt die Aufgabe künstlich zu präparieren, helfen die Lehrenden bei ihrer Bewältigung.
In der Lernwerkstatt übernehmen die StudentInnen Verantwortung für Kinder, die Kinder übernehmen Verantwortung z. B. in kleinen Projekten, die in ein Buch, eine Ausstellung o. ä. Produkte münden. Beide werden mit der Komplexität der Aufgabe (des Lehrens bzw. des Lesens/Schreibens) konfrontiert, die *sie selbst* – und nicht wir für sie – vereinfachen, indem sie sie auf ihrem jeweiligen Könnensstand bearbeiten.
Das mit den StudentInnen praktizierte TutorInnen-Modell läßt sich auch auf die Grundschule übertragen: Ältere Kinder mit Lernschwierigkeiten helfen jüngeren Kindern, z. B. durch Vorlesen, als »SekretärIn« oder als ÜbungspartnerIn. Daß es oft gerade die Älteren sind, die in dieser Konstellation Fortschritte machen *(Krüger 1975)*, bestätigt unseren Ansatz: Kompetenz läßt sich erwerben, wenn sie zugemutet und zugetraut wird.

Folgende Teilprinzipien konkretisieren diese zweite Leitidee:
2.1 Ernst- statt Spielcharakter: Die Tätigkeit ist nicht herausgelöst aus den Alltagsbezügen. Sie wird funktional für persönliche Ziele. Handlungsanforderungen im Alltag fördern Verantwortung, auch für das eigene Lernen. Sie können damit eine starke Motivation erzeugen (aber auch Angst auslösen; s. unten).
2.2 Die Ähnlichkeit von Lern- und Anwendungssituation verringert die Übertragungsprobleme. Im Handeln werden Hypothesen ausgetestet und verfeinert. Allmählich kristallisieren sich wesentliche und unwesentliche Merkmale von Situationen heraus.
2.3 Der Wechsel der Anforderungen bzw. Handlungsbedingungen fördert die Entwicklung eines flexiblen Repertoires. Statt starre Stereotype einzuschleifen, werden Grundmuster aus den Invarianten der eigenen Erfahrungen konstruiert.
2.4 Beurteilung wird nicht zum Selbstzweck (»Noten«), sondern stützt das eigene Ziel, erfolgreicher zu handeln.
Zwei Risiken sind allerdings zu beachten: Die Vielfalt der Eindrücke in Realsituationen kann kognitiv überfordern; insofern laufen Lernprozesse oft verzögert an. Zum zweiten kann die Zumutung von Verantwortung auch Angst auslösen und emotional überfordern, da die geforderte Kompetenz ja noch nicht verfügbar ist.
Aus beiden Gründen ist das dritte Prinzip von besonderer Bedeutung:

3. Hilfe statt Vereinfachung
Lehrlinge führen ihre Tätigkeiten im Team durch, sie bekommen damit Rat und Unterstützung, aber auch kritische Rückmeldung. Hilfe gibt es in verschiedener Form: durch Übernahme nur von Teilaufgaben, durch Unterstützung in der Durchführung selbst (statt Überlast vorweg bei der Planung), durch sofortige Hinweise auf Fehler und Verbesserung im Vollzug. Konkret bedeutet das für die StudentInnen, zunächst die Verantwortung nur für eine Phase am Nachmittag zu übernehmen oder sich für einige Zeit auf ein einzelnes Kind zu konzentrieren.
Für die Arbeit mit Kindern heißt »Hilfe statt Vereinfachung«: Nicht Fehler zu vermeiden, z. B. durch Beschränkung auf einen kontrollierten Fibelwortschatz, ist das Prinzip unserer Arbeit, sondern Zulassen von Fehlern als Vereinfachung der Leistung durch das Kind – wie beim Lautspracherwerb nur wenige Jahre vorher. Kritik und Korrektur sind dabei nötig, aber nicht als Bewertung der Person, sondern bezogen auf eine Verbesserung der Handlung, des Produkts, z. B. in Form der bereits erwähnten »AutorInnenkonferenz«.
Wichtig für die Umsetzung des Prinzips »Hilfe statt Vereinfachung« sind folgende Teilprinzipien:
3.1 Sorgfältige Vor- und Nachbesprechung *bezogen auf die aktuell anstehenden Aufgaben,* aber frei vom unmittelbaren Handlungsdruck. Gemein-

same Planung und kritisches Nach-Denken sind vor allem wichtig, um Einzelerfahrungen zu systematisieren.
3.2 Gewährung von persönlicher *Unterstützung im Vollzug* und behutsame Zurücknahme der Hilfe erst mit wachsendem Selbstvertrauen der Lehrlinge. Die Hilfe bezieht sich sowohl auf inhaltlich-methodische Ratschläge als auch auf die emotionale Absicherung.
3.3 Regelmäßiger *Rollenwechsel von Handlung und Beobachtung,* um die Fähigkeit zur Selbstkontrolle über den Vergleich von Fremd- und Selbstbeobachtung zu entwickeln, sind wichtig, um die Fähigkeit zur Organisation des eigenen Lernens zu stärken. Kinder erleben das in der Schreibkonferenz, wenn sie die Texte anderer würdigen und kritisieren (und die Kommentare Dritter hören); andererseits müssen sie sich damit auseinandersetzen, wie ihre eigenen Versuche, diesen Ansprüchen gerecht zu werden, von der Gruppe aufgenommen werden.
3.4 *Annäherungen* statt Musterlösungen: Viele LernerInnen kennen nur zwei Zustände – ihr eigenes Unvermögen und die Musterlösung des Lehrbuchs. Im gemischten Team erleben sie verschiedene Modelle und verschiedene Zustände »auf dem Weg«, d. h. Zwischenstufen, die die nächsten Lernschritte besser orientieren können. In der Schule können altersgemischte Gruppen die Produktivität dieser Konstellation zusätzlich stärken.
Die Möglichkeit, allmählich vom Lehrling über eine GesellInnen-Rolle in die MeisterInnen-Verantwortung hineinzuwachsen, bedeutet auch langfristig eine schrittweise Erweiterung der Anforderungen. Diese Zusammenarbeit in einer Gruppe mit unterschiedlichen Kompetenzen ist von besonderer Bedeutung. Wir haben ihr das vierte Prinzip gewidmet:

4. Mit- und voneinander lernen, statt belehrt zu werden
Zu erleben, daß auch andere Schwierigkeiten haben, kann emotional entlasten. Zu beobachten, wie andere diese Schwierigkeiten überwinden, hilft kognitiv bei der Entwicklung des eigenen Repertoires.
Wir haben die Förderarbeit in der Lernwerkstatt im Stil klassischer Nachhilfe begonnen: eine Erwachsene betreut ein Kind. Die jetzige Arbeit in Gruppen hat demgegenüber viele Vorteile: Miteinander zu arbeiten macht mehr Spaß, Arbeitsteilung entlastet. Sie zwingt aber auch, implizite Lösungen explizit, d. h. bewußt und dem Nachdenken, der Begründung im Austausch zugänglich zu machen.
Zudem können sich AnfängerInnen oft besser helfen als Fortgeschrittene, die inzwischen ganz anders handeln, die vieles automatisiert haben, die sich nicht mehr in die Situation von AnfängerInnen versetzen können – oder die die Anforderungen für den nächsten Schritt zu hoch ansetzen *(Scholz 1990).*
Für die Arbeit mit Kindern bedeutet das konkret: ihre Lesarten eines Textes, ihre Vorschläge für »bessere Ausdrücke« in einem Aufsatz sind oft näher dran am Entwicklungsstand eines Kindes als unsere literarischen Normen. Die »kognitive Passung« von Problemsicht und Erklärungsversuch ist ein

Schlüssel für erfolgreiches Lernen. Erwachsene wollen oft zu viel auf einmal »verbessern«.

Konkret bedeutet das vierte Prinzip:

4.1 *Lehrlinge können sich untereinander helfen* und entlasten damit die (wenigen) Lehrpersonen. In der Zusammenarbeit können verschiedene Fähigkeiten gepoolt werden, aber auch die AnfängerInnen von den Fortgeschritteneren lernen. Für Kinder ist diese Möglichkeit auch als Anforderung zu formulieren: erst selbst Hilfsmittel suchen; dann den Nachbarn fragen; dann die Tischgruppe; dann einen Experten – und erst zuletzt die Lehrerin.

4.2 AnfängerInnen können zudem oft besser erklären als Fortgeschrittene. Wer selbst noch Schwierigkeiten hat, findet oft leichter die Passung auf den Entwicklungsstand des Anfängers als derjenige, der eine Leistung schon automatisiert hat und nicht mehr »weiß, wie man's macht«.

4.3 *Beratung (ad hoc) ist wirksamer* als Belehrung (vorweg): Die Verantwortung der Gruppe ermöglicht es der Meisterin, sich zurückzunehmen. Andererseits macht der Austausch von Ideen, Erfahrungen, Schwierigkeiten zwischen den Lehrlingen es ihr leichter, gezielt zu helfen.

4.4 Kooperation *in Gruppen* schützt gegen Konkurrenz zwischen *einzelnen,* kann diese zumindest ein Stück weit ausbalancieren.

Nicht zuletzt ist für die Lehrlinge die Erfahrung wichtig, daß auch GesellInnen und MeisterInnen Schwierigkeiten haben, daß sie mit all ihrer Erfahrung scheitern, wo eine Novizin vielleicht Erfolg hat. Damit wird das »Lernen mit- und voneinander« noch weiter verstanden: nicht nur als Vermittlung von »Traditionen« an Jüngere, sondern auch als Austausch von Wissen und Können zwischen Menschen mit unterschiedlichen Fähigkeiten und Erfahrungen.

Diese Skizze des Konzepts »Lehrling statt SchülerIn« zeigt also, daß es mir bei der Idee der »Lernwerkstatt« um ein grundsätzlich anderes Verständnis von Lernen geht. Wir können dieses Verständnis erfahrungs- und handlungsorientierten Lernens in der Grundschule aber nicht realisieren, wenn wir nicht schon in der Lehreraus- und Lehrerfortbildung entsprechende Lernformen praktizieren.

Es gibt allerdings auch Probleme, die nicht übersehen werden sollten. Die Überforderung durch den »Wurf ins kalte Wasser« wurde bereits erwähnt. Hinzu kommen mindestens drei offene Fragen:

1. Bis zu welchem Grade ist eine ausdrückliche »Artikulation« der Prinzipien einer Tätigkeit und der Gründe für bestimmte Handlungsformen nötig und überhaupt möglich, ab wann wird sie sogar hinderlich?

2. In welcher Beziehung steht das hier propagierte »tacit knowledge« (»persönliches Wissen«) zu explizitem Wissen, und wo hat es jeweils Vorrang vor der anderen Form der Erfahrung? Wie also ist die Verhältnis zwischen Unterricht und Werkstatt zu bestimmen, wie läßt es sich produktiv ausgestalten?

3. Welche Gefahr liegt in der Überzeugungskraft zufällig gewählter MeisterInnen? Ist es nicht besser, den Lehrlingen alternative, ausdrücklich formulierte Hypothesen anzubieten, statt sie der Suggestion einzelner Persönlichkeiten auszuliefern? Wie also können wir erreichen, daß Lernen nicht zur Suche nach *der* Lösung, *dem einfachen Rezept* wird, sondern zum Bemühen, das eigene Repertoire Stück für Stück zu *erweitern?*

Es spricht einiges dafür, die Idee der Lernwerkstatt nicht als Alternative, sondern als Komplement zum schulischen Unterricht zu sehen. Systematisiertes Wissen ist wichtig, und eine strukturierte Vermittlung kann Zeit und Sackgassen beim Lernen ersparen. Aber dieser Lernweg wird von Grund- und Hochschule immer noch einseitig bevorzugt. Darum sind Lernwerkstätten als ergänzende Formen des Lernens unverzichtbar.

Der Durchsetzung »am Markt« bestätigt die Chancen dieses Konzepts. MitarbeiterInnen und sogar StudentInnen aus der Lernwerkstatt werden als ReferentInnen in die Lehrerfortbildung weit über die Region Bremen/ Diepholz hinaus eingeladen. Der Bedarf wächst, und viele Schulen versuchen inzwischen, allein oder gemeinsam mit anderen Kollegien ähnliche Wege zu gehen. Dieses Wachstum »von unten« entspricht auch am ehesten der Idee eines selbstorganisierten Lernens. Um zu voller Wirksamkeit zu kommen, ist es aber auf Unterstützung angewiesen. Gezielte Förderung von Initiativen durch die Bundesländer statt flächendeckender Einrichtung »von oben« ist das Gebot der Stunde. Auch die verschiedenen Lernwerkstätten lernen am besten »mit- und voneinander«.

Andrea Wehrhahn
Schule ohne Wände
Episoden III

In der Laborschule in Bielefeld wird großer Wert auf das Vorlesen gelegt. Vorgelesen wird, wann immer es möglich ist, man nimmt sich die Zeit dafür. Wenn Erwachsene Kindern etwas vorlesen, wird ohne Erklärungen deutlich, wozu Sprache und Schrift benötigt werden. Jeden Tag sammeln sich die Kinder, die mit dem Bus fahren, in der Leseecke, um gemeinsam auf die Abfahrt des Busses zu warten. Eigentlich ist die Schule jetzt schon vorbei. Es fällt auf, daß sich auch viele Kinder, die nicht mit dem Bus fahren, für die sogenannte Buszeit in der Leseecke einfinden. Die Erklärung ist einfach: Selbst diese Zeit ist mit dem Vorlesen einer Geschichte gefüllt. Eine Praktikantin liest jeden Tag ein Stück aus einem Buch vor, und die Kinder wissen, daß sie morgen die Fortsetzung der meist spannenden Geschichte hören.

Für die Laborschüler ist die erste Aufgabe am Morgen, sich in ein Anwesenheitsbuch einzutragen. Das ist ein schönes Buch, das immer am selben Platz liegt. Oben auf der Seite steht das Datum des jeweiligen Tages. Mit ihrem Namen identifizieren sich die Kinder. Der eigene Name ist meistens das erste Wort, das ein Kind schreiben kann. Die Kinder nehmen ihre Aufgabe sehr ernst, und auch sie werden mit ihrer Unterschrift ernst genommen. Jeden Tag, wenn sich die Kinder eintragen, sagen sie damit soviel wie: »Hallo Schule, ich habe mich eingetragen, hier bin ICH!« Ihre Unterschrift hat eine Bedeutung. Wenn ein Kind vergessen hat, sich einzutragen, wird manchmal gefragt: »Nina hat sich heute morgen gar nicht eingetragen, ist die heute nicht da?« Wenn sie da ist, wird sie ihr Versäumnis schnell nachholen. Besonders die neuen Kinder lieben dieses Ritual.

In der Laborschule in Bielefeld sind die Gruppen altersgemischt. Corinna (5) sitzt in der Leseecke. Vor sich hat sie ein aufgeschlagenes Buch, in dem keine Bilder sind, sondern nur Schrift. Sie schaut sich interessiert die Seiten an. Daniel kommt ebenfalls in die Ecke, er ist 7 Jahre alt.

D.: »Was machst Du denn da?«

C.: »Siehst Du doch, ich lese!«

D.: »Aber Du kannst doch noch gar nicht lesen!«

C.: »Kann ich doch!« (Sie beginnt eine Geschichte zu erzählen.)

D.: »Aber Du hältst das Buch ja falsch herum! Soll ich Dir vielleicht etwas vorlesen?«

C.: »Au ja. Kannst Du das denn schon?«

D.: »Ja. Und Du wirst das auch bald hier lernen!«

Daniel beginnt, Corinna eine Geschichte vorzulesen. In der Laborschule sieht man öfter, daß ein älteres Kind einem jüngeren etwas vorliest. Die

Kinder dort erleben die Demonstration von Sprache und Schrift jeden Tag von älteren Kindern. Von Erwachsenen wissen sie, daß diese lesen und schreiben können, von älteren Kindern hingegen ist der Effekt der Demonstration des Lesen- und Schreibenkönnens wesentlich wirkungsvoller. Die jüngeren Kinder können sich mit den älteren leichter vergleichen. So lernen sie am Modell der fast Gleichaltrigen.
In jedem Morgenkreis versammeln sich die Kinder in der Laborschule in Bielefeld mit ihrer Lehrerin auf einer Decke. Jedes Kind hat dort die Möglichkeit zu erzählen, was für sie oder ihn wichtig ist. Und allen wird zugehört. Danach wird vorgelesen und dabei ein wenig Obst gegessen. Jeden Tag ein neues Buch, das anregt nachzudenken und Lust macht, selber zu lesen. Dieses Ritual auf der Vorlesedecke eröffnet jeden Schultag und wird von allen als angenehm empfunden. Es gibt den Kindern die Möglichkeit, sich zu sammeln, um dann mit gefundener Ruhe und neuen Kräften die eigene Arbeit zu beginnen.
Wenn in der Laborschule die schöne Zeit der Einschulung ist, kommen lauter neue Schüler, die meistens weder lesen noch schreiben können, in die Gruppen. Für jedes Kind wird von der Lehrerin ein Schreibheft angelegt. Auf der ersten Seite ist der Name des Kindes zu sehen, und dann kommt auf der zweiten Seite der Anfangsbuchstabe des Namens mit einem dazugehörigen Symbol. In Andres Heft steht z. B. ein großes A neben einem großen Apfel. Auf der zweiten Seite werden dann weitere Wörter mit diesem Buchstaben gesammelt. Im Morgenkreis suchen alle Kinder der Gruppe Wörter mit A. Andre darf aussuchen, welche er haben möchte und welche nicht. So kommt die Gruppe mit ihren Neuzugängen sehr früh über Buchstaben und ihre Bedeutung in Wörtern in ein Gespräch. Die Wörter, die letztendlich in das Schreibheft geschrieben werden, haben für das Kind über die Gespräche schon lange eine Bedeutung bekommen. Der nächste Schritt ist für das Kind ein Kopieren der Wörter, sie werden also abgeschrieben bzw. -gemalt. Die Kinder beginnen so sehr früh, über Buchstaben und Wörter, die für sie eine Bedeutung haben, Erfahrungen mit Schrift zu machen.
In der Laborschule Bielefeld wird dem freien Schreiben eine große Bedeutung beigemessen. Die Kinder schreiben auf, was sie bewegt. Auf Rechtschreibfehler und Grammatik wird zunächst kein Augenmerk gerichtet. Die Geschichten eines Jahres werden am Jahresende von der Lehrerin orthographisch richtig abgeschrieben und zu einem Buch gebunden. In diesem sind nun die gesammelten Werke der Gruppe zu finden. Am letzten Schultag wird im Kreis daraus vorgelesen. Jede/r darf seine Geschichten vorlesen, und alle zusammen bemerken, welche Fortschritte sie im Laufe eines Jahres gemacht haben. Ein schönes Resümee, die Kinder erfahren, wie ihre Geschichten sich verändert haben, daß sie länger geworden sind, wie sich ihr Wortschatz verändert hat und viele Dinge mehr.
In jeder Gruppe der Laborschule in Bielefeld gibt es Tiere. Bevorzugt werden Meerschweinchen und Kaninchen gehalten. Die Kinder jeder Grup-

pe sind für die Pflege der Tiere zuständig. Dafür ist es auch von Zeit zu Zeit notwendig, daß eingekauft wird. Die nahe Universität hat einen Boulevard, auf dem auch ein Gemüseladen ist. Für einen Einkauf ist es erforderlich, daß überlegt wird, was gebraucht wird, ebenso, wieviel Geld mitgenommen wird, etc. Die Aktion muß also geplant werden. Die Kinder schreiben einen Einkaufszettel und rechnen aus, wieviel Geld sie mitnehmen müssen. Auch wenn in der Gruppe gekocht wird, sind diese Vorbereitungen nötig. Die Kinder erfahren so einen lebensnahen Umgang mit dem, was sie in der Schule lernen.

Auf jeder Fläche in der Laborschule in Bielefeld ist eine Leseecke. Dort sind immer ca. zwanzig Bücher ausgestellt, die die Kinder am Bibliothekstag, einmal in der Woche, in der schuleigenen Bibliothek ausleihen. Morgens ereignen sich öfter Begebenheiten wie die folgende:

Tobias: »Du bist doch die Mutter von Sarah, nech?«

Mutter: »Ja, und wer bist Du noch?«

Tobias: »Ich bin Tobias. Du, kannst Du lesen?«

Mutter: »Ja, natürlich. Und DU, kannst Du auch schon lesen?«

Tobias: »Ein bißchen. (. . .Großer Augenaufschlag . . .) Willst Du mir nicht etwas vorlesen?«

Meistens erklären sich die Eltern bei dieser Überredungskunst dazu bereit. Somit sind sie in die Morgenzeit integriert und aus ihr kaum noch wegzu denken. Nach kurzer Zeit hat sich um das vorlesende Elternteil eine Gruppe von Kindern gebildet, die interessiert zuhören.

Hans Brügelmann / Sigrun Richter

Wie wir recht forschen lernen

Perspektiven für weitere Untersuchungen zur Rechtschreibentwicklung

Rechtschreiben ist eine komplexe Leistung. Um sie möglichst vollständig zu erfassen, vor allem aber: um sie besser zu verstehen, brauchen wir zum einen theoretisch und unterrichtspraktisch neue Zugänge, zum anderen müssen wir die herkömmlichen Untersuchungsmethoden verfeinern.

Die verschiedenen Teilleistungen des Rechtschreibens sind nicht nur einzeln, sondern vor allem *in ihrem Zusammenspiel* zu untersuchen: häufige Wörter schreiben; unbekannte Wörter konstruieren; Fehler entdecken; Regeln formulieren usw. (vgl. *S. 185ff.)*. Zukünftige Untersuchungen sollten in ihrem Instrumentarium deshalb möglichst unterschiedliche Aufgaben nebeneinander einsetzen, um zu differenzierteren Leistungsprofilen zu kommen. Durch den Vergleich der Profile von Anfängern und Fortgeschrittenen, von leistungsstarken und leistungsschwachen RechtschreiberInnen läßt sich Aufschluß über die Bedeutung konkreter Fähigkeiten in verschiedenen Phasen der Rechtschreibentwicklung gewinnen.

Ein zweites: Wir brauchen mehr *echte Längsschnittuntersuchungen* mit kürzeren Abständen der Erhebungen (als im üblichen Jahres- oder Halbjahresrhythmus). Ihre Daten sollten überdies als individuelle »Rechtschreibbiografien« ausgewertet werden (vgl. *S. 35ff., 87ff.)*. Der Vergleich von Veränderungen in Gruppen überdeckt – zum Teil gegenläufige – Entwicklungen einzelner Kinder. Um Fortschritte, aber auch Plateaus und (zumindest phasenweise) Rückschritte zu erkennen, müssen wir die Schreibversuche des einzelnen Kindes über die Zeit hinweg vergleichen. Solche Entwicklungsstudien sollten zudem Schreibungen derselben Wörter bzw. Wörter mit denselben Rechtschreibschwierigkeiten zu verschiedenen Zeitpunkten vergleichen, um zu genaueren Aussagen über wortgebundene vs. regelorientierte Lernprozesse zu kommen. Eine bloße Auszählung von Fehlern reicht nicht, um qualitative Veränderungen in den Rechtschreibstrategien zu erkennen.

Die Untersuchung der Rechtschreibleistung sollte sich auch nicht auf vorgegebene Wörter beschränken (s. oben *S. 129ff., 135ff.)*. Wie Untersuchungen von *May, Brügelmann* und *Richter* (vgl. die Beiträge zu *Richter/ Brügelmann 1994)* ergeben haben, schreiben vor allem Jungen Wörter, deren Inhalt für sie persönlich bedeutsam ist, in der Regel häufiger richtig als andere. Entwicklungsstudien einzelner Kinder geben Gelegenheit, dem Einfluß dieser psycholinguistischen Faktoren im Zusammenhang mit anderen Bedingungen nachzugehen.

Um unter die Oberfläche richtiger bzw. falscher Schreibungen zu gelangen, müssen wir die *Kinder selbst als ExpertInnen* ernster nehmen. Es dürfte sich lohnen, ihnen Fehlschreibungen vorzulegen und sie zu fragen, wie solche Fehler entstanden sein könnten, was ihrer Meinung nach ein Kind gedacht hat, das so schreibt. Oder wir können Kinder zu Diskussionen darüber einladen, wie (unbekannte) Wörter zu schreiben seien, oder zu einem Austausch über ihre persönlichen Lernstrategien (z. B. darüber, wie sie selbst sich die Schreibweise von Wörtern oder Regelhaftigkeiten zu merken versuchen). Solche Untersuchungsverfahren haben den zusätzlichen Reiz, daß sie auch in didaktischer Absicht im Unterricht einsetzbar sind. Auf diese Weise könnte es zu einer engeren Zusammenarbeit von Alltagsforschung der LehrerInnen und Hochschulprojekten kommen.
Diese Zusammenarbeit ist umso wichtiger, als zukünftige Untersuchungen stärker als bisher den *Kontext* der Rechtschreibentwicklung erfassen sollten. Wir brauchen eine Forschung zum »Schriftspracherwerb im sozialen Kontext« (vgl. *Brügelmann, H., u. a. 1989b)* und eine »ökologische Didaktik« *(Richter 1994),* die Lernen nicht mehr allein im Dreieck »Kind – Gegenstand – Lehrerin« modelliert, sondern die biografischen Voraussetzungen und sozialen Bedingungen einbezieht. Sie setzt voraus, daß wir auch in der Forschung Vorgeschichte und Umfeld von Schreibversuchen erfassen (vgl. o. *S. 109ff.).* Die Rechtschreib»systeme« von Kindern sind ihre Reaktion auf konkrete Anforderungen ihrer Umwelt – und Folge von Erfahrungen in dieser Umwelt: Welchen Status hat Schreiben, hat insbesondere Rechtschreibung im Unterricht und im Alltag *dieses* Kindes? Welche ortografischen Probleme sind thematisiert und *wie* sind sie bearbeitet worden? Welche Ordnungshilfen, welche Verfahren hat das Kind kennengelernt, und welche konkreten Möglichkeiten hatte es, sie zu erproben? Wünschenswert sind überdies Untersuchungen, die gezielt unterschiedliche pädagogische Kontexte und methodische Vorgehensweisen kontrastieren.
Anders gesagt: Wir müssen mehr lernen über die Wirkungen verschiedener Unterrichtsformen. Dafür reichen Globalvergleiche von »Didaktiken« oder «Methoden« (wie z. B. in unserem »Schreibvergleich BRDDR«, s. o. *S. 129ff.)* nicht aus. Zu sehr verändern sich Konzepte »auf dem Weg vom Autor zum Kind« *(Brügelmann 1978b),* zu breit streuen Realisierungen »desselben« Konzepts von Situation zu Situation. Erfolgversprechender ist ein induktives Vorgehen: genaue, detailreiche Beschreibungen von Unterricht, die kumulativ zu didaktischen Typen verdichtet werden *(Brügelmann/ Richter 1993f).* Fallstudien sollten allerdings auch Fragebögen, Beobachtungsschemata, Tests und ähnliche »Brückeninstrumente« verwenden, die helfen, solche Porträts von Einzelfällen in größeren Stichprobenuntersuchungen zu verankern. Damit könnte der fruchtlose Streit über die angemessene Forschungsmethodik überwunden und Befunde aus verschiedenen Forschungstraditionen aufeinander bezogen werden.
Inhaltlich scheint es uns besonders erfolgversprechend zu sein, die Lern-

biografien »wider Erwarten erfolgreicher« RechtschreiberInnen zu dokumentieren. Gemeint sind Kinder, die mit geringer Schrifterfahrung oder besonderen Handicaps in die Schule kommen und die dennoch ohne größere oder bleibende Probleme Lesen und Schreiben lernen. Dies ist die Gegenperspektive zur traditionellen Fixierung auf die »Legasthenie«, der aus dem Rahmen der sonstigen Leistungen fallenden Lese-/ Rechtschreibschwierigkeiten. Mit der Suche nach Bedingungen, unter denen Kinder es trotz persönlicher oder sozialer Handicaps geschafft haben, richtig schreiben zu lernen, gewinnt die Forschung eine stärker konstruktive Sicht auf Unterricht (vgl. *Durkin 1982)*.
In solcher Perspektive wird sich die Forschung über das Rechtschreiblernen notwendigerweise weiter orientieren: Sie wird die Entwicklung des Kindes insgesamt in den Blick nehmen. Damit verringert sich die Gefahr, Schwierigkeiten nur im Blick auf den Gegenstand oder auf psychische Teilleistungen zu erforschen. Denn auch für Lese-/ Rechtschreibschwierigkeiten gilt, was *Oliver Sacks* in seinen neurologischen Studien immer wieder festgestellt hat: Menschen mit demselben Problem machen aus ihrer Behinderung ganz Unterschiedliches. Sie interpretieren ihre Krankheit als übermächtig oder als Herausforderung, sie konzentrieren ihre Kraft auf die Überwindung ihrer schwachen Seiten – oder kompensieren diese, indem sie andere Fähigkeiten nutzen und damit stärken.
Diese biografischen »Rahmungen« zu verstehen überfordert die klassischen Wissenschaften. Eine Forschung, die auf Objektivität, auf Wiederholbarkeit und Präzision hin angelegt ist, verliert in der methodischen Standardisierung ihre personale Sensibilität. Im Sinne *Lurijas* ist sie auf die Ergänzung durch eine »romantische« Forschung angewiesen, die »Bilder«, also stimmige Lebensgeschichten zu zeichnen versteht. Das Methoden-»Schisma« in der Forschung zu überwinden *(Brügelmann 1982d)*, ist eine Aufgabe, die auch heute noch viel Fantasie erfordert – und den gleichen Balanceakt kritischer Toleranz gegenüber anderen Sichtweisen, den wir gegenüber den Lese- und Schreibversuchen der Kinder gerade zu lernen beginnen.

AutorInnen

Bohnenkamp, Albrecht (* # $, wiss. Mitarbeiter), Am Ehrenmal 2, 27238 Verden-Eissel
Brinkmann, Erika (* # $, wiss. Mitarbeiterin), An den Eichen 5a, 28816 Stuhr 3
Brügelmann, Hans, Dr. (* # $ &, Professor für Grundschulpädagogik und -didaktik an der Gesamthochschule Siegen), Beim Rumpsmoore 35, 28844 Weyhe-Leeste
Brügelmann, Karin (Dezernentin im Schulaufsichtsamt Wildeshausen), Beim Rumpsmoore 35, 28844 Weyhe-Leeste
Drecoll, Frank (Software-Entwickler), Schweinfurter Weg 39, 28215 Bremen 1
Felter, Nanni (*, Referendarin), Alicenstraße 33, 64293 Darmstadt
Frantzen, Andrea (&, Studentin an der Universität Bremen), Landshuter Str. 44, 28215 Bremen1 *Grimm, Anja,* (&, Referendarin), Querlandstr. 54, 28357 Bremen 33
Hengartner, Elmar, Dr. (& Dozent an der Höheren Pädagogischen Lehranstalt), Im Einschlag 7, CH-4800 Zofingen
Kenter, Anita (*, Studentin an der Universität Bremen), Nordstr. 303, 28217 Bremen 1
Kleinert-Alvarado, Anne (*, Studentin an der Universität Bremen), Erichstr. 25, 28816 Stuhr-Brinkum
Kotarba, Susanne (* &, Studentin an der Universität Bremen), Mittelrain-Str. 23, 89520 Heidenheim
Kropp, Maren (&, Referendarin), Wümmestr. 4, 28719 Bremen-Lesum
Lange, Inge (&, Leiterin der Grundschule Elisabethwiese), Joachim-Schlue-Str. 10, 18059 Rostock
Leimbach, Oliver (&, Student an der Universität Bremen), Querlandstr. 54 28357 Bremen 33
Otto, Martina (* $ &, Referendarin), Ottilie-Hoffmann-Str. 50, 28213 Bremen 1
Reichen, Jürgen, Dr. (&, Dozent in der Lehrerfortbildung), Wielandplatz 10, CH-4054 Basel
Richter, Sigrun, Dr. (* $ &, Schulpsychologin im Schulaufsichtsamt Diepholz), Brinkweg 22, 28857 Syke
Rickelt, Katrin (& $, Studentin an der Universität Bremen), Seebergerstr. 42, 28215 Bremen
Schraepler, Katharina (*, Studentin an der Universität Bremen), Hinterm Halm 62, 28717 Bremen 77
Sommer, Judith (& $, Studentin an der Universität Bremen), Bachstr. 112, 28199 Bremen
Spitta, Gudrun, Dr. (&, Professorin an der Gesamthochschule Kassel), Am Ziegenberg 29, 34128 Kassel
Werhahn, Andrea (*, Studentin an der Universität Bremen), Gabriel-Seidl-Str. 13, 28209 Bremen 1
Weiss, Miriam (*, Studentin an der Universität Bremen), Feldstraße 11, 28816 Stuhr-Brinkum

---

Entschlüsselung der Teilnahme an empirischer Forschung:

* »Büffelstübchen«, Lernwerkstatt für Kinder, Eltern und LehrerInnen e. V., Schulzentrum Brinkum, Feldstraße 15, 28816 2805 Stuhr 1 (1987-...)

\# Grundschulwerkstatt, FB 2 der Universität, Adolf-Reichwein-Straße (D 7.104), Postfach 10 12 40, 57068 Siegen (1993-...)

$ Projekt»Kinder auf dem Weg zur Schrift«, Studiengang Primarstufe/ FB 12, Universität, PF 330 440, 28359 Bremen (1981-1995)

& »Schreibvergleich BRDDR« mit Teilstudie »Lesen durch Schreiben« (1990-1993)

Literatur

Anderson, R.C./ Armbruster, B.B. (1990): Some maxims for learning and instruction. Technical Report No. 491. Center for the Study of Reading/ University of Illinois: Urbana-Champaign.
Anderson, R.C., et al. (1985): Becoming a nation of readers: The report of the Commission on Reading. The National Institute of Education: Washington, D.C. Antos, G./ Krings, H.P. (Hrsg.) (1989): Textproduktion. Interdisziplinärer Überblick. Niemeyer: Tübingen.
Arbeitsgruppe Leseförderung (1977): Verlesungen - Fehler oder (diagnostische) Hilfen? In: Grundschule, 9. Jg., H. 12, 575-577. Arbeitsgruppe Leseförderung (1978a): Taktiken des Lesens. In: Grundschule, 10. Jg., H. 7, 299-303.
Ashton-Warner, S. (1963): Teacher. Simon and Schuster: New York/ Secker & Warburg: London.
Augst, G. (Hrsg.) (1985): Graphematik und Orthographie. Peter Lang: Frankfurt u.a. Augst, G. (1987b): Ist die degressive Struktur des Wortgebrauchs ein Argument für den Rechtschreibgrundwortschatz? In: Wagner (1987b, 115-127). Augst, G. (1989): Rechtschreibung und Rechtschreibunterricht – Aufbruch zu neuen Ufern oder alter Wein in neuen Schläuchen. In: Der Deutschunterricht, H. VI/89, 5-14. Augst, G. (1990): Grundregeln der deutschen Rechtschreibung. Eine Orientierung für den Deutschunterricht in der Sekundarstufe I. Herausgegeben vom Landesinstitut für Schule und Weiterbildung. Soester Verlagskontor: Soest. Augst, G. (1990b): (Psycho)linguistische Grundlagen der (Ortho)graphie und des Orthographieunterrichts. In: Muttersprache 100. Jg., H. 4, 317-330. Augst, G., u. a. (1994): Lautschema und Schreibschema – Überlegungen zum Rechtschreiblernen. In: Brügelmann u. a. (1994; in Vorb.). Augst, G./ Faigel, P. (1986): Von der Reihung zur Gestaltung. Untersuchungen zur Ontogenese der schriftsprachlichen Fähigkeiten von 13 bis 23 Jahren. Frankfurt u. a.
Baghban, M. (1987): Von eins bis drei – die»Lall-Phase« frühen Schreibens. In: Balhorn/ Brügelmann (1987, 122-131). Balhorn, H. (1985): Rechtschreibwissen in kinderköpfen. In: Grundschule, 17. Jg., H. 10, 16-20. Balhorn, H. (1989): Rechtschreibung: Lernen – Wissen – Intuition. In: Balhorn/ Brügelmann (1989, 58-65). Balhorn, H. (Hrsg.) (1988): DGLS-Beiträge 1988/89. Deutsche Gesellschaft für Lesen und Schreiben: Hamburg. Balhorn, H. (Hrsg.) (1993): Lesen- und Schreibenlernen in verschiedenen Sprachen. DGLS-Beiträge 1993 Verlag für pädagogische Medien: Hamburg. Balhorn, H./ Brügelmann, H. (Hrsg.) (1987): Welten der Schrift in der Erfahrung der Kinder. DGLS-Jahrbuch»Lesen und Schreiben« Bd. 2. Ekkehard Faude: Konstanz. Balhorn, H./ Brügelmann, H. (Hrsg.) (1989): Jeder spricht anders – Normen und Vielfalt in Sprache und Schrift. DGLS-Jahrbuch»Lesen und Schreiben« Bd. 3. Ekkehard Faude: Konstanz. Balhorn, H./ Brügelmann, H. (Mod.) (1991):»Computer in der Grundschule«. Themenheft der GRUNDSCHULZEITSCHRIFT, 5. Jg., H. 47. Balhorn, H./ Brügelmann, H. (Hrsg.) (1993): Bedeutungen erfinden – im Kopf, mit Schrift und miteinander. Lesen und Schreiben als individuelle und soziale Konstruktion von Wirklichkeiten. DGLS-Jahrbuch Bd. 5. Faude: Konstanz. Balhorn, H., u.a. (1981): Sprachunterricht 2-4. Praxis und Theorie des Unterrichtens. Urban & Schwarzenberg: München Balhorn, H., u.a. (1983a): Erhebung von Grundwortschätzen in Schulaufsätzen. Vervielf. Ms. FB Erziehungswissenschaft/ Universität: Hamburg. Balhorn, H., u.a. (1983b): Welchen übungswortschatz brauchen schüler? In: Grundschule, 15. Jg., H. 11, 8-9. Balhorn, H., u.a. (1984/85b): Wortlisten wlt 2-6. Trainingsprogramm mit Wörtern und Texten. Lehrerkommentar. Verlag für pädagogische Medien: Hamburg (8. Aufl.; Neuaufl. 1994). Balhorn, H., u.a. (1985): Grundwortschatz. Verlag für pädagogische Medien, Hamburg. Balhorn, H., u.a. (1987b): Regenbogen-Presse. Lehrerkommentar zur »Regenbogen-Lesekiste«. Verlag für pädagogische Medien: Hamburg. Balhorn, H., u.a. (1987c): REGENBOGEN-LESEKISTE. 5x5 Bücher für Schulanfänger (und viele Materialien mehr). Verlag Pädagogische Medien: Hamburg. (2. Aufl. 1992). Balhorn, H. , u.a. (1990a): REGENBOGEN-LESEKISTE (Ergänzungslieferung). Ideen-Kartei. Verlag für Pädagogische Medien, Unnastraße 19: Hamburg. Balhorn, H., u.a. (1990b): Wortlisten wlt 2-6. Trainingsprogramm mit Wörtern und Texten. Lehrerkommentar. Verlag für pädagogische Medien: Hamburg (9.Aufl. 1988/89, Nachdruck 1990). Balhorn, H., u.a. (1992). Sammelsurium (Entwurfsfassung). Verlag für pädagogische Medien: Hamburg.

Balota, D., et al. (1990): Comprehension processes in reading. Lawrence Erlbaum Ass.: Hillsdale, NJ, et al. Bambach, H. (1987): Lese-Versammlung. Wie Texte Kinder bewegen. In: Balhorn/ Brügelmann (1987, 11-24). Bambach, H. (1989): Erfundene Geschichten erzählen es richtig. Lesen und Leben in der Schule. (2. Aufl. 1993: Libelle Verlag). Bambach, H. (1989b): Tageslauf statt Stundenplan. Fünfzehn Jahre Erfahrungen mit individualisierendem Unterricht in der Primarstufe der Laborschule Bielefeld. IMPULS Bd. 13. Laborschule an der Universität: Bielefeld. Bambach, H. (1993):*»...bis ich höre: nun ist er so gut, wie ich es kann«* oder: Zum Glück konnte der Vater Krokodilsprache. Wie Kinder an eigenen Texten arbeiten ... In: Balhorn/ Brügelmann (1993, 253-260). Bamberger, R. (1987): Leseförderung. Die Kunst der Motivation – Mehr Zeit für Bücher. In: Balhorn/ Brügelmann (1987, 40-50). Bambring, M., et al. (eds.) (1989): Children at risk: Assessment and longitudinal research. De Gruyter: Berlin/ New York. Bartnitzky, H./ Christiani, R. (Hrsg.) (1981): Handbuch der Grundschulpraxis und Grundschuldidaktik. Kohlhammer: Stuttgart. Bartnitzky, H./ Christiani, R. (Hrsg.) (1983): Grundwortschätze (Materialband). Grundlegende Aufsätze, Klassenwortschätze, Amtliche Grundwortschätze. Bielefeld. Bauersfeld, H. (1983b): Subjektive Erfahrungsbereiche als Grundlage einer Interaktionstheorie des Mathematiklernens und -lehrens. In: Bauersfeld u.a. (1983, 1-56). Bauersfeld, H. (1990): Thomas, unser Nullverwalter – eine unabgeschlossene Fallgeschichte. In: Grundschul-Zeitschrift, 4. Jg., H. 31, 4-5. Bauersfeld, H. (1993): Tätigkeitstheorie und Radikaler Konstruktivismus. Was verbindet sie und was unterscheidet sie? In: Balhorn/ Brügelmann (1993, 38-56). Bauersfeld, H., u.a. (Hrsg.) (1983): Lernen und Lehren von Mathematik. IDM-Reihe Bd. 6. Aulis: Köln. Baurmann, J. (1990): Aufsatzunterricht als Schreibunterricht. Für eine neue Grundlegung des Schreibens in der Schule. In: Praxis Deutsch, H. 104, 7-12. Baurmann, J. /Brede-Rettberg, A. (1988): Schreibprozesse und Schreibweisen bei Kindern – insbesondere im Blick auf das normbewußte Schreiben. In: Balhorn (1988, 21-25). Baurmann, J./ Ludwig, O. (1985): Texte überarbeiten. Zur Theorie und Praxis von Revisionen. In: Boueke/ Hopster (1985, 254-276).

Bergk, M. (1980): Leselernprozeß und Erstlesewerke. Kamp: Bochum. Bergk, M. (1981): Produktiver Schrifterwerb und didaktische Planung. In: IRA/D-Beiträge, 4. Jg., H. 2, 6-17. Bergk, M. (1983): Psychologie des handelnden und entdeckenden Lesenlernens. In: Grundschule, 15. Jg., H. 2, 56-58. Bergk, M. (1987): Rechtschreibenlernen von Anfang an. Diesterweg: Frankfurt. Bergk., M. (1994b): Schreibinteraktionen. Verändertes Sprachlernen in der Grundschule. Ms. für *Brügelmann u. a. (1994).* Bergk, M./ Meiers, K. (Hrsg.) (1985): Schulanfang ohne Fibeltrott. Klinkhardt: Bad Heilbrunn. Betz, D./ Breuninger, H. (1982): Teufelskreis Lernstörungen. Urban & Schwarzenberg: München (2. erw. Aufl.: Psychologie Verlags Union).

Biglmaier, F. (Hrsg.) (1972): Westermann-Lesebuch 1 (Lehrerausgabe). Westermann: Braunschweig. Bissex, G.L. (1980): GNYS AT WRK: A child learns to read and write. Harvard University Press: Cambridge, Mass.

Blanken, G., et al. (eds.) (1992): Linguistic disorders and pathologies. An international handbook. Walter de Gruyter: Berlin/ New York. Blumenstock, L. (1986): Michael schreibt. Spontanes Schreiben im Vor- und Grundschulalter. Agentur Dieck: Heinsberg. Blumenstock, L. (1987): Zwei Fehler-Geschichten. In: Balhorn/ Brügelmann (1987, 187-8).

Bohnenkamp, A. (1990): Computereinsatz und Förderunterricht – am Beispiel der Rechtschreibförderung in der Lernwerkstatt. Hausarbeit für die 1. Staatsprüfung. FB 12 der Universität: Bremen. Bohnenkamp, A. (1993b): Rechtschreibfehler korrigieren – oder: Kinder finden und ferbessern fiffig fersteckte (fiese?) Fehler. In: Balhorn (1993, 8-13). Bosman, A.M.T./ Groot, A.M.B. de (1991): De ontwikkeling vanwordbeelden bij beginnende lezers en spellers. In: Pedagogische Studien, 68. Jg., 199-215. Bosman, A.M.T./ Groot, A.M.B. de (1992): Differential effectiveness of reading and non-reading tasks in learning to spell. In: Satow/ Gatherer (1992, 279-289). Boueke, D./ Hopster, N. (Hrsg.) (1985): Schreiben – Schreiben lernen. Narr: Tübingen. Brinkmann, E. (1991d): SAUERAMFA oder SAUAAMFER ? Selbstorganisation der Rechtschreibung am Beispiel «-er». In: Unterstufe, 38. Jg., H. 9, 261-3. Brinkmann, E. (1993): NA UNT? Wie Lisa schreibt – Mikroanalysen zur Entwicklung des Rechtschreibmusters . In: Balhorn/ Brügelmann (1993, 267-271). Brinkmann, E. (1993e): Diktatkorrekturen mit Effekt?! In: Balhorn (1993, 14-15). Brinkmann, E./ Brügelmann, H.

(1982): Deutung von Rechtschreibfehlern. Bericht No. 2. Projekt»Kinder auf dem Weg zur Schrift«. FB 12 der Universität: Bremen. Brinkmann, E./ Brügelmann, H. (1991e):»Mikroanalysen der Rechtschreibentwicklung«. Projektantrag an die Zentrale Kommission für Forschungsplanung und wissenschaftlichen Nachwuchs. Universität: Bremen. Brinkmann, E./ Brügelmann, H. (1992b): WEIDENKEZCHEN, KINDERGATENSCHPILPLAS, MAOLWOAF und WEINASCHSGRÜSE. Der Schreibwortschatz eines Vorschulkindes. In: päd.extra, 20. Jg., H. 9, 39-40. Brinkmann, E./ Brügelmann, H. (1993): Ideen-Kiste Schriftsprache 1 (mit didaktischer Einführung»Offenheit mit Sicherheit«). Verlag für pädagogische Medien: Hamburg. Brügelmann, H. (1972): Offene Curricula – Der experimentell-pragmatische Ansatz in englischen Entwicklungsprojekten. In: Zeitschrift für Pädagogik, 18. Jg., Nr. 1, 98-118. Brügelmann, H. (1972b): Die englischen Teachers' Centres – Dezentralisierung der Curriculum-Entwicklung auf lokaler Ebene. In: Die Deutsche Schule, 64. Jg., Nr. 9, 534-546. Brügelmann, H. (1972c): Lokale Zentren leben von der Initiative der Lehrer. In: betrifft:erziehung, 5. Jg., Nr. 9, 19-22. Brügelmann, H. (1978b): Veränderungen des Curriculum auf seinem Weg vom Autor zum Kind. In: Zeitschrift für Pädagogik, 24. Jg., H. 4, 601-618. Brügelmann, H. (1982d): Pädagogische Fallstudien: Methoden-Schisma oder -Schizophrenie ? In: Fischer (1982a, 62-82). Brügelmann, H. (1983): Kinder auf dem Weg zur Schrift – eine Fibel für Lehrer und Laien. Libelle: Bottighofen (5. Auflage 1994). Brügelmann, H. (1984b): Was Benjamin über Buchstaben und Zahlen denkt. In: päd.extra, 1/1984, 22-28. Brügelmann, H. (1985m): Motive des Schriftspracherwerbs als methodischer Ausgangspunkt des Unterrichts. In: Giese (1985, 31-41). Brügelmann, H. (1986f): Die Regenbogen-Lesekiste – 5x5 Bücher für Schulanfänger. In: Brügelmann (1986u, 244 f.). Brügelmann, H. (Hrsg.) (1986u): ABC und Schriftsprache – Rätsel für Kinder, Lehrer und Forscher. DGLS-Jahrbuch»Lesen und Schreiben« 1. Ekkehard Faude: Konstanz (3. Aufl. 1991). Brügelmann, H. (1987f):»Röntgen-Aufnahmen« vom Schriftspracherwerb. In: Balhorn/ Brügelmann (1987, 132-135). Brügelmann, H. (1987n): Was ist»einfach« zu lesen für Lese-Anfänger? In: Balhorn/ Brügelmann (1987, 214-218). Brügelmann, H. (1988o): Wir machen Bücher für Schulanfänger. Zum Praxismaterial: Kinder lesen differenziert. In: Grundschulzeitschrift, 2. Jg., Nr. 14, 44. Brügelmann, H. (1989): Projekt Lese- und Schreibfortschritte (PLUS). Zur Notwendigkeit eines Feld-Modells für den Schriftspracherwerb. In: Balhorn/ Brügelmann (1989, 207-212). Brügelmann, H. (1989d): Particle vs. wave theories of learning to read and write. Towards a field model of success and failure in literacy acquisition. In: Bambring et al. (1989, 428-39). Brügelmann, H. (1989u): Lese- und Schreibaufgaben für Schulanfänger (Kurzfassung 1989). Projekt»Kinder auf dem Weg zur Schrift« Bericht No. 33f. Beilage zur REGENBOGEN-LESEKISTE. Verlag für pädagogische Medien: Hamburg. Brügelmann, H. (1990e): Die Architektur des Gehirns – und Methoden zu ihrer Vermessung. Eine Einführung. In: Brügelmann/ Balhorn (1990, 18-47). Brügelmann, H. (1990j): Forschung, die aus der Kälte kam. In: Grundschul-Zeitschrift, 4. Jg., H. 37, 52-3. Brügelmann, H. (1990q): Voraussetzungen des Schriftspracherwerbs – eine Übersicht über Befunde aus laufenden Untersuchungen. In: Brügelmann/ Balhorn (1990, 236-44). Brügelmann, H. (1990s): Rechtschreibentwicklung und Textproduktion im Vergleich: DDR – Bundesrepublik. In: Brügelmann/ Balhorn (1990a, 234-5). Brügelmann, H. (1991e): Modelle des Schriftspracherwerbs und seiner Störung: Vier Perspektiven auf den Stand der Forschung. In: Lorenz (1991, 168-98). Brügelmann, H. (1991h): Alfabetisierung oder Schriftspracherwerb? Zur Alltagsbedeutung des Lesens und Schreibens für Kinder. In: Metz (1991, 40-59). Brügelmann, H. (1991i): Schriftspracherwerb statt Alfabetisierung. Auf dem Weg zur Schrift: Für ein verändertes Verständnis des Lesen- und Schreibenlernens. In: Harting (1990, 23-37). Brügelmann, H. (1991j): Schriftspracherwerb oder Alfabetisierung? Förderung statt Forderung der Lese- und Schreibfähigkeit: Thesen zum anschließenden Beitrag. In: Harting (1991, 17-22). Brügelmann, H. (1992b): Neue Befunde aus dem»Schreibvergleich BRDDR«. Eine Zusammenfassung. Ms. für: Niemeyer (in Vorb.). Brügelmann, H. (1992g):»Schreibvergleich BRDDR« 1991. Wir müssen differenzieren – pädagogisch. In: GRUNDSCHULZEITSCHRIFT, 6. Jg., H. 52, März 1992, 40-41. Brügelmann, H. (1992d): Geschlossene Gehirne und offener Unterricht. In: GRUNDSCHULZEITSCHRIFT, 6. Jg., H. 54, 2-3. Veränderter Vorabdruck aus: Balhorn/ Brügelmann (1993, 28-31). Brügelmann, H. (1992l): 20 Thesen zum Rechtschreibunterricht. In: GRUNDSCHULZEITSCHRIFT, H. 52,

März 1992, 37-39. [auch in diesem Band] Brügelmann, H. (1993): Teilchen-, Wellen- oder Feldmodelle des Schriftspracherwerbs? Auf dem Weg zu einem besseren Verständnis von Lese-/Rechtschreibschwierigkeiten. In: Forum Logopädie, H. 2 (Mai) 1993, 2-8. Brügelmann, H. (1994d): Wo genau liegen die geschlechtsspezifischen Unterschiede beim Schriftspracherwerb? Eine kritische Übersicht über den Forschungsstand. In: Richter/ Brügelmann (1994, 14-26). Brügelmann, H. (1994e): Warum haben Jungen mehr Schwierigkeiten beim Lesen und Schreibenlernen als Mädchen? Theoretische Erklärungsversuche und ihre Probleme. In: Richter/ Brügelmann (1994, 27-34). Brügelmann,

H./ Fischer, J. (1992): Die Formenvielfalt eines Mindestwortschatzes. Vervielf. Bericht aus dem Projekt »Schreibvergleich BRDDR«/»Kinder auf dem Weg zur Schrift«/ FB 12 der Universität: Bremen. Brügelmann, H./ Otto, M. (1992b): »Verwendungsbreite« und »Verwendungshäufigkeit« von Wörtern in freien Texten. Bericht aus dem Projekt »Schreibvergleich BRDDR« / FB 12 der Universität: Bremen. Brügelmann, H./ Richter, S. (1994b): Wer oder was benachteiligt Jungen beim Schriftspracherwerb? Eine Zusammenfassung vorab in fünf Thesen. In: Richter/ Brügelmann (1994, 12-13). Brügelmann, H./ Richter, S. (1994c): Zur Bedeutung der «Bedeutung«. Unterschiede in den Rechtschreibleistungen zwischen Jungen und Mädchen bei Wörtern mit geschlechtsspezifischer Bedeutung. In: Richter/ Brügelmann (1994, 121-113). Brügelmann, H./ Balhorn, H. (1993): Bedeutungen einüben, entdecken – oder erfinden? Eine Einführung. In: Balhorn/ Brügelmann (1993, 11-16). Brügelmann, H./ Bohnenkamp, A. (1989): Computer in der Lernwerkstatt. Bericht an die Deutsche Forschungsgemeinschaft. Bericht No. 53. Projekt »Kinder auf dem Weg zur Schrift«. FB 12 an der Universität: Bremen. Brügelmann, H./ Bohnenkamp, A. (1990): Öffnung des Unterrichts durch Computer? Erste Erfahrungen aus dem Projekt »Computer in der Lernwerkstatt«. In: »Grundschul-Zeitschrift«, 4. Jg., H. 32, März 1990, 56-60. Brügelmann, H./ Brügelmann, K. (1973): Offene Curricula – ein leeres Versprechen? In: Grundschule 5. Jg., H. 3, 165-73. Brügelmann, H./ Fischer D. (1977): Lesefertigkeit oder Spracherfahrung – eine falsche Alternative. In: Meiers/ Schwartz (1977a, 28-54). Brügelmann, H./ Junge, B. (1993): »Blitz-Wörter« – ein Versuch mit Erwachsenen und Kindern. Vervielf. Ms. Projekt »Mikroanalysen der Rechtschreibentwicklung«/ FB 12 der Universität: Bremen. Brügelmann, H./ Richter, S. (1991):»Projekt Lese- und Schreibfortschritte (PLUS)«. Bericht an die Deutsche Forschungsgemeinschaft. Bericht No. 54. Projekt »Kinder auf dem Weg zur Schrift«/ FB 12 Universität: Bremen. Brügelmann, H./ Richter, S. (1993f): Zur Funktion von Fallstudien als Komplement zu Stichprobenerhebungen. Revidiertes Vortrags-Ms. für: Tagung »Grundschulforschung«, Juni 1993, Regensburg. Brügelmann, H./ Scheberg, O. (1992): Gebrauchshäufigkeit und ortografische Schwierigkeit von Wörtern. Vervielf. Bericht aus dem»Schreibvergleich BRDDR«. FB 12 der Universität: Bremen.

Brügelmann, H. u.a. (1984): Die Schrift entdecken – Beobachtungshilfen und methodische Ideen für einen offenen Anfangsunterricht im Lesen und Schreiben. Ekkehard Faude: Konstanz (4. Aufl. 1992). Brügelmann, H., u.a. (1988a+b): Lese- und Schreibaufgaben für Schulanfänger. Projekt»Kinder auf dem Weg zur Schrift« Bericht No. 33d und 33e. FB 12 der Universität: Bremen. Brügelmann, H., u.a. (1989a): Theorien des Lesen- und Schreibenlernens. Ein Überblick über den aktuellen Stand der Forschung... Deutsche Forschungsgemeinschaft: Bonn (vervielf. Ms.). Brügelmann, H., u.a. (1989b): Schriftspracherwerb im sozialen Kontext: Entwicklungsmuster, Schwierigkeiten und Interventionsmodelle. Antrag auf Einrichtung eines Schwerpunktprogramms an die Deutsche Forschungsgemein- schaft: Bonn. Brügelmann, H., u. a. (1991b): Der Laufstall-Effekt im Rechtschreibunterricht: erste Ergebnisse aus dem»Schreibvergleich BRDDR«. In: Spektrum der Wissenschaft, H. 5/91, 26-28. Brügelmann, H., u. a. (1991c): Leistungspatt in der Rechtschreibung? Ein Vergleich in ausgewählten Regionen in Deutschland Ost und West. In: GRUNDSCHULZEITSCHRIFT 1991, 5. Jg., H. 43, 32-34, 43. Brügelmann, H., u. a. (1992e):»Schreibvergleich BRDDR«. Zusammenfassender Bericht über die Erhebungen 1990 und 1991. Projekt »Kinder auf dem Weg zur Schrift«/ FB 12. Universität: Bremen. Brügelmann, H., u. a. (Hrsg.) (1994): Am Rande der Schrift. Zwischen Sprachvielfalt und Analfabetismus. Libelle Verlag Lengwil.

Bryant, P./ Nunes, T. (1993): Was wissen Kinder über Rechtschreibung und Syntax? In: Brügelmann/ Balhorn (1993, 318-323).

Byrne, B./ Fielding-Barnsley, R. (1991): Evaluation of a program to teach phonemic awareness to young children. In: Journal of Educational Psychology, Vol. 83, No. 4, 451-455.
Carmesin, H.-O., u.a. (1992): Lisa-I, Lisa-II und Modell-Lisa: Modellierung des Schreibenlernens durch ein komplexitätsminimierendes neuronales Netzwerk. Ms. für Brügelmann u. a. (1994). Carraher, T.N. (1987): Entwicklung des Wort-Begriffs und Fortschritte beim Lesen. In: Balhorn/ Brügelmann (1987, 81-82).
Carraher, T.N./ Rego, L.L.B. (1981b): O realismo nominal como obstaculo na aprendizagem da leitura. In: Cadernos de Pesquisa, Vol. 39, 3-10. Castrup, K.-H. (1978): Spontanschreiben zum Erwerb der Schriftsprache. Eine Untersuchung im 1. und 2. Schuljahr. In: Grundschule, 10. Jg., H. 10, 445-448. Cazden, C. (1974): Two paradoxes in the acquisition of language structure and functions. In: Connolly/ Bruner (1974).
Chapman, L.J./ Czerniewska, P. (eds.) (1978): Reading: From process to practice. Open University/ Routledge & Kegan Paul: London. Chomsky, C. (1971): Write first, read later. In: Childhood Education, Vol. 47, 296-299 (dt. 1976). Chomsky, C. (1976): Zuerst schreiben, später lesen. In: Hofer (1976, 296-299) (engl. 1971). Chomsky, N. (1974a): Rezension von Skinners 'Verbal Behavior'. In: Eichler/ Hofer (1974, 25-49). (engl. 1959a). Clarke, L.K. (1988): Invented vs. traditional spelling in first graders' writings: Effects on learning to spell and read. In: Research in the Teaching of English, Vol. 22, No. 3 (October), 281-309. Clay, M.M. (1982): Observing young readers. Heinemann: London et al.
Collins, A./ Brown, J.S. (1988): The computer as a tool for learning through reflection. In: Mandl/ Lesgold (1988, 1-18). Collins, A., et al. (1989): Cognitive apprenticeship: Teaching the crafts of reading, writing, and mathematics. In: Resnick (1989, 453-494). Collins, A., et al. (1991): A cognitive apprenticeship for disadvantaged students. In: Means et al. (1991, 216-243). Dt. Zusammenfassung in: Brügelmann u. a. (1994): Connolly, K./ Bruner, J. (eds.) (1974): The growth of competence. Academic Press: London. Conrady, P. (1983): Kinderbücher im Unterricht. Anmerkungen zu entscheidenden Voraussetzungen. In: IRA/D-Beiträge, 6. Jg., H. 2, 48-55. Conrady, P. (Hrsg.) (1985): Zum Lesen verlocken. Kinderbücher für die Klasse 1 - 4. Würzburg (6. erw. Aufl. 1994). Correll, W. (Hrsg.) (1965b): Programmiertes Lernen und Lehrmaschinen. Westermann S9: Braunschweig. Conrady, P., u.a. (1987): Grundwortschatz der 3. Generation. In: Grundschule, 19. Jg., H. 11, 35-36. Correll, W. (1967a): Lernpsychologie. Grundfragen und pädagogische Konsequenzen. Ludwig Auer: Donauwörth (7. Aufl.). Correll, W. (1967b): Vierjährige lernen lesen. Programmierter Erstleseunterricht mit einer Maschine bei vorschulpflichtigen Kindern. In: Die Grundschule, 1. Jg., H. 1, 19-30.
Crismore, A. (Ed.) (1985): Landscapes: A state-of-the-art assessment of reading comprehension research 1974-1984. Final Report Project USDE-C-300-83-0130. School of Education/ University of Indiana: Bloomington, Indiana.
Cunningham, A.E./ Stanovich, K.E. (1990): Early spelling acquisition; writing beats the computer. In: Journal of Educational Psychology, Vol. 82, 159-162.
Dahrendorf, M. (1987): Leseförderung – notwendig oder ein Alibi oder beides? In: Jugendschriften-Warte, H. 2/87, 34. D'Arcy, P. (1973): Reading for Meaning 1: Learning to read. The report of a survey carried out for the Schools Council. Hutchinson Educational: London. D'Arcy, P. (1973b): Reading for Meaning 2: The reader's response. The report of a survey carried out for the Schools Council. Hutchinson Educational: London.
Dehn, M. (1977b): Phonologie und Erstleseunterricht. In: Die Grundschule, 9. Jg., H. 6, 282-285. Dehn, M. (1978): Strategien beim Erwerb der Schriftsprache. In: Grundschule, 10. Jg., H. 7, 308-310. Dehn, M. (1983): Vom Verschriften zum Schreiben. In: Grundschule, 15. Jg., H. 7, 28-31. Dehn, M. (1988): Zeit für die Schrift. Lesenlernen und Schreibenkönnen. Kamp: Bochum (3. Aufl. 1990). Dehn, M. (1990): Lehrerhilfen bei Leseschwierigkeiten. In: Grundschul-Zeitschrift, 4. Jg., H. 32, 52-6. Dehn, M. (1990d): Die Zugriffsweisen»fortgeschrittener« und »langsamer« Lese- und Schreibanfänger: Kritik am Konzept der Entwicklungsstufen? In: Muttersprache, H. 4/90. Dehn, M. (1990e): Christina und die Rätselrunde – Schule als sozialer Raum für Schrift. In: Brügelmann/ Balhorn (1990a, 112-124). Dehn, M. (1993): Sachverhalte klären – Beobachtungen und Erfahrungen notieren – Deutungen entwerfen und formulieren. In: Balhorn/ Brügelmann (1993, 245-252). Deutscher Bildungsrat (1974): Zur Förderung praxisnaher Curriculumentwicklung. Empfehlungen der Bildungskommission.

Bundesdruckerei: Bonn. Deutscher Bildungsrat (Hrsg.) (1976): Curriculum-Entwicklung. Gutachten und Studien der Bildungskommission. Klett: Stuttgart. Doman, G. (1966): Wie kleine Kinder lesen lernen. Hyperion-Verlag: Freiburg (engl. 1963) Doorn-van Eijsden, M. van (1984): Leer je spellen door vel te lezen? In: Tijdschrift voor Taalbeheersing, Vol. 6, 252-263. Downing, J. (1979): Reading and Reasoning. Chambers: Edinburgh. Downing, J./ Valtin, R. (Hrsg.) (1984): Language awareness and learning to read. Springer: New York u.a.

Dräger, M. (Hrsg.) (1988): Am Anfang steht der eigene Text. Agentur Dieck: Heinsberg.

Dummer, L. (Hrsg.) (1983): Legasthenie. Bericht über den Fachkongreß 1982. Bundesverband Legasthenie: Hannover. Durkin, D. (1982): A study of poor black children who are successful readers. Reading Education Report No. 33. Center for the Study of Reading/ University of Illinois: Urbana-Champaign, Ill.

Ehri, L.C. (1987): Learning to read and spell words. In: Journal of Reading Behavior, Vol. 19, No. 1, 5-31.

Eichler, W. (1976): Zur linguistischen Fehleranalyse von Spontanschreibungen. In: Hofer (1976, 246-264). Eichler, W. (1984): Zu linguistischen und psycholinguistischen Grundlagen des Rechtschreibens und des Schrifterwerbs. In: Naegele/ Valtin (1984, 18-22). Eichler, W. (1985): Zu linguistischen und psycholinguistischen Grundlagen des Rechtschreibens und des Schrifterwerbs. In: Naegele/ Valtin (1985, 18-22). Eichler, W. (1985b): Rechtschreiblernen in und mit Regeln und als regelgeleitetes Verhalten. In: Augst (1985, 244-259). Eichler, W. (1991b): Nachdenken über das richtige Schreiben. Innere Regelbildung und Regelfehlbildung im Orthographieerwerb. In: Diskussion Deutsch, Nr. 117, 34-44. Eichler, W./ Hofer, A. (Hrsg.) (1974): Spracherwerb und linguistische Theorien. Piper: München. Eichler, W./ Thomé, G. (1994): Mikroanalysen zur ortografischen Entwicklung von f und v (Arbeitstitel). In: Brügelmann u. a. (1994, in Vorb.). Ellis, A. W. (1984): Reading, writing and dyslexia – a cognitive analysis. Lawrence Erlbaum: London (dt. Zusammenfassung seines Lesemodells in Brügelmann 1986u, 29-31). Erichson, C. (1986): Rechtschreiben: Der Klotz am Bein des Pegasus ? Plädoyer für eine Integration von spontanem Schreiben und Rechtschreibenlernen. In: Valtin/ Naegele (1986, 3-20). EVI CIEL, s. Arbeitsgruppe Leseförderung

Feilke, H. (1993): Schreibentwicklungsforschung: Ein kurzer Überblick unter besonderer Berücksichtigung der Entwicklung prozeßorientierter Schreibfähigkeiten. In: Diskussion Deutsch, H. 129, 1993, 17-34. Feilke, H. (1993b): Die Entwicklung der Schreibfähigkeiten. Ms. für: Günther/ Ludwig (1994; im Druck). Feilke, H. (1994b): Entwicklung der Textkompetenz – Didaktische Vorurteile und empirische Befunde. Ms. für Brügelmann u. a. (1994). Ferdinand, W. (1970): Über die Erfolge des ganzheitlichen und des synthetischen Lese-(Schreib-)Unterrichts in der Grundschule. Neue Deutsche Schule: Essen. Ferreiro, E./ Teberosky, A. (1979a): Los sistemas de escritura en el desarrollo del nino. Siglo Veintiuno Editores: Mexico et al. (dt. Auszug in: Balhorn/ Brügelmann 1987). Ferreiro, E./ Teberosky, A. (1982): Literacy before schooling. Heinemann: Portsmouth (1982)/ London (1983). Ferreiro, E./ Teberosky, A. (1987): Was ist»gut zum Lesen« für Nicht-Leser? In: Balhorn/ Brügelmann (1987, 78-80).

Fischer, D. (Hrsg.) (1982): Fallstudien in der Pädagogik. Ekkehard Faude: Konstanz. Fischer, D. (Hrsg.) (1983): Lernen am Fall. Ekkehard Faude: Konstanz.

Flor, D./ Ingenkamp, K./ Schreiber, W.H. (1992): Schulleistungsvergleiche zwischen Bundesländern. Test-Info 2/92. Beltz: Weinheim/ Basel. Foorman, B.R., et al. (1991): How letter-sound instruction mediates progress in first-grade reading and spelling. In: Journal of Educational Psychology, Vol. 83, No. 4, 456-469.

Frantzen, A. (1992): Mindestwortschatz(-anteile) und Rechtschreibfehler in freien Kindertexten. Ms. im Projekt »Schreibvergleich BRDDR«/ FB 12 der Universität: Bremen. Freire, P. (1971): Pädagogik der Unterdrückten. Kreuz Verlag: Stuttgart. Freudenthal, H. (1973): Mathematik als pädagogische Aufgabe. 2 Bde. Klett: Stuttgart. Frith, U. (ed.) (1980): Cognitive processes in spelling. Academic Press: London. Frith, U. (1985): Beneath the surface of developmental dyslexia. In: Patterson et al. (1985a, 301-330).

Füssenich, I. (1991): Schreiben als Dienstleistung. In: Brügelmann/ Balhorn (1991, 210).

Gaber, H.-K./ Eberwein, H. (1986): Ein Kind lernt schreiben. Die Bedeutung von Lesen- und Schreibenlernen im Alltag von Kindern. J. B. Metzler: Stuttgart. Gangkofer, M.H. (1990):

BLISS-Symbole sind leichter zu lernen als alphabetische Schrift! Aber warum? In: Brügelmann/ Balhorn (1990, 186-92). Gangkofer, M.H. (1990b): Bilder lesen muß man lernen. In: Brügelmann/ Balhorn (1990, 169-77). Gangkofer, M.H. (1993): BLISS und Schriftsprache. Libelle: Bottighofen. Garnica, O. (1977): Some prosodic and paralinguistic features of speech to young children. In: Snow/ Ferguson (1977). Gazzaniga, M.S. (ed.) (1988): Perspectives in memory research. MIT Press: Cambridge, Mass./ London.

Gentry, J.R. (1982): An analysis of developmental spelling in GNYS AT WRK. In: The Reading Teacher, Vol. 36, 192-200.

Giese, H.W. (Hrsg.) (1985): Die wissenschaftliche Fortbildung von Kursleitern in der Alphabetisierungsarbeit. ZbP und ZWW der Universität: Oldenburg. Giese, H. (1986): Ursachen und Konsequenzen des Analphabetismus bei jungen Menschen in der Bundesrepublik Deutschland. Eine Studie für die UNESCO (Paris). Zentrum für Wissenschaftliche Weiterbildung. Universität: Oldenburg. Giese, H.W. (1987): Warum wird Analphabetismus gerade heute zu einem Problem? In: Balhorn/ Brügelmann (1987, 260-266).

Goodman, K.S. (1965): A linguistic study of cues and miscues in reading. In: Elementary English, Vol. 42, 639-643. Goodman, K.S. (1976): Die psycholinguistische Natur des Leseprozesses. In: Hofer (1976, 139-151). Goodman, K.S. (1976b): Analyse von unerwarteten Reaktionen beim oralen Lesen. In: Hofer (1976, 298-320). Graves, D.H. (1983): Writing – Teachers and children at work. Heinemann Educational: London. Graves, D.H. (1986): Kinder als Autoren: Die Schreibkonferenz. In: Brügelmann (1986u, 135-157).

Gümbel, R. (1977): Meine eigenen Wörter. Zur Entwicklung offener Curricula im Erstleseunterricht. In: Grundschule, 9. Jg., H. 6, 268-273. Gümbel, R. (1980): Erstleseunterricht. Entwicklungen – Tendenzen – Erfahrungen. Scriptor: Königstein (3. akt. Aufl. 1989). Günnewig, H. (1981): Lesenlehren – Lesenlernen. Kohlhammer: Stuttgart. Günther, K.-B. (1984): Schriftspracherwerb als mehrphasiger, strategiedifferenzierter Entwicklungsprozeß. Ms. für die Studiengruppe «Geschriebene Sprache«. Reimers-Stiftung: Bad Homburg. Günther, K.B. (1986b): Ein Stufenmodell der Entwicklung kindlicher Lese- und Schreibstrategien. In: Brügelmann (1986u, 32-54).

Hall, N. (1987): The emergence of literacy. Hodder and Stoughton: Sevenoaks, Kent (in association with UKRA). Haller, I./ Wolf, H. (1973): Neuorganisation der Lehrerfortbildung als Teilstück schulnaher Curriculumentwicklung. In: Curriculum konkret, H. 1, 7 ff. Harting, U. (Hrsg.) (1991): Menschen ohne Schrift – WAS TUN? Dokumentation der Fachtagung anläßlich des Weltalphabetisierungsjahres 1990 ... W & M -Materialien. Adolf-Grimme-Institut: Marl.

Heath, S.B. (1982a): What no bedtime story means: Narrative skills at home and school. In: Language in Society, Vol. 11, 49-76. Heidrich, M. (1977): Zu Verfahren im Rechtschreibunterricht der unteren Klassen. Volk und Wissen: Berlin. Hein-Ressel, H.C. (1989): Frühes Lesenlernen als Prophylaxe des Leseversagens? Peter Land: Frankfurt u.a. Heller, K./ Rosemann, B. (1974): Planung und Auswertung empirischer Untersuchungen. Klett: Stuttgart. Henderson, E.H./ Beers, J.W. (eds.) (1980): Developmental and cognitive aspects of learning to spell: A reflection of word knowledge. International Reading Association: Newark, Del. Hengartner, E. (1992): Für ein Recht der Kinder auf eigenes Denken. Pädagogische Leitideen für das Lernen von Mathematik. In: Die neue Schulpraxis, 62. Jg., H. 7/8, 15-27. Hengartner, E./ Röthlisberger, H. (1993): Rechenfähigkeit von Schulanfängern. Ms. für: Brügelmann u. a. 1994 (im Druck). Hentig, H.v. (1971): Die Bielefelder Laborschule. Publikationen der Schulprojekte der Universität Bielefeld, H. 2. Klett: Stuttgart. Hentig, H.v. (1973): Schule als Erfahrungsraum? Eine Übung im Konkretisieren einer pädagogischen Idee. Klett: Stuttgart. Herff, I. (1993): Zur Situation des Erstleseunterrichts. Ergebnisse einer Erhebung an den Grundschulen des Regierungsbezirks Köln. Vervielf. Bericht. Erziehungswissenschaftliche Fakultät der Universität: Köln. Herff, I. (1994): Der Leselernprozeß. Studienbuch. Baumann/ Ehrenwirth-Verlag: München (in Vorb.). Herndon, J. (1972): Die Schule überleben. Mit einem Vorwort von H. v. Hentig. Klett: Stuttgart (engl. 1971). Herrmann, V. (Red.) (1989f): Computereinsatz in der Grundschule? Symposion am 13. und 14. März 1989. Hrsgg. vom Landesinstitut für Schule und Weiterbildung/ Beratungsstelle für neue Technologien. Soester Verlagskontor: Soest. Herrmann, V. (1989h): Zum Stand der internationalen Literatur zum Thema: Computer und

Grundschule. In: Herrmann (1989f). Hesse, H./ Wagner, K.R. (1985): Der Grundwortschatz in der Primarstufe. Wortlisten und Anleitungen für den Aufbau eines klassenbezogenen Grundwortschatzes. Spectra/ Multi Media: Dorsten. Heuss, G.E. (1977): Leselehrverfahren in empirischer Sicht. In: Meiers (1977, 84-92). Heuß, G.E. (1993): Erstlesen und Erstschreiben. Auer: Donauwörth. Heyer, P., u.a. (1970): Leselehrgang des Pädagogischen Zentrums. Beltz: Weinheim. Hoenisch, N., u.a. (1971): Vorschulkinder. Klett: Stuttgart (4. Aufl.). Hofer, A. (Hrsg.) (1976): Lesenlernen – Theorie und Unterricht. Schwann: Düsseldorf. Hofer, A. (1976b): Lesediagnose in der Grundschule. In: Neumann (1976, 159-176). Hofer, A. (1976c): Die pädagogische, didaktische und psycholinguistische Problematik von Testverfahren zur Feststellung von Legasthenie. In: Hofer (1976, 321-348). Hofmann, W., u. a. (Hrsg.) (1993): Computer und Schriftspracherwerb. Programmentwicklungen, Anwendungen, Lernkonzepte. Westdeutscher Verlag: Opladen. Hofkins, D. (1991): £14 Million project fails to focus on pupil needs. In: Times Educational Supplement, August 2nd, 1991, 4-5.

IfD (1985): Kinder und Lesen. Unveröffentlichte Befragung. Institut für Demoskopie: Allensbach. Jäger, R.S., u. a. (Hrsg.) (1991): Computerunterstütztes Lernen. Beiheft 2 zur Zeitschrift»Empirische Pädagogik«. Zentrum für empirische pädagogische Forschung: Landau. Junge, B. (1994): Blitzwörter erkennen und Rechtschreibkönnen (Arbeitstitel). Schriftliche Hausarbeit für die 1. Staatsprüfung. FB 12 der Universität: Bremen (in Vorb.). Junge, B./ Brügelmann, H. (1993): »Blitz-Wörter« –Grundstatistik. Tabellen zur Rohauswertung der Versuche. Vervielf. Ms. Projekt »Mikroanalysen der Rechtschreibentwicklung«/ FB 12 der Universität: Bremen.

Kern, A./ Kern, E. (1958): Lesen und Lesenlernen. Herder: Freiburg (4. unveränderte Aufl.; 1. Aufl 1930).

Kochan, B. (1981): Rechtschreiben. In: Bartnitzky/ Christiani (1981, 155-166). Kochan, B. (1987): Kann Alex aus seinen Rechtschreibfehlern lernen? In: Balhorn/ Brügelmann (1987, 136-146). Kochan, B. (1988): Der Computer als Schreibwerkzeug für Grundschulkinder. In: Balhorn (1988, 43-47). Kochan, B. (1988b): Schreibwerkstatt für Kinder. Finanzierungsantrag an die Deutsche Forschungsgemeinschaft. Vervielf. Ms. Technische Universität: Berlin. Kochan, B. (1989b): Der Computer als Schreibwerkzeug für LRS-Kinder. In: Naegele/ Valtin (1989, 106-12). Kochan, B. (1993): Schreibprozeß, Schreibentwicklung und Schreibwerkzeug. Theoretische Aspekte des Computergebrauchs im entfaltenden Schreibunterricht. In: Hofmann u. a. (1993, 57-91). Kossow, H.-J. (1976): Zur Therapie der Lese-Rechtschreibschwäche. Deutscher Verlag der Wissenschaften: Berlin.

Kretschmann, R. (1987): Sprachanalytische Vorstufen der Lesekompetenz. In: Balhorn/ Brügelmann (1987, 200-206). Kretschmann, R. (1989): Prädiktoren und Komponenten der Schriftsprachkompetenz. In: Balhorn/ Brügelmann (1989, 213-9). Kretschmann, R., u.a. (1990): Analphabetismus bei Jugendlichen. Ursachen Erscheinungsformen, Hilfen. Kohlhammer: Stuttgart. Kropp, M. (1993b): Inhalt und Funktion eines Grundwortschatzes im Rechtschreibunterricht der Grundschule. Schriftliche Hausarbeit/ Studiengang Primarstufe des FB 12. Universität: Bremen. Krüger, R. (1975): Projekt Lernen durch Lehren. Schüler als Tutoren von Mitschülern. Klinkhardt: Bad Heilbrunn.

Lange, I./ Brügelmann, H./ Kranepuhl, H. (1993): Längsschnitte der Rechtschreibentwicklung in Rostocker Schulen von Klasse 1 bis 5. Vervielf. Ms. Projekt»Schreibvergleich BRDDR«/ FB 12. Universität: Bremen. Lawler, R. W. (1986): Lesen- und Schreibenlernen durch Programmieren mit »LOGO«. In: Brügelmann 1986u, 231-236.

Lehmann, R.H. (1993): Zum Leseverständnis von Schülerinnen und Schülern im vereinigten Deutschland. In: Balhorn/ Brügelmann (1993, 160-173). Lehmann, R.H. (1994): Lesen Mädchen wirklich besser? Ergebnisse aus der internationalen IEA-Lesestudie. In: Richter/ Brügelmann (1994, 99-109). Lenner, K. (1989): Die Schreibhandlung. In: Balhorn/ Brügelmann (1989, 72). Lenner, K. (1991): Die Schreibhandlung – Ein notwendiges Angebot für Menschen ohne Schrift. In: Harting (1991, 137-141).

Lorenz, J.-H. (Hrsg.) (1991): Störungen beim Mathematiklernen: Schüler, Stoff und Unterricht. IDM-Reihe Untersuchungen zum Mathematikunterricht Bd. 16. Aulis Verlag Deubner: Köln. Luria, A.R. (1973): The working brain: An introduction to neuropsychology. Penguin Modern Psychology Texts: Harmondsworth/ Basic Books: New York. (deutsch 1992 bei Rowohlt

Taschenbuch). Lurija, A.R. (1991): Der Mann, dessen Welt in Scherben ging. [Und: Kleines Porträt eines großen Gedächtnisses]. Rowohlt: Reinbek (russ. 1968 bzw. 1971, engl. 1968 und 1972). Luria, A.R./ Cvetkova, L.S. (1990): Neuropsychologie und Probleme des Schriftspracherwerbs in der Schule. In: Brügelmann/ Balhorn (1990, 48-67).
Mackay, D., et al. (1970): Breakthrough to literacy. Schools Council Project. Longman: London. Mackinnon, G.E./ Waller, T.G. (eds.) (1981): Reading research: Advances in theory and practice. Vol. 2. Academic Press: New York. Maier, H.R./ Voigt, J. (Hrsg.) (1991): Interpretative Unterrichtsforschung. Untersuchungen zum Mathematikunterricht, Bd. 17. Institut für Didaktik der Mathematik/ Universität Bielefeld. Aulis Deubner: Köln. Mandl, H./ Lesgold, A. (eds.) (1988): Learning issues for intelligent tutoring systems. Springer: New York. Mannhaupt, G. (1992b): Strategisches Lernen. Asanger: Heidelberg. Mannhaupt, G. (1994b): Risikokind Junge – Vorteile der Mädchen in Vorläufer- und Teilfertigkeiten für den Schriftspracherwerb. In: Richter/ Brügelmann (1994, 36-50). Mannhaupt, G./ Skowronek, H. (1989): Früherkennung von Risiken im Schriftspracherwerb anhand ausgewählter Vorläuferfertigkeiten. In: Balhorn/ Brügelmann (1989, 199-205). Marsh, G., u.a. (1980): The development of strategies in spelling. In: Frith (1980, 339-353). Marsh, G., u.a. (1981): A cognitive-developmental theory of reading acquisition. In: Mackinnon/ Waller (1981, Vol. 2). Marston, P. (1991): 'Progressive' teaching in schools was £14m failure. In: The Daily Telegraph, August 2nd, 1991. Mason, J.M. (1981): Prereading: A developmental perspective. Technical Report No. 198. Center for the Study of Reading/ University: Urbana-Champaign, Ill. Mason, J.M. (Ed.) (1989): Reading and writing connections. Allyn & Bacon: Newton, MA. Mauthe-Schonig, D. (1979): Handbuch Schulanfang I. Beltz: Weinheim.
Mauthe-Schonig, D. (1986): Erzählen im Anfangsunterricht. Die Geschichten von der»kleinen weißen Ente« und vom»Gulli«. In: Brügelmann (1986u, 246-254). Mauthe-Schonig, D., u.a. (1986): Mit Kindern lesen im zweiten Schuljahr (Lehrerhandbuch, Lesebuch, Arbeits- und Schreibheft). Beltz: Weinheim/ Basel. Mauthe-Schonig, D., u.a. (1987): Mit Kindern lesen im ersten Schuljahr. Anfangsunterricht mit den Geschichten von der kleinen weißen Ente (Lehrerhandbuch). Beltz: Weinheim.
May, P. (1990c): Kinder lernen rechtschreiben: Gemeinsamkeiten und Unterschiede guter und schwacher Lerner. In: Brügelmann/ Balhorn (1990, 245-53). May, P. (1992b): Regeln sind für Mädchen – Jungen brauchen Sensationen ! ? Herausbildung orthographischer Fähigkeiten im Geschlechtervergleich. Ms. des Vortrags auf der DGLS-Tagung in Ludwigsfelde. s. a. May (1994). May, P. (1993): Vom Umgang mit Komplexität beim Schreiben. Entwicklung orthographischer Kompetenz als erweiterte Rekonstruktion sprachlicher Strukturen. In: Balhorn/ Brügelmann (1993, 277-289). May, P. (1994): Rechtschreibregeln für Mädchen – besondere Wörter für Jungen? Herausbildung orthographischer Fähigkeiten im Geschlechtervergleich. In: Richter/ Brügelmann (1994, 83-98). May, P. (1994b): Jungen und Mädchen schreiben»ihre« Wörter. Zur Rolle der persönlichen Bedeutung beim Lernen. In: Richter/ Brügelmann (1994, 110-120). May, P./ Balhorn, H. (1991): Kein patt zwischen ost und west. Untersuchungen zur rechtschreibfähigkeit in Hamburger, Potsdamer, Rostocker und Zwickauer grundschulen. In: GRUNDSCHULZEITSCHRIFT, 5. Jg., H. 46, 52-57. May, P./ Brügelmann, H./ Richter, S. (1993): Brauchen Jungen einen anderen Rechtschreibunterricht als Mädchen? Ms. für»Grundschule« (in Vorb.). McClelland, J.L., et al. (Eds.) (1986): Parallel distributed processing: Explorations in the microstructure of cognition. Vol. 2: Psychological and biological models. MIT Press: Cambridge, MA.
Means, B., et al. (eds.) (1991): Teaching advanced skills to at-risk students. Jossey-Bass: San Francisco. Meiers, K. (1974): Entdogmatisierung des Erstleseunterrichts. Klinkhardt: Bad Heilbrunn. Meiers, K. (Hrsg.) (1977): Erstlesen. Klinkhardt: Bald Heilbrunn. Meiers, K./ Schwartz E. (Hrsg.) (1977): Lesenlernen – das Lesen lehren. Fibeln und Erstlesewerke II. Beiträge zur Reform der Grundschule 30/31. Arbeitskreis Grundschule: Frankfurt. Melnik, A./ Merritt, J. (eds.) (1972): The reading curriculum. The Open University/ University of London Press: London. Menzel, W. (1985): Rechtschreibunterricht – Praxis und Theorie. Aus Fehlern lernen. Beiheft zu Praxis Deutsch Nr. 69. Friedrich Verlag: Seelze. Metz, S. (Red.) (1991): Zwischen Byte und Böll. Schriftsprache in der hochtechnisierten Gesellschaft. Hrsgg. von der Volkshochschule Düsseldorf. FB 9 der Volkshochschule: Düsseldorf (Fürstenwall 5).

Ministerrat der Deutschen Demokratischen Republik (Hrsg.) (1990a): Lehrplan Deutsch. Klassen 1 bis 4. Volk und Wissen: Berlin.
Moeller-Andresen, U./ de Haen-Schwarz, S. (1973): Das erste Schuljahr. Klett: Stuttgart 1973.
Molitor, S. (1988): Schreiben und Kognition. Forschungsbericht Nr. 51. Arbeitsbereich Lernforschung/ Deutsches Institut für Fernstudien an der Universität: Tübingen. Munske, H.H., u.a. (Hrsg.) (1988): Deutscher Wortschatz. Lexikologische Studien. Ludwig Erich Schmitt zum 80. Geburtstag. Walter de Gruyter: Berlin/ New York.
Naegele, I./ Valtin, R. (Hrsg.) (1984): Rechtschreibunterricht in den Klassen 1-6. Beiträge zur Reform der Grundschule Bd. 56/57. Arbeitskreis Grundschule: Frankfurt (auch: Beltz: Weinheim). Naegele, I./ Valtin R. (Hrsg.) (1985): Rechtschreibunterricht in den Klassen 1-6. Beiträge zur Reform der Grundschule Bd. 56/57. Arbeitskreis Grundschule: Frankfurt. Naegele, I., u.a. (Hrsg.) (1981): Lese- und Rechtschreibschwierigkeiten. Orientierungen und Hilfen für die Arbeit mit Grundschülern. Beiträge zur Reform der Grundschule Bd. 46/47. Arbeitskreis Grundschule: Frankfurt. Naumann, C.L. (1985): Rechtschreibwörter und Rechtschreibregelungen: Hilfen für die Arbeit mit dem Grundwortschatz. Erprobungsfassung. Landesinstitut für Schule und Weiterbildung NW: Soest. Naumann, C.L. (1985c): Grundwortschatz-orientiertes Rechtschreiblernen. In: Augst (1985, 260ff.). Naumann, C.L. (1986): Rechtschreibwörter und Rechtschreibregelungen: Hilfe für die Erarbeitung eines lerngruppenbezogenen Grundwortschatzes; mit einem Erfahrungsbericht von Ingrid Niedersteberg. Landesinstitut für Schule und Weiterbildung NW. Soester Verlagskontor: Soest (2. Aufl. 1987). Naumann, C.L./ Schindler, F. (1988): Wörter für einen Rechtschreib-Grundwortschatz. In: Munske u.a. (1988, 827-847).
Nelson, K. (1973): Structure and strategy in learning to talk. Monographs of the Society for Research in Child development, Vol. 38, No. 1-2. Neuhaus-Siemon, E. (1991): Frühleser. Ergebnisse einer Fragebogenerhebung in der Regierungsbezirken Unterfranken und Köln. In: Zeitschrift für Pädagogik, 37. Jg., H. 2, 285-307. Neuhaus-Siemon, E. (1993): Frühleser in der Grundschule. Leseleistung, Lesegewohnheiten und Schulerfolg. Julius Klinkhardt: Bad Heilbrunn. Neuhaus-Siemon, E. (1994): Mädchen und Jungen kommen als Leser zur Schule. Gemeinsamkeiten und geschlechtsspezifische Unterschiede. In: Richter/ Brügelmann (1994, 66-70). Neumann, H.-J. (Hrsg.) (1976): Der Deutschunterricht in der Grundschule. Bd. 3. Herder: Freiburg.
Nickel, H. (1979): Fehlerkorrektur und Übungsfortschritte in einem Rechtschreibtraining. In: Plickat/ Wieczerkowski (1979, 165-173). Niemann, H. (1990b): Bibliothek und Grundschule – Zusammenarbeit vom ersten Tag. In: GRUNDSCHULZEITSCHRIFT, 4. Jg., Nr. 39, 10-11. Niemann, H. (1993): Lesewelt Schule. In: Balhorn/ Brügelmann (1993, 229- -231). Niemann, H., u.a. (1992): Lesen ist mehr. Leseförderung in den Schuljahrgängen 1-6. Kultusministerium Niedersachsen: Hannover. Niemeyer, W. (Hrsg.) (1993): Kommunikation und Lese-Rechtschreibschwäche. Verlag Modernes Lernen: Dortmund (in Vorb.). Norris, D. (1990b): Connectionism: A case for modularity. In: Balota et al. (1990, 331-43).
Nunes Carraher, s. Carraher
Ormrod, J.E./ Jenkins, L. (1989): Study strategies for learning spelling: Correlations with achievement and developmental changes. In: Perceptual and Motor Skills, Vol. 68, 643-650. Otto, M. (1990b): Teilauswertung von Schreibproben über vier Termine der 1./ 2. Klasse. »Projekt Lese- und Schreibfortschritte (PLUS)« / »Kinder auf dem Weg zur Schrift«. FB 12 der Universität: Bremen (vervielf. Ms.). Otto, M. (1991): Mindestwortschatz – Sprungbrett in die Rechtschreibentwicklung? Schriftliche Hausarbeit für das 1. Staatsexamen zum Lehramt an öffentlichen Schulen. FB 12 der Universität: Bremen.
Pallasch, W./ Reimers, H. (1990): Pädagogische Werkstattarbeit. Eine pädagogisch-didaktische Konzeption zur Belebung der traditionellen Lernkultur. Juventa: Weinheim/ München. Patterson, K., et al. (eds.) (1985): Surface dyslexia: Neuropsychological and cognitive studies of phonological reading. Lawrence Erlbaum: Hove.
Pearson, P.D. (1985): The comprehension revolution: A twenty-year history of process and practice ... Reading Education Report No. 57. Center for the Study of Reading/ University of Illinois: Urbana-Champaign. Peters, M.L. (1974): Teacher variables in spelling. In: Wade/ Wedell (1974) (zit. in Downing 1979, 75-76). Petersen, P. (1974): Der Kleine Jena-Plan. Beltz: Weinheim/ Basel (54./ 55. Aufl.; 1. Aufl. 1927).

Piaget, J. (1964): Psychologie der Intelligenz. Rascher: Zürich (frz. 1961). Piaget, J. (1980): Das Weltbild des Kindes. Klett-Cotta im Ullstein-Taschenbuch 39001: Frankfurt u. a. (frz. 1926). Pinker, S./ Prince, A. (1988): On language and connectionism: Analysis of a parallel distributed processing model of language acquisition. In: Cognition, Vol. 28, 73-193. Petersen, S., et al. (1990): Wege des Wortes im Gehirn. In: Brügelmann/ Balhorn (1990, 68-72).

Plickat, H.-H./ Wieczerkowski, W. (Hrsg.) (1979): Lernerfolg und Trainingsformen im Rechtschreibunterricht. Julius Klinkhardt: Bad Heilbrunn.

Pöter, B. (1991): Jenseits der Bildungsbarriere – Ein Lese- und Schreibservice. In: Harting (1991, 145-150).

Pregel, D./ Rickheit, G. (1987): Der Wortschatz im Grundschulalter. Häufigkeitswörterbuch zum verbalen, substantivischen und adjektivischen Wortgebrauch. Georg Olms: Hildesheim u.a.

Ramseger, J. (1975): Gegenschulen. Radikale Reformschulen in der Praxis. Klinkhardt: Bad Heilbrunn. Rathenow, P. (1981): Minimalwortschatz Rechtschreiben Klasse 1 (99 Wörter). In: Naegele u.a. (1981, 149). Rathenow, P. (1987): Leseschwierigkeiten schon in der Zuckertüte? In: Balhorn/ Brügelmann (1987, 190-199). Rathenow, P./ Vöge, J. (1980): Erkennen und Fördern lese-recht-schreibschwacher Schüler. Hessisches Institut für Lehrerfortbildung: Wiesbaden (Buchfassung: 1982). Rathenow, P./ Vöge, J. (1982): Erkennen und Fördern von Schülern mit Lese-/ Rechtschreibschwierigkeiten. Westermann: Braunschweig (Vorfassung: Erkennen und Fördern lese-recht-schreibschwacher Schüler. HILF: Wiesbaden 1980).

Read, C. (1971): Pre-school children's knowledge of English Phonology. In: Harvard Educational Review, Vol. 41, 1-34. Read, C. (1974): Kenntnisse englischer Phonologie bei Vorschulkindern. In: Eichler/ Hofer (1974, 174-214) (engl. 1971). Reichen, J. (1982): Lesen durch Schreiben. Leselehrgang, Schülermaterial und Lehrerkommentar. Sabe: Zürich (Heinevetter: Hamburg). Reichen, J. (1991): Sachunterricht und Sachbegegnung. Grundlagen zur Lehrmittelreihe MENSCH UND UMWELT. Sabe Verlagsinstitut für Lehrmittel: Zürich (Heinevetter: Hamburg). Reid, J.F. (1966): Learning to think about reading. Educational Research, Vol. 9, 56-62 (reprinted in Melnik/ Merritt 1972, 203-14). Reid, J.F./ Donaldson, H. (1977): Reading: Problems and practices. Open University/ Ward Lock Educational: London (1st ed. 1972). Resnick, L. (ed.) (1989): Knowing, learning, and instruction: Essays in honor of Robert Glaser. Lawrence Erlbaum: Hillsdale, NJ.

Richter, K. (1979a): Umfang, Struktur, Entwicklung, Aneignung des Schreibwortschatzes in unteren Klassen. Diss. B. Universität: Rostock. Richter, G. (1992a): »Sagt noch einmal, wie diese Wörter heißen!«. In: Grundschule, 24. Jg., H. 1/92, 39-40. Richter, S. (1992b): Die Rechtschreibentwicklung im Anfangsunterricht und Möglichkeiten der Vorhersage ihrer Störungen. Phil. Diss. FB 12 der Universität Bremen. Verlag Dr. Kovac: Hamburg. Richter, S. (1992d): Offener Unterricht. Ergebnisse einer Schulleiter-Befragung im SAA Diepholz. Vervielf. Ms. Schulaufsichtsamt: Syke. Richter, S. (1993b): Ist die Rechtschreibentwicklung im Anfangsunterricht vorhersagbar? In: Balhorn/ Brügelmann (1993, 293-299). Richter, S. (1993): Zwei Kinder in einer Klasse: Verschiedene Wege aus ähnlichen Anfängen. Ms. für: Brügelmann/ Richter (1994; in diesem Band). Richter, S. (1994): Ökologische (Schriftsprach-)Didaktik. Ms. für Brügelmann u.a. (1994). Richter, S. (1994b): Geschlechterunterschiede in der Rechtschreibentwicklung von Kindern der 1. bis 5. Klasse. In: Richter/ Brügelmann (1994, 51-65). Richter, S. (1994c): Geschlechtsspezifischer Lieblingswortschatz. Ergebnisse einer Untersuchung zu»Jungen- und Mädchen-Wörtern«. In: Richter/ Brügelmann (1994, 133-141). Richter, S. (1994d): Kennen Lehrkräfte den Lieblingswortschatz ihrer SchülerInnen? In: Richter/ Brügelmann (1994, 142). Richter, S./ Brügelmann, H. (1992): Stellenwert schriftsprachnaher Prädiktoren bei der Vorhersage späterer Rechtschreibleistungen. In: Psychologie in Erziehung und Unterricht, 39. Jg., 253-263. Richter, S./ Brügelmann, H. (Hrsg.) (1994): Mädchen lernen anders – anders lernen Jungen. Geschlechtsspezifische Unterschiede beim Schriftspracherwerb. Sonderband der Reihe »lesen und schreiben«. Libelle: Bottighofen. Richter, S./ Brügelmann, H. (1994b): Mädchen lernen besser – zu lesen und zu schreiben. In: Richter/ Brügelmann (1994, 9-11). Richter, S., u. a. (1994): Ein anderer Unterricht – nur für Jungen? Psychologische Erkenntnisse und pädagogische Folgerungen. In: Richter/ Brügelmann (1994, 157-163). Rickheit, G. (1990): Mündlich-schriftlicher Sprachgebrauch bei 8-

10jährigen Kindern. In: Rickheit/ Wichter (1990). Rickheit, G./ Wichter, (Hrsg.) (1990): Dialog. Festschrift für *S. Grosse*. Niemeyer: Tübingen. Riehme, J., u.a. (1987): Rechtschreibunterricht. Probleme und Methoden. Moritz Diesterweg: Frankfurt (5. Aufl. Verlag Volk und Wissen: Berlin 1981). Roberts, K.T./ Ehri, L.C. (1983): Effects of two types of letter rehearsal on word memory in skilled and less skilled beginning readers. In: Contemporary Educational Psychology, Vol. 8, 375-390. Röber-Siekmeyer, C. (1993): Die Schriftsprache entdecken. Beltz: Weinheim. Röhr, H. (1978a): Voraussetzungen zum Erlernen des Lesens und Rechtschreibens. Phil. Diss. Universität: Münster.

Rüdiger, D. (1971): Institutionalisiertes »Frühlesen« und seine Entwicklungswirkungen. In: Zeitschrift für Entwicklungspsychologie und Pädagogische Psychologie, 3. Jg., 195-211. Rütimann, H. (1989): Die Lesestadt. Spiele, die auf der Hand liegen. Zytglogge Verlag: Bern. Ruf, U. (Hrsg.) (1987): Rechtschreibunterricht. Schweizerischer Lehrerverein: Zürich. (3. Aufl. 1989). Rumelhart, D.E./ McClelland, J.L. (1986): On learning past tenses of English verbs. In: McClelland et al. (1986, 216-71).

Satow, F. / Gatherer, B. (eds.) (1992): Literacy without frontiers. Proceedings of the 7th European and 28th UKRA Annual Conference (Edinburgh 1991). United Kingdom Reading Association: Widnes, Cheshire.

Scheerer-Neumann, G. (1979b): Intervention bei Lese-Rechtschreibschwäche. Kamp: Bochum. Scheerer-Neumann, G. (1981b): Prozeßanalyse der Leseschwäche. In: Valtin u.a. (1981a, 183-240). Scheerer-Neumann, G. (1982): Kognitionspsychologische Überlegungen zum Rechtschreiben nach Diktat. In: IRA/D-Beiträge, 5. Jg., 2/1982, 2-7. Scheerer-Neumann, G. (1983): Psychische Vorgänge beim Rechtschreiben: Grundlagenforschung und Anwendung. In: Dummer (1983, 209-224). Scheerer-Neumann, G. (1983): Kognitionspsychologische Überlegungen zum Rechtschreiben nach Diktat. In: Osnabrücker Beiträge zur Sprachtheorie, OBST Beiheft 7 »recht schreiben lernen«, 256-287. Scheerer-Neumann, G. (1986): Wortspezifisch: JA – Wortbild: NEIN. Teil 1: Rechtschreiben. In: Brügelmann (1986u, 171-185). Scheerer-Neumann, G. (1986c): Kinder lesen im 1. Schuljahr. Zur Konstruktion von fibelübergreifendem Lesematerial. In: Grundschule, 18. Jg., H. 10, 42f. Scheerer-Neumann, G. (1987b): Wortspezifisch: Ja – Wortbild: Nein. Teil 2: Lesen. In: Balhorn/ Brügelmann (1987, 219-243). Scheerer-Neumann, G. (1992): The treatment of developmental reading and spelling disorders. In: Blanken et al. (1992). Scheerer-Neumann, G., u.a. (1986): Andrea, Ben und Jana. Selbstgewählte Wege zum Lesen und Schreiben. In: Brügelmann (1986u, 55-96). Scheimann, G. (1991): Die COMLES-Familie: Computerunterstützte Förder- und Lernprogramme für die Grundstufe. Didaktisch-methodische und programmtechnische Aspekte. In: Jäger u. a. (1991, 221-227). Scheimann u. a. (1993): ULK. Pflichtenheft für die Entwicklung eines Programmsystems»Schriftsprache« für die Klassen 1 bis 6. RELE: München. Scheimann, G./ Zinner, (1989): Die COMLES-Familie. Handbuch zum gleichnamigen Programmpaket. RELE: München. Schlee, J. (1976): Legasthenieforschung am Ende? Urban & Schwarzenberg: München. Schmitt, C.-F. (1970): Grundzüge des Erstleseunterrichts. Henn: Wuppertal. Schneider, B. (1985): Lese- und Rechtschreibschwäche. Primäre und sekundäre Ursachen. Dissertation der Fakultät Biologie.Universität: Freiburg i. Br. (Hochschulverlag: Freiburg). Schmalohr, E. (1973): Frühes Lesenlernen. UTB 143. Quelle & Meyer: Heidelberg. Schmalohr, E./ Fehrmann, H. (1972): Lese-Angebot. Schroedel: Hannover. Schneider, W. (1980): Bedingungsanalysen des Recht-Schreibens. Huber: Bern. Schneider, W. (1994): Geschlechtsunterschiede beim Schriftspracherwerb: Befunde aus den Münchner Längsschnittstudien LOGIK und SCHOLASTIK. In: Richter/ Brügelmann (1994, 71-82). Schneider, W., u.a. (1990): Lesen- und Schreibenlernen in neuer Sicht: Vier Perspektiven auf den Stand der Forschung. In: Brügelmann/ Balhorn (1990, 220-34). Schönfeldt, S. (1987): Astrid Lindgren. Rowohlt: Reinbek. Scholz, G. (1990): Kinder lernen von kindern. Sie haben ihre eigenen vorstellungen vom lernen. In: päd.extra & demokratische erziehung, 3. Jg., H. 5, 37-41. Schuck, K.-D., u. a. (1975): Columbia Mental Maturity Scale (CMM 1-3). Beltz: Weinheim. Schwartz, E., u.a. (Hrsg.) (1970b): Begabung und Lernen im Kindesalter. Grundschulkongreß 69. Bd. 1. Arbeitskreis Grundschule: Frankfurt.

Seidenberg, M.S./ McClelland, J.L. (1989): A distributed developmental model of visual word recognition and naming. In: Psychological Review, Vol. 96, 523-68. Sejnowski, T.J./ Rosenberg, C.R. (1988): Learning and representation in connectionist models. In: Gazzaniga (1988a, 135-78). Dt. Kurzfassung in: Brügelmann/ Balhorn (1990, 90-91). Selter, C. (1994): »Jede Aufgabe hat 'ne Lösung« – oder: Vom rationalen Kern irrationalen Vorgehens. Ms. für Grundschule, H. 3/94. Sennlaub, G. (1976): »Röntgen-Aufnahme« enthüllt lehr- statt lernschwäche. In: Grundschule, 8. Jg., H. 9, 499f. Sennlaub, G. (1980): Spaß beim Schreiben oder Aufsatzerziehung? Kohlhammer: Stuttgart (5. Aufl. 1992). Sennlaub, G. (Hrsg.) (1983): »Guten Morgen, lieber Lehrer!«. 77 Geschichten und Berichte aus dem Schulleben. Agentur Dieck: Heinsberg. (3. Aufl. 1985). Sennlaub, G. (1983b): So wird's gemacht. Grundwortschatz – Auswahl und Arbeit. Agentur Dieck: Heinsberg. (2. Aufl. 1985). Sennlaub, G. (1984c): Von A bis Zett. Wörterbuch für Grundschulkinder. CVK: Berlin. Sennlaub, G., u.a. (1979): Heimliches Hauptfach Rechtschreiben. Drei Lehrer stellen ihren Unterricht vor. Bagel: Düsseldorf (2. erw. Aufl. bei Dieck: Heinsberg 1984). Sennlaub, G., u.a. (1984): Heimliches Hauptfach Rechtschreiben. Drei Lehrer stellen ihren Unterricht vor. Agentur Dieck: Heinsberg (1. Aufl. bei Bagel/ Düsseldorf 1979).

Signer, M. (1979): Hörtraining bei auditiv differenzierungsschwachen Kindern. Haupt: Berlin/ Stuttgart. Sinclair de Zwart, H. (1982): Young children's ideas about the written number system. Nato Conference on the Acquisition of Symbolic Skills. University: Keele. Sinclair, A., et al. (1982): Children's ideas about written words and written numbers. Department of Psychology/ Universite: Geneve. Singer, H./ Dolan, D. (1988): Reading and learning from text. Lawrence Erlbaum: Hove. Sirch, K. (1975): Der Unfug mit der Legasthenie. Klett: Stuttgart.

Skowronek, H./ Jansen, H. (1992): Früherkennung der Lese-Rechtschreibschwäche. Das Bielefelder Screeningverfahren. In: Forschung an der Universität Bielefeld, Nr. 6/92, 13-18.

Smith, F. (1971): Understanding reading. Holt, Rinehart & Winston: New York et al. (2nd Ed. 1978). Snow, C. (1972): Mothers' speech to children learning language. In: Child development, Vol. 43, 549-565. Snow, C. (1977): Mothers' speech research: From input to interaction. In: Snow/ Ferguson (1977): Snow, C.E./ Ferguson, C.A. (eds.) (1977): Talking to childen: Language input and acquisition. Cambridge University Press: Cambridge, Mass.

Spiegel, H. (1993): Rechenfähigkeiten von Schulanfängern im Bereich von Addition und Subtraktion. In: Beiträge zum Mathematikunterricht. Vorträge auf der 26. Bundestagung. Franzbecker: Hildesheim. Spitta, G. (1973): Lesenlernen. Pädagogisches Zentrum: Berlin. Spitta, G. (1983): Zur Arbeit mit dem Grundwortschatz – Das Berliner Modell. In: Bartnitzky/ Christiani (1983, 37-56). Spitta, G. (1985): Kinder schreiben eigene Texte: Klasse 1 und 2. CVK: Bielefeld/ Berlin (4. Aufl. 1991). Spitta, G. (1986): Kinder entdecken die Schriftsprache - Lehrer bzw. Lehrerinnen beobachten die Sprachlernprozesse. In: Valtin/ Naegele (1986, 67-83). Spitta, G. (1986b): Möglichkeiten und Grenzen der Arbeit mit einem Grundwortschatz. In: Naegele/ Valtin (1986, 58-61). Spitta, G. (1987): Ein Klassenraum, der zum Schreiben einlädt. In: Balhorn/ Brügelmann (1987, 53-62). Spitta, G. (1989): Wenn Kinder zu Autoren werden. Erfahrungen aus der Arbeit mit Schreibkonferenzen. In: Balhorn/ Brügelmann (1989, 268-76). Spitta, G. (1992): Schreibkonferenzen – ein Weg vom spontanen Schreiben zum bewußten Verfassen von Texten in Klasse 3 und 4. Scriptor-Cornelsen: Berlin u.a. Spitta, G. (Mod.) (1993): Schreibkonferenzen. Kinder verändern ihre Schreibstrategien. Themenheft der GRUNDSCHULZEITSCHRIFT, 7. Jg., H. 61. Spitta, G., u.a. (1981): Schreiberfahrungen statt Aufsatzschreiben. Pädagogisches Zentrum: Berlin (Nachdruck als 1984). Spitta, G., u.a. (1984): Schreiberfahrungen statt Aufsatzschreiben. Werkstatthefte Grundschule 4. Arbeitskreis Grundschule: Frankfurt/ Beltz Verlag: Weinheim/ Basel (Nachdruck von 1981).

Stamm, M. (1993): Wenn Kinder bei der Einschulung bereits lesen können... Ergebnisse einer Fragebogenuntersuchung in zwei aargauischen Bezirken. In: Beiträge zur Lehrerbildung, H. 1/93, 74-79. Stoll, D. (1989): Freier Umgang mit Computern. Grundschulkinder erproben ein neues Medium in der Lernwerkstatt. In: »Grundschul-Zeitschrift«, 3. Jg., H. 30/89, 37-9. Strickland, D.S./ Morrow, L.M. (eds.) (1989): Emerging literacy: Young children learn to read and write. International Reading Association: Newark, Del.

Szagun, G. (1991): Sprachentwicklung beim Kind. Eine Einführung. Urban & Schwarzenberg: München/ Weinheim (4. überarb. und erw. Aufl.; 1. Aufl. 1980).

Teale, W.H./ Sulzby, E. (eds.) (1986): Emerging literacy: Writing and reading. Ablex: Norwood, NJ. Temple, C.A., et al. (1982): The beginnings of writing. Allyn and Bacon: London et al. (2nd rev. ed. 1988).
Turkle, S. (1984a): Die Wunschmaschine. Vom Entstehen der Computerkultur. Rowohlt: Reinbek.
Valtin, R. (1972): Empirische Untersuchungen zur Legasthenie. Auswahl Reihe B. Schroedel: Hannover. Valtin, R. (1981): Zur»Machbarkeit« der Ergebnisse der Legasthenieforschung. In: Valtin u.a. (1981, 88-182). Valtin, R. (1981b): Ist Legasthenie ein meßtheoretisches Problem? Anmerkungen zu dem Beitrag von Dummer und Vanselow. In: Psychologie in Erziehung und Unterricht, 28. Jg., H. 6, 329-33. Valtin, R. (1994): Ein letztes Lebewohl an die klassische Legasthenie. In: Grundschulunterricht, 41. Jg., H. 1, 2-4. Valtin, R., u.a. (1981): Legasthenie in Wissenschaft und Unterricht. Wissenschaftliche Buchgesellschaft: Darmstadt. Valtin, R./ Naegele, I., u.a. (1986): »Schreiben ist wichtig!«. Grundlagen und Beispiele für kommunikatives Schreibenlernen. Beiträge zur Reform der Grundschule Bd. 67/68. Arbeitskreis Grundschule: Frankfurt. Valtin, R., u.a. (1986): Kinder lernen schreiben und über Sprache nachzudenken: Eine empirische Untersuchung zur Entwicklung schriftsprachlicher Fähigkeiten. In: Valtin/ Naegele (1986, 23-53). Valtin, R., u.a. (1981): Legasthenie in Wissenschaft und Unterricht. Wissenschaftliche Buchgesellschaft: Darmstadt.
Vestner, H. (1989): CVK-Fibel. Sprechen, Schreiben, Lesen. Cornelsen: Berlin.
Wade, B./ Wedell, K. (eds.) (1974): Spelling: Task and learner. University of Birmingham Press: Birmingham. Wagner, K.R. (Hrsg.) (1987): Wortschatz-Erwerb. Arbeiten zur Sprachanalyse Bd. 6. P. Lang: Bern u.a. Warwel, K. (1981): Gebrauchswortschatz 3. und 4. Klasse (950 Wörter). In: Naegele u.a. (1981, 150-3).
Weinert, F.E./ Schneider, W. (eds.) (1989): Results of wave three. The Munich Longitudinal Study ... (LOGIC). Report No. 5. Max-Planck-Institut für Psychologische Forschung: München. Weinert, S. (1991b): Spracherwerb und implizites Lernen. Huber: Bern. Weinert, S. (1993): Spracherwerb: Wie Kinder lernen, worüber Erwachsene kaum Auskunft geben können. In: Balhorn/ Brügelmann (1993, 330-337). Wells, G. (1985): Language development in the pre-school years. Cambridge University Press: Cambridge. Wells, G. (1986): The meaning makers: children learning language and using language to learn. Heinemann: Portsmouth, N.H. (Publ. 1987). Wendeler, J. (1986): Prognose der Lese-Rechtschreibschwäche. In: Psychologie in Erziehung und Unterricht, 33. Jg., 10-16.
Wichmann, C. (1993): Erfahrungen mit dem Tutorium «LRS-Förderung in der Lernwerkstatt«. Vervielf. Ms. Lernwerkstatt »Büffelstübchen«: 28816 Stuhr (Feldstr. 15). Winterhoff-Spurk, P. (1986): Fernsehen. Psychologische Befunde zur Medienwirkung. Hans Huber: Bern u.a. Winterhoff-Spurk, P. (1989b): Fernsehen und Kinder – ein Resümee der Forschung. In: Balhorn/ Brügelmann (1989, 230-2). Wittmann, E./ Müller, N. (1991): Vom 1+1 zum 1x1. Handbuch produktiver Rechenübungen, Bd. 1. Klett: Stuttgart. Wittmann, E./ Müller, N. (1992): Vom halbschriftlichen zum schriftlichen Verfahren (Arbeitstitel). Handbuch produktiver Rechenübungen, Bd. 2. Klett: Stuttgart. Wittoch, M. (1991): Diagnose von Störungen. Erfahrungen mit Lernarrangements bei Kindern, die eine Schule für Lernbehinderte besuchen. In: Lorenz (1991, 90-105).
Wünnenberg, H.H. (1989): Boff – Kinder schreiben sich frei. Agentur Dieck: Heinsberg.
Zielinski, W. (1980a): Lernschwierigkeiten. Kohlhammer: Stuttgart.

Vom Tanzen während der Krabbelphase

Auf den folgenden Seiten finden Sie keine Verlagsreklame,
sondern eher
Merkhilfen für beobachtete Gemeinsamkeiten (s. o S. 209)
bei Büchern, die seit über 10 Jahren
Kinder auf dem Weg zur Schrift begleiten.
Das Alles
könnte durchaus
Ihr persönlicher Grundbuchschatz
im Zeichen der Libelle werden.

Ortografie im Anfangsunterricht sollte – *siehe oben S. 13 bis 283* – so wenig gefordert werden wie Tanzen während der Krabbelphase (s. o. *S. 209)*. In der Welt der Bücher aber ist es zuweilen anders. Als 1983 Hans Brügelmanns erstes Buch als 8. Titel im Zeichen der Libelle erschien, haben auch wir nicht geahnt, daß in der Krabbelphase des Verlags bereits eine Kür stattfand:

Hans Brügelmann
Kinder auf dem Weg zur Schrift
Eine Fibel für Lehrer und Laien
280 S., kt., illustriert, ISBN 3-909081-36-3

»Es erspart die Lektüre einer kleinen Bibliothek. Vor allem aber: es ist aufregend zu lesen . . .« Hartmut von Hentig

»Das Buch ist ein Glücksfall.« DIE ZEIT

Die allerstärkste Libelle 10 Jahre nach Erscheinen, unüberholt in ihrer neugierstiftenden Anschaulichkeit und analytischen Prägnanz, die neue Sichtweisen auf die mancherlei Wege kindlichen Lernens öffnet: in den deutschsprachigen Ländern ein Grundlagenwerk zum Schriftspracherwerb und seiner Didaktik vom Vorschulalter bis zum Volkshochschulkurs und ganz oben auf den Vorschlagslisten der empfohlenen Fachliteratur. (Weswegen wir auch dauernd den Auflagen-Vermerk ändern müssen; im Frühjahr 1994 war das 20. Tausend gedruckt.)

Als Ergänzung zu »Kinder auf dem Weg zur Schrift« erschien mit über 50 Lernspielen und Anregungen **das Praxisbuch,** seit der 3. Auflage von 1989 unverändert nachgedruckt:

Hans Brügelmann
Die Schrift entdecken
Beobachtungshilfen und methodische Ideen
für einen offenen Anfangsunterricht im Lesen und Schreiben
144 S., kt., illustriert, ISBN 3-922305-16-4

»Woher hatten wir eigentlich unsere Ideen, als es dieses Buch noch nicht gab?« Gerhard Sennlaub

In der Reihe »lesen und schreiben« werden von Hans Brügelmann – für die Libelle – und Heiko Balhorn – für die Deutsche Gesellschaft für Lesen und Schreiben (DGLS) – seit 1986 Jahrbücher herausgegeben, die Unterrichtsideen und die internationale Forschungs-Diskussion zur Lese- und Schreibdidaktik anschaulich und differenziert vorstellten.
Der 6. Band erscheint im Herbst 1994: →

Dieses Buch zum immerfortwährenden Thema
Wie wir recht lesen lernen
entfaltet einige *subversive* Lesarten
auch dank der bildnerischen Einfälle
von *Freimut Wössner.*
Die Gastbeiträge von *Lea Wössner* (8 Jahre)
sind unverkennbar.

Fur die Fundis unter den Verteidigern jenes orthographischen Korsetts,
das sich in der NachGötheZeit eigentlich doch nie *so ganz* durchgesetzt hat,
wollen wir extra anmerken:
Schreibvarianten wie *phonologisch/fonologisch,Analfabetismus/Analphabetismus*
sind in der Endkorrektur milde toleriert worden.
Wir wollen da der historischen *F*antasie einer späteren Leserschaft
schon mal das Anschauungsmaterial liefern
aus der krisenhaften Übergangszeit zur Großen Rechtschreibreform
des dritten oder vierten Jahrtausends n. u. Z.

Gesetzt
in den kühlen Frühlingstagen 1994,
die dann doch wieder nicht so kühl waren,
weil grad Heribert Seifert im *Deutschen Allgemeinen Sonntagsblatt*
seine Rezension in der Rubrik Lesezeichen
mit dem Satz begann:
»Dies ist keine Rezension, sondern eine Schwärmerei«
und damit folgende Bücher der Libelle meinte:

Fritz Mühlenweg
In geheimer Mission durch die Wüste Gobi
776 S., mit einem Nachwort von Ekkehard Faude

Fritz Mühlenweg
Fremde auf dem Pfad der Nachdenklichkeit
301 S., mit einem Nachwort von Gisbert Haefs

Den Jubiläums-Umschlag entwarf *Elisabeth Tschiemer*
unter Verwendung des Reihensignets,
für das *Rotraut Susanne Berner* schon anno '83
den Buchstaben das freie Laufen beigebracht hatte.

Gedruckt
bei Maus in Konstanz
gebunden bei Walter in Heitersheim

ISBN 3-909081-64-9

Libelle Verlag • CH 8574 Lengwil am Bodensee